KB161883

시민자본가

THE NEW CAPITALISTS

시민투자자의 등장과
기업의 사회적 책임

The New Capitalists

시민자본가

THE NEW CAPITALISTS

시민투자자의 등장과 기업의 사회적 책임

스티픈 데이비스 ● 존 루콤닉 ● 데이비드 핏 - 왓슨 저
진태홍 ● 함정호 역

S&R경제경영연구원

시민자본가 시민투자자의 등장과 기업의 사회적 책임

초판 제1쇄 인쇄 2009. 12. 26
초판 제1쇄 발행 2009. 12. 31

역자 진태홍·함정호
발행인 정재호
발행처 ㈜에스앤알경제경영연구원
　　　　　본사 경기도 과천시 별양동 1-14 과천오피스텔 907
　　　　　전화 (02)3418-5155 / e-mail: snr5155@yahoo.co.kr
　　　　　신고번호 제 397-2008-00003호
　　　　　신고일자 2008.1.30.

인쇄 및 판매처 도서출판 프로방스 (대표 방은순)
　　　　　　　　　경기도 고양시 일산서구 대화동 2239-1 월드 메르디앙 1006
　　　　　　　　　전화 (031) 925-5366-7 / 팩스 (031) 925-5350
본문편집 배용구

ⓒ ㈜에스앤알경제경영연구원, 2009
ISBN 1978-89-962031-1-7 93320
정가 18,000원

이 책은 (주)한국저작권센터(KCC)를 통해 저작권자와의 독점계약으로 (주)에스앤알경제경영연구원에서 출간되었습니다. 저작권법에 의해 한국 내에서 보호를 받는 저작물이므로 무단전재와 복제를 금합니다.

이 책을 읽고 역자에게 문의하고자 하는 이는 (주) 에스앤알경제경영연구원 전자우편으로 연락 바랍니다.

시민자본가 시민투자자의 등장과 기업의 사회적 책임

THE NEW CAPITALISTS:
HOW CITIZEN INVESTORS ARE RESHAPING THE CORPORATE AGENDA
by Stephen Davis, Jon Lukomnik, and David Pitt-Watson

THE NEW CAPITALISTS :
HOW CITIZEN INVESTORS ARE RESHAPING THE CORPORATE AGENDA
by Stephen Davis, Jon Lukomnik, and David Pitt—Watson

Original work copyright©2006 Harvard Business School Publishing,
All rights reserved.

Korean Translation copyright @2009 by Survey & Research Institute for Economics and
Management.

This Korean edition was published by Survey & Research Institute for Economics and
Management in 2009 by arrangement with Harvard Business Press, Boston through
KCC(Korea Copyright Center Inc.), Seoul.

역자 서문

새로운 자본가new capitalists 계급이 등장하고 있다. 우리는 그들을 시민자본가라고 부른다. 그러면 시민자본가는 누구인가? 그들은 다양한 형태의 펀드를 통해 그들의 연금과 저축자금을 대기업 주식에 조금씩 투자하는 수많은 시민투자자citizen investors를 말한다. 이들은 공동으로 수많은 기업을 소유하고 있는 시민주주 citizen owners 이며, 앞으로 전개될 시민경제시대의 주인공들이다.

과거 기업의 권력은 일부 부유한 재벌이나 국가가 휘둘러 왔다. 어떤 곳에서는 아직도 그렇다. 그러나 지금은 연금과 저축자금을 세계 굴지의 대기업 주식펀드에 투자한 수천만 노동자와 시민들이 바로 이러한 기업의 공동주인이 되고 있다. 이와 같이, 오늘날 기업은 소유구조의 혁명으로 소수의 부자가 아니라 수많은 시민투자자들이 공동으로 소유하고 있다. 이러한 시민경제시대에 시민주주 의식이 시시각각으로 깨어나면서, 이제 시민자본가는 책임지는 기업소유주로서 행동하기 시작했다.

시민자본가는 기업이 사회에 해악을 끼치면서 단기적 이익을 극대화하는 것을 바라지 않는다. 이들은 올림픽 경기를 관전하는 사람처럼 느긋하게 광범위하고 장기적인 관심을 갖고 기업이 공정한 경쟁을 하는가를 지켜 볼 것이다. 이들이 만들어 가고 있는 시민경제는 단기적으로 높은 수익을 올리는 유리한 길을 찾아 정도를 벗어나는 선택을 지양하고, 기업의 지속가능한 장기성과에 관심을 두고 있다. 이것은 투자자, 기업경영인, 정보제공자, 노동조합, 시민단체, 종교단체, 정당, 정책 및 규제 당국, 그리고 시민주주 모두의 새로운 행동방식을 요구하고 있다.

이러한 시민자본가의 등장은 우리 사회에 근본적인 변화를 가져오고 있다. 우선 무엇보다도 먼저 시민자본가의 등장은 기업경영 전략의 혁명적 전환을 요구하고 있다. 기업은 이익을 창출하려고 노력해야 하지만 공해와 같은 비용을 사회 전체에 전가하면서 이익을 창출하는 것은 더 이상 전략적으로 의미가 없게 되었다. 결국 시민투자자가 납세자로서 그런 비용을 부담해야 하기 때문이다. 시민경제에서 기업은 장기적으로 지속가능한 이익만을 추구해야 한다. 시민자본가 주주의 이해와 비전에 부합되는 이러한 기업의 전략은 장기적으로 지속가능한 성장을 가능하게 할 것이다.

둘째, 시민자본가의 등장은 기업의 사회적 책임을 요구한다. 시민경제에서 광범위하게 분산된 경제적 소유구조는 곧 기업의 경제적, 사회적 목적 모두가 동일한 구성원들인 시민들에게 영향을 준다는 것을 의미한다. 따라서 기업은 자기 자신에 대해서가 아니라 시민주주와 사회에 대해서 책임지는 기관으로 변화해야 할 것이다. 시민자본가의 등장으로 기업이 주주의 이익을 극대화하는 방향으로 행동하면 사회 전반의 혜택을 극대화할 수 있게 되었다. 다시 말해 기업은 사적 목표인 주주가치 극대화와 사회적 책임을 동시에 추구할 수 있게 되었다.

셋째, 시민자본가의 등장과 함께 노동자 대 자본가라는 낡은 정치역학은 이제 종언을 고하게 되었다. 우리는 오늘날 모든 사람들이 노동자, 주주, 소비자, 이익단체, 규제당국, 경쟁자, 공급자라는 여러 가지 역할을 동시에 수행하는 경제시스템에서 살고 있다. 노동자를 포함한 기업의 종업원은 궁극적으로 주주를 위해 일하고, 이러한 주주는 공급자, 경쟁기업, 그리고 소비자뿐만 아니라 종업원 자신, 은퇴자, 그리고 이들의 가족들인 시민투자자들이다. 투자자 - 연금가입자 - 종업원 - 소비자 - 시민으로 시작되고 끝나는 시민경제의 새로운 책임순환구조가 만들어지고 있는 것이다. 이러한 시민경제에서 노동자와 사용자의 극한적인 대립이나 노동자와 자본가의 대치는 더 이상 의미가 없게 되었다. 소유구조 혁명에 따른 시민자본가의 등장은 우리로 하여금 건강한 자본주의의 진화 가능성을 낙관적으로 바라볼 수 있게 하고 있으며, 그러한 낙관적 미래를 실현하는 구체적인 수단을 제공해 주고 있다.

저자들은 이 책에서 시민자본가를 통해 기업의 사회적 책임이 기업이 추구하는 분명한 목표로 자리 잡기 위해서는 시민자본가를 둘러싼 시민경제 하부구조가 각자의 역할을 제대로 수행할 수 있어야 한다는 점을 강조한다. 시민자본가가 보유한 주식을 운용해 주는 기관투자가, 시민자본가의 요구사항을 경영진에게 전달하는 이사회, 기업에 대한 정보를 제공하는 애널리스트, 감사인, 신용평가회사 등이 시민경제의 책임순환구조에서 자기 역할을 제대로 수행해야 한다는 것이다.

그러나 무엇보다도 중요한 것은 시민주주들이다. 시민사회에서 유권자가 중요하듯이 시민경제에서는 기업소유주인 주주가 중요하다. 이들이 바로 시민경제의 각 하부구조에 압력을 가해 이들에게 활력을 불어 넣는 원동력이기 때문이다. 이러한 시민주주가 스스로를 주인이라고 생각하고 책임 있게 행동하지 않을 때 기업은 마치 책임이 없는 것처럼 마음대로 행동하게 될 것이다. 책임의식이 없으면 기업의 힘은 남용될 수밖에 없고 극단적으로는 부패와 스캔들이 생긴다. 세계 자본시장에 돌아다니는 돈은 우리 시민주주들의 돈이다. 우리 돈이 소유하고 있는 기업은 바로 우리 기업이다. 그런 기업이 어떻게 행동하고, 시민 경제가 어떻게 변화하고 발전할 것인가는 궁극적으로 새로운 시민자본가인 우리에게 달려있다.

이 책의 이러한 분석은 우리나라 기업에게도 의미 있는 시사점을 제공한다. 우리나라 대기업은 재벌체제라는 독특한 소유구조를 통해 주식투자의 대중화에도 불구하고 선진국에 비해 소유분산이 더디게 진행되고 있고, 이른바 시민자본가의 위상도 아직은 상대적으로 높지 않다. 시민자본가의 이익을 대변하는 기관투자가들이 주주총회에서 반대의사표시를 활발하게 하지 못하는 등 주주행동주의도 아직 본격적으로 활성화되지 못하고 있다. 그러나 우리나라도 시간이 갈수록 주식투자의 대중화로 시민자본가의 힘이 커질 것이고, 궁극적으로 기관투자가를 통해 모든 상장기업에 영향력을 행사할 수 있게 될 것이다. 따라서 이 책의 분석은 이런 흐름에 대비해서 우리가 무엇을 어떻게 준비하고 개선해야 할 것인가를 이해하는데 많은 도움이 될 것이다.

이 책은 시민자본가의 등장과 시민경제가 기업을 위해 일하고 기업을 관리하는 사람들, 자기 자신과 다른 사람의 돈을 투자하는 사람들, 기업의 성과를 평가하고 기업에 대해 자문을 하는 사람들, 시민경제발전을 위해 법을 제정하고 정책을 입안하는 사람들, 노동조합과 시민단체에서 일하는 사람들, 그리고 시민, 노동자, 저축자, 소비자로서 우리 모두에게 무엇을 의미하는지를 이야기 해 준다. 동시에 우리의 이익을 지키고, 새롭게 부상하는 시민경제에서 우리 모두의 성공을 보장하고, 그리고 건강한 자본주의의 가능성을 위해 우리는 구체적으로 무엇을 어떻게 해야 하는가를 아주 구체적으로 알려주고 있다.

더욱이 이 책은 주주행동주의에 적극 참여하거나 투자사업계에서 실무경험이 풍부한 저자들이 수많은 사례와 실무 자료를 바탕으로 집필하였기 때문에 독자들의 흥미를 자극하는 아주 재미있는 에피소드를 많이 포함하고 있다. 독자들은 생생한 사례를 통해 시민자본가와 시민경제 생태계가 어떻게 변화하고 진화되고 있는지를 흥미롭게 조망할 수 있을 것이다.

이러한 점에서 이 책은 현재 장래를 위해 주식펀드에 연금과 저축을 투자하는 시민투자자, 이러한 자금을 운용하는 금융기관종사자, 기관투자가, 펀드매니저, 기업에서 일하고 관리하는 노동자와 기업경영인, 신용평가회사, 회계법인, 자산운용자문회사와 같은 정보 중개기관에서 일하는 사람들, 기업지배구조 개선에 관심을 가지고 있는 학자와 시민운동가, 경제학이나 경영학을 공부하는 학생, 정부의 정책 담당자, 입법 및 규제당국자, 노동조합과 시민경제

단체에서 일하는 사람들은 물론이고 시민경제발전에 관심을 가지고 있는 일반 독자들에게 아주 유익하고 대단히 소중한 지침서가 되리라 믿어 의심치 않는다.

이 책이 나오기까지는 많은 이의 도움이 있었다. 이 자리를 빌려 그 분들에게 고마운 마음을 전한다. 특히 바쁜 일정 중에도 번역원고를 끝까지 읽고 잘못된 부분을 바로 잡아 준 정재숙 박사님에게 이 자리를 빌려 깊은 고마움을 전한다.

이 책을 번역하는 과정에서 어려운 전문용어와 기술적인 내용이 많고 문장이 문어체로 매우 함축적이어서 번역에 어려움이 많았다. 그렇다 하더라도 부족한 부분은 모두 역자들의 책임이다. 독자 제현들의 너그러운 이해를 구할 뿐이다.

저자 서문

여러분의 저축예금 통장을 한번쯤 살펴보라. 여러분은 잘 모를 수도 있지만 3조 달러가 넘는 여러분의 돈이 사라지고 없다. 번영을 누릴 수 있는 어마어마한 돈이 거기에 있어야 하지만 보이지 않는다. 다음엔 신문의 구직광고를 한번 들춰보라. 거기에도 또 다른 수수께끼가 숨어 있다는 것을 알게 될 것이다. 세상에는 보다 많은 일자리가 있어야 하는데 도대체 일자리가 부족하다.

이 책은 두 가지 목표를 추구한다. 첫째, 이 책은 사라진 저축과 일자리라는 수수께끼를 풀기 위해 지금까지 기업과 시민을 분리시켜 왔던 메커니즘이 무엇인지를 규명하고자 한다. 둘째, 이 책은 기업경영자, 투자자, 정치인, 행동주의자, 그리고 시민으로 하여금 자본주의의 발전을 위한 새로운 전략을 준비하도록 하는 거센 힘이 어떻게 상호 작용하는지를 확인하고자 한다. 이른바 시민경제는 매우 단순한 이유로 실현되고 발전해 간다. 시민자본가new capitalists라는 새로운 자본가 집단이 기업의 어젠다에 커다란 영향력을 행사하고 있기 때문이다.[1]

---

1) (역자) 여기서 뉴 캐피털리스트(new capitalists)는 다양한 형태의 펀드를 통해 그들의 연금과 저축을 대기업 주식에 소액 투자하는 수많은 시민투자자(citizen investors)를 말한다. 이들은 사실상 공동으로 수많은 기업을 소유하고 있는 시민주주들(citizen owners, civil ownership)이다. 이러한 이유로 이들을 시민자본가로 옮기기로 한다.

　이른바 시민자본가는 누구인가? 지금까지 기업의 권력은 부유한 재벌이나 국가가 휘둘러 왔다. 어떤 곳에서는 아직도 그렇다. 그러나 북미, 유럽, 일본, 그리고 점차 세계적으로, 그들의 연금과 저축을 세계 굴지의 대기업 주식펀드에 투자한 수천만 노동자들이 바로 다국적기업의 주인이 되고 있다. 그들의 소액 밑천자금이 오늘날 기업세계의 대다수 소유권을 차지하고 있다. 모든 연금수령자는 수많은 기업들을 조금씩 소유하고 있다. 이제는 실리콘 밸리의 IT 기업으로부터 나이지리아의 정유회사, 그리고 멕시코의 맥주회사로부터 독일의 거대 화학회사에 이르기 까지, 시민들이 바로 모든 기업들의 궁극적인 공동 주인이다.

　물론 시민들은 이런 사실을 알지 못했고 그런 식으로 행동하지도 않았다. 이러한 역사적인 소유권 이전은 최근까지도 별로 중요하게 인식되지 못했다. 기업과 국가는 이를 의미심장한 변화로 보지 않았으며, 그냥 사실처럼 보이는 특이한 현상으로 받아들였을 뿐이다. 단지 시민주주들이 소유권이 민주화되었다는 것을 몰랐기 때문에, 기업의 실제 권력은 월스트리트, 동경, 런던이나 어떤 정부부처에 있는 책임의식도 없는 소수 핵심인물들에게 집중되어 있었다. 지금까지도 그렇다.

　이 책에서 우리는 전통적으로 막후에서 큰 영향력을 행사해 온 이러한 유력인사들이 책임의식을 가지고 행동하게 하거나 그렇게 행동하지 않으면 그들을 아예 그 자리에서 내쫓아 버리도록 요구하는 이른바 시민주주, 다시 말해 시민자본가 의식이 현재 시시각각으로 깨어나고 있다는 사실을 추적할 것이다.

몰락과 성공

기업의 과거와 미래를 잘 말해주는 두 개의 이야기를 한번 생각해 보자.

2004년 4월 어느 추운 날 늦은 밤에 뉴욕시 경찰관들은 전 엔론 회장인 제프리 스킬링Jeffrey Skilling을 구속하였다. 밤늦게까지 잠을 자지 않고 있던 몇몇 사람들이 911전화를 걸어 스킬링이 술에 취해 거칠게 행동하고 있고, 낯선 사람들에게 폭언을 하고, 도청장치를 찾는다고 어떤 여자의 블라우스를 잡아당기고, 길가는 행인을 FBI 요원이라고 욕하고 있다고 보고했다. 관할 유치장으로 그를 데리고 가는 길에, 경찰차는 오만과 기만 때문에 사기혐의로 고소 당해 자기회사가 몰락하기 전 엔론의 전성기에 그가 유력인사로 한때 자주 드나들었던 고층건물 거리를 지나갔다.

바로 몇 시간 후, 바로 그 고층건물 사무실 냉수기 주위에서는 회사간부들이 스킬링의 행동을 화제로 하고 있었다. 어떤 사람은 검찰의 심문에 대해 불평을 털어놓았다. 다른 사람들은 전 동료를 파멸시킨 총알을 피했다는 안도감을 털어놓았다. 그들은 모두 이구동성으로 엔론은 예외였다고 말했다. 에너지 거래회사인 엔론은 특이하게 운이 나빴거나 아니면 잘 돌아가고 있었던 시장에서 철저하게 나쁜 암적인 존재였다는 것이다.

그러나 이런 것들이 올바른 교훈이 될 수는 없다. 스킬링을 파멸시킨 힘은 불운이나 비정상적인 탈법보다는 은퇴에 대비하여 엔론을 포함한 여러 기업들의 주식에 투자해 왔던 시민투자자라는 새로운 대중계급의 부상과 관련되어 있었다. 과거의 경우와는 달리 엔론의 몰락은 단순히 거물들의 무혈사고로 끝나지 않았다. 이번 에는 엄청난 손실이 수백만 중산층 노동자들의 저축과 미래의 꿈을 송두리째 빼앗아 가버렸다. 이번 스캔들은 자연스럽게 전국적으로 - 궁극적으로는 세계적으로 - 기업의 잘못된 행동에 대한 저항에 기름을 부었다. 스킬링이 체포된 것도 이상한 사건이 아니었다. 그것은 기업의 새로운 시민주인들이 어떻게 기업의 낡은 경영방식의 종식을 요구하는가를 보여주는 도발적인 상징이었다.

시민주인이 원하는 새로운 경영방식은 무엇인가? 이 질문에 대한 해답으로, 세계에서 가장 강력한 기업들 가운데 하나인 GE와 잘 알려지지 않은 가톨릭 수녀회 연합 사이의 있음직하지 않는 관계를 보여주는 두 번째 이야기를 생각해 보자. 2002년에 GE 지분을 약간 보유하고 있는 여러 수도회들의 연금펀드는 GE의 연례 주주총회의 어젠다로 엉뚱하게 보이는 결의안을 청원하였다. 수녀들은 이사회에 온난화를 가져오는 온실가스 배출과 에너지 효율성을 높이고 기후변화에 대처하기 위한 방안에 대해 보고할 것을 요구하였다. 수녀들은 GE가 환경보호를 위해 어느 정도 책임을 지는 것이 회사를 위해 좋다고 주장하였다.

최고경영자인 제프리 이멜트Jeffrey Immelt는 처음에는 이 결의안을 거부했고 통상적인 항의만을 허용하였다. 하지만 주주총회에서 놀라운 일이 벌어졌다. 23%가 넘는 GE 투자자가 수녀들의 편을 들어 경영진을 압박하였다. 혼쭐이 난 경영진은 새로운 시민주주들이 그들에게 말하고 있는 것이 무엇인지를 재검토하기로 결정했다.

그들은 온실가스배출을 감소시키기 위해 무엇을 해야 하는지를 내부적으로 상세히 연구할 것을 지시했다. 연구결과는 놀라왔다. GE가 방향을 선회해서 에너지 효율성을 핵심 경영과제로 채택한다면 GE는 시장에서 회사의 명성을 높이는 동시에 5년 내에 적어도 100억 달러의 새로운 수익을 창출할 수 있다는 것이었다. 2005년에 GE는 이 일을 하기 위해 에코매지네이션[2]이라고 부르는 획기적인 프로젝트를 공개하였다.[1]

책임순환구조

GE는 결코 비정상적인 사례가 아니다. 시민자본가들은 새로운 시민경제를 구축하면서 세계에 걸쳐 근본적인 변화를 요구하기 시작했다. 먼저 책임순환구조에 그 증거가 나타나고 있다:

시민자본가인 소액주주들은 세계 도처에서 시민투자자의 힘을 일깨워

기관투자가로 하여금 책임 있는 포트폴리오와 행동전략을 채택하도록 압력을 행사함으로써

---

[2] (역자) 에코매지네이션(Ecomagination)이란 생태학을 의미하는 Ecology의 Eco와 GE 슬로건인 Imagination at work의 Imagination을 합친 것으로 2005년 5월 GE가 발표한 친환경적 상상력을 의미하는 미래 전략이다.

이사회로 하여금 주주에게 책임을 지는 방향의 광범위한 개혁을
받아들이도록 한다.

이는 기업과 기업경영진으로 하여금 기업의 성공을 기약하는 새
로운 "자본가 선언"을 지향하는 새로운 기업어젠다 구축을 가능
하게 함으로써

시민자본가들은 예전에 없었던 영향력을 발휘하게 된다.

이 책은 이사회 운영, 감사의 역할, 혹은 지배구조에 대한 교과
서가 아니다. 그런 역할을 하는 자료는 참고문헌에 제시되었다. 그
대신에 우리는 시장을 구성하는 모든 구성원들이 이제는 서로 조
화롭게 어울린다는 신선한 통찰을 제공한다. 우리의 목표는 이런
요소들을 시민경제로 연결시키는 기록되지 않은 규범을 설명하는
것이다. 그 다음에 우리는 혁신을 이끌어 나가고 완성시키기 위해
경영자, 투자자, 시민, 그리고 정책수립자가 사용할 수 있는 실용적
수단들을 제시한다.

시민경제로의 진입

시민경제civil economy 라는 말은 정확히 무엇을 의미하는가? 정치에
서 시민사회civil society 라는 말은 국민의 요구에 책임을 지는 민주주
의 정부를 유지하는 데 필요한 방대한 기관들을 정의하기 위해 사

용된다. 자유언론, 공정한 사법부, 시민단체, 정당, 노동조합, 종교 단체, 그리고 이와 관련된 시민에 대해 생각해 보라.

시민경제에는 이러한 것들과 비슷하지만 정치가 아니라 사업으로 훈련된 비슷한 범위의 유사 기관들이 관련되어 있다. 오늘날 이러한 기관들은 새로운 종류의 기업탄생을 촉진시키는 방향으로 서로 협력하고 있다. 성공하는 기업은 상업적 활력을 이용해 더 좋은 성과를 만들어 내는데 점점 더 능숙해지고 있지만 어디까지나 주주에 대해 책임을 진다는 전제하에서 그렇다.

어떤 기업들에게는 이러한 변화가 낯설다. 사업가들은 종종 탐욕과 단기적 사고의 사도라고 욕을 먹는다. 일부는 실제로 그렇다. 하지만 대다수의 미래지향적 비전을 가진 기업 지도자들은 세계화에 대한 대중의 분노, 작업현장과 중역실의 분리, 그리고 기업과 사회적 이익 사이의 잦은 충돌이 기업의 경쟁력을 저하시켜 일자리를 줄이고, 성장에 필수적인 기관들에 대한 공공의 신뢰를 떨어뜨릴 수밖에 없다는 사실을 이해한다.

전통경제로부터 시민경제로의 전환은 단순히 몇몇 사람들의 희망사항이 아니다. 오늘날 그것은 실제로 일어나고 있다. 물론 그것이 얼마나 지속될지 어떤 방향으로 진화할지는 의문의 여지가 있다. 그러나 기업의 경영자, 투자자, 그리고 관련 시민 누구도 그것을 무시할 수는 없다.

사업계의 마약

여기서 잠시 멈추어 이 책에서 우리가 확신을 가지고 주장할 수 없는 세 가지 문제를 생각해 보자. 첫째, 우리는 현재 상황에서 기득권자들이 소유구조 혁명에 의해 강요되는 변화를 쉽게 수용할 것이라는 환상을 갖고 있지 않다. 사실 우리는 각 장에서 시민자본가가 직면하는 장애물들을 간단히 다루고 있다. 전통을 고수하는 것을 과소평가할 수는 없다. 하지만 이 책에서 우리는 시민자본가가 대중적 관심을 바탕으로 잘 만들어내고 있는 많은 해법들을 부각시키기 위해 의식적으로 노력한다. 그러한 혁신들이 모두 성공하는 것은 아니다. 모든 진보는 어떤 때는 지나치게 무시당하거나 어떤 때는 지나치게 앞서 나가기도 한다. 진보는 때때로 한걸음 뒤로 물러서는 비용을 지불해야 두 걸음 앞으로 나갈 수 있다. 그러나 우리가 이 책에서 보여 주듯이 자본소유의 새로운 현실이 냉혹하기 때문에 진보가 이루어진다.

둘째, 우리는 사회적 책임을 수용하는 기업이 자동적으로 경쟁에서 이긴다고 주장하지 않는다. 그럴 수도 있지만 우리는 이에 대한 판단을 생각이 각기 다를 수 있는 학자들에게 맡긴다. 그 대신 우리는 시민자본가들이 사업계에서 오랫동안 승자와 패자를 정의하고 판단해온 기준 자체를 다시 쓰고 있다고 주장한다.

비유로서 올림픽 경기의 단거리 경주를 생각해 보자. 관중으로서 우리 모두가 정말로 관심을 갖고 있는 것이 좋아하는 선수가 어떤 경기에서 꼭 이기는 것이라면, 우리는 그 선수가 운동성과를 높이는 약물을 가능한 한 많이 투입하라고 권유할 것이다. 심지어 우리는 그가 다른 선수들의 다리를 걸어 넘어뜨리는 것을 칭찬하게 될 것이다. 하지만 우리는 그렇게 하지 않는다. 우리는 운동선수들이 공정하게 경쟁하는 것을 원하고, 현재와 미래의 모든 단거리 경주에서 선수들의 건강과 안전을 바라기 때문이다. 그리고 한 개인이 순수한 의지와 재능, 그리고 단련을 통해 이룰 수 있는 것과 같은 사회적 교훈에 진정한 관심을 가지기 때문이다. 그래서 우리는 승리한 선수들을 영웅으로 칭송하지만 그들이 일정한 제약조건하에서 경쟁할 때만 그렇게 한다.

사업계에서 마약Amphetamine[3]과 다리걸기에 해당되는 것으로 느슨한 스톡옵션, 공격적 회계처리, 단기업적주의, 자주 바뀌는 연금제도, 공해, 그리고 매수공작 등이 있다. 주주가 주가가 어떻게 결정되는가에 대해 별로 신경을 쓰지 않을 때 비양심적인 경영자는, 비록 자기가 하는 사업이 단기적인 실적을 보여준 다음 실패하거나 자기회사나 다른 회사에 손해를 끼칠지라도, 빨리 앞서가기 위해 이런 속임수들을 마음대로 이용할 수 있다.

시민자본가는 올림픽 경기를 관전하는 사람처럼 넓고 장기적인 관심을 갖고 있기 때문에 공정한 경쟁을 요구한다. 그래서 그들이 만들어 가고 있는 시민경제는 눈앞에 닥친 회계기간 동안만의 성공에 이르는 유리한 길을 찾아서 정도를 벗어나는 선택을 하는 개별 기업에 관련된 것이 아니다. 그것은 유인과 처벌을 통해 시장전

---

[3] (역자) 암페타민(Amphetamine)은 운동선수들이 경기능력을 일시적으로 높이기 위해 투입하는 각성제와 같은 마약을 말한다.

체에 장기간에 걸쳐 변화가 일어나도록 경로 그 자체를 바로 잡는 것에 관한 것이다. 그것은 최고경영자, 회사임원, 주주, 중개기관, 회계사, 그리고 시민의 새로운 행동방식을 의미한다.

　마지막으로 우리는 새롭게 등장하는 시민경제가 경제의 주도권을 둘러싼 사회적 갈등을 마술처럼 사라지게 하는 일종의 "역사의 끝"을 알린다고 주장하지는 않는다. 왜 그런가? 소유구조 혁명은 문제를 해결하기 위해 상이한 여러 수단을 사용하도록 하는 힘의 균형을 재조정할 뿐이고 그것이 문제 자체를 아주 없앨 수는 없기 때문이다.

변화의 추진

　저축예금 통장을 다시 보자. 우리는 자본이 개혁을 촉진시키는 원천이라는 것을 보여 주려고 한다. 거대한 투자펀드가 풀뿌리 저축자들의 이익을 반영하는 시민자본가로서 보다 적극적으로 행동함에 따라 이사회나 CEO가 점점 더 실용적인 새로운 틀에서 회사를 경영하도록 요구받고 있다. 그렇다. 시민투자자들은 기업으로 하여금 이익을 추구하도록 강한 압력을 넣고 있다. 결국 이익이 없으면 연금도 없다. 하지만 시민자본가는 기업의 이익이 회계처리 속임수의 결과가 아니라 진짜라는 것을 확실하게 하기 위해 세부적인 사항도 면밀하게 살펴본다. 단기적으로 높은 수익을 올리는 방향으로 사업을 하는 기업에서 벗어나 지속가능한 기업의 장기성과에 관심이 집중되고 있다. 보다 많은 펀드들이 기업은 공해와 같은 비용을 사회에 전가하지 않고 이익을 창출해야 한다고 주장한다. 왜냐하면 시민투자자가 납세자로서 그런 비용을 부담해야 하기 때문이다.

분명히 시민경제는 아직도 초기단계에 있다. 만만치 않은 장애물이 시민경제의 확산을 지연시키고 있다. 시계추는 움직이기 시작했다. 제프리 스킬링이 야간에 체포된 것은 사업계의 대가로서 그의 시대가 끝났다는 것을 재확인하였다. GE는 미래의 새로운 길을 가는 기업들 가운데 하나이다. 자기 자신이나 자기가 관리하는 조직이 가야 할 방향을 재설정하는데 실패한 지도자는 낙오될 것이다. 잘 적응하는 지도자는 커다란 성공을 거두게 될 것이다. 그렇게 되면 모든 사람들이 혜택을 보게 될 것이다. 왜냐하면 올바르게 나가는 시민경제는 시민자본가로 하여금 지속가능하고 널리 퍼져있고 공평하며 대중의 신뢰에 바탕을 둔 번영이 이루어질 가능성이 커진다는 긍정적인 전망을 갖게 하기 때문이다.

그 방법을 찾기 위해 우리가 처음 접한 수수께끼로 되돌아가 보자. 어떻게 3조 달러가 시민투자자가 모르게 자본에 굶주린 기업의 손을 통해 사라졌는가? 이 비밀을 밝히면, 우리는 새로운 기업 어젠다에 대한 로드맵을 이해할 수 있을 것이다.

감사의 말

세계 도처의 수많은 사람들이 시민경제 발전에 기여하고 있다.
그러나 그 가운데서도 소수의 몇몇 사람들이 시민경제가 제시하는
가능성과 함정을 우리가 이해하는데 특별히 도움이 되는 지혜와
조언을 제공해 왔다. 이러한 점 때문에 우리는 이들을 시민경제학
자라고 부르고자 한다. 여기에는 Jamie Allen, Phillip Armstrong,
André Baladi, Macro Bechet, Igor Belikov, Pierre Bollon, Gordon
Brown MP, Matt Brown, Steve Brown, Tim Bush, Peter Butler, Sir
Adrian Cadbury, Jonathan Charkham, Peter Clapman, Bill Christ, Frank
Curtiss, J. Sanford Davis, Peter Day, Sandy Easterbrook, Jesus
Estanislau, Harrison J. Goldin, Jeff Goldstein, Peter Gourevitch, Sandra
Guerra, Jim Hawley, Alan J. Hevesi, Patricia Hewitt MP, Marianne
Huvé-Allard, Mats Isaksson, Hasung Jang, Jeff Kindler, Paul Lee,
Pierre-Henri Leroy, Michael Lubrano, Bob Massie, Alan McDougall,
Colin Melvin, Ira Millstein, Nell Minow, Bob Monks, Carol O'
Cleireacain, Taiji Okusu, Bill Patterson, David Phillips, Iain Richards,
Alastair Ross Goobey, Howaed Sherman, James Shinn, Anne Simpson,
Tim Smith, Christian Strenger, John Sullivan, Raj Thamotheram, Dario
Trevisan, Shann Turnbull, Paulo Conte Vasconcellos, David Webb, Ted

White, Ralph Whitworth, John Wilcox, Andrew Williams, 그리고 Ann Yerger와 같은 이들이 있다. 우리는 또한 Mikael Lurie의 연구로부터 도움을 받았고 Josie Reason으로 부터도 많은 도움을 받았다.

우리는 또한 이 책이 일련의 논문들로부터 잘 정리된 단행본으로 발전하도록 도와준 Gail Ross, Howard Yoon, 그리고 Jacque Murphy 에게도 고마운 마음을 전한다. 그러나 이 책에 남아 있는 어떤 오류 도 모두 저자들의 책임이다.

The New Capitalists

차 례

제1부 시민자본가의 등장

제2부 시민자본가 책임순환구조

시민자본가의 등장

The New Capitalists

part **1** *The New Capitalists*

1
시민경제

소유의 민주화

우리 가운데 누구도 스스로를 거대한 다국적 기업의 운명을 좌지우지할 능력이 있는 거물로 생각하지 않는다. 하지만 적어도 숫자에 의하면 우리는 스스로를 거물로 생각해야 한다.

세계에서 가장 큰 기업인 GE를 보자. 에너지 관련 세계적 대기업인 GE의 가치는 2006년도에 놀랍게도 1조 달러의 30%를 넘는 3,500억 달러이다.[1] 이는 인도네시아 전체 인구 2,000만 명이 1년 동안 아무것도 소비하지 않고 일해도 이 거대기업을 사기에 충분한 루피아를 저축하기 어려운 어마어마한 돈이다.

누가 GE를 소유하고 있는가? 거물들이 아니다. 주주 명부를 살펴보면 최대 주주들 가운데 단 하나의 거물도 찾기 어렵다. GE의 최대주주는 거대 금융기관인 바클레이즈 은행, 스테이트 스트리트, 그리고 피델리티 등 이다. 이러한 펀드들이 GE를 소유하고 있다.

그러나 이들이 갖고 있는 자본은 자기들 것이 아니다. 이들은 투자를 위한 저축을 모으고 전문적인 투자관리 서비스를 제공하는 회사들을 일상적으로 고용하는 수천만에 달하는 사람들로부터 위탁을 받아 활동한다.

이 말은 결국 대부분의 경우 여러분이 GE를 소유하고 있다는 것을 의미한다. 이 책을 읽는 사람들은 대부분 은퇴에 대비해 어떤 형태로든 저축을 하고 있다. 여기에는 전통적 연금, 미국의 401k, 혹은 영국의 ISA와 같은 확정기여형 연금, 뮤추얼 펀드, 종신보험 퇴직연금 등이 있다. 그렇다면 우리는 모두 은행, 중개인, 펀드매니저, 그리고 보험회사를 통해 GE의 지분을 조금씩 소유하고 있다.

이런 형태의 소유구조는 세계적인 현상이다. 영국의 2대 주식소유자는 리처드 브랜슨Richard Branson경이나 여왕도, 심지어 제이 케이 롤링J.K.Rowling도 아니고 브리티시 텔레콤 노동자 연금과 광산노동자 연금이다. 이 두 연금은 합해서 80만 명에 이르는 사람들을 대표하고 있다. 미국에서 상위 1,000개의 연금펀드가 거의 5조 달러에 이르는 자산을 보유하고 있는데, 상위 5개 펀드는 연방 공무원 퇴직연금을 포함해서 캘리포니아(2개), 뉴욕, 플로리다의 공무원 연금펀드를 대표한다.[2] 덴마크에는 노동자 연금펀드인 ATP가 있고, 네덜란드에는 공공서비스 펀드인 ABP가 있다. 이 펀드들은 각각 수천 개 기업의 주식을 보유하고 있다.

전체적으로 합해 보면 오늘날 노동자들은 저축을 통해 세계에서 가장 강력한 기업들의 주식을 상당부분 소유하고 있다. 과거에는 그렇지 않았다.

1970년대에는 소수의 부유한 개인들이 기업을 통제하였다. 대표적인 미국 기업에서 소액투자자를 대변하는 금융기관은 단지 주식의 19%만을 소유하고 있었는데, 이것은 전체 인구 가운데 상위 1% 부유층 개인들이 소유한 것보다 훨씬 적은 것이었다.[3] 이와는 대조적으로 오늘날에는 모든 미국 주식의 절반 이상을 펀드가 소유하고 있다. 상위 100대 자산관리회사들이 모든 미국 주식의 52%를 통제한다.[4] 게다가 이런 추세가 역전되는 기미는 전혀 보이지 않는다. 컨퍼런스 보드[1])에 따르면 기관투자가가 2004년 상위 1,000대 미국 상장기업 주식의 69.4%를 소유하고 있는데, 이 비율은 2000년의 61.4%보다 급격히 증가한 것이다.[5] 이와 유사한 경제적 권력구조의 급격한 이동은 영국에서도 발생했다. 1963년에는 대부분의 부유층 개인들이 영국 주식의 54%를 소유했다. 지금은 이들의 주식소유비율이 15%보다 작은 반면 기관투자가는 70% 이상을 소유하고 있는데, 이것은 1963년의 25%로부터 급격히 상승한 것이다.[6] 호주, 프랑스, 독일, 일본, 네덜란드, 그리고 스웨덴 등 사실상 세계 주요 자본시장에서 기관투자가가 보유한 자본이 부유층 개인들의 자본을 앞서기 시작했다.

한때는 국가 혹은 로스차일드와 메디시스와 같은 상인이나 왕자

---

1) (역자) 미국의 비영리 민간 경제조사기관으로, 1916년 대중의 산업에 대한 신뢰성 상실, 노동계 동요 등으로 경제위기가 도래하자 범산업간 대기업 총수들의 회의를 통해 이를 타개하기 위한 목적으로 창설되었다. 현재 67개국 3천여 개 이상의 경제단체, 산업별 협동조합, 노동조합, 대학 등의 다양한 회원 네트워크를 통해 경제경영에 대한 조사활동을 수행하고 있다. 또한 1995년부터 미 상무부의 의뢰를 받아 소비자신뢰지수(CCI: Consumer Confidence Index), 경기선행지수(Leading Economic Indicators) 등 경기지수를 매달 조사, 발표하고 이를 통해 객관적인 비즈니스 상황을 분석한다. 월간 단위로 일본, 영국, 독일, 프랑스, 호주, 멕시코, 한국 등의 경기지수도 발표한다.

의 영역이었던 국가 전체의 경제적 부를 움직이는 권력을 이제는 은퇴를 위해 저축하는 경찰관, 자동차회사 노동자, 그리고 컴퓨터 프로그래머를 대변하는 기관투자가가 장악하였다.[7] 이 책의 전제는 이러한 변화가 혁명적이라는 것이다. 이러한 변화는 우리들 각자가 생각하는 은퇴 자금의 액수로부터 국가경제의 활력으로까지 우리의 일상생활에 대단히 큰 영향을 주고 있다. 경영학의 대가인 피터 드러커Peter Drucker는 일찍이 1976년에 간행된 **보이지 않는 혁명** The Unseen Revolution에서 이러한 자본의 대이동을 예언하였다.[8] 이제 "시민자본가"라는 새로운 자본가의 시대가 눈에 보인다.

풀뿌리 거물

그렇지만 너무 앞서 나가지는 말자. 결코 모든 사람들이 시민 투자자가 될 수 있을 만큼의 저축을 하고 있는 것은 아니다. 인구의 상당부분이 빈곤상태에 있다. 수많은 사람들이 은퇴자금은 고사하고 하루하루를 살아가기 위한 돈도 벌기 어렵다. 게다가 매일매일 신문의 일면기사는 어떻게 기업들이 퇴직연금을 줄이고 있는가를 추적하고 있다. 비정규직이나 저소득 노동자는 종종 퇴직연금을 전혀 받지 못한다. 오랫동안 일할 수 있는 정규직 일자리를 갖고 있는 사람들도 은퇴 후 생활자금으로 믿어왔던 자원에 대해 불안해 하고 있다.

하지만 저축의 대중화가 요원하다는 것을 인정하더라도 과거에 볼 수 없었던 소유구조의 전환이 이루어졌다. 앞서 제시한 통계는 주식소유에서 기관투자가가 개인 부자를 대체했다는 것을 시사한다. 그러나 좀 더 깊이 들어가서 대규모 펀드가 단지 부자를 지칭하는 다른 이름인지 아니면 실제로 광범위한 대중들이 자본형성에 새로이 참여하고 있다는 것을 반영하고 있는지를 검토해 보자.

여기에 근본적인 질문이 있다: 이러한 기관투자가는 누구의 돈을 관리하고 있는가? 기관투자가는 누구에게 책임을 지는가? 자료를 쉽게 얻을 수 있는 영국과 미국을 보자.

얼마나 많은 수의 영국 가정이 주식에 투자하는 연금이나 보험에 가입해 있는가? 최근 정부 서베이에 의하면, 영국노동자의 약 55%가 사적 연금에 돈을 적립하고 있고 이외에도 10%에게는 돈을 적립해 주는 배우자가 있다. 다른 노동자들은 지금은 적립하지 못하고 있지만 과거에는 적립했었다. 따라서 몇몇 공공부문 연금들이 주식투자를 하지 않고 있다는 것을 감안해도 전체인구의 2/3 정도가 연금을 통해 주식투자에 관심을 가지고 있다.[9] 다른 서베이는 생명보험에 대해서도 비슷한 통계를 보여준다. 영국 가정의 47%가 생명보험에 가입하고 있고, 15%는 보험회사가 제공하는 연금에 가입하고 있다.

1989년에 전체 가정의 1/3 이하가 주식을 보유하고 있었던 미국에서도 통계는 비슷한 이야기를 하고 있다. 오늘날 미국 가정의 50%내지 60%가 저축한 돈을 주식시장에 직접 투자하거나 뮤추얼펀드나 퇴직연금을 통해 간접적으로 투자하고 있다. 이러한 구조

변화는 자기인식에도 변화를 가져왔다. 1990년대 초에는 미국 투표권자의 오직 20%가 자기를 투자자라고 인정했지만 지금은 반 이상이 스스로를 투자자라고 인식하고 있다.[10] 이러한 추세는 기업들이 전통적인 연금을 빠르게 확정기여형 퇴직연금으로 대체하고 있기 때문에 계속될 수밖에 없다. 기업들은 투자결정과 위험감수를 종업원들에게 떠 넘기고 있다.

분명히 미국과 영국 인구의 35% 내지 45%에 달하는 수많은 사람들이 주식투자를 통한 미래저축 계획을 갖고 있지 않다. 그러나 전체인구의 상당부분은 - 주요 선거에 참여하는 투표율보다 더 많은 55%에서 65% - 어떤 형태로든 자본시장에 참여하고 있다. 전문가들과 정치인들은 "투자자 계급"이 북미, 유럽, 호주, 그리고 이제는 아시아의 일부 국가에서 부상하고 있다고 주장한다. 우리는 이런 사람들을 시민자본가라고 부른다.

빈부격차 해소

시민투자자들의 연금에 대한 권리가 공평하지 않은 것은 당연하다. 고소득 경영자들은 공장노동자들보다 훨씬 더 많은 돈을 자기 퇴직연금을 위해 투자해 왔다.[11] 하지만 양쪽 모두 기업연금펀드와 같은 공동 투자 상품을 통해 투자했을 가능성이 크다. 펀드는 단지 부자들에게만이 아니라 모든 투자자들에게 책임을 진다. 대부분의 신탁법에서 연금펀드는 가난한 연금가입자에게 손실을 입히면서 부유한 연금가입자에게 혜택을 주는 투자전략을 추구할 수 없으며 그 반대도 불가능하다.

다른 말로 표현하면, 소액주주의 영향력은 공동의 저축·투자 제도를 통해 확대된다. 캘리포니아 캘퍼스CalPERS 연금 이사회, 혹은 피델리티의 펀드매니저, 혹은 보험회사 AXA의 사장은 연금펀드, 뮤추얼 펀드, 혹은 연금에 참여하고 있는 모든 사람들에 대해서 동일한 수탁자 의무를 갖는다. 이사회 혹은 펀드매니저는 연금 잔고가 단지 500 달러밖에 되지 않는 임금이 낮은 신규 고용 노동자와 잔고가 100만 달러를 초과하는 곧 은퇴할 예정인 고위 경영자를 차별할 수 없다. 이러한 펀드들은 기업과 국가에 대해서 문제를 제기할 때 경영자뿐만 아니라 교사나 버스 운전자의 이익을 대변한다. 그리고 합쳐진 자본의 규모가 너무 크기 때문에 펀드가 하는 이야기를 무시할 수 없다.

어떤 사람들은 미국과 영국에서는 모든 상황이 아주 좋다고 말할지도 모른다. 미국과 영국에서 기업의 주식이 일반적으로 널리 분산되어있어 펀드는 다른 나라에 비해 더 큰 영향력을 갖는다. 유럽, 일본, 브라질, 한국, 그리고 세계 다른 나라들은 어떤가? 많은 나라에서 재벌과 은행은 기업에 대해 지배적 영향력을 행사하고 있는데, 이것은 그들이 기업을 통제할 수 있는 충분한 지분을 갖고 있기 때문만은 아니다. 그들은 자기들의 영향력을 의도적으로 확대시키기 위해 선거구를 멋대로 개편하는 정치적 게리맨더링gerrymandering과 유사한 전략에 자주 의존한다. 무의결권 주식, 의결권 행사 제한, 계열기업의 주식소유, 유령주식, 이중투표, 그리고 피라미드 소유구조를 생각해 보라. 그러나 게리맨더링 기법은 유럽과 그 외 지역에서 사라지고 있는데 이것은 시민자본가 펀드의 세계적인 확산과 이에 따른 많은 기업들의 시민자본가 펀드 노출에 기인하는 것이다.

영국과 미국 밖의 사례를 과대평가하거나 과소평가해서는 안 된다. 마르코 베트Marco Becht와 콜린 메이어Colin Mayer에 의하면 유럽과 같은 지역에서는 아직 실제 소유구조에 대한 자료를 얻을 수 없다.[12] 하지만 우리는 주식소유의 분포는 아닐지라도 비중에 대한 몇 가지 사실들을 알고 있는데, 이러한 사실들은 비슷한 변화가 많은 선진국들에서 일어나고 있다는 것을 암시한다. 예를 들어 네덜란드에서는 기관투자가들이 1992년과 1999년 사이에 주식투자 비중을 27% 증가시켰다. 같은 기간에 프랑스에서는 기관투자가의 주식투자 비중이 23% 증가하였고 독일에서는 18% 증가하였다.[13] 이런 변화로 일반투자자에게도 주식시장이 중요하게 되었다. 예를 들어 프랑스에서는 가계의 가처분소득 대비 주식소유 비중이 2001년 현재 144%였는데, 이것은 심지어 미국보다 높고 영국의 두 배에 달하는 것이다. 가계소득에 대한 비율로 보면 G7 국가들 중에서 이태리와 캐나다 사람이 영국 사람보다 더 많은 주식을 보유하고 있다.[14]

더구나 미국, 영국, 그리고 네덜란드에서 온 해외 기관투자가의 영향력이 증가하고 있고, 이것은 여러 국가의 시장에서 주식투자 문화의 확산을 증폭시키고 있다(핵심사례 : "시민투자자가 국가를 움직인다" 참조). 프랑스, 벨기에, 스웨덴, 독일, 네덜란드, 그리고 다른 EU 국가에서 해외 기관투자가들이 대형 상장회사들의 지분을 30%에서 75%까지 소유하고 있다.[15] 일본에서 이 숫자는 2004년에 24%였다.[16] 한때 주주행동주의에 대해 난공불락의 요새를 구축하고 있는 것으로 생각되었던 셸과 유니레버와 같은 다국적 기업이 최근 들어 투자자들을 만족시키기 위해 오래된 지배구조 전통을 없앴다는 것은 놀라운 일이 아니다.

다시 말해서 영미지역 밖의 국가에서는 출발점이 다를 수 있다. 변화속도도 다를 수 있다. 규정, 법, 그리고 공동 저축수단들도 다를 수 있다. 그러나 시민경제를 향한 여정의 방향은 같다.

자금 흐름

왜 주식소유가 소수의 엘리트 계층으로부터 일반대중으로 확산되었을까? 이러한 변화의 요인은 인구통계학과 경제학으로 설명할 수 있다.

인구통계학적 설명은 분명하다. 세계인구가 증가하고 노동자와 중산층이 지속적으로 확장됨에 따라 은퇴자금에 대한 수요가 증가하고 있다. 한편 의료서비스의 질과 생활수준이 높아짐에 따라 은퇴 이후 사람들의 생존 기간이 늘어나고 있다. 경제학적 설명도 마찬가지로 분명하다. 북미와 유럽에서 제2차 세계대전 이후의 베이비붐으로 연금 연령에 근접하는 노동자의 수가 증가함에 따라 정치인과 시민은 정부의 은퇴 대비 프로그램이 충분하지 않다는 냉혹한 거시경제적 현실에 직면하게 되었다. 정부의 프로그램은 적립식연금제도로 보완될 필요가 있다. 장기간에 걸쳐 부를 축적할 수 있도록 개인들이 은퇴하기 훨씬 전에 연금적립시스템을 통해 투자할 필요가 있다. 따라서 세계 각국 정부는 시민의 은퇴자금을 적어도 부분적으로나마 사전에 적립시키기 위해 매우 다양한 프로그램을 개발해 왔다. 게다가 정책입안자들은 주식투자가 장기적으로 채권투자보다 높은 수익을 창출한다는 것을 일관성 있게 지적하는 연구 결과에 주목하고 있다. 결과적으로 주식 소유와 투자 문화가 확산되었다.

또한 기관투자가 자본이 세계시장을 대상으로 투자하고 있다. 미국과 영국의 기관투자가들이 이런 움직임을 이끌고 있다. 북미와 영국 자본만 해도 세계 300대 연금펀드 보유자산의 약 61%를 차지하고 있다.[17] 미국, 캐나다, 그리고 영국의 펀드를 합치면 이들은 세계 10대 증권시장에서 기관투자가들이 보유한 32.1조 달러 자산의 70%를 대변한다.[18] 간단하게 말하면, 파리의 유로넥스트Euronext 주식시장에서 거래되는 대표적인 프랑스 다국적기업이 외부자금을 필요로 하게 되면 자국 내 투자자들뿐만 아니라 텍사스, 요크셔, 그리고 온타리오의 은퇴자를 대변하는 펀드에 주식을 팔아야 한다.

비록 여러분 개개인은 자신을 국제적인 갑부라고 생각하지 못할 수도 있지만 시민투자자들은 하나의 집단으로서 세계경제의 막대한 부분을 소유하고 있다.

주인 없는 자본주의

시민투자자들이 힘을 갖고 있다고 느끼지 못하는 것은 소유권 행사를 다른 사람에게 이양했기 때문이다. 이 책의 각 장은 우리 모두가 책임을 불완전하게 위임함으로써 기업들로 하여금 책임을 지게 만드는데 실패했다는 것을 자세히 보여준다. 그 다음에 우리는 책임경영을 재정립하고 시민경제를 발전시키기 위한 여러 가지 새로운 방법들을 제시한다. 하지만 이런 방법들이 먹혀들어가지 않으면 참담한 결과가 생긴다.

저축자가 스스로를 주인이라고 생각하고 행동하지 않을 때 기업은 마치 책임이 없는 것처럼 마음대로 행동하게 될 것이다. 책임의식이 없으면 힘은 남용될 수밖에 없고 극단적으로는 스캔들이 생긴다. 예를 들면 영국에는 맥스웰과 폴리펙; 미국에는 엔론, 타이코, 월드컴, 그리고 아델피아; 유럽에는 파르마라트, 아홀드, 그리고 스캔디아; 호주에는 HIH와 One.tel; 일본에는 라이브도어가 있다.

사례 : 시민투자자가 국가를 움직인다

2002년 2월에 필리핀 마닐라 종합주가지수는 하루에 3.3% 하락하였다. 미국에서 가장 큰 연금펀드인 캘리포니아 공무원 퇴직연금(CalPERS)이 필리핀 주식시장에 투자하지 않겠다고 발표했기 때문이었다. 캘퍼스는 필리핀의 시장하부구조, 법 규정, 그리고 절차가 수용 가능한 위험수준을 넘어서고 있다고 결정했다.

필리핀 정부는 이런 결정을 되돌리기 위해 2년 동안 노력했다. 필리핀 정부는 그 동안 법을 개정했고 절차를 바꿨으며 캘퍼스의 캘리포니아 새크라멘토 본사에 특별대사를 보내 결정을 번복해줄 것을 요청했다. 이런 노력이 효력을 발휘했을까? 캘퍼스가 불참결정을 번복한 날 마닐라 증권시장은 3개월 최고치로 장을 마감하였다. 미국주재 필리핀 대사인 앨버트 델 로사리오는 캘퍼스의 결정이 세계 투자자들에게 필리핀 증권시장에 투자해도 좋다는 메시지를 전달했다고 설명하면서 "캘퍼스의 투자가 유지되는 것이 중요하다" 고 말했다.[a]

로사리오는 개인들이 필리핀 기업에 투자하기를 원했지만 실제 투자는 개인 투자자금을 모은 기관에 의해 이루어진다. 대부분의 연금펀드와 마찬가지로 캘퍼스는 부유하지 않은 사람들의 퇴직을 위한 저축을 반영한다. 로사리오 대사는 버스운전사, 하수처리 노동자, 소방관과 같은 캘퍼스의 어떤 회원도 개인적으로 만나지 못했을 것이다. 하지만 이것이 요점이다. 부자가 아닌 사람들이 점점 더 많이 다양한 공동 저축/투자 수단을 이용해서 주식을 소유한다. 캘퍼스가 필리핀에서 회수하겠다고 이야기한 돈은 펀드자산의 0.05%에 불과했고, 이것은 100 달러 가운데 1 니켈에 해당하는 것이었다. 여러분은 아마도 1 니켈 정도는 소파 쿠션 아래 방치해 놓았을 것이다. 그러나 그 돈 액수에 그 당시 캘퍼스가 관리하고 있었던 1,750억 달러를 곱하면 8,500만 달러가 된다.[b]

a. Andy Mukherjee, "CalPERS Flips and Flops in Philippines-Again," Bloomberg News Service, April 22, 2004; CalPERS press release, April 19, 2004.

b. Embassy of the Philippines, "Philippines is Retained by CalPers in Its Permissible List," press release, January 31, 2005.

　기업의 잘못된 행동이 범죄 수준에 이르는 경우는 별로 없다. 하지만 책임의식의 결여는 주주자본, 종업원, 그리고 환경에 악영향을 미치는 일상 활동을 통해 그 모습을 드러낸다. 몇 가지 예를 들어보면 다음과 같다. 기업경영자는 자사주 매입, 배당, 그리고 다른 방법을 통해 현금을 주주에게 돌려주기 보다는 지배영역을 확장하기 위해 현금을 불필요하게 보유하고 있거나 가치창출이 의심되는 기업인수에 투자할 수 있다. CEO는 전략적 행동을 연기시킬 수 있다. 그는 경영자 판공비 계좌와 자기의 특권을 보호할 수 있다. 그는 주주의 자본을 지배주주에게 이전시킬 수 있다. 그는 경쟁 기업이 부상하더라도 안정되고 예상할 수 있는 현재상황이 악화되는 것을 두려워하여 기업가정신을 억누를 수 있다. 기업은 고용, 가치, 그리고 영업권을 감소시키면서 불필요하게 침체상태에 빠질 수 있다. 다시 말해 기업은 아무도 사업에 신경을 쓰지 않는 것처럼 행동할 수 있다.

　자본주의에서 이것은 치명적이다. 시민경제에서 기업의 성공은 상황이 나빠질 때는 변화를 이끌고 우수한 전략을 보상할 만큼 충분히 깨어있는 주인에게 달려있다. 이 분야의 선구자인 밥 멍크스 Bob Monks는 이에 대해 다음과 같은 유명한 말을 남겼다. "주인 없는 자본주의는 실패한다." 시장에서 책임의식이 무너지면 그 비용을 감당할 수 없다.

　주인이 소유권을 제대로 행사하지 않을 때의 손실을 어떻게 계산할 수 있을까? 추론을 통해 계산해야 한다. 하버드 대학의 마이클 젠슨 Michael Jensen은 1977년부터 1988년까지의 기간 동안 단지 몇 개의 기업들의 부실경영으로 5,000억 달러의 가치가 사라졌다고 추정했다. 적대적 매수합병으로 경영진이 교체되었고 잃어버린 가치를 회복시키기 위해 상장이 폐지되었다. 이것은 단지 소수 기업이지만 좋지 않은 경영행태에 기인하는 막대한 손실이다. 젠슨은 "자원의 통제와 사용에 대한 주주와 경영자 사이의 이해상충이라는 상장기업의 최대약점" 때문에 기업가치가 손상됐다고 주장했다.[19]

이사회의 성과를 증진시키기 위한 지침이 있어야 한다면 이런 것이 바로 이사회의 행동지침이 될 것이다. 젠슨의 발견은 기업이 주주의 이익을 위해 움직이도록 이사회를 바꾸면 엄청난 혜택이 있을 수 있다는 것을 보여주었다.

이후 이어지는 모든 연구가 이것을 확인하고 있다. 예를 들어 경영컨설팅 회사인 맥킨지 앤컴퍼니는 미국 기업의 주식을 보유하고 있는 펀드매니저들이 지배구조가 좋지 않은 기업보다 지배구조가 좋은 기업에 대해 14% 이상 더 지불할 용의가 있다고 말했다고 전한다. 미국기업들의 가치를 합하면 약 15조 달러가 된다. 따라서 이들의 절반에 대해서만 14%의 가치를 산정하더라도 1조 달러 이상이 된다[20] 지구상의 어느 곳을 보더라도 이런 숫자는 놀라운 것이다. 투자자들은 영국에서 12%, 이태리에서 16%, 일본에서 21%, 그리고 브라질에서 24% 더 지불할 용의가 있다고 한다.

3조 달러 갭

물론 투자자들이 단지 "지배구조가 좋은" 기업에 투자한다고 해서 "이익을 내는" 기업에 투자할 경우보다 자동적으로 더 많은 돈을 벌 것 같지는 않다. 주식시장은 바보가 아니다. 지배구조가 좋은 기업의 주식은 좋지 않은 기업의 주식보다 가격이 높을 것이다. 그러나 미시건 대학, 스탠퍼드 대학, 맥켄지 앤 컴퍼니, 그리고 도이치 뱅크의 연구를 위시한 학계와 산업계의 연구들은 펀드가 시장에서 활동적으로 움직일 때 그들의 투자가치를 높일 수 있다는 것을 보여준다.[21]

영국에서 헤르메스Hermes가 운영하는 획기적인 주주가치 지향 펀드는 자신의 투자자를 위한 이익을 창출했을 뿐만 아니라 자신이 투자한 기업들의 가치를 수십억 달러 증가시켰다고 주장할 수 있다.[22] 그리고 이러한 혜택은 바로 기업들에게 귀속된다. 지배구조를 개선해서 주주들의 감시에 적절히 대응한 기업들은 자본비용을 낮출 수 있다.

연구에 의하면 주주행동주의와 이에 따른 기업지배구조 개선은 한 나라의 경제를 획기적으로 발전시킨다. 기업지배구조가 부실한 국가의 부와 일자리는 감소한다. ANZ은행은 뉴질랜드에서 부실한 기업지배구조로 1998년에만 GDP의 7%에 달하는 주주가치 손실이 있었다고 추정한 바 있다.[23]

몇 가지 계산을 해보자. 시장이 과거에 지배구조가 부실했던 기업에 대한 의견을 바꾼다고 하고 재평가를 해보면 그 기업의 주가가 당장 10%는 상승할 수 있다. 세계적으로 보면 재평가에 의한 가치상승은 3조 달러가 될 수 있다. 다시 말해서 이사회 행동이 획기적으로 바뀌어 기업들이 진정으로 주주의 이익을 위해 운영된다면 세계경제 전체로 3조 달러에 달하는 가치상승이 가능하다. 이러한 가치는 다른 비금융적 혜택을 제외하더라도 세계 64억 남녀노소 모든 사람들이 약 500 달러를 얻게 되는 것과 같다.[24]

하지만 3조 달러의 가치 상승은 시민경제가 제공하는 하나의 상일뿐이다. 초기 연구들은 주주중시 경영을 하는 기업이 경영자나 지배주주의 특별한 이익을 위해 경영되는 기업보다 더 많은 일자리를 창출한다는 것을 보여주었다. 맥켄지 앤 컴퍼니는 주주가치를 추구하는 방향으로 기업구조조정이 이루어진다면 한 나라의 실업률이 2% 정도 감소될 수 있다고 추정한 바 있다.[25] 반대 측면을 보자. 2005년에 경제정책연구소 Economic Policy Institute는 미국에서만 320만개 일자리의 "고용적자employment deficit"를 보고하였다. 다시 말해서 경제순환과정에서 창출되었어야 하지만 실제로 창출되지 못한 일자리가 320만개라는 것이다.[26] 새로운 연구에 의하면, 일자리가 창출되지 못한 주요 원인은 엔론을 망하게 하고 미국기업 10개 가운데 하나로 하여금 수정된 손익계산서를 제출하게 만든 회계조작이다. 불안한 기업들이 비용을 줄이면서 2001년과 2002년에 60만개의 일자리가 추가적으로 없어졌다. 주주가 주주로서 행동하지 않거나 못할 때 고용이 감소된다는 것을 알 수 있다.[27]

점점 더 많은 사람들이 시민주주의 확산이 우리에게 시사하는 바를 깨닫게 되었다. 제임스 홀리James Hawley와 앤드루 윌리엄스

Andrew Williams는 초대형 연금펀드들이 자기들의 투자자산뿐만 아니라 경제전체에 관심을 갖게 되는 "공동 소유자universal owner"로 행동한다고 주장한다.[28] 우리는 요즈음 모든 사람들이 노동자, 주주, 소비자, 이익단체, 규제당국, 경쟁자, 공급자라는 여러 가지 역할을 동시에 수행하는 경제시스템에서 살고 있다. 이들 간의 관계는 한때는 일차원적이고 선형적이었지만, 오늘날은 매우 복잡하게 상호 관련되어 있다. 투자자 - 연금가입자 - 종업원 - 소비자 - 시민으로 시작되고 끝나는 책임경영의 새로운 순환구조가 만들어지고 있는 것이다.

시민자본가 책임순환구조

이 책의 1부는 바로 여기에 초점을 맞추고 있다. 유명한 경영학자들은 종업원 모두가 자신의 성과에 대해 누군가에게 보고하는 내부책임이 회사를 효율적으로 만든다는 것을 보여주기 위해 많은 연구를 해왔다. 그러나 그들은 상장기업 이사회가 누구에게 보고해야 하는가라는 중요한 질문을 건너뛰고 있다. 이사와 주주가 모두 부속품같이 행동했던 시절에는 이 질문은 그리 문제가 되지 않았다. 그러나 시민자본가가 깨어나고 있는 이 시기에 실제 책임구조는 기업전체에 영향을 준다.

[그림 1-1]은 책임이 어떤 구조로 얽혀 있는가를 보여준다. 기업경영자는 이사회에 보고하고 이사회는 펀드매니저의 고객인 주주에게 보고하는데 펀드매니저는 종종 연금수탁자 혹은 다른 펀드

관리자가 고용한다. 이러한 의사결정권자들은 자기들이 투자하려고 하는 연금과 저축을 갖고 있는 종업원들의 재산관리에 책임을 진다.

따라서 종합하면 상장기업의 노동자는 결국 주주에게 보고하는데 이러한 주주는 공급업자, 경쟁기업, 그리고 고객뿐만 아니라 노동자, 은퇴자, 노동자의 가족들이다. 기업은 모든 사람들의 복잡하고 장기적인 이익을 효율적으로 극대화할 수 있는 유인을 찾아야 한다.

[그림 1-1] 책임순환구조

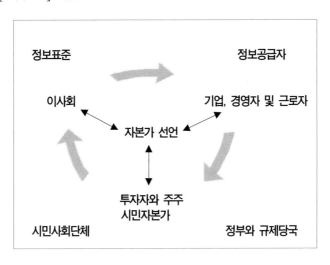

대부분의 기업경영자는 시민투자자의 등장으로 책임의 중요성이 커지고 있다는 것을 알고 있다. 그러나 [그림 1-1]이 시사하는 바와 같이, 단지 기업의 책임만이 문제가 되는 것은 아니다. 기관투자가의 책임, 다시 말해 기관투자가가 우리 자본을 투자한 기업을 감독하는 역할을 잘 수행하는 것도 중요하다. 책임순환구조에서 모든 핵심요소들이 잘 움직이면 소위 시민경제가 작동하게 된다. 시민경제의 의미가 무엇인지를 살펴보자.

단계적으로 시민자본가가 확산되고 깨어남에 따라 규율과 행동의 변화 측면에서 지금까지 별로 주목받지 않았던 수많은 혁신이 이루어졌고 이러한 혁신이 곧 시장의 규범이 되었다. 다시 말해 사업계에서 책임에 대한 새로운 표준원칙이 확립된 것이다. 어떤 것은 자발적이고 어떤 것은 강제적이고, 또 어떤 것은 명시적이고 어떤 것은 묵시적이지만, 이러한 표준원칙의 기본구조는 이사회의 역할을 재 정의하고, 투명성을 강화하고, 주주들에게 투표권을 주었으며, 이사 선임과정을 전면적으로 개선하였다. 또한 법과 규제도 특정한 결과를 강요하는 것보다는 시장의 힘으로 책임경로가 자체적으로 마련될 수 있도록 책임 순환구조의 취약한 부분을 보완하는 방향으로 개정되었다.

이제 우리는 시민사회를 반영하는 시민경제가 싹트고 있는 것을 확인할 수 있는 곳에 도달하였다. 정치영역에서 시민사회는 민주주의적 제도, 권력의 분산, 그리고 개인자유의 보호에 의해 유지된다. 올바르게만 다루어지면, 이들은 대부분의 구성원들에게 혜택을 줌으로써 진보와 사회통합을 위한 기초를 다질 수 있는 사회의 주춧돌이 될 수 있다. 시장의 규범화란 고용의 증진과 공동번영을 촉진할 수 있는 이와 비슷한 구조가 경제영역에서도 생겨나는 것을 의미한다.

시민경제는 특이한 발명이라기보다는 우리로 하여금 세계 기업에서 떠오르는 개별적 흐름의 수많은 점들을 연결하게 해 주는 준거기준이다. 우리는 이러한 변화들을 널리 퍼져있는 현상으로 이해함으로써 무엇이 일어나고 있고, 그것으로부터 어떤 혜택을 얻을 수 있으며, 우리가 선택하는 경우 어떻게 그것을 잘 발전시킬 수 있는지에 대한 통찰을 얻을 수 있다.

정당, 독립적인 사법부, 자유언론, 공정한 법률, 시민단체, 그리고 관련 시민의 뒷받침을 받는 합법적이고 책임지는 정치기관은 시민사회에서 민주주의를 유지하는 핵심요소라고 볼 수 있다. 시민경제의 경우 이와 유사한 기관은 주주와 이들의 이익을 책임지고 대변하는 기관, 독립적인 감시자, 신뢰할 수 있는 기준, 그리고 시장에 참여하는 지역사회조직의 뒷받침을 받는 합법적이고 책임지는 기업이라고 할 수 있다. [그림 1-2]를 참조하라. 이러한 행동주체들이 활발하게 움직여서 상거래의 하부구조와 불문법인 규칙을 변경시킬 때 변화가 일어난다.

[그림 1-2] 시민사회와 시민경제 기관의 비교

시민사회		시민경제
책임지는 정부	⬌	책임지는 기업
• 헌법 • 선거 • 권력의 제한		• 이사회 정관(이사회 강령) • 이사선출 • 경영자 권력의 제한
정보가 있는 유권자	⬌	참여하는 주식소유자
• 유권자들은 선거에서 일관성 있는 정치 프로그램들을 이해하고 선택할 수 있다.		• 수탁자(예를 들어 펀드매니저)는 정보를 갖고 있고 재능이 있으며 투자하는 기업에 적절하게 참여한다.
독립적인 감시자들	⬌	독립적인 감시자들
• 자유언론, 독립적인 사법부 • 독립적인 통계, 정보의 자유		• 주주가 필요로 하는 정보를 제공하는 충분히 독립적인 연차감사 보고서 • 투명하고 이행상충이 없는 의결권 행사 자문 서비스, 보상자문
신뢰할 수 있는 기준	⬌	신뢰할 수 있는 기준
• 성과를 평가할 수 있는 적절하고 독립적인 통계와 여타 방법들		• 성과를 평가할 수 있는 적절하고 독립적인 통계와 여타 방법들
시민사회조직	⬌	시민경제조직
• 정부정책을 바꾸기 위한 운동을 할 수 있는 헌법상의 자유 • 그런 행동의 배경과 동기를 조사할 수 있는 다른 사람의 권리를 인정		• 기업 정책을 바꾸기 위한 운동을 할 수 있는 법적인 자유 • 그런 행동의 배경과 동기를 조사할 수 있는 다른 사람의 권리를 인정

간단히 말하면 시민경제에 내재되어 있는 세계시장에 대한 이상은 바로 저축(투자)자를 대변하는 기관투자가가 기업으로 하여금 책임경영을 통해 지속가능한 번영을 추구하도록 유도한다는 것이다. 시장은 책임순환구조를 통해 잠재적으로 시민경제로 전환되고

있는데, 그것은 바로 시민투자자들이 어떻게 영향력 행사에 대한 장애물을 꾸준히 제거하느냐에 관련된 것이다. 제1부에서 우리는 책임순환선상에 위치한 주요 연결고리를 집중적으로 살펴본다. 그러나 우리는 순환구조가 효과적으로 작동하도록 하는 이른바 시민자본가 생태계 덕분에 책임지는 것도 성숙해지고 있다고 주장한다. 이것이 제2부의 초점이다. 이 책 각 장의 주요 내용을 간단히 요약하면 다음과 같다.

기업과 경영자 : 비시민경제로부터 자본가 선언으로. 2장에서 우리는 책임순환구조상에 있는 가장 분명한 연결고리인 기업의 입장에서 시민경제를 분석한다. 소유구조 혁명이 기업경영방식에 대해 어떤 의미를 가지는가? 전통적 경제에서 기업경영자는 종종 주주들에게 말뿐인 호의를 베풀거나, 투자자들이 주로 단기적인 이익을 극대화하기를 원한다고 가정하였다. 오늘날의 CEO들은 다른 충격에 직면하고 있다. 시민자본가들은 점점 더 많은 사람들이 기업의 성과를 강조하기 위해 새로운 방법으로 압력을 넣고 있다고 목소리를 높이고 있다. 그렇다면 "시민경제 기업"은 어떻게 적응하는가? 그리고 기업경영자는 어떻게 해야 되는가?

이 문제에 답하기 위해서는 우리가 어디를 향하고 있는가를 예측하기 전에 어디에서 왔는가를 분명히 알아야 한다. 기업의 역할과 행동은 20세기 세계 정치와 경제에 대한 우리의 사고 형성에 근본적인 영향을 주었다. 그러나 소유구조의 변화는 이러한 사고방식에 깊은 변화를 가져온다. 3장은 경영자가 유리하게 활용할 수 있는 전략들로 가득 찬 자본가 선언에서 새로운 주인의 요구사항을 개관한다. 3장은 어떤 기업도 이익을 창출하려고 노력해야 한다는 것을 확인하는 것으로 시작하지만 마찬가지의 중요성을 가지는 것으로 책임지는 시민경제에서 이익이 무엇을 의미하는가도 정의한다. 이익창출이란 바로 자본을 다른 곳에 투자했을 때 얻을 수 있는 수익보다 더 많은 수익을 만들어내는 사업에 투자하는 것이다. 그런 사업이 없다면 기업은 잉여현금을 주주에게 돌려주어야 한다. 투하자본으로부터 잉여를 창출하는 것이 기업의 최우선 과제이다. 이것이 무시되면 주식투자를 통한 저축이라는 전체 시스템이 붕괴된다.

그러나 기업이 사회전체에 비용을 전가하면서 이익을 창출하는 것은 더 이상 전략적으로 의미가 없다. 이런 선언은 자선가적 성격의 논리가 아니라 소유구조 혁명으로부터 비롯된 새로운 가정의 논리이다. 고전학파 경제학자들은 제3자에게 영향을 주는 거래비용을 표현하기 위해 외부효과라는 용어를 사용한다. 예를 들어 화력발전소는 공해방지장비에 들어가는 비용을 줄여서 다음 분기의 이익을 늘릴 수 있다. 전통적으로 규제당국은 외부효과의 피해를 줄이기 위한 법을 만들려고 노력해 왔다. 예를 들면 규제당국은 공해에 대해 벌금을 부과했다. 아마도 기업은 비용을 외부에 전가시켜 현금을 축적할 수 있기 때문에 그런 규제를 반대할 것이다.

하지만 시민자본가의 공동투자 장치는 많은 기업들의 지분을 갖고 있다. 그것들은 경제시스템 전체에 해를 끼치면서 단기적 수익을 올리려고 하는 어느 특정기업의 선동적 행동에 관심이 없다.

요약하면 전통적 경제에서 허용되었던 기업경영 행태가 지금은 자본을 대규모 펀드에 위탁하는 시민들의 이익을 손상시킬 수 있다. 이와는 대조적으로 시민경제에서 기업경영자는 지속가능한 이익만을 추구하게 된다. 왜냐하면 그런 행동이 시민자본가 주주의 이해와 부합됨에 따라 장기적으로 주가를 올리고 회사의 자본비용을 감소시킬 수 있기 때문이다.

기관투자가 : 소유권의 동원. 시민사회에서 유권자가 중요하듯이 시민경제에서는 소유주인 주주가 중요하다. 기관투자가는 주주행동주의 네트워크의 핵심이다. 미국의 캘퍼스CalPERS, 캐나다의 온타리오 티처스Ontario Teachers, 유럽의 헤르메스, 일본의 스파르크스Sparx, 호주의 아리아ARIA, 브라질의 다이나모Dynamo, 그리고 여러 신흥시장에 투자하고 있는 템플턴Templeton을 생각해 보라. 이러한 기관투자가들은 회원들을 대신하여 주주행동주의를 자기들 투자형태의 상징으로 만들었다. 이러한 점에서 그들은 기업에 대한 지분을 권리와 의무를 갖고 있는 소유자지분으로서가 아니라 "거래 가능한" 증권으로 간주했던 전통적인 투자행태에서 완전히 벗어났다. 주식소유자shareowner가 아닌 주주shareholder라는 전문용어도 그 의미가 애매하다. 기업의 성과가 나쁘면 주식소유자는 주식을 팔 것이다. (이 책에서 우리는 주식소유자라는 용어를 사용한다. 왜냐하면 그것이 요즈음 펀드매니저의 행동을 보다 더 잘 나타내고 있기 때문이다.)

물론 많은 금융기관들이 전통적 관습에 얽매여 있다. 예를 들어 펀드는 수많은 저축자들에 대한 수탁자로서의 역할을 충분히 고려하지 않고 자금을 운용할 수 있다. 펀드는 불투명할 수 있고 기업 경영자를 어떻게 다루고 의결권을 어떻게 행사하는지를 밝히지 않을 수도 있다. 연금펀드, 뮤추얼 펀드 혹은 단위형 투자신탁은 이해상충문제에 노출될 수 있고, 자기들이 주식을 소유한 부실기업을 바로 잡기 위해 아무것도 하지 못할 수도 있다. 예를 들어 뮤추얼 펀드가 CEO로부터 사업기회를 얻기를 원한다면 CEO의 생각과 어긋나는 방향으로 의결권을 행사하지 못할 것이다. 게다가 뮤추얼 펀드, 헤지펀드는 (항상 그런 것은 아니지만) 종종 단기적으로 성과가 평가되기 때문에 기업경영자와 마찬가지로 단기성과주의 압력에 시달리게 된다. 이러한 부작용은 4장에서 다루어진다.

그 다음에 우리는 시장혁신, 풀뿌리 압력, 자발적인 규정, 그리고 법 또는 규제를 통해 기관투자가가 어떻게 보다 책임 있게 행동하고, 결과적으로 소유자로서 보다 적극적인 역할을 하게 되었는지를 보여준다.

이사회 : 새로운 책임경영. 책임순환구조의 마지막 연결고리인 5장은 이사회를 통해 기업에 다가간다. 지난 10여 년 동안 이사회 구성원의 역할과 책임에 심도 있는 논의가 이루어지지 않았다. 우리는 수동적이고 타협적인 이사회가 어떻게 시민투자자를 파멸시켰는지를 살펴본다. 그렇지만 시민자본가는 이사회를 기업으로 하여금 장기적인 성과를 추구하게 만드는 주요 관문으로 간주한다. 이러한 역학은 투자자와 투자자를 위해 행동하게 되어 있는 대리인 사이의 관계를 활성화하고 시민경제에 이르는 또 하나의 통로

를 만든다.

시민자본가 생태계

이 책의 제3부는 전통적인 경제에 내재되어 있는 장애물을 살펴보고, 시민투자자가 기업의 변화를 요구하는 것이 가능하도록 어떻게 이러한 장애물이 제거되는가를 보여준다.

회로는 외부의 촉매 없이는 작동되지 않는다. 집안 전기선이 작동하기 위해서는 지역 전력회사로부터 들어오는 전기가 필요하다. 책임순환구조에서 촉매는 이른바 시민경제 생태계를 구성하는 여러 가지 정보서비스와 압력이다. 전통경제에서는 감시자와 회계기준이 투자자들을 보살피는 역할을 수행하기로 되어있지만 그렇게 한 적은 매우 드물었다. 시민단체들은 자본을 무시하고 자기들의 사회적 목적을 달성하기 위해 정부에만 압력을 가했다. 오늘날 모든 집단들이 시장의 시민자본가 동학에 관심을 집중하기 시작하면서 이러한 시민자본가 생태계는 조용히 진화되고 있다.

시장 감시 : 정보 거물들. 시민사회에서 독재에 맞서기 위해서는 자유언론의 감시와 독립적인 사법부의 힘이 요구된다. 시민투자자는 기업행동이 투명해지도록 하기 위해 광범위한 감시자들에 의존한다. 여러 경제학자들이 언급했듯이, 정보는 시장이 효율적으로 움직이는데 필수적이다. 그러나 6장에서 지적하겠지만, 오래된 이해상충문제로 시장을 공정하게 감시하는 역할을 해야 하는 투자분

석가, 감사인, 컨설턴트, 신용평가회사, 그리고 언론과 같은 전통적인 "정보 거물들"의 가치는 일정한 한계를 갖게 되었다.

시민경제가 자리를 잡음에 따라 이것 또한 변화하고 있다. 정보거물들은 이제 기업경영자의 비위를 맞추는 대신 시민자본가를 보살피는 쪽으로 방향을 바꾸고 있다. 전통적인 자본시장의 정보중개기관들은 이사회와 경영자를 정밀하게 조사하고 감독하는 것으로 대응하고 있다. 요즈음 신용평가회사에는 기업지배구조 위험을 평가하는 기업지배구조 전문가가 있다. 전문경영인 리크루팅 전문회사는 기업지배구조 관련 실무경험을 자랑한다. LA와 요하네스버그의 법무법인은 새로운 업무로 기업지배구조 서비스를 시작했다.

수수료를 받고 기업지배구조를 분석하는 새로운 종류의 특별서비스도 생겨났다. 이런 서비스는 주식소유자들에게 꼭 필요했지만지금까지 제공된 적이 없었다. 이런 서비스는 사실상 세계 어디에서나 제공되고 있다.[29] 보다 많은 회사들이 사회적 성과나 환경적측면에서 기업들을 상세히 분석하고 있다.

시민경제의 이러한 새로운 감시기관들은 펀드매니저에게 매수/매도 결정에서 "투자등급 지배구조"를 정의하는 능력, 다시 말해서기업의 역량이 시민자본가의 이해와 일치하는가를 평가할 수 있는능력을 처음으로 제공했다. 그리고 기업은 국내 혹은 세계의 다른기업들에 대비한 자신의 책임경영 수준을 가늠할 수 있게 되었다.

회계기준 : 브리더 루카상자 탈출. 시민사회는 유권자가 관심을갖고 있는 정보에 의존한다. 유권자는 정보를 통해 사회의 발전을

파악할 수 있고 시민들은 권력자에게 책임을 물을 수 있다. 범죄, 생산성, 일자리, 그리고 주택에 대한 공공자료는 시민들이 검정된 평가치를 이용하여 정책의 쟁점을 토론할 수 있게 한다.

소유자 생태계에서는 회계기준이 대체로 법과 비슷한 역할을 수행한다. 500년 전 프랑스 수도사 루카 파치올리Luca Bartolomeo Pacioli에 의해 처음 그 윤곽이 만들어진 이러한 기준은 경영자와 회계사가 어떻게, 그리고 무엇을 관리하고 평가할 것인가에 대한 방향을 설정해 준다. 그러나 이런 기준이 오늘날의 시민자본가와 그들의 대리인의 관점과 요구를 제대로 반영하는가? 7장은 이러한 전통적인 평가치들이 오늘날 시민투자자가 기업의 성과를 평가하기 위해 다른 지표를 요구하는 시기에 어떻게 어울리지 않는가를 분석한다. 우리는 시장에 도입되고 있는 새로운 기준을 소개하고 어떻게 그것이 투자자와 CEO의 행동을 변화시키고 있는가를 살펴본다.

시민경제에 맞는 회계기준은 주주가치 창출여부를 적절히 평가할 수 있는 기회를 제공한다. 기업이 그런 기준에 입각한 재무제표를 공시하게 되면 주가는 유형과 무형을 포함한 모든 자산과 부채를 관리할 수 있는 기업의 능력을 반영하게 된다. 여기서 자산과 부채는 장기 혹은 단기일 수 있고 소수점 이하 두 자리까지 측정할 수 있거나 단지 추정만 할 수도 있다. 궁극적으로 이러한 새로운 시민경제 회계기준의 목표는 단지 기업의 주가가 시장에서 제대로 평가되게 하는 것이 아니라 기업경영자로 하여금 기업의 자산을 보다 잘 관리하게 하고 기업이 그렇게 하지 않을 경우 시민투자자가 제 때에 보정조치를 하게 하는 것이다.

비정부단체와 자본 : 시민사회와 시민경제의 만남. 시민사회의 성공은 부분적으로 법 테두리 내에서 변화를 위해 행동하는 정당, 종교단체, 노동조합, 대기업, 시민단체, 학계 등과 같은 비정부단체의 활성화에 달려있다. 시민경제도 마찬가지로 8장에서 소개하는 사회단체의 참여를 통해 부분적으로 활성화될 수 있다. 어떤 것은 새로이 등장했고, 어떤 것은 자본이 제공하는 통로에 맞도록 자기의 전략을 진화시키고 있는 오래된 시민단체이다. 물론 몇몇 전통적인 단체들은 단지 정치적인 측면에서 해결책을 찾는 전통적인 습관에 집착하면서 여전히 시장을 회피한다. 일본의 소카이야 Sokaiya 조직폭력배와 같은 다른 단체들은 거칠게 시위를 주도하고 비합법적인 목적을 위해 폭력을 행사하면서 시민경제의 영역에 들어오려고 하지 않는다. 그러나 보다 많은 비정부단체들은 평화롭게 진행하는 시민주주 자본의 잠재력을 이해한다. 그들은 아주 새로운 길을 개척하고 있다.

시민자본가 어젠다

진화론적인 의미에서 전통경제 자본시장구조의 부정적 측면 - 순종적인 주주, 이해상충 관계에 있는 감시자들, 시민단체의 부재, 그리고 애매한 회계기준 - 은 지속가능한 성장대신에 단기적인 주가 상승에 집착하는 기업들을 양산할 수밖에 없다. 잘못된 경제구조를 만들어낸 장본인으로서 많은 기업들의 행동이 세계화에 대한 일반대중의 반감을 촉발시키고 있다.

이와는 대조적으로 시민 주주가 활성화되고, 감시자가 이해상충에 대한 방화벽을 만들고, 성과평가 도구를 이용해서 경영자와 투자자가 진정한 가치창출요인을 평가하고, 시민사회단체가 시장의 건설적인 힘이 될 때 새로운 종류의 기업이 자연스럽게 진화한다. 이런 종류의 시민경제구조에서는 책임경영 측면에서 상업적 활력을 진작시키는데 능숙한 기업들이 등장한다. 이것이 어떻게 작동되는가를 미리 알기 위해서는 BP, Nike, 그리고 GE와 같은 세계적인 다국적 기업들이 소비자와 투자자의 압력으로 어느 정도 사회적 책임경영의 사도가 되었다는 점을 볼 필요가 있다.

다양한 시장으로부터 얻을 수 있는 증거는 책임순환구조가 잘 작동하고 있다는 것을 보여준다. 적극적인 장기 주주가 있는 기업은 보다 좋은 지배구조를 도입하고 보다 좋은 실적을 보여줌으로써 많은 장기투자자들을 끌어들일 수 있다. 그런 기업은 보다 낮은 비용으로 자금을 조달할 수 있고 경쟁기업에 비해 비교우위를 갖게 된다. 요약하면 모든 부문에서 책임을 지는 것이 지속가능한 가치창출을 위한 가장 효과적인 요인들 가운데 하나로 떠오르고 있다. 이런 책임성이 바로 시민경제의 핵심이다.

아직까지는 세계 상장기업들 중 단지 일부만이 시민경제기업으로 인정될 수 있는 특징들 - 독립적이고 전문적인 이사회; 공시문화; 기업의 사회적 책임을 관리하여 가치를 확인하고 창출하는데 능숙한 경영진 - 을 갖고 있다.

이런 이유로 9장에서는 이사, 경영자, 주식소유자, 정보중개인, 그리고 시민운동가들에게 일련의 행동 강령이 제시된다. 결국 시민자본가가 애써 이룬 혁명은 시장참여자들이 잡거나 놓칠 수 있는 기회에 불과하다. 우리의 제안은 시민경제가 성숙함에 따라 모든 사람들이 시민경제에서 자기 이익을 최적화하는데 도움이 되는 방향으로 만들어졌다.

우리는 또한 정부의 정책 담당자에게도 어젠다를 제시한다. 입법당국과 규제당국은 책임 있는 상거래를 위한 조건을 만드는데 있어서 필요한 동반자들이다. 그들의 목표는 결과를 미리 정하는 것보다 책임순환구조의 장애물을 제거하는 것이 되어야 한다. 입법 및 규제당국은 펀드가 시민투자자를 위해 주주로서 적극적인 역할을 할 수 있게 힘을 실어 줄 수 있어야 하고, 동시에 풀뿌리 시민자본가가 충분하고 믿을 수 있는 정보를 바탕으로 자기가 가입한 펀드에 대해서 책임을 물을 수 있도록 도와주어야 한다.

시민자본가가 영향력을 행사하게 되면서, 공공 및 민간 부문정책입안자들은 새로 태어나는 시민경제가 세계적인 "시장헌장"에 이르는 바람직한 경로가 된다는 것을 이해하게 되었다. 기관투자가들은 시장헌장을 통해 대규모 기업들로 하여금 보다 넓고 지속 가능한 번영을 추구하도록 영향력을 행사하면서 책임과 상거래의 융합을 촉진시킬 수 있다.

2
기업의 과거 역사

비시민경제

경제력을 통제하기 위한 싸움으로 세계가 핵전쟁 직전까지 간 적이 있었다. 공산주의자와 자유 시장경제 신봉자 사이의 냉전적 갈등이 이번에는 시민과 다국적 기업 사이의 새로운 분열 위험으로 대체되었다. 그러나 시민자본가들은 기업을 다른 방식으로 생각하기 위한 토대를 만들고 있다.

모스크바의 해군통제소와 의사소통이 단절되었던 B-59 잠수함 함장은 더위와 희박한 공기 때문에 현기증이 났다. 잠수함을 겨냥해 떨어지는 폭탄 소리가 점점 가까이 들리면서 잠수함이 흔들렸다. 바다위에서 항해하고 있는 미국 군함들은 잠수함을 바다위로 떠오르게 하려고 작정한 것 같았다. 이것은 분명히 훈련이 아니었다. 하지만 소련 함장은 명령을 전달받을 수 없었고, 어떤 일이 일어나고 있는지 조차 알 수 없었다. 1962년 10월 쿠바 해안에서 있었던 일이었다. 미국과 소련은 소련이 미국 남부도시들을 겨냥한 핵미사일을 쿠바에 존치할 것인가를 두고 서로 다투고 있었다. 함장은 "아마도 전쟁은 이미 시작되었는지도 모른다"라고 장교들에게 선언했다. 미국 해군은 러시아의 비밀 해저 무기고에 핵미사일이 있는지를 알 수 없었다. 함장은 핵폭탄 발사 준비를 지시했다. "우리는 미국 함정들을 폭파할 것이다. 우리도 죽게 될 것이지만 미국 배들을 모두 침몰시킬 것이다"라고 그는 맹세했다.[1]

물론 마지막에 가서 함장은 핵무기를 발사하지 않았고 쿠바 미사일 위기는 끝났다. 그러나 만약 그가 핵무기를 발사했다면 세계에 핵전쟁이 일어나서 직접적인 폭발, 주기적인 충격파, 그리고 방사능 오염으로 수천만 명이 죽었을 것이다. 경제력을 위한 투쟁에서는 모든 것이 추잡해질 수 있다.

양대 강국은 자본이 어떻게 소유되고 통제되어야 하는가에 대해 서로 상반된 생각을 갖고 있었기 때문에 그날 쿠바의 혼란스러운 해안에서 벼랑 끝까지 가게 되었다. 한편에서 소련은 사유 재산권을 폐지할 것을 주장했다. 공산주의의 기본 사상은 생산수단의 공유 혹은 국가소유를 통해서만 인간의 평등과 발전을 이룰 수 있다는 것이다. 카를 마르크스Karl Marx가 공산당 선언에서 이야기 했듯이 "공산주의 이론은 사유 재산권의 폐지라는 하나의 문장으로 요약될 수 있다."[2] 다른 한편으로 미국은 개인이 자본을 소유하고 통제할 수 있는 것이 근본적인 시민의 자유라고 믿었다. 이것이 침해되면 다른 자유들도 바로 사라진다. 소련 잠수함 함장이 발사 단추 앞에서 고민할 때보다 21개월 전에 있었던 취임 연설에서 케네디 대통령은 다음과 같이 도박을 걸었다. "미국은 자유의 생존과 성공을 확보하기 위해서는 어떤 대가도 지불하고, 어떤 부담도 떠안고, 어떤 곤경도 견뎌내고, 어떤 친구도 지원하며, 어떤 적에도 맞설 것이다."[3] 쿠바 미사일 위기 동안 우리 모두가 그 대가를 거의 지불했다.

역사를 보면 경제력을 둘러싼 갈등이 위기로 이어지는 경우가 많았다. 요즈음 어떤 사람들은 그런 갈등이 끝났다고 주장한다. 하지만 세계화된 자유기업에 대한 신뢰는 크지 않다. 21세기 초엽에 있는 지금 새로운 충돌조짐이 보인다. 한편에는 거대 기업들을 소유하게 되었지만 그들로 하여금 책임지게 하는 것이 어렵다는 것을 알게 된 시민자본가라는 시민집단이 있고, 다른 한편에는 책임지지 않음으로써 이익을 보는 강력한 기득권자 집단이 있다.

우리는 제3의 길이 있다고 주장한다 : 소유구조 혁명으로 공공의 신뢰를 받을 수 있는 책임 자본주의의 기초가 조용히 다져지고 있다. 경영자, 정치지도자, 그리고 노동자는 모두 이 결과에 이해관계를 갖고 있다. 시민과 기업 사이의 충돌이 확대되면 경제발전이 지속불가능해지고 사회불안의 가능성이 커지며 실직, 소득감소, 빈곤의 확대, 환경 파괴, 그리고 사업 활동 제약의 확산이라는 대가를 지불하게 된다.

핀 공장 노동자와 가난

냉전은 오래 전에 끝났다. 하지만 냉전적 자세는 많은 경제학자들의 사고방식과 많은 기업들의 운용방식에 여전히 스며들어가 있다. 그리 놀랄 일이 아니다. 주주의 이익과 차단된 기업문화는 그 뿌리가 깊고, 최근까지 기업은 변화를 회피하여 왔다. 하지만 많은 사람들에게 알려지지는 않았지만 그런 구식 경영방식은 냉전자체 만큼 낡아 빠진 것이다. "비시민경제"로부터 자기 기업을 끌어낼 수 없는 경영자는 그렇게 할 수 있는 경영자가 이끄는 기업 때문에 자기 기업이 보다 많은 위험에 처하게 된다는 것을 발견하게 될 것이다.

기업이 어떻게 운영되는가에 대한 모형은 어디서 비롯되는가? 이것을 알기위해서는 1770년대 공장이 처음 돌아가기 시작할 당시로 돌아갈 필요가 있다.

산업혁명은 사회질서를 개편하였다. 산업혁명이 미친 효과는 너무 컸기 때문에 역사가들은 산업혁명이 그 이전 천년 동안의 모든 사회적 변천을 "완전히 그늘에 가려버렸다"고 주장한다.[4] 그 시대 사상가들은 변화의 의미를 찾고, 변화의 결과를 예측하고, 변화를 개선하기 위한 정책을 제안하려고 애썼다. 이들의 영감은 오늘날의 기업경영에 대한 우리의 사고방식 형성에 많은 도움을 주었다.

그런 18세기 사상가들 가운데 하나인 아담 스미스Adam Smith는 스코틀랜드 글래스고 대학의 교수였다. 비록 그는 역사상 가장 위대한 경제학자들 가운데 하나이지만 경제학이 아니라 도덕철학을 가르쳤다. 그가 도덕철학에 집중했다는 것은 부분적으로는 스미스의 광범위한 관심사들을 반영할 뿐 아니라(예를 들어 그는 미국 독립을 열정적으로 주창한 사람이었다) 스미스 이전의 수세기 동안 화폐와 관련된 문제가 주로 윤리문제로 간주되어 왔다는 사실을 나타낸다. 예를 들면 중세에 상품과 서비스에 부과되는 적정가격은 무엇이 "공정한" 것으로 간주되는가라는 문제였다.[5]

스미스는 어떻게 공장이 분업으로 생산성을 획기적으로 향상시키고 있는지를 설명하였다. **국부론**에서 스미스는 10명의 종업원이 있는 핀 공장을 묘사하였다. 각각의 노동자가 특수한 일을 함으로써 공장은 하루에 48,000개의 핀을 생산할 수 있었다. 옛날처럼 노동자들이 독립적으로 일을 했다면 "그들은 분명히 하루에 20개, 어쩌면 한 개도 만들지 못했을 것이다."[6] 그는 세상이 완전히 새로운 시대에 진입했다는 결론을 내렸다. 어떤 상품에 대한 시장의 수요가 크면 클수록 생산자가 전문화되어야 할 범위가 더 커진다. 그리고 전문화가 더 많이 이루어질수록 생산성과 부가 더 많이 증가한다.

스미스는 또 하나의 획기적인 통찰력을 갖고 있었다. 상품에 대한 하나의 "정당한" 가격은 없다. 가격은 수요와 공급의 원리에 의해 결정된다. 시장에서의 공개된 경쟁으로 수요와 공급은 자동적으로 균형에 이르게 되고 가격은 생산원가를 반영하게 된다. 스미스가 "보이지 않는 손"이라고 말한 것은 경쟁의 이런 효과를 나타낸다. 스미스에게 있어서, 보다 범위를 좁혀 그의 추종자들에게 있어서, 경제학은 철학문제에서 벗어나 수요와 공급의 실용적인 문제가 되었다.

스미스가 죽은 후 50년이 지나서 생산성에 대한 그의 예측이 옳다는 것이 철저하게 밝혀졌다. 그의 고향인 글래스고에서 상인들은 직물, 담배, 그리고 다른 상품을 거래하여 많은 재산을 모았다. 그러나 대부분의 시민들은 - 심지어 일용 일을 하는 사람들까지도 - 가난했으며, 분업의 혜택을 활용하는 대규모 공장들 주변에 생겨난 혼잡하고 비위생적인 슬럼가에 모여 살게 되었다. 많은 글래스고 상인들은 자기들 행동의 결과에 대해 개의치 않았다. 어떤 상인은 심지어 시장을 노예처럼 독점하려고 시도했다(그리고 실패했다). 우리는 그런 행동으로부터 생겨났던 인간의 고통을 단지 상상할 수 있을 뿐이다.[7]

어떤 사람들에게는 노동자의 빈곤, 심지어 슬럼가 자체도 수요와 공급의 결과, 이 경우 노동자의 공급이 너무 많았던 것일 뿐이다. 전문가들은 가난한 노동자들이 너무 많았기 때문에 그런 상태에서 살았다고 주장한다. 정부가 출생률을 낮추기 위한 조치를 취하거나 사람들에게 북미대륙의 식민지로 이민 갈 것을 독려하지 않는 한 대중은 어려운 상황에 처하게 되어 있었다. 한편 당국은 폭동에 대한 두려움 때문에 긴급히 통제를 강화할 수밖에 없었다.

노동자 지배

여기가 바로 기업의 사명에 대한 오늘날의 논쟁으로 이어지는 분열이 시작된 곳이다. 누구나 이런 분석을 받아들이지는 않았다. 어떤 사람들은 산업자본가들이 노동자의 생산적 노동의 잉여를 모두 가졌기 때문에 노동자들이 가난하게 되었다는 결론을 내렸다. 공산주의자들은 토지가 부의 원천이었던 중세시대에 귀족들이 사유지를 통제했고 일하는 사람을 농노로 만들기 위해 권력을 행사했다고 주장하였다. 지금은 자본이 부의 원천이 되었고 "자본가"가 경제력과 정치력의 지렛대를 통제하고 노동자를 착취하고 있다.

공산주의자와 사회주의자에 따르면, 유일한 해결방법은 노동자가 생산적 자본을 통제하는 것이다. 사회주의자 입장에서, 자본에 대한 통제는 진화를 통해 이루어지게 되어 있다. 공산주의자에게 있어서, 자본에 대한 통제는 혁명을 통해 이루어지게 되어 있다. 그러나 사회주의나 공산주의 양쪽 모두에게 있어서, 재산 소유권은 누구나 동등한 위엄과 자유를 갖고 공동체로 살아가는 공정하고 품위 있는 사회를 만드는 데 필요한 핵심 요소였다. 영국 노동당의 창립자인 케어 하디Keir Hardie는 1907년에 이러한 사실을 강한 어조로 다음과 같이 이야기 했다.

자유의 경계선은 시대가 지나감에 따라 넓어져 왔다. 자기가 돌보았던 돼지 외에는 아무런 권리가 없었던 1,000년 전의 노예는 농노로부터 시민으로 자기의 신분을 싸워서 격상시켜 왔다. 현대의 노동자는 이론적으로는 법의 관점에서 모든 다른 계급과 동등하다. 선거에서 노동자의 투표권은 그를 고용한 백만장자의 투표권과 동일한 비중을 갖는다. 노동자는 고상한 귀족처럼 자기가 원할 때 자기 방식으로 예배할 수 있다... 하지만 그의 과제는 아직 끝나지 않았다. 길게 이어진 투쟁은 아직 끝나지 않았다. 한 가지 싸움이 남아 있다... 그는 재산과의 싸움에서 이겨야 하고 경제적 자유를 쟁취해야 한다. 그가 재산을 그의 주인이 아니라 하인으로 만들 때, 그는 정말로 그의 모든 적들을 굴복시키게 된다.[8]

"지나친 불평등"

사회주의자와 공산주의자는 미국에서 세력을 확보하는데 어려움을 겪었다. 아마도 그것은 미국에 오랜 동안 소규모 자작 농지와 중소기업이 활성화되어 왔고, 주정부에 권력이 집중되는 것을 우려하는 전통이 있었고, 재산권을 보호하는 헌법이 있었기 때문이다. 진보적 정치인이 선호하는 길은 거대 신생기업을 국유화하는 것이 아니고 시장권력을 남용하는 것으로 간주되는 독과점 기업을 분산시키고 노동자의 권리를 보호하기 위해 노동조합의 권위를 강화하는 것이었다.

그러나 미국에서조차 기업의 권력에 대한 정치적 논쟁이 활발하게 일어났다. 1930년대에 프랭클린 루스벨트 대통령이 수백만 명의 실업자들에게 "여론에 의해 비난받은 파렴치한 환전상들"에 관해 이야기했을 때, 그는 막대한 재산을 축적한 소수 엘리트를 염두에 두고 있었다.[9] 10년 전 시어도어 루스벨트 대통령은 "지나친 불평등" 시대를 다음과 같이 생생하게 묘사했다.

석탄을 채굴하고 운반하는 대기업은 특정 광부의 서비스 없이도 쉽게 사업을 할 수 있었지만 광부는 그런 대기업 없이는 일을 할 수 없었다. 광부는 일을 해야만 했다. 그의 아내와 아이들은 그가 일하지 않으면 굶을 수밖에 없었다. 광부가 팔아야 했던 노동력은 보존이 불가능한 상품이었다. 오늘의 노동력은 팔리지 않으면 영원히 없어진다. 게다가 광부의 노동력은 대부분의 상품들과 달리 단순한 것이 아니었다. 그것은 인간을 숨 쉬게 하는 생활의 일부였다. 노동자들은 노동문제를 경제적 문제로뿐만 아니라 도덕적, 인간적 문제로도 바라보았다.[10]

결국 자본의 통제에 대한 논쟁을 불러일으킬 획기적인 정치적 사건은 유럽이나 미국에서 일어나지 않고 1917년에 볼셰비키가 권력을 장악함에 따라 러시아에서 일어났다. 몇 년이 지나서 볼셰비키는 모든 사적 재산권의 폐지에 근거한 국가인 소비에트 공화국을 건립하였다. 그들은 비시민경제가 드디어 끝났다고 주장했다.

국가 지배

사기업을 파괴하고 자유시장경제 원칙을 뒤집는 과정에서 공산주의자들은 인간 생명과 자유에 대해 잔인할 정도로 무관심했다. 소련은 개인이 생산 자본을 소유하고 상업 활동을 시도하는 것을 불법화했다. 국가가 생산에 대한 모든 의사결정을 통제했다. 사업하는 사람들은 서로 상품을 팔 수 없었다. 대신 그들은 할당량에 따라 상품을 배달하거나 받았다. 사업을 통해 소비할 수 있는 이익을 버는 것이 금지되었다. 아담 스미스의 수요와 공급의 원칙보다는 중앙에서 계획을 세우는 사람들이 어떤 상품이 상점에 진열되어야 하는지를 정했다.

노동자가 하는 일을 변경하는 것은 어려웠는데, 이것은 결코 거주권을 얻기 위해 거주허가 Propiska가 필요했기 때문만은 아니었다. 한편 기업은 노동비용을 줄일 유인이 없기 때문에 노동자가 일자리를 잃어버릴 가능성은 별로 없었다. 소련은 이렇게 노동의 움직임을 통제했지만 생산성을 떨어뜨리고 개인의 자유를 희생시키는 대가를 지불해야만 했다.

사람들은 저축을 할 수 있었지만 화폐를 이용해서 시장경제처럼 상품을 확보할 수 없었다. 계획을 세우는 사람들은 불성실한 행동에는 주의를 기울이지 않았다. 음식점은 거의 허가되지 않았고 길거리 음식판매는 불법이었다. 집을 살 수도 없었다. 더 큰 집을 빌리거나 자동차를 갖고 싶으면 필요에 입각한 관료적인 배분과정이나 배후조정을 거쳐야 했다. 뇌물이 경제성장을 위한 "세금" 역할을 함에 따라 부패문화가 발전했고 생산성은 더욱 저하되었다. 기업은 사실상 거주, 교육, 교통편, 심지어 노동자를 위한 휴양소를 제공하는 정부의 한 부처였다.

요약하면 자유롭게 움직이지만 지나치게 불평등한 자본주의 비시민경제에 대응해서 소련은 독재적 억압의 비시민경제를 건설했다. 이러한 비시민경제는 일정기간 동안 그런대로 잘 돌아갔다. 소련 공산당은 적어도 처음에는 단순한 상품을 배달하는 데는 효율적인 것으로 판명되었다. 세계의 많은 사람들은 러시아 모형을 적지 않은 약점에도 불구하고 서구 자유 시장 자본주의에 대한 효과적인 대안으로 보았다. 그러나 그것은 무너지게 되어 있었다.

도덕 공백

쿠바 미사일 위기가 일어날 때까지 자본통제에 대한 강대국들 사이의 갈등이 세계 정치를 지배해 왔다. 역설적으로 공산주의자와 자본주의자 모두 냉전시대를 통해 한 가지 근본적인 믿음을 공유했다. 양쪽 모두 기업이 도덕적인 측면을 수용해야 한다고 생각하지는 않았던 것이다.

공산주의자와 사회주의자는 사적 자본을 비도덕적이고, 억압적이고, 착취적인 것으로 보는 경향이 있는 이론들을 받아들였다. 반면에 자유 시장 경제학자는 자본주의를 "도덕과 무관"한 것으로 보았다. 오래 전부터 모든 유명대학의 경제학 교수들은 아담 스미스 시대의 도덕철학학과로부터 유리되어 왔다. 전문가들은 기업이 어떻게 움직이고 있는가에 대한 연구를 포함하고 있는 경제학을 "사회과학의 여왕queen of social science", 그리고 심지어는 "음울한 과학dismals cience"이라고 불렀다. 경제학의 이론적 모형들이 적어도 부분적으로는 윤리나 사회적 책임에 대한 논의를 필요로 하지 않았기 때문이다.[11]

요즘 들어 서로 상충되는 목적들 때문에 애를 먹고 있는 경영자들이 불쌍하다. 냉전시대 경영이론은 기업의 목적이 이익을 극대화하는 것이라고 가정했다. 이익이 무엇이며, 어떻게 그것을 잘 만들어낼 수 있는가라는 중요한 질문은 종종 대답되지 않은 상태로 남아있게 되었다.

냉전이 끝나고 공산주의가 패배함에 따라 1990년대까지 많은 사상지도자들은 20세기에 세계를 핵전쟁의 위기에 처하게 했던 소유권, 자본, 그리고 금융과 같은 주요 경제 문제들이 이제는 해결되었다는 소위 "워싱턴 합의Washington Consensus"라고 알려진 것을 받아들였다. 자유시장경제가 승리했다. 이제 번영은 규제완화, 사유화, 그리고 기업 활동의 활성화를 통해 속박에서 벗어난 시장의 힘에 달려있게 되었다.

물론 모든 사람이 이런 관점에 동의한 것은 아니지만 실용적인 대안을 제시한 사람은 별로 없었다. 1999년 세계화 반대 운동 기간 동안 어떤 시위자는 "세계화된 자본주의를 파괴하고 그것을 좀 더 나은 것something nicer으로 대체하라"는 플래카드를 구경꾼들에게 흔들었다.

"좀 더 나은 것"은 결코 개혁을 위한 청사진이 될 수 없다. 다른 한편 그 메시지는 대중이 갖고 있는 신념의 일부분을 정확히 나타내고 있었다. 공산주의 비시민경제의 붕괴가 시장자본주의의 승리에 대한 신호탄이 된 것은 아니었다. 금융 권력의 주된 계승자인 다국적기업은 보편적 신뢰를 얻는데 실패했다. 놀라운 일이 아니다. 냉전의 종료는 기업문화를 획기적으로 바꾸는 계기가 되지 못했다. 기업은 사세기 전의 원점으로 되돌아가서 너무 자주 책임을 지지 않게 되었다.

"비정상적 이익추구"

서반구 지도를 내려 보면서 아르헨티나의 티에라 델 푸에고가 남극을 향해 돌출되어 있는 남미의 끝까지 가 보라. 기업 활동을 통제하려는 최초의 시도들 가운데 하나를 보여주는 기념비가 세계의 끝자락에 거친 바다가 있는 거기에 있다.

르메르 해협Le Maire은 상인이자 투자자인 한 플랑드르1)사람의 야망을 나타내고 있다. 모험을 한다는 것은 21세기 구석진 사무실의 펀드매니저에게는 일반적으로 적용되는 말이 아니다. 그러나 이 말은 400년 전 아이작 르메르Isaac Le Maire의 행동에 잘 어울린다. 그에게 있어 네메시스Nemesis2)는 증권시장에 최초로 상장된 네덜란드의 동인도 회사Vereenigde Oost-Indische Compagnie VOC였다. 이 회사는 1,000명이 넘는 사람들로부터 645만 길더를 조달했다. 하지만 이 회사의 경영자들은 무모했고, 결국 엔론, 월드컴, 파르마라트, 그리고 다른 실패한 회사들이 간 길로 들어섰다. 자기만족에 도취한 내부자들은 주주가치를 조직적으로 파괴시키면서 풍요를 즐겼다. 이사들은 동시대인들이 지적했듯이 벼락부자처럼 하룻밤에 막대한 부를 축적했다.[12] 이사들은 회계자료를 비밀로 했다. 투자자들은 경영자를 선정하거나 회사 정책에 대해 투표할 때 발언권이 없었다. 이사회는 배당을 지급하지 않거나 이익잉여금으로 적립했다.[13]

---

1) (역자) 플랑드르(Flanders) 지방은 현재 벨기에 동·서 플랑드르주를 중심으로 네덜란드 젤란트주와 프랑스 노르주·파드칼레주의 일부를 말한다.
2) (역자) 네메시스((Nemesis)는 그리스 신화에 나오는 복수의 여신을 말한다.

VOC의 최대 소액주주인 르메르가 어떤 일을 했는지 보자. 저조한 수익에 실망한 그는 1609년 1월 24일 역사상 최초로 주주소송을 제기했다. 이 암스테르담 상인은 VOC 경영진이 "어리석고 뻔뻔하다"고 비난했고 경영진이 상습적으로 투자자 자본을 낭비하는 것은 "일종의 폭정"이라고 주장했다. 불만을 표현하는 수사학에서 르메르는 유서 깊은 전통이 되었다. "여물통에 있는 돼지Pigs at the trough"는 작가인 아리안나 허핑톤Arianna Huffington이 사백년 후에 유사한 이사회 행동을 나타내려고 사용한 말이었다.[14] "세로줄 무늬옷을 입은 멍청이nitwits in pinstripes"는 언론인 귄터 오거Günter Ogger가 독일의 베스트셀러에서 사용한 말이다.[15] 다른 사람들에게 있어서 비난의 대상이 된 것은 단지 경영진의 탐욕이나 무능만이 아니다. 그것은 기업 자체이다. 캐나다 교수 조엘 베이컨Joel Bakan에 의하면 기업은 "이익과 권력의 병적인 추구"를 목표로 하는 조직이다.[16]

그러나 VOC 경영진은 르메르의 불평에 대해 개의치 않았다. 그래서 작심한 이 재력가는 경영진의 항복을 이끌어내는 것을 목표로 대규모 매도를 통해 VOC 주가를 떨어뜨리기 위해 투자자 연합을 구성했다.

결국 네덜란드 정부는 서둘러 VOC 이사들을 곤경에서 벗어나게 하기 위해 기업에 특권을 부여하고 투자자 권한에 제약을 가했다. 그러나 이 공격으로 VOC 이사회는 주주들에게 어떤 형태로든 양보를 하지 않을 수 없게 되었다. VOC는 어색한 타협을 통해 배당을 정기적으로 지급하기로 약속했고, 주주들이 주식거래를 통해 자본을 회수할 수 있게 하였다. 이 조치로 세계 최초로 주식이 항상 공개적으로 거래되는 기업이 탄생하게 되었다. 그러나 이런 조치로 경영자들은 향후 투자자 공격에 대비해서 강력한 법적 방화벽을 설치해야 한다는 신념을 갖게 되었다.

VOC는 한참 후에 르메르를 다시 공격하기 시작했다. 패배했지만 회사를 혼내주어야 된다는 강박관념을 더 많이 갖게 된 르메르는 유망한 인도네시아 향신료 시장으로 선단을 보내기로 했다. 1615년에 그는 VOC가 독점적으로 통제하고 있었던 마젤란 해협 200마일 남쪽의 태평양에 이르는 해도에 나타나 있지 않은 해로를 발견했던 "골드시커스Goldseekers"라는 대담한 원정대를 위한 자금을 조달했고 그의 아들 제이콥을 대장으로 임명했다. 새로운 상업제국에 대한 꿈에 들떠 있는 선장과 함께 르메르의 범선은 의기양양하게 자카르타에 도착했다. 그러나 VOC는 이들 원정대가 아무것도 할 수 없게 만들었다. 르메르의 배가 항구에 도착한지 사흘 후에 그곳 관리들은 원정대의 선원들을 감옥에 가두었고 선박을 압수했다. 회사는 아시아에 이르는 새로운 길을 발견했다는 르메르의 주장을 단호히 부인했고, 그의 아들 제이콥을 네덜란드로 되돌려 보냈다. 그는 집으로 돌아가는 오랜 항해 중에 사망했다. VOC가 다시 복수한 것이다.

그 후 화가 난 르메르는 2년 동안에 걸쳐 회사에 대해 지루한 법적 투쟁을 벌였다. 역경에도 불구하고 그는 마침내 승리했다. 그는 자기의 배를 되찾았고, 제이콥이 세계의 맨 끝에서 발견한 해협에 드디어 가족 이름을 붙일 권리를 획득하게 되었다. 그러나 VOC도 시련을 물리치고 계속 성장해 갔다.

훌륭하지만 위험한 모델 : 주식회사

주 식회사는 상업의 본질을 근본적으로 변화시키는 새로운 주체로 등장했다. 하지만 그 시작은 별로 순조롭지 못했다. 여러 사람들로부터의 자금조달이 가능했고 투자자들이 바뀌더라도 회사는 계속 존재할 수 있기 때문에 주식회사 모델 자체는 훌륭했다. 하지만 위험은 바로 이러한 소유와 경영의 분리에서 비롯된다.

첫째, 경영자는 주주의 이익보다는 자기의 이익을 위해 행동하고자 하는 유혹에 직면했다. 경제학자들은 이것을 주인 - 대리인 문제라고 말한다. 둘째, 주식이 투기의 대상이 되면 경영자는 그것을 이용할 수 있었고 실제로 이용했다.

1720년에 이와 같은 남용에서 비롯된 스캔들로 런던과 파리 증권시장은 기업의 성장을 1세기 이상 멈추게 했던 급격한 혼란 상태에 빠졌다. 그 당시의 엔론과 파르마라트는 프랑스의 미시시피 회사와 영국의 남해안회사였다. 두 회사는 모두 사업에 관심이 없었던 것으로 판명되었다. 그 대신 두 회사는 정부채권을 매입해 인위적으로 주가를 끌어올렸다. 내부자와 일부 투자자들은 돈을 벌었지만 대부분의 사람들은 회사의 이런 행동 때문에 눈물을 흘렸다. 일반 대중은 이 회사들이 초라한 투기 도구에 불과하다는 것을 알게 되었다. 아담 스미스조차도 경고했다. 많은 자본이 필요하고 운하를 건설하는 것과 같은 공공재 생산이 목적일 때 기업은 유용하다. 그러나 "성공적 경영의 가능성 때문에 주식회사를 설립하는 것은 분명히 합리적이지 않다"고 스미스는 말했다. 그의 논리는 분명했다. "주식회사의 이사들은 자기 자신의 돈보다는 다른 사람의 돈을 관리하기 때문에 자신의 돈을 관리할 때와 같은 경계심을 갖고 남의 돈을 관리하지 않는다. 따라서 그런 기업의 경영에는 언제나 태만과 낭비가 있을 수밖에 없다."[17]

스미스의 걱정에도 불구하고 주식회사는 성공했다. 실로 주식회사는 자유 시장 문화의 핵심이고 마치 정부 권력에서 벗어나 있는 것처럼 세계적으로 확장되었다.

우리는 지난 400년 동안 주식회사가 어떻게 혜택을 가져왔고 논쟁을 불러 일으켰는지를 보았다. 오늘날 주식회사는 전에 없었던 세계적인 권력집단으로 성장하면서 논쟁의 핵심 대상으로 떠올랐다. 그러나 주식회사 행동을 칭찬하거나 비판하기 이전에 보다 기본적인 질문을 할 필요가 있다. 주식회사의 목적이 무엇인가, 혹은 무엇이어야 하는가? 소유구조 혁명은 이 질문의 답에 어떻게 영향을 주는가?

▌요점 정리▌

- 냉전시대의 핵무기 갈등은 경제력을 위한 투쟁이 얼마나 위험한가를 보여주었다. 오늘날 초강대국들 사이의 갈등 대신에 시민과 세계화된 기업들 사이에 갈등의 골이 깊어지고 있다. 시민자본가 시대에 기업의 미래를 보기 위해서는 기업이 어떻게 진화하는지를 이해할 필요기 있다.

- 아담 스미스는 산업혁명에 대한 가장 영향력 있는 경제적 분석을 제시하였다. 19세기에 자유 시장에 대한 논쟁이 극에 달했다. 공산주의자와 사회주의자는 사적인 기업 활동이 사회를 분열시킨다고 생각한 반면 자유 시장 주창자들은 부를 만들어 내는 사적 기업의 능력을 옹호한다.

- 소련 공산주의는 자유롭지만 아주 불공평한 자본주의의 비시민경제에 대해 독재적 억압의 비시민경제로 대항하였다.

- 냉전 종식 이후에도 기업문화에 대한 대대적인 재고가 이루어지지 않았다. 민간부문의 기업이 경제력을 다시 물려받았지만 보편적 신뢰를 얻지 못했다. 경영자들은 기업이 훌륭한 시민이 되어야 한다는 공공의 압력에 직면하게 되었다. 그러나 어떠한 비판가도 이것이 무엇을 의미하는지를 제대로 이야기하지 못했다.

- 시민자본가가 등장하면서 오늘날 경제의 핵심에 자리 잡고 있는 의문 - 기업의 목표가 무엇인가, 혹은 무엇이어야 하는가? - 에 답하기 위한 기초가 만들어졌다.

제 2 부

시민자본가 책임순환구조

The New Capitalist Circle of Accountability

3
기업의 미래

자본가 선언

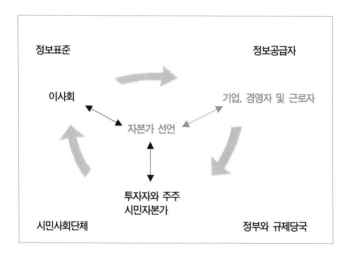

규제, 시장, 그리고 문화는 기업이 사회적 이익에 어긋나지 않도록 기업을 규율한다. 그리고 시민자본가는 장기적 가치를 추구하는 강력한 힘이 되어 기업이 사회적 이익을 위해 움직이도록 한다. 이 장에서는 성공적인 경영자가 기업의 이익을 시민주주의 이익과 조화시키도록 하는 **자본가 선언**capitalist manifesto10개 원칙을 소개한다.

1 987년의 할리우드 히트 영화 **월스트리트**Wall Street에서 증권거래상 고든 게코Gordon Gekko는 투자 은행가들에게 "탐욕은 좋은 것"이라고 이야기한다. 현실에서 노벨경제학상 수상자인 밀턴 프리드먼Milton Friedman도 "기업의 사회적 책임은 이익을 극대화하는 것"이라고 주장했다.[1]

프리드먼의 그런 주장은 경제활동에 대한 정부간섭이나 기업에 대한 사회적 족쇄와 싸우려는 사람들의 마음을 사로잡았다. 동시에 그런 견해로 인해 프리드먼은 많은 다른 경제학자들로부터 적지 않은 비난도 받았다. 프리드먼은 기업의 가장 중요한 사명이 다른 사람들에게 미칠 수 있는 해악에 관계없이 자신의 경제적 욕구를 만족시키는 것이라고 주장했던 것 같다. 비판론자들은 "왜 문명화된 사회가 자기 이익만을 추구하는 기관을 육성해야 하는가"라고 주장한다.

이것은 좌파와 우파의 오래된 논쟁인데, 이 논쟁에서 양쪽 모두 기업은 도덕과 무관하고 "도덕성"에 대한 상대방의 비전이 위험하고 비효율적이라는 확신을 갖고 있었다. 지금은 그런 막다른 골목에서 벗어나 21세기 시민자본가 시대에 기업의 사명을 정립하는 새로운 방법을 모색해야 할 때이다.

반지의 제왕

주 식회사는 아주 단순하지만 강력한 법적 창조물이다. 서로를 모르는 개인들이 주주로서 주식회사에 참여하지만 처음에 투자한 자금이상으로는 회사의 어떤 행동에 대해서도 책임을 지지 않는다. 자본을 모으는 그런 집단행동은 규모의 경제와 전문성을 통한 효율성 향상을 가능하게 하고 주식회사로 하여금 세계 경제를 이끌어 가게 한다.

그러나 우리가 보아 왔듯이, 주식회사는 동시에 잠재적 위험을 내포하고 있다. 글로컨 Glaucon이라는 이름의 소크라테스 제자가 2,500년 전에 스승에게 물었던 윤리적 질문을 생각해 보자. 여러분이 마력을 갖고 있는 반지를 갖고 있다고 상상해 보라. 글로컨은 그것을 귀게스Gyges[1] 반지라고 불렀다. 이 반지가 있으면 자기 자신을 보이지 않게 할 수 있고, 발각되거나 처벌받는 것에 대한 어떤 두려움도 없이 자신의 이익을 늘리기 위해 자기가 원하는 것을 무엇이든지 할 수 있다. 여러분은 어떻게 행동할까? 글로컨은 사람들의 공통된 생각이 분명히 다음과 같을 것이라고 생각했다: "이런 힘을 갖고 있음에도 부당한 행동을 하거나 동료를 강탈하는 것을 거절하는 사람이 있다고 한다면, 이 사람의 이런 행동을 아는 사람들은 누구나 그가 가장 불행하고 바보 같은 사람이라고 생각할 것이다."[2] 그러나 소크라테스는 그 사람이 보이든 보이지 않든지 도덕적으로 행동하는 것이 더 좋다고 반론을 폈다. 왜냐하면 그런 행동이 그의 진짜 본성을 반영하고 따라서 행복에 이르기 때문이라는 것이다.

반지를 갖고 있는 주체가 인간이 아니라 기업이라면 어떻게 될

---

[1] (역자) 그리스 신화에 나오는 100개의 손을 가진 거인들 중 한 사람을 말한다.

까? 소크라테스의 주장을 어떻게 해석하든 그것을 유한책임회사라고 알려진 법인체에 적용하는 것은 어렵다. 법인은 도덕적 행동을 장려하는 본성, 양심, 혹은 신념을 갖고 있지 않기 때문이다. 법인은 자기가 원하는 것을 하지만 유일한 제재는 자본의 상실이다. 결국 경영자를 감옥에 보낼 수 있지만 주식회사를 감옥에 보낼 수는 없다. 법인이 죄책감을 갖게 할 수도 없다. 극단적인 경우 주식회사는 사업을 하지 못할 수도 있다. 예를 들어 회계법인 아서 앤더슨을 생각해 보라. 그러나 대부분의 경우 기업은 소유주인 투자자들이 모두 마치 귀게스 반지를 끼고 있는 것처럼 행동하도록 할 수 있다.

글로컨의 관점이 사업계에 널리 확산될 것이라는 두려움이 수세기 동안 사회에 팽배했다. 정부가 처음으로 기업에게 면허를 주었을 때, 면허의 조건은 기업 활동을 특정한 기회에만 엄격하게 한정시키는 것이었다. 예를 들어 세계의 특정 국가와 교역하는 것, 은행을 설립하는 것, 운하를 설립해서 운영하는 것 등이다. 주식회사 면허는 유효기간도 제한되어 있었다. 어떤 주식회사가 주주의 자본을 면허가 끝난 후에도 계속 보유하기를 원한다면 특별 허가를 받아야만 했다. 영국 산업혁명의 초창기 동안(1720-1825) 기업을 설립하기 위해서는 의회의 특별법이 요구되었다.[3] 법제정자들은 그런 강력한 법인이 통제되지 않은 상태로 있으면 사기와 낭비를 위한 면허가 될 수 있다고 걱정했던 것이다.

남을 해칠 수 있는 면허

왜 밀턴 프리드먼과 같은 경제학자는 주식회사에 보다 강력한 면허를 주기를 원했는가? 대답은 면허라는 것이 프리드먼이 의도했던 것과는 정반대라는 것이다. 그가 의도한 바는 주식회사가 자의적이고 잠재적으로 남을 해치는 방향으로 그들의 권력을 행사하지 않도록 하는 것이었다.

막강한 힘을 가진 회사의 이사회가 주주에게 이익을 올려주기보다는 자신의 이익을 위해 마음대로 돈의 힘을 이용하기로 결정했다고 하자. 이사회는 처음에는 그렇게 심하지 않은 수준에서 회사의 이익을 올려야 한다는 의무를 제대로 지키지 않을 수 있다.예를 들어 이사회가 유명 공공기관에 기부를 하면 주주의 돈이지만 회사의 관대함에 대해 CEO가 개인적으로 인정을 받게 된다. 그러나 이사회는 더 나아가 경영진에 대한 임금을 과도하게 책정할 수도 있으며, 정치적 영향력을 행사하거나 사회적 지위를 높일 수 있는 신문방송이나 스포츠 프랜차이즈와 같은 세간의 이목을 끌 수 있는 기념사업을 통해 자기들의 제국을 확대할 수 있다. 그리고 이사회는 자기들의 개인적 이익을 보호하고 증진시키기 위해 정치인들에게 돈을 줄 수도 있다. 그러나 극단적으로 이사회는 회사 돈을 이용해 그 국가 정부 자체를 매수할 수도 있다.

물론 이런 행동들은 모두 사업계에 너무 흔한 것이다. 이 때문에 많은 논평자들은 원래 자기를 만들어 준 의회 의원들을 이제는 통제하고 있는 회사를 프랑켄슈타인의 괴물로 묘사했던 미국대법원

판사 루이 브랜다이스Louis Brandeis의 사상을 되새겨 본다.[4] 믿거나 말거나 밀턴 프리드먼은 괴물을 부활시키기를 원했던 사람들 편에 섰다. 그는 회사의 목표를 단순히 이익극대화를 통해 주주에 봉사하는 것으로 분명하고 좁게 정의될 필요가 있다고 주장하곤 했다.

프리드먼이 단지 이익만을 극대화하는 것이 기업의 합법적인 사회적 목표라고 한 것은 역설이다. 그러나 역설로 들리지 않는다. 아마도 프리드먼의 말이 의미하는 것은 만약 회사가 이익을 극대화하면 그것은 자연스럽게 필요한 상품과 서비스의 생산과 같은 긍정적인 사회적 결과와 경제성장과 고용촉진을 가져온다는 것일 것이다. 그리고 서구세계 경제를 대충 살펴보면, 기업들이 모든 이런 성과를 만들어내는데 대단히 성공적이었다는 것을 알 수 있다.

그래서 프리드먼은 방향이 잘못 설정된 방정식을 만들었는지도 모른다. 문제는 기업의 사회적 목표가 이익을 극대화하는 것인가 여부가 아니다. 이익극대화는 사적인 목표다. 아마도 그가 말하고자 했던 바는 바로 이것일 것이다:

주주 이익을 극대화하기 위해서 운영되는 기업은 사회가 요구하는 지속가능한 번영을 만들어낼 수 있는 도구가 될 수 있다.

프랑켄슈타인의 괴물 통제

기업이 프랑켄슈타인의 괴물처럼 행동할지도 모른다는 자연스러운 두려움이 있음에도 불구하고, 기업의 잘못된 행동은 일상적인 것이 아니라 예외적인 것으로 남아있다. 왜냐하면 시장, 정부, 그리고 사회라는 적어도 세 가지 중요한 제약 경로가 기업으로 하여금 사회적 목표를 추구하도록 이끌고 있기 때문이다. 먼저 이들 각각이 어떻게 기업을 길들이는지를 생각해 볼 필요가 있다. 그 다음 시민자본가의 등장이 어떻게 기업 활동의 목표를 완전히 새롭게 재정립하게 하는가를 살펴본다.

첫 번째 제약 : 시장과 보이지 않는 손

무엇이 이익을 극대화하는 기업으로 하여금 고객을 속이지 못하게 하는가? 완전 자유 시장에서는 속은 고객은 단순히 다른 시장에 가서 상거래를 한다. 어떤 기업이 상품을 너무 비싸게 팔면 다른 기업이 동일한 사업을 하려고 할 것이고, 결국 가격은 상품의 원가에 적정이윤을 더한 것을 반영하는 수준으로 떨어지게 된다. 이것이 아담 스미스가 "보이지 않는 손"이라고 부른 놀라운 통찰력이다. 공급자들끼리의 경쟁으로 가격은 생산원가에 적정 이윤을 더한 것과 같아질 수밖에 없다. 어떤 생산자가 가짜 상품을 팔면 고객은 바로 그것에 대해 알게 되고 지불하려는 가격을 낮출 것이다.

이론적으로 고용에 대해서도 같은 논리가 적용된다. 어떤 기업이 열악한 근로조건을 제시하면 우수한 노동자들은 다른 기업으로 가게 되고 그 기업은 사업으로부터 퇴출될 것이다.

자유 시장 옹호자들은 보이지 않는 손 때문에 모든 거래가 이러한 사회적 목표에 어긋나지 않게 된다고 믿는다. 이들은 모든 경제 주체가 경쟁할 수밖에 없다면 가격은 원가에 근접하게 된다고 주장한다. 따라서 정부는 모든 시장이 최대한 경쟁적 시장이 되도록 해주기만 하면 된다. 어떤 기업도 독점적 지위를 누리는 것이 허용되어서는 아니 된다. 이 때문에 특히 미국과 유럽 연합에서 정부는 기업합동과 독점을 방지하기 위해 엄청난 노력을 기울여 왔다.

결과적으로 정부는 경쟁이 허용되고, 충분한 정보가 있고, 계약법이 있는 자유 시장을 반영하는 조건하에서 기업이 활동할 수 있게 하기 위해 모든 방법을 동원해서 관여해 왔다.

그러나 기업 활동을 규율하는데 이것만으로는 충분하지 않다. 왜냐하면 아담 스미스의 보이지 않는 손이 이론처럼 작동할 수 있는 조건을 발견하는 것이 아주 어렵기 때문이다. 자연독점은 자유시장을 무너뜨릴 수 있다. 가끔 획기적인 규모의 경제, 특수한 지역 우위 혹은 기술 등으로 어떤 생산자가 다른 생산자에 비해 유리할 수 있다. 혹은 정보가 제한된 경우, 공급자는 상품과 서비스에 대해서 고객보다 더 많이 알 수 있다. 혹은 노동력 이동은 언어, 법, 인구구조, 문화에 의해 제약을 받는다. 이런 상황이 발생하면 규제당국이 개입한다.

두 번째 제약 : 규제

어떤 상점에 들어가서 어떤 상품이나 서비스를 구매해 보라. 그러면 그 상품이나 서비스가 수많은 규제를 만족시킨 경우에만 생산되고 유통되고 판매되었다는 것을 알게 될 것이다. 세계에 걸쳐 어느 정도의 규제가 적정한가에 대한 논쟁이 진행 중이다. 하지만 규제가 어떤 수준에 있든 규칙은 축구경기에서 필수적인 만큼 시장을 정의하기 위해서도 필수적이다. 경기장의 크기, 공의 모양, 선수의 수 등에 관련된 규칙은 각 경기가 시작되기 직전에 정해지는 것이 아니다. 마찬가지로 시장에서 필수적인 규칙들은 거래가 이루어지기 훨씬 전에 결정된다.

규제가 기업행동에 어느 정도 영향을 줄까? 집안에 있는 물건들은 그것들이 화재에 대해 안전하다는 것을 확인하기 위해 엄격한 실험을 통과해야 한다. 건물 자체도 공인 표준에 따라 건설되어야 한다. 우리가 사는 자동차, 우리가 단골로 가는 음식점과 호텔, 그리고 우리가 구입하는 보험과 저축상품에도 같은 논리가 적용된다. 요약하면 규제는 시장의 모든 상품과 서비스를 통제한다.

시계를 150년 전으로 돌려 보라. 그러면 이러한 규제가 시장경제를 유지하기 위해 필수적이라는 것을 알게 될 것이다. 그 당시에는 비양심적인 사업가가 일상적으로 음식의 품질을 떨어뜨리고, 밀가루에 분필가루를 집어넣거나 맥주에 황산을 추가하곤 했다. 중독성 성분을 갖고 있는 상품이 흔히 있었는데, 가장 유명한 것 중 하나는 미량의 코카인을 포함하고 있던 코카콜라였다.

물론 규제가 소비자보호 문제에 대한 유일한 해결책은 아니었다. 협동조합 운동이 하나의 대안이었다. 사람들이 협동조합만이 적정가격으로 믿을 수 있는 상품을 팔 수 있다고 믿었기 때문에, 20세기 초까지 협동조합이 영국의 소매거래를 거의 지배했다.[5] 정부가 적극적으로 개입하지 않았다면 아마도 협동조합이 기업의 대표적인 형태가 되었을 것이다. 하지만 의회 의원들이 일련의 기준을 바탕으로 개입했고 오늘날 대부분의 이익을 추구하는 기업은 질 좋은 상품을 파는 것으로 신뢰를 받고 있다.

그렇지만 상품만이 규제의 유일한 대상은 아니다. 규제는 일이 이루어지는 방법도 다룬다. 최대 노동시간, 건강 및 안전 보호, 노동조합 참여권, 균등 기회권, 휴가, 시간외수당, 그리고 임의해고로부터의 보호뿐만 아니라 최소임금도 많은 국가에서 통제된다.

모든 공장, 사무실, 음식점, 호텔, 그리고 모든 형태의 운송이 조사 대상이다. 환경오염도 규제된다. 지역지정과 계획에 따라 생산이 가능한 지역이 결정된다. 심지어 기업이 나이트클럽 혹은 카지노를 설립할 수 있는지 여부도 규제된다. 세계 자본시장에서 자금을 조달하기 위해서 기업은 수많은 법과 규정을 준수해야 한다. 기업이 규제를 어기면 투자자 보호 차원에서 가끔 엄한 벌을 받는다.

이러한 규제의 목적은 무엇인가? 기업이 사적 이익뿐만 아니라 사회적 이익도 만들어내는 방법으로 이익을 극대화하도록 유도하기 위해서이다. 이와 함께 규제는 모든 시장 참여자들로 하여금 그들이 동일한 규칙에 따라 행동한다는 것을 알게 한다. 약속한 대로 좋은 맥주를 생산하는 맥주회사는 맥주의 품질을 떨어뜨리는 경쟁자 때문에 파산하지 않는다는 것을 확신할 수 있어야 한다.

규제는 정부가 사용하는 유일한 수단이 아니다. 정부는 또한 기업으로 하여금 특정 행동을 하도록 하기 위해 조세, 보조금 혹은 유인 시스템을 만든다. 예를 들면 탄소세는 온실가스 방출을 억제할 수 있고, 보조금은 생명공학과 관련된 고용이나 훈련을 촉진시킬 수 있다. 그러나 시장, 규제, 그리고 유인 외에도 기업행동에 영향을 주는 똑같이 강력한 다른 힘들이 있다.

세 번째 제약 : 기업문화

대부분의 고참 기업인들은 대기업이 성공할 수 있도록 단합시키는 것은 바로 기업문화와 무엇이 올바른 행동 방법인가에 대한 공통된 이해라는 것을 알고 있다. 대규모 조직처럼 대기업은 윤리를 근간으로 하는 자기만의 문화 감각 없이는 존재할 수 없다.

문화는 조직과 조직 내 개인들이 왜 지금과 같이 행동하고, 어떻게 서로 서로를 대하고, 어떻게 조직 밖에 있는 사람들을 다루는가를 설명하는데 도움이 된다. 기업분석가는 인류학자처럼 기업조직을 종업원들이 자기회사에 대해서 말하는 상징, 역사, 그리고 전설을 통해 묘사한다. 예를 들면 여기에는 의사결정이 이루어지게 하고 행동을 유도하는 공식적이고 비공식적인 결재라인과 긍정적 혹은 부정적인 것으로 생각되는 행동양식 등이 있다.[6]

기업 지도자들에게 물어 보라. 그러면 그들은 문화가 때로는 변화를 가져오는데 있어서 가장 다루기 힘든 장애물이라고 말할 것이다. 과거 정부 소유기업의 경영자는 민영화 된지 거의 한 세대가 지났지만 여전히 조심과 신중을 높은 가치로 여겨 혁신을 지연시키는 견고한 "공무원" 문화에 대한 불평을 말한다. 합병은 기업문화 충돌 때문에 종종 실패한다. 기업의 법적 구조를 바꾸는 것과 개인행동에 영향을 주는 근본적인 방법을 바꾸는 것은 전혀 다른 것이다.

국경을 넘어 활동하는 기업들은 훨씬 더 어려운 도전을 해야 한다. 기업문화는 진공 속에 존재하지 않는다. 기업을 구성하는 노동자들 그 자체가 하나 이상의 국가 문화의 일부이다. 예를 들어 월마트가 성희롱을 방지하기 위한 미국식 통제방식의 일환으로 종업원들이 서로 데이트하는 것을 금지하는 정책을 도입했을 때 뒤셀도르프 법원은 독일 관습과 어울리지 않는다고 이 정책을 기각하였다.

기업문화는 기업을 둘러싼 사회의 문화를 무시할 수 없다. 대부분의 회사들이 정책적으로 거짓말하고, 사기치고, 속이는 행동을 하지 않는 하나의 이유는 대부분의 회사 종업원들이 거짓말쟁이, 사기꾼, 도둑이 아니기 때문이다. 외부에서 전수된 문화는 많은 사람들이 반대하는 관습을 강요할 수 있다. 기업조직이 능력만을 근거로 직원을 승진시키는 유인 구조를 가지고 있다고 생각해 보라. 그러면 많은 기업들이 여성과 소수인종을 승진시키는 것을 소홀히 하게 될 것이다. 이런 실패는 직접적인 경제적 압력이 아니라 기업이 활동하고 있는 사회의 믿음과 기대에서 비롯된다. 기업경영의 원칙에 따르면 기업은 가능한 넓은 인재풀로부터 인재를 고용하고 승진시켜야 한다.

비즈니스 공동체 밖에 있는 비판가들은 종종 이윤동기가 불가피하게 비윤리적 행동으로 연결된다고 믿는다. 그러나 공동체 안에 있는 대부분의 사람들은 사업을 하기 위해서는 분명한 윤리의식과 최상의 신뢰가 필수적이라는 것을 안다. 신뢰를 바탕으로 사업을 하는 능력은 모든 시장을 돌아가게 하는데 필수적이다. 투명하고 정직하다는 평판을 갖는 것은 장기적 사업성공을 위한 핵심요인이다. 반대로 표리부동하다는 평판은 기껏해야 성장을 지체시키거나 최악의 경우 기업을 망하게 할 수 있다.

실제로 이익을 내는 회사는 노동자를 잘 대우하고 고객에게 가치를 전달하는데 집중하는 회사라는 증거가 있다. 이 때문에 베스트셀러 경영학 교과서는 1970년대 후반까지 "최우수" 기업은 종업원을 위엄과 존경심을 갖고 동반자로 대우하는 기업이라고 선언하곤 했다. 종업원을 자본지출과 자동화의 대상이 아니라 생산성 향상의 가장 중요한 원천으로 대우해야 한다는 것이다.[7]

깨지기 쉬운 쇠사슬

우리는 기업이 완전하거나 완전하게 될 것이라고 이야기 하는 것은 아니다. 그러나 우리는 "기업의 사회적 책임이 이익을 극대화하는 것"이라는 프리드먼의 주장을 다르게 바라보는데 어느 정도 진전을 이루었다. 우리가 발견한 것은 기업은 경쟁시장과 규제에 의해 상당히 제약을 받는다는 것이다. 이외에도 성공한 기업문화는 긍정적인 사회적 행동을 촉진시키는 경향이 있다. 이러한 세 개의 힘이 상호 작용한다는 것을 명심해야 한다. 예를 들어 소비자에게 정보를 제공해야 된다는 규제는 특정 상품 선호 혹은 반대 운동의 근간이 되고, 이는 결국 시장에서 해당 상품의 성공에 영향을 미친다. 이렇게 서로 얽혀있는 압력은 프랑켄슈타인의 괴물이 갖고 있는 에너지를 통제받지 않는 기업자본주의의 비판자들이 두려워했던 것보다 훨씬 더 긍정적인 사회적 목적으로 연결하였다.

세계화의 압력 아래 국경이 허물어지는 요즘 세상에 이것만으로 충분한가? 비록 괴물이 통제될 수 있다고 해도 괴물은 여전히 괴물이다. 그리고 그는 언제든지 어느 국가가 자기에게 부과한 쇠사슬을 깨부술 수 있다. 이런 관점을 갖고 있는 사람들은 기업 활동에 대한 더 많은 규제를 주장한다. 다른 사람들은 기업에 의해 영향을 받는 이해관계자들이 협력해서 기업전략을 결정하도록 하는 새로운 **기업헌장**을 만들어야 한다고 주장한다. 독일과 같은 몇몇 국가들은 노동자 대표가 감독 이사회에 참여할 수 있도록 하는 "이해관계자 자본주의stakeholder capitalism"의 일부를 법에 명시하고 있다.

이해관계자라는 개념은 이론적으로 설득력이 있다. 하지만 많은 논자들이 경고했듯이, 실무적으로 그것은 경영진을 수많은 주인들의 대리인으로 만들고 경영자가 그들 사이를 중재하는 지나친 권한을 갖도록 하는 의도하지 않는 위험한 결과를 가져올 수 있다. 다른 문제들도 여전히 만만치 않다. 어떤 이해관계자가 이사회에 참석할 것인가는 어떻게 결정하는가? 예를 들어 독일 다국적기업들은 다른 나라에서 고용하는 노동자가 아니라 **독일** 노동자에게만 이사회 참여권을 준다. 이해관계자들이 이사회에 참여할 때 자기들을 후원하는 사람들의 이익이 회사의 이익과 단기적으로 상충되는 경우 정말로 후원자의 이익을 대변할 수 있을까? 마지막으로 회사 주주들의 기득권을 침해하지 않으면서 어떻게 이런 해결방안을 실행에 옮길 수 있을까? 이런 모든 문제들은 이해관계자 해법을 옹호하는 사람들에게 실질적인 도전으로 다가온다.

그러나 이해관계자 권력을 옹호하는 오래된 논리는 기업은 아무리 제약을 받더라도 그들의 주주를 만족시키는데만 집중하면 보다 넓은 사회적 이익을 무시하는 경향이 있다는 신념에 바탕을 두고 있다. 주요 기업들의 소유가 광범위하게 분산되어 있고 펀드가 시민들이 모은 자본을 대변하는 오늘날의 세계에서는 이런 논리는 더 이상 힘을 갖지 못한다. 어떻게 시민자본가가 기업 활동의 새로운 목표를 설정함으로써 균형을 깨는지를 보자.

시민기업으로 가는 길

비유를 바꾸어 기업을 괴물이 아니라 공동으로 사용하는 잔디 깎는 기계로 생각하자. 시장의 모든 제약조건, 규제, 그리고 문화는 기계가 어떻게, 어디에서 제작되는지 뿐만 아니라 모터의 안전, 공해, 성능, 모양, 그리고 연료효율성에 영향을 준다. 하지만 기계는 진행방향을 설정해서 밀고 조정하는 사람 없이는 키 큰 풀 가운데 쓸모없이 남아있게 될 것이다. 여기에 바로 시민자본가인 주식소유자의 역할이 있다.

경제학자나 변호사의 관점에서 기업은 주식소유자의 재산이고 따라서 주식소유자의 이익을 대변해야 한다. 앞장에서 보았듯이, 오늘날 실제적인 주식소유자는 소수의 부자가 아니라 수백만의 연금가입자나 다른 저축자들이다. 우리 일반인들은 세계에서 가장 거대한 기업들을 소유하고 있다. 우리는 시민자본가이며, "기업은 주주의 재산이고 기업의 이익은 주주의 이익이다"라는 밀턴 프리드먼의 주장에 전적으로 동의할 것이다.[8] 하지만 이것은 "무엇이 우리의 이익인가? 이것이 정의된다면 우리가 소유한 기업에 대해 어떤 행동을 요구해야하는가'라는 근본적인 질문을 회피하고 있다.

시민투자자의 등장은 현재와 과거를 구분하는 두 가지 시각에서 답을 찾을 필요가 있다는 것을 의미한다. 첫째, 시민자본가는 분산투자를 하는 경향이 있다. 둘째, 세계 자본시장에서 가장 강력한 기관은 수많은 저축자들을 대변하는 펀드이다. 이런 수백만의 사람들은 잔디 깎는 기계를 작동시킬 때 속도, 방향, 그리고 임무에 대해 다른 생각을 가지고 있다. 어떻게 기업은 시민경제의 이러한 기본적인 사실을 받아들이기 위해 목표를 바꾸는가?

분산투자의 힘

대부분의 잘 관리되는 연금펀드, 뮤추얼 펀드, 그리고 다른 공동저축프로그램은 많은 기업들에 투자하고 있다. 특정 기업주식에 많이 투자하기보다는 세계 수백, 심지어는 수천 개 기업에 조금씩 투자하고 있다. 투자의 성과는 특정기업의 성공이 아니라 모든 기업들의 성공에 의해 결정된다. 분산투자를 하는 주된 이유는 특정기업의 성공과 실패에 노출되는 것을 피하는 것이다.

분산투자는 어떻게 투자자의 이익을 변화시키는가? 모든 저축이 특정 기업에 투자되었다 하자. 그 기업의 성공만이 유일한 이익이 될 것이다. 그 기업이 경제시스템 전체에 해를 끼칠지라도 투자자는 그 기업이 살아나서 번성하고 성장하기를 원할 것이다. 하지만 수많은 기업에 투자했다면 투자자의 관점은 변할 것이다.

예를 들어보자. 기업 X가 외국에서 큰 계약을 따내려고 한다고 하자. 구매자는 미리 정한 은행구좌로 현금을 지불하면 기업 X에 계약을 주겠다는 의사를 밝혔다. 비록 현금지불은 뇌물 같지만 변호사는 현금지불을 합법화할 수 있는 허점을 발견하였다. 기업 X는 어떻게 해야 할 것인가? 이 기업이 오직 이 기업의 성공에만 관심이 있는 투자자의 시각을 받아들인다면 뇌물은 주는 것이 의미가 있을 수 있다. 하지만 기업 X가 그렇게 하면 판도라의 상자가 열리게 된다. 미래에는 이 나라에서 활동하는 모든 기업들이 그런 현금지급 요청을 받게 될 것이고 이것은 분산된 주주의 이익에 해가 될 것이다.

분산투자자의 관점에서 가장 좋은 해결책은 투명하고 공정한 시장거래에 해가되는 모든 허점을 제거하는 것이다. 비록 이 경우 기업 X는 뇌물 주는 것을 거부해 상대방을 기분 나쁘게 함으로써 계약을 따내지 못할 수도 있지만, 다른 기업도 그런 허점을 이용해서 계약을 따내지 않는다는 것이 전제되면 그렇게 하는 것이 분산투자한 주식소유자들에게 이익이 된다. 다시 말해 시민자본가는 비록 특정 상황에서 그런 규칙이 특정 기업의 행동을 구속할지라도 경제시스템 전체의 성공으로 연결되는 규칙을 만들어내는 데 관심이 있다.

자연스럽게 기업의 사장은 다른 관점을 가질 수 있다. 사장의 의무는 당연히 자기 조직의 이익을 극대화하는 것이고 사장은 그것에 근거해서 보상을 받는다. 실무적 관점에서 사장이 개인적으로 집중하고 있는 것을 변화시키는 것은 어리석은 것이다. 우리는 사장이 다른 생각하지 않고 자기 조직의 성공에 집중하는 것을 원한다. 다른 일을 하게 되면 조직을 관리하는 것이 불가능하게 된다. 그러나 사장은 자기 자신에게 개인적으로는 좋지만 보다 큰 경제시스템에 해가 되는 행동을 시도하면 자기 회사 주식소유자를 만족시킬 수 없다.

더욱이 대부분의 사업가가 이해하고 있듯이 성공한 사업공동체가 상업적으로 성공하기 위해서는 규칙이 필요하다. 앞에서 우리는 정부가 사회를 부적절한 기업행동으로부터 보호하기 위해 어떻게 규칙을 강요하는가를 논의했다. 사실 경제시스템을 통해 모든 사업 활동이 경제적으로 성공하고 불량한 행동으로부터 보호받기 위해서는 사업 활동에 규칙이 필요하다. 앞에서 든 예로 다시 가보자. 최초의 "뇌물"은 경제적으로 이익이 되지만 그런 음모에 가담한 것으로부터의 불가피한 결과는 부패를 조장하는 것이다. 뇌물제공은 바로 경쟁기업들에게도 제안될 것이고 기업이 선호하는 판매자로 남아있기 위해 특정구좌에 보내야 하는 금액이 더 커지게 된다. 따라서 부패의 악순환은 경제전체 뿐만 아니라 개별기업에게도 혜택이 아닌 비용을 추가하게 된다.

많은 사람들은 그런 수상한 행동은 본질적으로 반경쟁적이고, 운동선수가 불법적인 성과향상 약물을 사용하는 것처럼, 잘 알려진 경쟁의 규칙을 희생해서 단기적 이득을 취하는 것이라고 주장하곤 했다. 그런 운동선수는 일시적으로 유리할 수 있지만, 커리어가 단축되고 장기적으로는 심각한 건강악화와 심지어 사망에 이르기 까지 한다. 물론 일단 선수의 약물복용이 노출되면 그의 기록과 명성은 퇴색된다. 운동선수들이 일반적으로 광범위한 약물검사 규칙을 지지하는 것은 놀라운 일이 아니다.

이와 유사하게 기업도 뇌물을 건네거나 혹은 다른 비윤리적인 경쟁 속임수를 쓰는 것을 금지하는 시장전반의 관습을 지지한다. 이론적인 것에서 벗어나 실제 세계를 보자. 최근 신흥시장국의 유전과 탄광 개발에 관여하고 있는 많은 기업들이 투명성 협정Transparency Initiative에 서명했다. 이 협정에 서명한 기업들은 국가 정부와 관료에 대한 모든 비용지급을 공개하기로 하였다. 이것은 부패를 제거하고 발전을 촉진시키는 것을 돕는데 기여하는 것으로 언론에 공표되었다. 그러나 분산투자한 시민자본가 주식소유자는 이 협정이 발전을 돕든 말든 이 협정을 지지했을 것이다. 왜냐하면 사업의 성공은 부패한 관습보다는 투명하고 윤리적인 규칙에 의해 촉진될 수 있기 때문이다.

따라서 분산투자자는 집중투자자와는 다른 경제적 요구를 가지고 있다. 그러나 시민자본가들은 수많은 기업에 분산투자하고 있을 뿐만 아니라, 그들 자체도 수백만의 시민투자자들로 구성되어 있다. 그리고 시민자본가는 전체적으로 초기에 자본시장에 참여했던 일종의 외로운 주식소유자와는 다른 것을 요구한다.

공동 소유자

시민은 은퇴, 교육 혹은 주택구입 등 장기적 미래를 위해 저축을 원하기 때문에 투자한다. 전문적 용어로 말하면 시민은 장기 실질자산(많은 회사들의 주식)에 투자함으로써 장기 실질부채(은퇴 후 생활비, 학비 혹은 주택구입으로 써야하는 돈)에 "대비"하고자 한다. 따라서 비록 주식시장의 거래자들은 단기적 성과에 집중하는 경향이 있지만 기업의 궁극적 목표는 궁극적 주인을 위해 장기적 가치를 극대화하도록 경영하는 것이 되어야 한다. 기업의 주인이 하나이든 수백만이든 이런 목표는 종종 같을 수 있다.

주인이 많은 기업에 있어서 차이가 나는 것은 주인들이 가치와 시간의 틀을 구성하는 것이 무엇인지를 결정하는 방식이다. 주인이 하나인 경우 그 사람, 가족, 회사 혹은 국가 혼자서 자기가 사업으로부터 무엇을, 언제 원하는지를 정한다. 그런 하나의 주인이 특별히 사회적 의무에 대해 민감하면 기업은 높은 책임의식을 갖고 행동할 수 있다. 아니면 주인은 팜 스프링에서 행복한 은퇴 생활을 하면서 사장으로 하여금 사회전반에 대해서는 전혀 신경 쓰지 않고 가능한 한 최대의 사적이익을 추구하도록 격려할 수도 있다.

시민자본가의 경우 상황은 아주 다르다. 시민자본가들은 넓은 의미에서 그들 자신이 하나의 사회라고 할 수 있다. 시민투자자가 기업으로 하여금 주주를 위해 이익을 극대화하고, 이에 수반되는 피해, 예를 들어 환경오염으로 인한 피해를 무시하라고 독려하는 것은 의미가 없는 것이다. 그렇게 하면 한 주머니의 돈을 훔쳐서 다른 주머니에 집어넣는 것과 다름없다. 비용을 사회전반에 전가시키는 어떠한 기업행동도 마찬가지다. 물론 모든 피해가 문제가 되는 것은 아니다. 그러나 분산투자한 주인들의 필요를 이해함으로써, 시민경제 기업으로 하여금 개인이 소유했을 경우와 다른 범주의 행동을 하도록 할 수 있다. 한때는 기업이 해야 할 사업으로 생각되지 않았던 것들이 시민투자자의 입장에서는 해야 할 사업으로 판명된다.

1930년대에 경영의 귀재 아돌프 버얼Adolf Berle과 가디너 민즈 Gardiner Means는 기업의 경제적 힘이 너무 커서 책임을 물을 수 없는 세상을 묘사한 적이 있다. 그들은 기업이 공적인 신뢰를 유지하기 위한 방법으로 최고경영자가 마치 기업의 목표가 사회전체의 혜택을 증진시키는 것처럼 자발적으로 행동할 것을 제안했다.[9] 21세기에 우리는 상장기업의 주주가 사회전체의 수요를 반영해야 한다고 주장한다. 우리가 주장하는 것은 회사의 이익은 주주의 이익이라는 밀턴 프리드먼의 견해와 회사는 보다 더 많은 사회적 책임을 져야 한다고 주장하는 사람들의 견해와 일치한다. 사회와 주주는 동일체가 되어 가고 있다.

하지만 그러한 공동 소유자universal owners는 기업에 대해서 정확하게 무엇을 기대하고 있는가? 과연 우리는 CEO가 기업을 잘 경영하기 위해 사용할 수 있는 공고하고 평가 가능한 기준을 수립하기에 충분한 시민자본가의 목표를 정의할 수 있는가?

시민자본가 선언

다음은 우리가 시민자본가 선언이라고 부르는 기업 이사회를 위한 10가지 원칙이다.

1. 이익을 내고 가치를 창조하라.
2. 가치를 창조할 수 있는 곳에서만 성장하라.

3. 사람들이 올바른 일을 하도록 공정하게 보상하라.

4. 자본을 낭비하지 말라.

5. 역량이 가장 강한 곳에 집중하라.

6. 조직을 혁신하라.

7. 고객, 공급자, 근로자, 그리고 지역사회를 공정하게 대우하라.

8. 회사가 하는 일이 부수적 피해를 유발시키지 않고, 경쟁회사가 부당한 이익을 취하지 않도록 규제를 준수하라.

9. 패거리 정치를 멀리하라.

10. 회사가 하는 일을 알리고 그것에 대해 책임지라.

이 원칙들은 "황금률"로부터 무작위로 선택된 것이 아니다. 이들 요구는 모두 시민자본가가 원하는 것으로부터 나온 것이다.[10] 비록 이들 원칙이 처음에는 단순한 것 같이 보이지만, 각각은 이론적 그리고 실무적 측면 모두에서 기업경영자에게 상당히 복잡한 문제를 제기할 수 있다. 보다 자세히 살펴보자.

원칙 하나 : 이익을 내고 가치를 창조하라

공식적으로 표현하면, 회사는 주주를 위해 창출하는 가치를 **극대화**해야 한다.

왜 이것이 분산투자한 공동 소유자에게 핵심적인 목표인가? 시민투자자 펀드는 미래 소득을 위한 가치 창출을 목적으로 주식을 매입했기 때문이다.[11] 따라서 시민자본가를 위해 활동하는 회사의 첫 번째 목표는 그런 가치를 극대화하는 것이다. 기업은 이익을 만들어내야 한다. 앞서 이야기 했듯이, 결국 이익이 없으면 연금도 없다. 기업은 사회봉사단체가 아니다. 기업은 투자자의 재산을 좋은 목적에 마음대로 쓰기 위해 주주로부터 자본을 조달하지 않았다. 기업이 그런 식으로 하면 제일 먼저 연금펀드가 그들 기업에 투자할 근거가 약해진다. 기업은 가치를 극대화해야 할 책임이 있다는 밀턴 프리드먼의 말이 맞다.

하지만 실제적으로 문제가 있다. 회사가 그 가치를 극대화하고 있는지를 알아내는 것이 쉽지 않기 때문이다. 사업의 성공 여부는 불확실하고, 보통 장기간에 걸쳐 천천히 이루어진다.

다음과 같은 예가 이런 어려움을 설명하는데 도움이 된다. 베니스로부터 중국까지 갔다 오는 역사에 남을 여행을 시작하기 전의 마르코 폴로Marco Polo를 상상해 보라. 여행을 시작하기 전에 그는 후원자들로부터 수천 더컷ducat2)을 조달하여 숙식비는 물론 중국사람들에게 팔 상품을 구입하기 위해 그 자금을 사용했다. 30년이 지난 후 그는 투자자들의 자본을 대부분 사용했다. 그는 중국에 있고 베이징에서는 가치가 없지만 베니스에서는 큰돈을 벌게 할 수 있다고 생각되는 상품들을 많이 갖고 있다. 물론 중국과 베니스 사이에는 언덕과 계곡, 홍수와 폭풍, 강도와 도둑, 그리고 통행료와 세금이 있다. 마르코 폴로는 투자자들을 위해 가치를 극대화했는가? 아니면 그는 단지 후원자들의 비용으로 쿠빌라이 칸Kublai Khan이 사는 궁정에서 29년 동안 휴가를 보냈는가?

---

2) (역자) 옛날 유럽 각국에서 유통된 금화 혹은 은화를 말한다.

요즈음의 회계사라면 마르코 폴로가 매년 얻는 이익을 공정하게 평가하기 위한 복잡한 계산을 근거로 그 질문에 대답하려고 할 것이다. 그러나 우리가 상상할 수 있듯이 그가 베니스로 돌아와서 상품을 팔 때까지 그가 돈을 벌었는지 여부를 결정하는 것은 아주 어렵다. 이런 점을 감안했을 때, 마르코 폴로는 회계사가 계산을 어떻게 한다는 것을 안다면 주주에게 가치를 전달하지 않더라도 회계적 이익을 높게 보이도록 해 자기를 유리하게 하는 것들을 할지도 모른다.

이제 마르코 폴로대신에 기업경영자로 대체해 보자. 기업은 "주당수익률 증가" 혹은 "자본수익률 극대화"와 같은 회계적 목표를 추구한다. 기업은 심지어 가치가 창출되지 않는다는 사실을 감추기 위해 회계적 지표를 이용할 수 있다. 기업은 어디서 그리고 왜 가치가 창출되고 있는지를 확인하지 못할 수도 있다. 보통 그렇게 하는 것이 복잡하기 때문이지만 종종 왜 계획이 예상한대로 이루어지 않았는지를 검토하는 것이 당혹스러운 것도 이유가 된다.

시민경제의 기업은 가치를 극대화하도록 노력해야 한다. 이것은 모든 다른 것들이 동등하다면 기업은 가장 긴 시간 동안 지속가능한 현금흐름을 창출하도록 노력해야 한다는 것을 의미한다.[12] 결국 시민자본가가 장기부채를 상쇄시키기 위해 필요로 하는 것은 인플레이션율을 상회하는 수익을 내는 실질투자이다.

원칙 둘 : 가치를 창조할 수 있는 곳에서만 성장하라

다시 말해서 기업은 성장을 추구해야 하지만, 자본비용을 상회

하는 잉여를 창출하는 곳에서만 성장을 추구해야 한다.

분산투자한 공동 소유자는 부동산이나 채권 같은 다른 자산은 말할 것도 없고 수천 개의 기업에 자기의 돈을 투자할 수 있다. 그는 가장 높은 수익을 거둘 수 있고 자본의 생산성이 가장 높은 곳에 투자하려고 한다. 투자자가 이런 원칙에 따라 행동하면 기업은 좋은 투자기회가 있을 때 자금을 쉽게 조달할 수 있다.

하지만 여기에 덧붙일 말이 있다. 기업은 좋은 투자기회를 갖고 있지 않으면 주주가 다른 데 투자할 수 있도록 잉여현금 흐름을 돌려주어야 한다. CEO는 자기 목표가 주주에게 가치를 전달하는 것이라고 주문을 외우듯 반복해서 말하지만 결국 정반대되는 행동을 한다. 예를 들어 CEO는 기업인수의 근거로 인수의 진정한 장점보다는 낙관적인 수익예측 혹은 기업이 보유하고 있는 여유현금의 양을 제시한다. 그동안 수많은 연구들은 대부분의 인수합병이 인수기업에게 적절한 수익을 가져다주는 데 실패했고 투자자들에게 수십억 달러의 손실을 안겨주었다는 것을 보여주었다.

그렇다면 왜 이사회는 계속 그런 낭비적인 전략을 추구하는가? 대부분의 경우는 낙관주의 혹은 과신 때문이지만, 가끔 다른 유인들도 중요한 역할을 한다. 어떤 CEO는 기업이 성장하는데 필요한 어려운 일을 시도하기보다는 주주의 돈을 무분별하게 사용하는 유혹에 굴복한다. 투자은행은 막대한 수수료를 챙기기 위해 거래를 유도한다. 더욱이 경영자 보상은 종종 경영자가 만들어내는 수익보다는 기업의 크기와 밀접하게 연결되어 있다. 이외에도 이사회는 경영자가 거래를 성사시키면 거래가 가치를 만들어 내는가 여부와 상관없이 과대한 보너스를 경영자에게 지급한다. 이런 것들이 인수, 매수, 그리고 매각의 강력한 동기가 된다.

배스 맥주회사를 소유하고 있는 배스 주식회사Bass plc의 예를 보자. 1990년대 초반에 이 회사는 영국에서 가장 큰 양조회사였을 뿐만 아니라 수천 개의 영국 주점들을 소유하고 있었다. 이 회사의 수익성은 아주 높았다. 그러나 소비자들이 집에서 보다 많은 시간을 보내고 맥주에서 와인으로 음주 습관을 변화시킴에 따라 이 회사가 만든 맥주와 이 회사가 보유한 주점에 대한 수요는 축소되었다.

배스가 어떻게 대응했을까? 한 가지 가능한 것은 경영진이 성장을 위한 보다 창의적인 계획을 만들어낼 때까지 이익을 주주에게 돌려주는 것이었다. 그러나 배스는 그동안 축적한 막대한 현금과 런던에서 가장 이름난 자문가를 이용해서 할러데이 인, 인터컨티넨털, 크라운 프라자 등과 같은 국제적 호텔들을 막대한 돈을 들여 사들였다.

물론 영국 버밍햄에서 주점을 운영하는 것과 뉴욕에서 고급호텔을 운영하는 것은 다르다. 거대한 인수 잔치에도 불구하고 적정 수익을 올리지 못한 것은 놀라운 일이 아니었다. 하지만 이 회사는 추가적인 기업인수가 덜 가치파괴적일 것이라고 낙관하면서 여전히 다른 기업인수를 시도하고 있는 것 같았다.

지금은 식스 컨티넨트Six Continents로 사명을 변경한 배스는 주주들이 개입할 때까지 회사 전체 주식 가치만큼의 돈을 기업인수에 사용했다. 투자자가 개입하여 이사회로 하여금 전략을 바꾸도록 설득하는 데 꼭 3년이 걸렸다. 마침내 회사는 맥주회사를 팔고, 주점과 호텔을 두 회사로 분리시켰고, 수십억 파운드를 주주에게 돌려주었다.

배스 사건은 기업이 가치 경로를 찾는 과정에서 범할 수 있는 고질적인 실수를 부각시켜 준다. 이들은 그렇게 하는 것이 위험을 감소시킨다고 믿었기 때문에 사업다각화를 위해, 복합기업이 되기위해 이익을 사용했다. 그러나 공동 소유자의 투자는 이미 분산되어 있다. 그들은 회사가 자기들을 위해 다각화한다고 해서 어떤 가치도 얻을 수 없다. 이러한 관점은 한 사업이 실패하면 다른 사업이 기업의 본부를 지탱하도록 여러 사업을 거느리기를 원하는 경영진의 관점과 아주 다르다. 이런 관행은 특히 저성장 사업에서 경영자의 전형적인 행동방식이다. 경영자는 기존 사업을 잘 다듬어서 확장을 위한 보다 창조적인 경로를 개척하기 보다는 신규 사업을 하는 즐거움을 추구하기 때문이다.

원칙 셋 : 사람들이 올바른 일을 하도록 공정하게 보상하라

보상과 유인은 장기적 가치를 극대화할 수 있도록 저렴한 비용을 들여 설계되어야 한다.

몇몇 상장회사가 CEO와 고위 임원들에게 지급하는 지나친 보수보다 언론의 주목을 더 많이 받은 사업계 논쟁은 없다. 요즈음 어떤 최고경영자의 보수는 미국 대통령 보수보다 더 커서 연봉이 수천만 달러에 이른다.

보수가 통제되지 않는 한 가지 이유는 기업의 이사들이 CEO가요구하는 보상이 얼마인지를 물어보기도 전에 CEO를 결정하기 때문이다. 이사들은 보수협상을 엄격하게 잘 할 유인을 갖고 있지 않다. 대부분이 다른 기업의 CEO인 사외이사는 CEO 보수를 높이는 것에 반대함으로써 자기 생활이 더 편해진다고 생각하지 않는다. 마찬가지로 기업으로부터 급여를 받는 보수 전문가가 최고경영자의 보수 삭감을 찬성한다고 해서 더 높은 급여를 받게 되는 것도 아니다.

시민자본가의 이익을 침해하는 것은 단지 보수가 이렇게 크다는 것뿐만이 아니다. 보수의 크기가 종종 경영자의 개인적 성과 혹은 주주를 위해 장기적 가치를 성공적으로 창출하는 것과 관련이 없다는 것도 시민자본가의 이익을 침해한다. 더욱이 경영자 보수는 직원들이 평균적으로 받는 것보다 엄청나게 더 클 수 있다. 이런 것은 시절이 좋을 때도 직원의 사기를 떨어뜨릴 수 있다. 심지어 노동자 일자리와 혜택이 줄어들 때, CEO 임금, 보너스, 그리고 부수입이 증가하는 것은 회사에 치명적인 해가 될 수 있다.

임금은 가치 창조나 파괴의 유일한 요인은 아니지만, 다른 어떤 것보다도 기업이 주주를 위한 서비스를 하지 않고 경영자의 노리개가 되고 있는 정도를 나타내는 지표다. 기업의 모든 종업원들에게 진실인 것은 CEO에게도 진실이 되어야 한다. 목표는 CEO가 시민투자자의 이익을 위해 행동하도록 유도하는 방향으로 CEO를 공정하게 보상해야 한다는 것이다.

원칙 넷 : 자본을 낭비하지 말라

기업은 비용을 최소화하는 효율적인 자본구조를 갖고 있어야 한다.

　분산투자한 시민자본가는 자기 저축이 가능한 최대 수익을 거두는 것을 원한다. 하지만 많은 기업들은 자기들이 필요한 것보다 많은 자금을 조달해서 대부분을 자기 기업목적만을 위해 쌓아둔다. 이런 관행은 좋지 않은 성과에 대비한 쿠션을 제공함으로써 그 경영자의 인생을 편안하게 하는 경향이 있다. 그러나 이런 식으로 자기 스스로를 과잉보호함으로써 경영자는 주주에게 다른 수익성 있는 사업에 투자할 기회를 거부한다.

　이와 대조적으로 어떤 기업들은 지나치게 차입을 많이 한다. 일이 잘되면 여분의 현금을 갖고 있는 것이 높은 수익을 만들어낼 수 있고 아마도 CEO 스톡옵션의 가치를 높일 수도 있다. 그러나 일이 잘못되면 주주(그리고 파산하는 경우 채권자)가 모든 손실을 입게 된다. 실로 어떤 지역(특히 미국)에서는 파산 재판관이 파산기업의 경영자에게 특별임금 패키지를 제공하는 것이 보통이다. 판사는 그 경영자가 회사를 파산으로 몰고 간 바로 그 사람일 때도 이런 보너스가 경영자로 하여금 망한 회사를 재건하도록 격려할 수 있다고 믿는다. 이것이 바로 주주와 채권자가 모든 위험을 떠안는 대신 경영자는 "앞면이 나와도 이기고 뒷면이 나와도 이기는" 패러다임의 전형이다.

원칙 다섯 : 역량이 가장 강한 곳에 집중하라

　기업은 고객에게 경쟁자보다 더 많은 가치를 더 적은 비용으로 전달할 수 있는 능력에 입각해서 일관성 있는 전략을 개발해야 한다. 기업은 자기가 하는 사업범위 내에서 모든 활동을 최고로 잘

할 수 있어야 한다.

경쟁시장에서 최고의 이익은 고객을 가장 적은 비용으로 가장 잘 만족시킬 수 있는 생산자에게 돌아간다. 고객만족을 더 잘 해낼 수 있는 기업들은 매출이 증가하고 제품가격을 높일 수 있다. 적은 비용을 부담하는 기업은 이익이 증가하고 가격을 내려 매출을 증가시킬 수 있다. 따라서 기업은 경쟁시장에서 경쟁자보다 비교우위가 가장 큰 분야에 집중함으로써 주주를 위해 최대의 자본 가치를 창출하게 된다. 그렇게 함으로써 기업은 현금을 효과적으로 사용할 뿐만 아니라 전문화와 경쟁시장이 자원을 효율적으로 이용한다는 아담 스미스의 위대한 통찰을 실행한다. 그래서 기업이 가장 경쟁우위를 갖는 분야에 집중하는 것은 소비자와 시민자본가 주주 모두에 이익을 가져다준다.

그러나 또 하나의 추론이 있다. 기업이 자기가 최고로 잘하는 분야가 아닌 곳에 사업을 하고 있으면 그런 사업은 더 잘 할 수 있는 기업에게 팔아야 한다. 이런 방법으로 기업은 자기가 하는 사업을 최고로 잘 할 수 있다.

원칙 여섯 : 조직을 혁신하라

미래의 도전에 맞서기 위해 경영, 직원, 상품, 과정, 그리고 기술을 발전시킬 계획을 세워라.

사업을 하는 것은 세상에서 가장 동적인 활동이다. 시장, 기술, 하부구조, 그리고 사회는 지속적으로 변화하고 있다. 실로 그것들이 변화하지 않는다면, 자유 시장 경제는 소련 스타일의 경화상태로 바로 얼어붙게 될 것이다.

기업은 빨리 반응을 보일 필요가 있다. 기업은 끊임없이 혁신을 추구해야 하고 고객을 저렴한 비용으로 더 잘 만족시킬 수 있는 새로운 방법을 찾아야 한다. 기업이 그렇게 하지 못하면 경쟁에 뒤지게 되고 주주 자본은 사라지게 된다.

그런 혁신은 단지 연구개발에 더 많이 투자하는 것에 대한 것이 아니다. 그것은 전체 조직에 퍼져있어야 하는 정신자세이다. 이사회는 최고위층으로부터 시작해서 기업이 어떻게 일을 더 잘 할 수 있는가에 대해 생각해야 한다. 기업을 둘러싼 세상이 변화함에 따라 기업은 부가가치를 창출하기 위해 이런 변화추세에 어떻게 동승할 수 있을까를 계획해야 한다.

원칙 일곱 : 고객, 공급자, 근로자, 지역사회를 공정하게 대우하라

기업은 고객, 공급자, 종업원, 그리고 기업 활동에 합법적인 이해관계를 갖고 있는 다른 사람들과의 관계를 효과적으로 관리해야 한다. 기업은 기업 활동이 환경과 전체 사회에 미치는 영향을 고려해서 윤리적으로 행동해야 한다.

잘 관리되고 있는 기업은 기업 활동이 사회에 미치는 영향을 무시할 수 없다. 심지어 이기적 관점에서 보더라도 그렇게 하는 것은 어리석은 것이다. 사회에 무감각한 행동은 시장 실패로 연결될 수 있고, 정부규제를 불러오고, 그리고 기업 문화와 더 넓은 세상 문화 사이의 긴장을 만들어낼 수 있다.

그러나 분산투자한 공동 소유자들이 요구하는 것은 그 이상의

것이다. 시민자본가는 자기가 투자한 하나의 기업이 아니라 전체 경제시스템이 장기적으로 성공하는 것을 원한다. 그는 사회적 비용을 바탕으로 만들어지는 사적인 이익으로부터 어떤 혜택도 누릴 수 없다. 왜냐하면 그는 사적인 이익으로부터 혜택을 받는 만큼 사회적 비용으로부터 고통을 겪기 때문이다.

이것은 기업이 끝이 없는 사회적 책임을 져야 한다는 것을 의미하는 것은 아니다. 기업의 목적은 주주를 위해 잉여를 창출하는 것이지만 기업이 자기 행동의 사회적 비용을 무시하는 것은 의미가 없다. 기업이 그렇게 하면, 시민자본가 주주는 기업이 갑의 돈을 훔쳐서 을에게 주는 것일 뿐이라고 반대할 것이다.

앞서 논의한 이해관계자 모형이 말해 주듯이, 기업이 근로자나 고객과 같은 어떤 특정 이해관계자에게 특별한 혜택을 베풀어야 한다는 것도 아니다. 그러나 기업이 주주의 요구를 만족시켜야 한다면, 기업의 경영자는 기업행동이 영향을 주는 사람들의 위치를 이해하고 그들을 공정하게 다룰 필요가 있다. 왜냐하면 주주와 이해관계자의 이익은 전체로 보면 종종 겹치기 때문이다. 9장은 이런 목표를 달성하는데 도움이 되는 몇몇 행동 조치를 제시한다.

원칙 여덟 : 적정한 규제를 준수하라

기업은 사회전체에 해가 되는 비용의 외부화를 최소화하는 자발적이고 법적인 조치를 지지해야 한다.

일곱 번째 원칙에 대한 논의에서, 우리는 많은 기업들이 사업에 성공하면서도 동시에 공정해야 한다는 어려움을 간과하였다. 기업

이 환경을 오염시키지 말아야 한다고 말하는 것은 아무런 문제가
없다. 그러나 경쟁기업이 어떤 기업의 사회적 책임 행동을 이용해
서 그 기업을 사업계에서 밀어내려고 한다면 어떻게 해야 하는가?
경쟁시장과 사회적 책임은 어떻게 조화를 이룰 수 있는가?

앞에서 설명했듯이 기업은 시장, 규제, 유인, 그리고 문화 등 많
은 방법을 통해 이를 달성할 수 있다. 경쟁기업이 반사회적 행동을
하면 기업은 시민주주들을 대신해서 경쟁기업이 부수적 피해를 끼
치지 않도록 경쟁규칙을 교정하는 규제와 유인을 찾아야 한다. 이
상적으로 보면, 그런 규칙은 자발적이어야 하고, 가능한 한 신축성
이 있어야 한다. 그러나 이것을 실천하기 어려운 경우에는 법적인
규제를 장려하는 것이 좋다.

원칙 아홉 : 패거리 정치를 멀리하라

기업은 법의 산물이다. 기업은 자신에게 유리하게 법을 바꾸기
위한 당파적 정치특혜를 위하여 자기의 경제력을 사용해서는 안
된다.

유한책임회사는 자본을 생산적으로 모으기 위한 아주 훌륭한 제
도이다. 그것은 경쟁시장에서 독립적인 규제당국이 만든 규칙과
함께 주주의 감시를 받으면서 활동할 때 가장 잘 돌아간다. 유한책
임회사가 사회적 비용을 고려하지 않고 개인적 이득을 취하기 위
해 규제당국에 영향을 주려고 하면, 시민자본가가 원하는 것뿐만
아니라 민주적 시민사회의 상부구조를 훼손하는 결과를 가져온다.
기업이 패거리 정치에 자금을 대는 것이 의미가 있는 경우는 별로

없다. 기업이 그렇게 하려고 하면, 주주의 명시적인 허락을 전제로
해야 한다.

원칙 열 : 대화하고 책임지라

기업은 기업행동에 의해 영향을 받는 주주를 포함한 다른 사람
과 투명하고 솔직한 대화를 추구해야 한다. 기업은 자기의 행동에
대해 분명히 책임을 져야 한다.

시민자본가가 기업이 투명할 것을 요구하는 데는 두 가지 중요
한 이유가 있다. 첫째는 효율적 시장, 특히 효율적 자본시장이 정
보에 의존한다는 것이다. 보다 더 중요한 두 번째 이유는 기업이
시민투자자에 대해 책임을 지려면 시민투자자는 책임지는 것을 제
대로 작동시키기 위한 정보가 필요하다는 것이다. 책임은 시민경
제의 핵심이다. 모든 다른 기관들처럼 좋든 나쁘든 기업행동에 대
해 책임을 요구할 수 있어야 한다. 시장, 규제당국, 그리고 사회는
기업행동을 억제할 수 있지만 오직 주주만이 종합적인 책임경영의
틀을 만들 수 있다.

신뢰의 획득

기업이 자본가 선언의 10개 원칙에 따라 행동하면 우리는 상
장기업들을 대상으로 한 자유기업의 새로운 모형을 가지게
된다.

기업에 대한 시민경제 이전의 전통적인 압력과 함께 새로운 시

민투자자의 감시가 추가되었다. 시민투자자는 그들의 광범위한 이해관계 때문에 새로운 종류의 기업을 요구한다. 시민경제 기업은 시민자본가 주주의 장기적 필요에 관심을 가지고 있기 때문에 시장의 힘을 통해 사적 가치뿐만 사회적 가치를 지향한다.

오늘날 많은 상장기업들은 자본가 선언을 따르는 방향으로 발전하고 있다. 그러나 전통적인 이론은 현실에서 크게 벗어나 있다. 이 장 서두에서 이야기 했듯이, 이론적으로 기업은 마치 자기가 귀게스 반지를 끼고 있는 것처럼 행동할 수도 있다. 다시 말해 기업은 주주의 양심에 구애받지 않고 자기의 자유로운 행동으로부터 이익을 취할 수 있다. 그러나 실제로는 기업은 시장, 규제당국, 그리고 사회를 포함한 외부의 힘에 의해 구속을 받아 왔다. 또한 기업은 시민주주와 시민경제 제도의 넓어지는 하부구조 때문에 점점 더 많은 제약을 받고 있다.

이러한 압력이 더 커짐에 따라, 기업은 보다 더 좋은 성과를 거둘 수 있고, 더 나아가서 더 좋은 성과를 거두는 것이 요구되고 있다. 기업이 성공하면, 그들은 지속가능한 번영을 만들어 내는데 도움이 되면서 시민투자자의 신뢰를 획득하게 될 것이다. 다음 장의 질문은 투자기관들이 책임경영 순환구조가 잘 작동할 수 있도록 자기 역할을 제대로 하고 수행하고 있는가 여부에 대한 것이다.

‖ 요점 정리 ‖

• 21세기 내내 세계 정치 및 경제 사상가들은 개인 혹은 정부 가운데 누가 사회를 가장 잘 보호하기 위해 생산자원을 소유하고 통제해야 하는가에 대해 논쟁을 벌였다. 어떤 사람들은 주주이익만을 극대화 하는데 집중하는 기업이 사회의 이익을 해칠 수도 있다고 걱정했다.

• 세 가지 힘이 기업으로 하여금 사회에 해를 끼치는 것을 억제한다. 그것은 시장의 힘(보이지 않는 손), 규제, 그리고 기업이 활동하는 사회의 가치를 반영하는 기업문화이다.

• 이제는 새로운 추진력이 나타나고 있다. 소유구조 혁명으로 많은 기업의 지분을 보유하고 수백만의 시민투자자를 대변하는 시민자본가들이 탄생했다. 이들은 사회전체를 대표한다. 이사회에 대한 시민자본가들의 영향력이 점점 더 증가함에 따라 사회적으로 해를 끼치는 기업에 대한 우려가 사라지고 있다.

• 시민자본가 펀드는 경제시스템의 다른 부분에 해를 끼치면서 어느 특정 기업을 이롭게 하는 행동을 지지하지 않는다. 기업이 사회 전체에 비용을 전가할 때 시민자본가 펀드는 이익을 볼 수 없다. 왜냐하면 시민자본가 펀드를 구성하는 시민 투자자들이 그런 비용을 지불해야 하기 때문이다.

• 분산투자한 공동 투자자의 관점에서 우리는 대부분의 기업들이 따라야 할 10개의 가장 중요한 사업원칙을 도출할 수 있다. 이런 원칙 혹은 규칙이 바로 소위 시민자본가 선언이다.

• 시민자본가 선언은 기업경영자가 이익을 효율적으로 추구하면 자기의 성과를 시민자본가와 가장 잘 일치시킬 수 있다고 주장한다. 시민자본가 선언은 다음과 같다. 가치를 창조할 수 있는 곳에서 성장하라; 경영자 보수를 장기성과에 연계하라; 경영자들이 자본을 낭비하지 않도록 하라; 역량이 강한 곳에 집중하라; 조직을 혁신하라; 고객, 종업원, 그리고 다른 사람들을 공정하게 대우하라; 적정한 규제를 준수하라; 정치에서 손을 떼라; 그리고 책임을 질 수 있도록 충분히 대화하라.

4
기관투자가

소유권의 동원

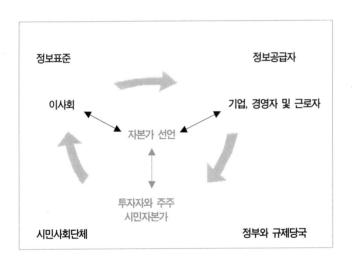

저축자들은 자기 돈을 대형 금융기관에 맡긴다. 이 장은 이런 기관들이 시민자본가 저축의 관리자로서 자기 역할을 수행하는 방법을 설명한다. 이 장은 수십억 달러의 손실을 가져온 이해상충 문제와 책임의 결여 문제를 규명한다. 시민투자자들이 기업경영에 압력을 행사할 수 있는 통로가 열리면서 이런 문제들은 단계적으로 해결되고 있다.

"세계 역사상 어느 누구도 임대한 자동차를 세차하지는 않았다"고 전 하버드 대학 총장 로렌스 서머스 Lawrence Summers는 이야기 했다.[1] 이와는 대조적으로 우리는 자신이 소유한 것은 그것이 자동차든 트럭이든, 혹+-은 집이든 콘도든 상관없이 잘 보살핀다. 집안 개조, 자가 조립, 그리고 자동차 부품 관련 상점의 수와 자동차나 집을 개조하는 텔레비전 쇼의 인기를 보라. 어떤 물건을 소유하면, 우리는 그것을 유지하고, 고치고, 그리고 개선한다. 맞는 말 아닌가?

적어도 투자에 관한 한 이것은 틀린 이야기다. 역사적으로 수백만 투자자들은 기업을 부분적으로 소유한 주주가 아니라 기업주식을 빌린 사람처럼 행동해 왔다. 보다 심각한 것은 수많은 뮤추얼 펀드, 연금, 그리고 시민투자자들이 그들의 재산관리를 맡긴 다른 수탁기관도 그렇게 행동해 왔다는 것이다. 투자자가 만성적으로 능동적이지 못할 때 사태는 심각하게 악화된다. 기업은 성과가 나빠지고 잘못 행동하게 된다. 연금가입자는 은퇴 후에 필요한 돈을 잃어버리게 된다. 국가는 일자리와 부를 창조하는데 실패하게 된다.

하지만 이런 공동저축 수단들은 무엇인가? "기관투자가들"은 누구인가? 기관투자가들은 복잡한 환경에 얽혀있고, 자금관리자 분리계정, 개방형 투자신탁, 뮤추얼 펀드, 그리고 헤지 펀드와 같은 이상한 이름을 갖고 있다. 이런 투자수단들은 확정급여와 확정기여 연금펀드, 노후퇴직연금, 변동 및 고정 퇴직연금, 그리고 미국의 IRA나 영국의 ISA와 같은 저축수단들로 구성된 똑같이 어려운 용어로 가득 찬 환경에서 움직인다.

그러나 어느 누구도 이러한 냉정한 용어나 복잡성에 의해 바보 취급을 받아서는 안 된다. 이러 기관들은 수천만 노동자들의 은퇴, 저축, 그리고 투자를 돌보고 있다.[2] 이러한 펀드들은 역사상 다른 어떤 투자계획보다 더 효과적으로 더 많은 사람들을 위해 자산을 축적하고, 운용하고, 매각해 왔다. 그러나 책임순환구조가 제대로 작동하기 위해서는 이들이 스스로를 시민자본가를 위한 진정한 수탁기관으로 생각해야 한다.

많은 펀드들이 그렇게 한다. 미국의 뮤추얼 펀드 스캔들과 영국의 신탁 붕괴가 뉴스거리가 되는 것은 이들이 받아들일 수 있는 표준과 상반되는 행동을 했기 때문이다. 그러나 이런 불행한 사태가 두려운 것은 그것이 고립된 사건이 아니라는 것이다. 그것은 비교적 널리 퍼져 있는 현상이고 시스템적 실패의 조짐을 보여주고 있다는 것이다. 구조적인 결함이 지속적으로 시장에 번지고 있고, 너무 많은 사람들로 하여금 장기주주보다는 임차인 혹은 자본시장 용어로 표현하면 "거래자traders"처럼 행동하게 한다. 그런 것이 존재한다는 것은 시스템의 수정이 필요하다는 명백한 증거이다.

우선 책임순환구조에서 취약한 연결고리를 확인할 필요가 있다. 그러고 나면 지금 진행되고 있는 대대적인 수정이 어떻게 이들 기관의 행동을 시민투자자의 이익에 맞는 방향으로 유도하는지를 알 수 있다.

누구를 신뢰할 수 있는가?

여러분은 평생 모은 돈을 "무슨 말을 하는지 알아들을 수 없고, 냉담하고, 무기력하고, 이해상충적인 행동을 하는 것"으로 알려진 금융 자문회사에 위탁하겠습니까? 아마도 그렇게 하지 않을 것이다. 하지만 그것이 소위 펀드매니저가 제시하는 펀드 관리 산업의 실상이다. 코네티컷에 있는 이리디안 자산관리회사의 데이비드 코헨David Cohen은 2004년 10월 전미 퇴직교사 위원회에서 연설하면서, "기관투자가는 투자하는 펀드 가입자보다 자기가 소속된 투자기관의 이익에 더 빨리 반응하는 대응시스템에 둘러싸여 있다[3]"고 회의장을 가득 메운 연금 안전을 걱정하는 교사들에게 경고한 바 있다.

이것은 근로 시민의 저축을 안전하게 지켜주겠다고 주장하는 이러한 기관들이 제시하고자 하는 이미지와는 아주 다르다. 프루덴셜사의 로고인 멋진 지브롤터 바위Rock of Gibraltar, 올스테이트사의 "좋은 손good hands", 그리고 수많은 자금관리회사 이름에 아주 두드러지게 나타나는 피델리티fidelity와 트러스트trust와 같은 단어들을 한번 생각해 보라. 그들의 로고와 마케팅 메시지는 노하우, 신뢰, 신중함, 그리고 견실성을 전달하기 위해 만들어졌다. 영화배우 존 하우스만John Houseman은 스미스 바니를 위한 유명한 TV광고에서 "우리는 옛날식으로 돈을 벌지만, 그래도 수익을 낸다"고 말했다.

그렇지만 과대광고는 차치하고, 얼마나 많은 펀드가 여러분의 돈을 보살피도록 정말로 잘 설계되어 있는가? 가장 큰 돈이 몰려 있는 두 개의 영역을 간단히 살펴보자. 뮤추얼 펀드와 개방형 투자신탁 등을 관리하는 자산관리 산업과 연금펀드가 그것이다.

첫 번째 약한 고리 : 자산관리 산업

휴렛팩커드사의 유명한 전임 사장인 칼리 피오리나Carly Fiorina 는 190억 달러가 소요되는 컴팩과의 합병을 성사시키기 위해 마지막 큰 블록 표를 끌어오는데 필사적이었다. 그때는 2002년 초였고, 그녀를 도와주는 사람들은 신경이 곤두섰다. 창립자 윌리엄 휴렛William Hewlett의 자손으로 합병을 반대한 월터 휴렛Walter Hewlett 이사는 거래를 무산시키려고 노력했는데 어느 정도 지지를 받았다. 그 이유는 합병이 주주가치를 파괴하기 때문이었다. 투표결과는 안심하기에는 너무 막상막하였다. 피오리나는 투표결과가 좋지 않을 것이라는 것을 미리 알았다. 1,700만 주를 관리하고 있었던 도이치 은행 펀드 관리팀이 합병에 반대하는 쪽으로 모든 표를 던지기로 결정했던 것이다. 은행의 애널리스트들은 합병이 고객들에게 좋지 않은 거래가 된다는 결론을 내렸다. 도이치 은행이 보유한 주식은 균형을 뒤집기에 충분한 것 같았다.

피오리나는 재무담당 임원인 로버트 웨이먼Robert Wayman에게 긴급히 전화를 했고, 나중에 소송에서 알려지게 된 "우리는 도이치 은행을 우리 편으로 만들기 위해 어떤 비정상적인 일을 해야 할지도 모른다"는 음성메시지를 남겼다. 투표 마감일이 다가옴에 따라 웨이먼은 투표방향을 바꾸기 위해 도이치 은행과 접촉했다. 은행

임원들은 "만약 도이치 은행이 합병에 반대하는 방향으로 의결권을 행사하면, HP는 향후 수백만 달러에 달하는 은행업에 대한 투자를 철회할 것이다"라는 분명한 메시지를 받았다. 피오리나는 어떤 말도 하지 않았다. 그녀는 다만 도이치 은행의 표는 "향후 우리의 관계유지를 위해 매우 중요합니다"라고 은행 임원들과의 컨퍼런스 콜에서 강조했을 뿐이다. 은행 임원들은 펀드매니저들을 소집해서 긴급회의를 열고, "은행과 HP 사이의 밀접한 이해관계"가 손상될 위험에 대해 설명했다.

펀드매니저들은 은행임원들이 원하는 대로 하라고 말할 수도 있었다. 그러나 그들은 투표 방향을 꼼꼼히 따져보았는데, 은행의 고위 임원들이 그들에게 제공한 새로운 정보는 HP와 컴팩의 합병이 투자자들에게 줄 수 있는 혜택과는 아무런 관련이 없고 HP가 도이치 은행에 제공하는 혜택과 주로 관련되어 있었다. 펀드매니저들은 피오리나가 HP 주주 총회를 소집하기 몇 분전에 합병을 반대하는 쪽으로 투표방향을 바꿨다. 이의를 제기한 도이치 은행의 블록 표block vote[1])가 합병 찬성표와 반대표 차이를 크게 넘어서면서 합병은 실패로 끝났다.[4]

HP 사건이 보여주듯이 펀드매니저들은 악하거나 부패하지 않고, 어리석지도 않다. 이들은 자신의 지혜를 바탕으로 보유주식의 의결권을 어떻게 행사할 것인가에 대해 독립적이고 정당한 자세를 지켰다. 문제는 자산관리 산업내의 구조적인 장애물이 좋은 의도

---

1) (역자) 대의원에게 그가 대표하는 인원수 혹은 주식만큼의 표수를 인정하는 투표방법을 말한다.

를 갖고 있는 펀드매니저가 가야할 길을 가로막고 있다는 것이다. 많은 자산관리회사들은 고객의 이익과 아주 상충되는 이해관계를 갖고 있는 거대 기업의 자회사들이다. HP와 컴팩 합병에서처럼 이해상충은 한 사업부(자산관리)의 이익이 다른 사업부(투자은행)를 위해 훼손될 때 발생할 수 있다. 그러나 이해상충은 주주의 자금을 일상적으로 관리하는 데에도 영향을 줄 수 있다. "일반 투자자들은 우선순위 1번이 아니다"라고 **펜션 & 인베스트먼트저널**은 뮤추얼 펀드 산업에 대한 사설에서 말했다.[5]

시민자본가 투자자들과 이들을 고객으로 하고 있는 자산관리회사는 다음과 같은 세 가지 다른 측면에서 이해가 상충된다.

1. 펀드관리회사에 대한 보상방법
2. 투자성공의 평가방법
3. 투자성공이 평가되는 기간

자산관리가 아닌 자산모집에 대한 보상

펀드관리 회사는 일반적으로 관리하는 자산의 일정비율로 보상을 받는다. 다시 말하면 이 회사들이 받는 수수료는 얼마나 잘 관리하느냐보다는 얼마만큼 관리하느냐에 따라 결정된다. 이것은 잘 알려진 사실이다. 하지만 잠시 멈추어서 생각해보자. 전체 산업의 수익모형은 세계적 수준의 자산관리보다는 세계적 수준의 자산모집을 뒷받침하도록 설계되었다. 많은 펀드매니저들이 일을 잘하는 데 신경을 쓴다는 사실은 그 산업의 유인 때문이라기보다는 개인적 특징에 기인한다. 분명히 돈을 잘 관리하면 관리하는 돈이 더 많아진다. 하지만 자산을 모집하는데 있어서는 광고, 판매에 대한 보상, 그리고 많은 다른 활동들이 투자기술보다 더 중요하다.

비록 펀드매니저가 좋은 의도를 갖고 있더라도 산업의 구조 때문에 장기투자보다는 교체매매로 좋은 성과를 올리는 것이 보다 매력적이다. 다음과 같은 예를 고려해 보자.

어떤 자산관리회사가 미국에서 가장 큰 기업들 주식에 500억 달러를 투자한다고 하자. 펀드매니저는 고객의 돈을 투자할 곳으로 S&P 500[2]으로부터 200개 기업을 선택했다. 이렇게 되면 이 회사는 포트폴리오에 있는 모든 기업의 1% 지분을 소유하여 최대 주주들 중의 하나가 된다.[6] 이 회사는 포트폴리오를 관리하기 위해 고객으로부터 매년 0.25%의 수수료를 받는다.

얼마 후 자산관리회사의 어떤 유능하고 젊은 애널리스트가 투자 성과가 기대만큼 좋지 않은 하나의 기업을 발견했다. 그 기업의 경영자가 경영을 잘 못하고 있고 감시도 받지 않고 있다. 계열사 간 거래를 통해 주주로부터 내부자에게 부가 이전되고 있다. 자본비용을 초과하는 수익을 거둘 수 없음에도 불구하고 경영진이 선호하는 사업이 추진되고 있다. 애널리스트는 이 기업이 자금을 너무 잘못 운용하고 있고, 자금이 제대로 운용되기만 하면 현재 100억 달러인 기업가치가 150억 달러가 될 수 있다고 생각한다. 당연히 애널리스트는 아주 흥분해서 선임 포트폴리오 매니저를 만나러 간다.

"보세요! 이 기업의 주주들은 기업이 잘못 경영되고 있는 것을 멈추기 위해 주주 권리를 사용할 수 있다면 50억 달러를 벌 수 있습니다"

---

2) (역자) Standard & Poor's 500 지수를 구성하는 500개 주식을 말한다.

라고 애널리스트는 주장한다.

포트폴리오 매니저는 애널리스트를 보고 깊은 인상을 받았다. "맞습니다"라고 그녀는 대답한다. "하지만 그런 변화를 가져오기 위해서는 자원과 전문가가 필요한데 우리에게는 그런 것이 없습니다. 변호사와 경영전문가가 필요합니다. 그 일을 추진해서 결과를 얻기 위해서는 백만 달러 이상의 돈이 필요합니다. 분명히 그 일은 그렇게 많은 돈을 들여 추진할 가치는 없습니다"라고 그녀는 잠시 후에 계속 이야기 한다.

"그럴 가치가 없다는 것이 무엇을 의미하는지요? 백만 달러는 얼마되지 않는 돈입니다. 50억 달러를 벌 수 있습니다"라고 애널리스트는 말한다.

"그렇습니다. 하지만 우리가 그 돈을 벌지는 않습니다. 우리의 고객은 단지 이 기업의 1% 지분만을 소유하고 있습니다"라고 상사는 말한다.

"맞습니다. 하지만 50억 달러의 1%는 5,000만 달러입니다. 우리는 고객들이 5,000만 달러를 벌게 할 수 있습니다!"라고 애널리스트는 수줍은 듯이 말한다.

"그렇게 되면 우리는 수수료로 그것의 0.25%인 125,000 달러를 받게 됩니다. 내가 말했듯이 그 돈을 벌자고 그런 일을 할 필요는 없습니다"라고 상사는 말한다.

그래서 애널리스트는 자기 사무실로 되돌아간다. 한편 애널리스트를 통해 이 기업의 경영이 얼마나 부실한지를 알게 되었고, 경제 분석을 통해 그 기업에 개입할 가치가 없다는 것을 확신하게 된 포트폴리오 매니저는 이 기업 주식을 판다. 이 기업의 성과는 계속 나빠지고 일자리와 가치는 점차 감소하게 된다.

이러한 이유로 대부분의 펀드매니저들은 주주로서 기업 활동에 개입해서 행동하지 않는다. 이것은 그들이 관심을 가지지 않기 때문이 아니다. 성과가 나쁜 기업 문제에 관여하기보다는 주식을 파는 것이 경제적으로 합리적인 행동이기 때문이다. 모든 펀드매니저의 마케팅 관련 자료는 매매에 관련된 원칙을 설명하고 있지만 소유권에 관한 원칙은 설명하지 않고 있다는 것은 그리 이상한 일이 아니다.

잘못 평가된 성과

두 번째로 잘못된 것은 투자성과를 평가하는 방법이다. 전통적으로 펀드매니저는 절대적이 아닌 상대적 수익으로 성과가 평가된다. 다시 말해 펀드가 투자자들을 위해 달성한 전체 수익이 아니라 다른 뮤추얼 펀드나 S&P 500, CAC 40 혹은 FTSE 350과 같은 벤치마크와 비교한 수익에 따라 펀드매니저의 성과가 평가되는 것이다.[7]

이것이 시민자본가와 무슨 관련이 있는가? 비록 기업을 열심히 감시하는 주주는 기업의 잘못된 행동을 막을 수 있지만 그런 감시의 혜택은 모든 투자자들에게 돌아간다. 논리의 전개를 위해 앞서 소개된 대화에서 선임 펀드매니저가 변호사를 고용하라고 지시했고 기업에 개입해서 성공을 거두었다고 가정하자. 그 펀드와 경쟁하는 대부분의 펀드들은 같은 기업의 주식을 소유하고 있지만, 비용을 전혀 사용하지 않고 혹은 칼리 피오리나가 도이치 은행에서 일으켰던 사태와 같은 위험을 감수하지 않고 무임승차해서 이득을 보게 될 것이다.

시티그룹의 전 수석 펀드매니저인 톰 존스Tom Jones는 이 문제에 대해 대단히 솔직하게 말한 바 있다. 그는 "나는 월급을 받고 내가 하기로 되어 있는 일을 하기를 원한다. 주주 행동주의를 하라고 내가 월급을 받는 것은 아니다. 우리가 주주 행동주의를 하기 위해 돈을 쓴다면 시티그룹 자산관리 회사의 주주들이 비용은 부담하지만 다른 주주들과 차별되는 혜택을 받지 못한다"라고 말했다.[8]

물론 이런 분석도 펀드매니저는 자기가 투자한 기업이 성공하기를 원한다는 것을 가정하고 있다. 어떤 펀드 매니저는 그렇지 않다. 대주거래자 - 내일 더 싸게 되사기를 바라면서 오늘 주식을 파는 펀드매니저 - 가 그런 예이다. 그러나 절대적이 아닌 상대적인 성과를 위한 경쟁 때문에 전통적인 펀드매니저는 자기가 투자한 기업이 나빠지기를 바라는 잘못된 유인을 갖게 될 수 있다. 펀드매니저는 심지어 성공적인 기업에 해가 되는 방법으로 시민투자자들의 저축을 이용할 수도 있다.

어떻게 그렇게 될 수 있을까? 대부분의 펀드매니저들은 위험을 통제하기 위해 수백 개는 아니지만 수십 개 이상의 기업들에 투자한다. 펀드매니저는 자기가 좋아하는 기업들 주식은 펀드매니저들의 평균적 투자규모 혹은 S&P 500과 같은 벤치마크보다 더 많이 보유하고, 자기가 좋아하지 않은 기업들 주식은 보유하기는 하지만 평균적 투자규모 보다 적게 보유한다. 예를 들어 GE주식이 S&P 지수에서 차지하는 비중이 3%라면, 그 지수를 낙관적으로 보는 펀드매니저는 자기가 보유한 자본의 4%를 GE에 투자할 수 있다. 반면에 그 지수를 비관적으로 보는 펀드매니저는 2%만을 GE에 투자할 수 있다. 하지만 어떤 펀드매니저도 GE에 전혀 투자하지 않을 수는 없다. 왜냐하면 GE가 지수에서 차지하는 비중이 너무 크기 때문에 GE에 전혀 투자하지 않으면 벤치마크 대비 수익률

변동 위험이 모든 펀드매니저들을 불안하게 하는 수준으로 증가하기 때문이다.[9]

그렇다면 어떤 기업의 주가가 하락하면, 그 기업에 상대적으로 적게 투자한 펀드매니저의 성과는 어떻게 될까? 물론 고객의 돈을 잃어버리게 된다. 그러나 그 펀드매니저는 경쟁자에 비해 상대적으로 더 적은 돈을 잃게 된다. 그는 시장을 이기게 되고 상대적 성과는 개선된다. 그래서 비록 고객은 돈을 잃게 되지만 펀드매니저는 자기가 잘했다고 생각할 것이다.

단기 투기

세 번째 구조적 모순은 투자기간이다. 은퇴나 주택 구입을 위해 저축하는 시민자본가들에게는 장기로 보는 것이 중요하지만, 이는 비교적 짧은 기간 동안의 상대적 성과로 평가를 받는 펀드매니저에게는 적용하기 어렵다. 펀드에 대한 평가는 분기별로 취합되고 보통 1년 내지 3년간의 기록을 바탕으로 이루어진다. 개별 펀드매니저나 애널리스트에 대한 보너스는 종종 분기 혹은 연간 상대적 수익률 성과를 바탕으로 계산된다. 이에 따라 펀드매니저들은 주식을 장기 보유하면서 기업을 감시하는 것보다는 주식을 단기 거래하여 수익을 내는데 관심을 가진다.

"우리는 옛날에 장기투자 사업을 했다. 그러나 지금은 단기투기 사업을 하고 있다"고 뱅가드 창업자인 잭 보글Jack Bogle은 슬픈 듯이 말한다.[10] 오늘날 뮤추얼 펀드의 평균 연회전율은 110% 이상이다. 리퀴드넷Liquidnet[3])에 의하면 매년 1,000억 달러에 이르는 투자자 돈이 과잉 수수료, 불필요한 거래, 그리고 잘못된 거래를 위해 낭비되고 있다.[11] 이것은 결국 금융시장에서 래리 서머스가 이야기한 자동차 임대자의 정신자세를 만들어 내고 있다. 몇 주라도 해당 기업을 소유하지 않을 것이라면 왜 잘못된 기업인수 전략에 관여하는가?

거래를 위한 기술과 소유를 위한 기술은 다르다. 실로 많은 펀드매니저들은 기업의 주식을 거래하는 일로부터 기업을 소유하는 일(예를 들면 의결권을 행사하는 것과 필요할 때 기업경영 참여)을 분리시킨다. 많은 사람들이 주식을 소유하는 것을 가치창출 활동이라기보다는 법과 규제를 지키는 연습으로 알고 있다. 그래서 그들은 그 일을 주식을 사고파는 펀드매니저와 아이디어나 전략을 공유하지 않으면서 어떤 결의안에 대해서는 찬성표를 던지고 다른 결의안에 대해서는 반대표를 던지는 식으로 기계적으로 투표하는 경향이 있는 젊은 애널리스트들에게 맡긴다.

따라서 펀드매니저는 전통적인 숫자 분석을 넘어서 다음 분기의 결과와는 관련이 별로 없지만 보다 장기적인 예측력을 갖고 있을지도 모르는 이사회의 질과 같은 질적인 문제를 분석할 필요가 없다고 생각한다.[12] 너무 자주 거래와 소유권사이에 정보가 차단된다. 펀드의 애널리스트들이 로드쇼나 사적 회의에서 지배구조문제를 거의 거론하지 않다가 같은 펀드를 담당하는 다른 사람으로 하여금 연례회의에서 경영진에 대해 반대표를 던지게 한다고 최고경영

---

3) (역자) 1999년 뉴욕에 설립된 글로벌 기관투자 시장을 말한다.

자들이 불평하는 것은 그리 놀라운 일이 아니다.

비밀 때문에 책무가 제대로 이행되지 않고 있다. 예를 들어 미국의 시민투자자들은 그들의 펀드가 주식을 보유한 기업의 연례회의에서 어떻게 투표했는지를 알 수 없었다. 미국의 규제 당국이 투표기록을 매년 공개하는 것을 강요했던 2004년(캐나다와 프랑스는 이보다 늦게)까지는 이러한 자료는 비밀에 부쳐졌다. 뮤추얼 펀드 산업은 필사적으로 이 조치와 싸웠지만 졌다. 잘된 일이다. 미국의 투표공개시스템이 작동되기 전에 뮤추얼 펀드는 비록 주주의 이익을 위해 보다 신중한 감시가 필요할지라도 사실상 모든 결의안에 대해 경영진의 입장을 관례적으로 지지했다. 예들 들어 밴가드는 2002년에 90%의 이사회 선거에서 찬성표를 던졌다. 그러나 투표결과가 공개되어야 한다는 것을 알고 이 회사는 투표에 대한 지침을 강화시켰고, 1년 후에는 29%의 기업에 대해서만 찬성표를 던졌다. 경영진의 투표 자문을 거절한 기업의 수도 7배나 증가하였다.[13]

뮤추얼 펀드가 단지 찬성표를 던지고 싶어 하는 유혹을 느끼는 것은 "먹이를 주는 손을 물지 말라"는 오랜 시간을 두고 검증된 상거래 지침 때문이다. 모든 펀드는 자신이 투표를 하는 기업들로부터 매력적인 투자거래를 얻고 싶어 한다. 피델리티와 엔론을 생각해 보라. "피델리티는 자기가 갖고 있는 엔론 지분의 가치가 하락하는 것을 방지하는데 신경을 써야 했지만 동시에 엔론 종업원을 위한 401ⁿ 계획을 관리하는 일을 엔론으로부터 따냈다"고 짐 홀리Jim Hawley, 앤드류 윌리엄스, 그리고 존 시오피John Cioffi는 기술하고 있다. 그러나 이들 학자들은 피델리티가 어떤 형태로든지 엔론을 감시하면 401(k) 계획을 관리하는 일로부터의 수수료 수입을 상실하게 될까봐 두려워했을지도 모른다고 주장한다.[14] 그렇지만 투자자들 입장에서는 그들이 공동으로 소유하고 있는 기업을 최소한도로 감시하는 것은 그들 소유권의 정당한 행사이다. 투표결과가 공개되면서 이 사실은 아주 분명해졌다.

뮤추얼 펀드 이사회는 시민자본가 투자자를 위한 방파제 역할을 하기로 되어 있지만 종종 그런 역할을 하지 않는다. 그 이유를 아는 것은 그리 어렵지 않다. 첫째, 주식소유자가 아니라 펀드회사가 사실상 이사를 선출한다. TIAA-CREF는 투자자들이 이사후보를 정기적으로 선출하는 미국의 유일한 뮤추얼 펀드이다. TIAA-CREF가 가장 주주활동을 잘하는 뮤추얼 펀드들 가운데 하나로 선정된 것은 우연이 아니다. 그리고 이사가 해야 할 일의 범위가 지나치게 넓다는 문제가 있다. 이사는 종종 하나의 펀드회사 내에서 수십 내지 수백 개의 뮤추얼 펀드 이사회에 참여한다. 예를 들어 피델리티의 모든 이사는 2003년에 277개의 펀드를 감독하는 책임을 갖고 있었다. 분명히 이런 펀드들을 관리하는데 중복이 있을 수 있지만 펀드의 수가 지나치게 많으면 효율성이 떨어지게 되고 개별 펀드에 대한 감독이 취약해진다.

미국 증권거래위원회SEC는 대부분의 펀드 이사가 주주이익을 위한 결정을 자유롭게 할 수 있도록 모회사로부터 독립적일 것을 의무화했다. 하지만 **비즈니스 위크**가 지적했듯이, "많은 펀드 이사들은 연금펀드가 유망종목 발굴 서비스에 대해 지급하는 것보다 두 배나 많은 수수료를 지급하는 자산관리계약 체결을 허용하고 있다.

그리고 그들은 투자 자문가들이 실적이 좋지 않은 펀드 매니저를 해고해야 한다는 것을 주장하는데 인색하다."[15]

지금까지 이야기한 구조적 장애물들과 이해상충 문제를 보면 이견이 없는 것은 아니지만 일반적으로 자산관리 산업이 관심이 부족하고 비활동적인 주주로 행동해 왔다는 것은 놀라운 일이 아니다.

두 번째 약한 고리 : 연금펀드

연금이 회원들의 이익을 대변한다는 것은 기본적인 전제가 되어야한다. 많은 나라에서 법이 이것을 말하고 있다. 연금펀드의 인가서나 계약서에도 그렇게 쓰여 있다. 그러나 대부분의 연금펀드가 그렇게 하지 않고 있다.

시민사회로부터 얻는 근본적인 교훈은 어떤 기관도 특정 유권자가 의사를 결정할 때 목소리를 내지 않으면 그 유권자를 자동적으로 돌보지 않는다는 것이다. "대표가 없으면 세금도 없다"는 것은 미국 독립전쟁당시 거세게 몰아쳤던 유명한 함성이었다. 그러나 세계의 많은 연금펀드들은 그들이 돌보는 회원들의 대표가 전혀 없이 운영되고 있다. 예들 들어 미국과 일본의 거의 모든 기업 연금펀드들은 현직 혹은 은퇴 종업원을 이사로 임명하는 수탁자 이사회와 같은 것 없이 전적으로 회사 직원에 의해 운영되고 있다. 2002년에 미국 기업 401(k) 계획 이사회 구성원의 절반이 회원을 대표하도록 하는 법률안이 만들어졌다.[16] 이 조치는 결코 과격한 것이 아니었다. 호주, 영국, 남아공, 그리고 다른 나라들의 법은 수탁자 이사회에 회원대표가 50% 참여하도록 하는 것을 의무화했다. 심지어 미국에서도 단일 기업이 아닌 여러 산업들에 걸쳐서 운영되는 태프트 하틀리 연금펀드에서는 이사회의 절반이 회원에 의해 선출된다. 그러나 이 법률안은 백악관과 업계의 강력한 로비에 바로 굴복하고 말았다.

연금을 마음대로 통제하는 것은 기업경영자에게 분명한 이점이 있고, 그것의 일부는 펀드 회원들의 이해와 직접적으로 상충된다. 기업 임원들은 기업공개 인수업무와 같은 돈이 되는 사업을 놓칠 것을 두려워해서 CEO편을 드는 금융기관과 밀접한 관련이 있는 펀드매니저를 고용할 수 있고 실제로 그렇게 한다. 그런 펀드매니저는 퇴직연금 회원들을 위해서 소유권을 행사할 유인을 거의 갖지 않고 있으며, HP/컴팩 합병에서 보았듯이 후원 기업에 잘 보이려는 유인을 가지고 있다.

이해상충은 그렇게 극적일 필요가 없다. 많은 기업들은 종업원들에게 자기 회사 주식에 투자하는 옵션을 제공한다.[17] 그러나 그들은 그런 주식을 바탕으로 투표할 권리를 갖지 않는다. 일반적으로 기업 경영진이 지정하는 대리인이 투표권을 행사한다. 대리인은 대개 기업 자체의 연례 주주총회 혹은 공급자, 고객, 그리고 경쟁관계를 갖고 있는 기업들의 연례 주주총회에서 경영진이 제시하는 방향으로 투표하는 경향이 있다. 기업에 종속된 연금펀드의 자금은 경영진의 참호구축을 위한 손쉬운 방법이 될 수 있다.

돼지저금통

때때로 경영진은 영향력을 행사하는데 그치지 않고 연금자산을 탈취하려는 무리수를 두기도 한다. 윌리 서튼Willie Sutton은 돈이 거기 있었기 때문에 은행을 털었다고 말했다. 영국의 로버트 맥스웰 Robert Maxwell은 회사연금기금과 비교하면 은행은 단지 돼지저금통에 불과하다는 것을 이해하고 있었다. 이 출판왕은 어떤 독립적인 감시자의 시각에서도 벗어나서 4억 4,000만 파운드에 달하는 퇴직 연금을 유용할 수 있었다. 맥스웰은 1991년에 불가사의하게도 카나리아 군도에 정박되어 있던 그의 요트 근처에서 익사했다. 그의 미러 그룹Mirror Group은 얼마 안 있어 금융위기로 파산했는데 32,000 종업원들은 돈궤에 퇴직연금 지급을 위한 자금이 하나도 없다는 것을 발견하고 놀랐다.[18]

맥스웰 비극을 계기로 미러 그룹 수만 명 직원의 연금 저축을 보호하는 일을 맡고 있었던 사람들이 회사 CEO가 돈궤를 약탈하고 있는 동안 한눈을 팔고 있었던 이유를 규명하기 위해 영국에서 대대적인 조사가 시작되었다. 구드Goode위원회는 1995년의 퇴직연금 법Pension Act으로 연결되는 일련의 새로운 법을 만들었다. 이런 조치는 도움이 되었다. 이러한 개혁 덕분에 엔론의 미국 직원들은 거의 모든 돈을 잃어버렸는데 반해 영국 직원들은 회사가 망했을 때도 그들의 퇴직연금이 그대로 있다는 것을 알게 되었다.

약 10년이 지난 후, 미국의 연방회계감사원Government Accountability Office: GAO의 애널리스트들은 기업연금의 위험과 이해상충 문제를 부각시켰다. 2004년 보고서에서, GAO는 연금가입자의 이익을 보호하는데 있어서 유일한 장애물은 경영진이 단지 연금 가입자의 이익만을 위해 행동할 것을 요구하는 낡아빠진 1974년의 종업원 퇴직소득 안정법Employee Retirement Income Security Act: ERISA이라는 것을 알 게 되었다.[19] 그러나 법을 만드는 것과 그 법이 지켜지도록 하는 것은 전혀 다른 일이다. GAO가 지적했듯이, 연방노동청은 1996년 이래 ERISA의 주주 투표권 행사 규정을 실행에 옮기지 않았고, 기업 경영자로 하여금 자기들이 원하는 가입자의 "최선의 이익"에 대한 해석을 마음대로 할 수 있게 내버려 두었다.

법을 단계적으로 실행에 옮기는 것과 공시를 강화하는 것이 GAO가 제시한 처방이었다. 그러나 GAO는 연금가입자로 하여금 자기의 연금저축을 관리하는데 참여하도록 하는 가장 분명한 시민 자본가적 해법을 놓쳤던 것이다. 그렇게 하면 적어도 자기의 미래에 영향을 줄 수 있는 투자의사결정이 이루어질 때 위험에 가장 많이 노출된 가입자가 목소리를 내는 것이 보장될 것이다. 그런 보장이 있으면 책임순환구조의 장애물들이 제거될 것이다.

책임을 지게 되면 연금펀드가 임차인이 아닌 주인으로 행동할 가능성이 커진다는 것이 믿어지지 않는다면, 다음과 같은 것을 고려해 보라. 미국에서 주주행동주의가 시작된 지 30년이 이상이 지난 2006년 현재, 기업이 운영하는 퇴직연금펀드는 단 하나만이 상장기업에 대해 반대하는 주주 결의안을 지지했다. 이와 대조적으로 다른 투자자들은 2003년에만 1,000건이 넘는 결의안을 도입했다.[20] 이의를 제기하지 않는 상태가 30년간 계속되었다는 것은 투자적 측면에서 정당화되기 어렵다. 퇴직연금이 갖고 있는 포트폴리오에서 모든 기업이 주주로부터 아무런 지적을 받지 않을 만큼 문제가 없었던 것은 아니다. 이와 대조적으로, 그런 결의안을 찬성하는 가장 활동적인 펀드는 통상적으로 이사회에 가입자 대표를 참석시키는 공무원 연금펀드와 태프트 - 하틀리 연금펀드이다. HP에서 자기들의 투표 방향을 바꾼 도이치 은행 직원들과 달리 그런 수탁자들은 연금가입자들에게 책임을 진다.

성과 보고서

물론 투자위원회에 한자리를 차지한다고 해서 그것 자체만으로는 시민투자자에게 우호적인 자본의 시민경제가 도래하지 않는다. 왜 그럴까? 대부분의 수탁자 이사회는 구시대적이다. 그것은 1990년대 초에 기업 이사회가 했던 것처럼 행동한다. 이사들은 대체로 훈련이 되어 있지 않고 투명하지 않은 선임과정을 통해 임명된다. 어떤 이사들은 가입자가 아니라 후원자에 의해 선임되거나 해임되기 때문에 충성의 방향이 분리되어 있다. 그들에게는 독립적으로 쓸 수 있는 자원이 없기 때문에 포트폴리오 전문가나 관리자에 의해 전달되는 조언에 전적으로 의존한다. 수탁회사는 펀드 매니저 사이에 팽배해 있는 전통적인 단기거래 행태와 사고를 어떻게 통제할 것인가에 대해 아무런 방향을 제시하지 않는다. 예를 들면 왜 펀드 매니저에 대한 보상이 항상 단기성과에만 의존해야 하는 하는가? 결국 수탁회사는 종종 펀드 매니저의 임명, 감시, 그리고 해고라는 자기가 갖고 있는 가장 기본적인 권력을 독립적으로 행사하지 않는다.

2003년과 2004년에 영국의 노동연금국은 이 문제를 계량적으로 분석한 수탁회사 이사회에 대한 성과 보고서를 공개하였다. 긴 리스트의 실패사례를 보면, 종업원 저축이 얼마나 유용되기 쉽고 얼마나 많은 연금기금이 남에게 빌린 자동차처럼 관리되고 있는가를 알 수 있었다. 보고서는 다음과 같은 사실들을 보여준다.

- 수탁회사는 이사회에서 투자문제를 다루는데 1년에 평균 4시간 이하를 소비한다.
- 단지 25% 정도의 연금기금만이 수탁회사에게 교육훈련을 실시할 것을 요구한다.
- 수탁회사가 투자자문가의 성과에 이의를 제기하거나 검토하는 경우는 별로 없다.
- 수탁회사 이사회의 40% 이하가 주주행동주의에 대한 정책을 개발하는데 시간을 소비했다.
- 22%의 연금기금만이 그들이 어떻게 지배구조 원칙을 따르고 있으며, 만약 따르지 않는다면 왜 따르지 않는지에 대해 가입자에게 밝힌다.
- 퇴직연금의 단지 18%가 사회적 투자 위험에 대한 대책을 갖고 있다.[21]

"결과는 주로 경영진이 주주에게 귀속되는 권력을 행사하는 부재주주이다"라고 전 콘솔리데이티드 골드 필즈Consolidated Gold Fields의 관리 이사인 앨런 사이크스Allen Sykes는 결론내리고 있다.[22] "어떤 수탁회사도 계획을 갖고 있지 않은 것 같으며, 아무도 통제를 하지 않는다"고 전 가트모어 사장이자 영국 기업지배구조 실무자인 폴 마이너스Paul Myners는 2005년 연설에서 격렬하게 비판했다.[23]

영국의 연금기금이 세계에서 가장 잘 관리되는 연금들 가운데 하나라는 점을 생각해 보라. 그러면 왜 시민자본가와 그들의 저축을 연결하는 책임순환구조가 너무 자주 망가지는지를 알 수 있을 것이다.

하지만 그것은 또한 스스로 교정될 수도 있다. 새로운 아이디어의 씨가 뿌리를 내리고 있으며, 이들은 바로 자산관리와 연금산업의 구조적인 불완전성의 틈새에서 자양분을 발견하고 있다. 새로운 관습이 전통적인 방법과 공존하거나 그것을 대체할 것이다. 이제는 시민자본가가 요구하는 이런 아이디어들이 어떻게 시민경제로 이르는 투자환경을 만들어 가고 있는지를 분석해 보자.

책임순환구조의 정비 : 주주들의 각성

1 987년에 기업들은 기업매수, 기업사냥, 그리고 그린메일[4]과 같은 악몽에 시달렸다. 경영진은 "기업매수방지책shark repellents" 혹은 "포이즌 필"과 같은 참호구축 도구들을 도입해서 기업사냥꾼을 막는데 주력했다. 기업사냥꾼들이 공통적으로 갖고 있었

---

4) (역자) 주가를 올리려고 한 회사의 주를 대량 매입하거나 경영자 측에 기업 매수 등 위협을 주어 자사주를 프리미엄을 붙여 사들이게 하는 것을 말한다.

던 것 하나는 보통 주주를 이용해서 돈을 버는 능력이었다.[24]

뉴욕의 동쪽 제3가 대로 위에서 한 투자자가 화가 나서 소리 지르고 있었다. TIAA-CREF는 독특한 복합체였다. 대학교수를 위한 연금펀드이면서 동시에 뮤추얼 펀드 관리회사로서 투자자와 연금 가입자 대표가 이사회에 참여하는 하이브리드였던 것이다. 그러나 이 회사가 직면하고 있었던 상황은 그리 독특하지 못했다. 인터네이셔널 페이퍼 경영진이 TIAA-CREF의 입장에서 볼 때 펀드 주식의 가치를 떨어뜨릴 수 있는 일련의 경영권 방어 장치들을 도입하려고 애쓰고 있었기 때문이다. TIAA-CREF의 최고투자책임자는 조언을 듣기 위해 고문변호사인 피터 클랩먼Peter Clapman을 만났다. 그들은 자기들 투자자산을 보호하기 위한 묘안을 찾기 위해 의견을 교환했다. "글쎄요, 우리는 언제나 주주결의안을 제출할 수 있을 겁니다"라고 클랩먼이 마지막에 말했다. 그는 과거 남아프리카에 대한 투자 중지와 같은 사회적 문제에 관심을 가졌던 주주들이 사용했던 전략을 제안했다. 연차 주주총회 안건으로 상정하는 경영진에 대한 청원서를 내자는 것이었다. "우리가 정말로 그렇게 할 수 있을까요?"라고 최고투자책임자는 물어보았다.

그들은 그렇게 할 수 있었고 실제로 그렇게 했다. 인터네이셔널 페이퍼의 포이즌 필을 이용한 매수방어를 겨냥한 TIAA-CREF의 제안은 미국에서 투표에 부쳐진 기업지배구조에 대한 최초의 반대 주주 결의안이 되었다. 그 결의안은 투표에서 졌지만, 대부분의 결의안들의 찬성표 비율이 10%미만이었던 시절에 27.7%의 찬성표를 얻음으로써 시민자본가 운동의 이정표가 되었다.

결의안이 어젠다로 청원되었다는 것은 투자자가 깨어났다는 것을 보여주는 단지 하나의 지표이다. 그러나 클랩먼이 20년 전에 겉으로 보기에는 억지처럼 보이는 아이디어를 제시한 이래 세상이 얼마나 많이 변했는가를 보기 위해서 오늘날의 시장상황을 한번 살펴 볼 필요가 있다. 2003년에 주주들은 미국기업에 대해서 1,077개나 되는 주주결의안을 표결에 부쳤다.[25] 한때는 이상하게 보였지만, 그런 도전은 영국, 캐나다, 프랑스, 독일, 호주, 그리고 다른 나라에서도 흔하다.

주주결의안은 미국에서 여러 세대에 걸쳐서 제시되었고, 남아프리카에서 인종차별 반대운동이 벌어지고 있던 동안 사회운동가들에 의해서 광범위하게 이용되었다. 1973년에 신념을 갖고 있는 투자자들의 주도로 주주들은 40개의 반대결의안을 연차 주주총회에 제출하였다.[26]

10년 후 기관투자가는 놀라운 진실을 발견하였다. 이런 형태의 주주행동주의가 효과적인 것으로 판명되었던 것이다. 어떤 기업은 불매운동과 투자자 폭동 위험을 피하기 위해 남아프리카로부터 철수했으며, 다른 기업은 결의안의 지지자들과 대화를 시도하기도 했다. 그래서 나중에 클랩먼을 자극했던 가치파괴 메커니즘에 직면했을 때, 펀드는 스스로에게 다음과 같은 단순한 의문을 제기하기 시작했다. 주도적인 투자자가 관심을 갖는 목표를 달성하기 위해, 다시 말해 가치를 창조하거나 적어도 창조된 가치를 잘못 사용하는 것을 방지하기 위해, 왜 펀드는 이사회에 압력을 가하지 않는가?

가드레일 구축

전설적인 캘리포니아 주정부 재무관인 제시 운루Jesse Unruh도 그렇게 생각했다. 운루는 1984년 어느 날 아침에 일어나서 인수위협에 처해 있던 텍사코가 기업사냥꾼에게 그린메일을 철회하는 조건으로 1억 3천 8백만 달러를 지불했다는 것을 알게 되었다. 운루는 화가 났다. 그 돈은 캘리포니아 주정부 연금펀드를 포함한 모든 주주들로부터 나온 것이고 단지 경영진을 보호하기 위해 한 사람에게 흘러갔다고 운루는 생각했다. 운루는 이런 형태의 남용을 방지하기 위한 국가 차원의 행동을 원했다. 1985년에 그는 뉴욕시 감독관 해리슨 제이 골딘Harrison Jay Goldin과 뉴저지 연금펀드 대표인 롤랜드 맥홀드Roland Machold와 함께 주주 권리를 지키기 위해서 기관투자가협의회Council of Institutional Investors: CII를 최초로 설립했다.[27] 이것은 시의적절한 행동이었다. 오늘날 CII는 140개의 연금펀드를 회원으로 거느리고 있으며 전체 자산규모는 3조 달러에 이른다.

3년 후에 전혀 기대하지 않았던 레이건 정부의 노동부가 투자자는 단순한 거래자보다는 자기가 투자한 기업들의 감독자가 되어야 한다는 아이디어에 힘을 실어주었다. 노동부는 로버트 멍크스Robert Monks를 등에 업고 주주총회에서의 투표가 펀드의 중요한 자산이라고 선언한 이른바 에이번 레터Avon letter를 발행했다. 이것 때문에 미국 상장기업에 대해 투표하는 것이 많은 연금펀드들에게 있어서 사실상 수탁자 의무가 되었다.[28]

그때까지 대부분의 기관투자가는 나중에 설명하게 될 이유 때문에 소유권행사보다는 단기적 거래에 의존하는 것을 선호했고, 어떤 시장에서도 의결권을 행사하기 위해 고민하지 않았다. 이 레터가 발행된지 몇 년이 지나서도 미국의 펀드는 자기가 보유하고 있는 미국이외의 기업들에 대한 투표권의 단지 24%만 행사했는데, 이것은 주로 대리인이 대리투표 위임장을 제때에 전달하지 않았거나 높은 투표 수수료를 부과했기 때문이었다.[29] 1994년에 클린턴 행정부는 미국 밖의 보유 주식에 관련된 투표를 포함하는 방향으로 규제의 폭을 확대시켰다. 요즈음 미국에서 펀드의 투표는, 여전히 사소한 사고는 있지만, 일상적으로, 온라인으로, 그리고 널리 이루어지고 있다.

대리투표행사

유럽에서는 투자자의 의결권행사와 행동주의가 활성화되는 것이 상대적으로 늦었다. 대부분의 유럽 국가들의 크기를 감안하면, 많은 펀드들은 미국 펀드보다 훨씬 더 일찍이 그리고 더 넓은 범위에 걸쳐서 국제적으로 분산투자 되고 있다. 그러나 1996년까지 어떤 대형 유럽펀드도 자기가 보유하고 있는 외국 주식의 10% 이상에 대해서 의결권을 행사하지 않았다.[30] 오늘날 유럽에서 국경을 넘어 의결권을 행사하는 것은 여전히 복잡하지만 많이 개선되었다. 의결권 행사에 대한 장애물을 제거하기 위한 유럽연합(EU) 지침 초안이 2006년에 마련되었다. 의결권 행사는 이제 예외가 아니고 누구에게나 기대되고 있다. 예를 들어 영국에서의 의결권 행사비율은 1990년에 20%였지만 2002년에 55.9%로 증가하였다.[31] OECD 기업지배구조 원칙은 이제 의결권행사를 수탁자 의무사항으로 정의하고 있다.

유럽펀드는 미국 펀드처럼 소유주로서 행동하기 시작했을 때, 자기들이 투자한 기업들의 경영자로부터 수탁자로서의 관리감독을 요구하기 시작했다. 영국 기업 핸슨 주식회사Hanson PLC는 놀랍게도 최초의 수탁자 관리감독 대상 기업들 가운데 하나로 등장했다. 1993년에 이 복합기업은 과거 주주 권리를 제한하는 것으로 흔하게 사용되어 왔던 것을 도입했다. 하지만 투자자 보호 회사인 PIRC는 허점을 발견해서 전례가 없었던 대서양을 가로지르는 펀드 반대운동을 전개했다. "핸슨의 가혹한 보복조치는 주주 민주주의 세계에서의 군사 쿠데타와 같은 것"이라고 **런던 타임스**는 격렬하게 비난했다.[32] 패배할 가능성에 직면한 핸슨은 그 조치들을 결국 철회하고 말았다.

3년 후 프랑스의 니켈 생산업체인 에라메트Eramet사는 다국적 투자자 행동주의가 일회성 사건이 아니고 영미시장에만 국한된 것도 아니라는 것을 보여주었다. 이 광산회사 지분 55%를 소유하고 있었던 프랑스 정부는 1997년에 회사로부터 남태평양 채굴권을 탈취함으로써 에라메트 회사의 소액주주를 희생시키는 외교정책을 추진하려고 했다. 정부는 펀드들이 늘 그러했듯이 만족해 할 것이라고 가정했다. 공격적으로 행동하는 프랑스와 외국 기관투자가 연합은 프랑스 정부가 이런 식으로 주주들을 다룬다면 프랑스 텔레콤을 민영화하는 야심찬 계획에 차질이 생길 것이라고 말하면서 반발했다. 이런 반발로 프랑스 정부는 뒤로 물러섰다.[33]

강화되고 있는 투자자의 힘

이런 예들이 보여주고 있듯이 어떤 펀드는 반대결의안을 올리거나 의결권을 행사하는 것을 통해서 뿐만 아니라 연합 구성, 광고, 그리고 법적 행동을 포함한 넓은 범위의 전략을 통해서 주주 책임을 행사해 왔다. 몇몇 펀드는 아주 잘 알려져 있고, 다른 펀드는 그렇지 않다.

CII는 1992년 이후 실적이 좋지 않은 미국의 요주의 기업명단을 공개했다. CII는 실적이 좋지 않은 기업들에 대해서 지배구조 개선을 위한 최소한의 필요조건을 제시함으로써 시민자본가 투자자가 무능한 경영진을 바꾸고 결함 있는 전략에 이의를 제기하는 것을 도왔다. 결과적으로 개선의 대상이 되었던 그런 기업에 대한 주주 행동은 투자자에게 11.6%의 초과수익 혹은 397억 달러에 이르는 초과 시장가치를 가져다주는데 도움이 되었다.[34] 주주가 조용히 있었다면 그런 "돈"은 감추어진 상태로 남아있었을 것이다.

캘퍼스CalPERS는 매년 지배구조가 아주 나쁜 미국기업 명단을 공표하고 각각의 기업에 관심을 집중한다. 뉴욕시 펀드들도 "요주의 기업명단"을 만들었다. 영국의 국립연금펀드 연합회NAPF는 주주가치를 훼손하는 것으로 간주되는 기업과 비공식적으로 대화하는데 협력하는 주요 투자자들로 구성된 비밀 태스크 포스인 "진상위원회"를 운영하고 있다. 공동 투자자 그룹은 이렇게 금융의 힘을 함께 규합하여 아주 결정적인 역할을 해 왔다.[35] 그러나 모두 조용히 있으면 공동협력은 실패하고, 문제를 해결하기 위해 몇 개의 펀드가 앞장서서 고집불통의 이사회를 공개적으로 공격하게 될 뿐이다.

1990년대 중반 이후 기관투자가 행동주의는 세계로 번져 나갔다. 1995년 3월 세계 각국에서 모인 49명의 사람들이 워싱턴의 워터게이트 호텔에서 국제기업지배구조 네트워크를 설립하였다. 지금 이 조직은 자산규모가 11조 달러 이상인 세계 기관투자가의 목소리를 강력하게 대변하고 있다. 얼마 지나지 않아 다른 투자자들도 원활한 세계 자본흐름을 위해서는 세계적 연합이 필요하다는 것을 깨닫기 시작했다. 노동조합들은 노동자자본위원회를 만들었다. 개인 투자자들은 유로주주단체를 탄생시켰다.

시민 소유권 강화

일 세대 행동주의 기관투자가들에게 공통된 하나의 강력한 특징은 이들이 자기들의 돈을 관리하는 사람들에게 적어도 부분적으로 답을 줄 수 있는 지배구조를 자랑스럽게 여긴다는 것이다. 캘퍼스, 온타리오 티처스 연금펀드, 그리고 호주의 유니슈퍼와 같은 공적 연금펀드, 혹은 영국 텔레콤BT 연금펀드와 같은 기업연금펀드는 자기들이 속한 각각의 시장에서 시민자본가 소유권의 선봉에 있다. 이들 펀드들은 각각 직접 혹은 회원참여에 의해 선출되는 관리인 혹은 중역을 갖고 있다. 이들은 자기들이 감시당하고 평가된다는 것을 알고 있다. 그들은 또한 회원의 이익과 상충되게 행동하면 비난을 받고 최악의 경우 퇴출될 수 있다는 것도 알고 있다. 요약하면, 그들은 책임순환구조를 손상시키는 대부분의 구조적 문제를 피한다. 책임순환구조를 강화시키는 것은 마치 그들이 시민 자본을 단지 빌린 것이 아니라 정말로 소유하고 있는 것처럼 펀드가 행동하도록 만드는 핵심적인 요소이다.

변화의 추진력

지금까지 책임순환구조를 강화시키는데 있어서 대단한 진전이 있었다. 대부분의 관찰자들에게 있어서 여러 가지 발전 추세들이 서로 관련이 없는 것처럼 보였다. 그러나 그들을 이어주는 접착제를 찾게 되면, 이들은 서로 잘 어울려서 세계적으로 작동하는 현상으로 보일 것이다. 새로운 공공정책, 투자펀드의 진취적 행동, 그리고 혁신적인 시장수단에 주목할 필요가 있다.

정책추진

변화는 골치 아픈 것이다. 글로벌 자본주의는 경제력 전체가 유명한 재벌이나 국가로부터 국내외의 누군지 모르는 사람들의 손으로 흘러가게 만들었다. 자본시장에 스캔들이 생겼을 때 일반 대중의 걱정이 커진다. 전 독일 사회당 당수 프란츠 뮨트퍼링Franz Müntefering은 특정 비독일 투자 펀드를 성스러운 국내 기업들에 대해 구조조정을 강요하는 탐욕스러운 존재라고 낙인찍었다.[36]

그러나 고맙고도 놀랍게 정책입안자가 만들어낸 대부분의 새로운 규제는 특정 행동방향을 강요하기보다는 투명성과 사업의 성실성을 증가시키는 것 같다. 이런 조치들은 기관의 책임감을 크게 하여 시민경제를 확립하는데 도움이 된다. 따라서 원래 의도여부와는 상관없이 이런 정책조치 때문에 시민자본가 행동주의자가 한때

정부의 지시 영역이었던 것을 대신하는 것이 가능해졌다.

예를 들어 영국법의 최근 변화는 완전히 새로운 형태의 연금 수탁자를 만들어내는 것을 목표로 하고 있다. 노동당 정부는 두개의 촉진방안을 도입했다. 첫째, 수탁자 이사회 구성원의 최소 50%가 종업원 대표일 것을 요구하는 법령이 제정되었다. 둘째, 연금 이사회의 운용 기술과 공시 표준을 제시한 획기적 2004년 연금법이 만들어졌다. 이 법에 의하면 수탁자들은 규제당국과 연금 가입자들에게 자기들이 실제로 투자펀드를 감독할 능력이 있다는 것을 보여줄 수 있어야 한다.

주목할 것은 연금법이 수탁자의 자질이 무엇인가를 일일이 명시하지 않았다는 것이다. 그 대신에 이 법은 시장이 일련의 프로그램으로 빈 공간을 채우는 것을 허용하였다. 프로그램에는 수탁자 오리엔테이션, 자격 증명, 그리고 계속 교육 등이 있고 전국 연금펀드위원회, 영국 투자전문가협회, 연금관리연구소, 그리고 노동조합협의회 등이 이런 프로그램을 시행한다. 독립연금펀드수탁자 그룹과 같은 완전히 새로운 단체들이 수탁자가 전문성을 갖는 것을 돕고 있다. 시민사회 그룹들은 광범위한 투자 이슈들에 대한 수탁자 인식도를 높이기 위한 프로그램을 개발해 왔다. 영국정부의 자금 지원을 바탕으로 수행된 저스트 펜션Just Pension 프로젝트는 수탁자들을 위한 권위 있는 지침서를 개발했다. 카본 트러스트Carbon Trust도 환경측면에서의 연금관리를 위한 사례를 설명해 주는 지침서를 개발했다. 과거에는 아무 소리도 들리지 않았던 곳에서 이제는 많은 목소리들이 책임지는 수탁자가 무엇인지에 대해 논쟁을 한다.

이것은 아이디어를 위한 고전적 시장이다.

영국이 수탁자 책임에 관심을 집중한 것은 다른 시장에도 영향을 주었다. 2005년 3월에 남아공의 어떤 기업이 이 분야만을 전문적으로 다루는 정기간행물인 **오늘의 수탁자**Today's Trustee를 간행하기 시작했다. 캐나다 노동부문 싱크탱크인 **SHARE**와 미국의 전국 노동대학은 모두 광범위한 수탁자 교육 프로그램 개발을 지원하고 있다. 토론토에 있는 코텍스 어플라이드 리서치Cortex Applied Research, 워싱턴 DC에 본부가 있는 **독립수탁자 서비스**Independent Fiduciary Service, 그리고 런던에 있는 **펜피다 파트너스**Penfida Partners는 수탁자들에게 독립적인 서비스를 제공하는 단지 3개의 민간 기업이다. 케이쓰 앰바시어Keith P. Ambachtsheer의 **K.P.A. Advisory**는 펀드가 지배구조를 현대화하는 것을 돕는다. 화려한 미국 간행물인 **플랜 스폰서**Plan Sponsor는 연금수탁자의 수탁자 의무에 대한 칼럼을 매월 내고 있고 연금의 지배구조를 조명하는 www.pensionriskmatters.com이라는 불로그가 2006년에 개통되었다.

시민자본가 행동주의

펀드 이사회는 더 이상 기업이나 펀드매니저를 돕기 위해 단지 도장 찍는 역할만을 수행하지 않는다. 전문성을 바탕으로 충분한 정보를 갖고 가입자를 대변하는 이사회는 이제야 나타나기 시작한 놀라운 결과를 가져오는 실질적 변화를 주도하고 있다.

스미스WH Smith의 퇴직연금 수탁자들은 이 기업에 대한 사모펀드의 인수계획을 무산시켰다. 인수가 되더라도 2억 5천만 파운드에 달하는 이 기업의 퇴직연금적자가 해소될 수 없었기 때문이다. 엔론이나 유나이티드 항공의 연금가입자들이 좋은 자문을 받는 수탁자 이사회에 의존할 수 있었다면 얼마나 더 잘 보호를 받을 수 있었는지를 생각해 보라. 활동적인 수탁자 이사회는 약탈로부터 자산을 보호하는데 있어서 혹은 장기적 가치 관점에서 포트폴리오에 포함된 기업들을 감시하는데 있어서 보다 책임을 지는 펀드관리를 요구할 것이다.

대서양을 가로질러서 규제당국은 뮤추얼 펀드가 시민소유자로 행동하는 방식을 변경시키는데 목적을 둔 근본적인 변화를 요구하고 있다. 산업계의 거친 저항에도 불구하고 SEC는 뉴욕주 검찰총장 엘리엇 스피처Eliot Spitzer가 파헤친 거래 스캔들을 다루는 방안을 마련하였다. SEC는 이사들의 75%가 모 투자회사로부터 독립적일 것뿐만 아니라 이사회 의장도 독립적일 것을 요구하였다. 산업계는 이러한 의무조항을 뒤집기 위해 소송을 제기하고 있다. 그럼에도 불구하고 그런 이사회는 보다 전문적이고 비판적인 단체로 진화하고 있다. 이런 이사회는 시민투자자의 감시를 받게 됨에 따라 자기의 행동이 시민자본가의 이해관계와 어긋나지 않게 하려는 경향이 있다.

다른 지역의 정책입안자들은 SEC를 모방해 왔다. 예를 들어 브라질, 프랑스, 그리고 태국은 기관투자가가 의결권을 행사하고 자기가 내린 의사결정을 공개하는 규정을 채택하였다. 투명성은 대리인이 투자자들의 이익을 보호하도록 하기 위해 시민투자자가 필요로 하는 감시 장치를 제공한다.

노련한 정치가들은 가장 창의적인 공공정책은 투자자에게 대응할 수 있는 수단을 제공하지만 결과를 강요하지 않는 것이라는 것을 이해했다. 영국 신문들은 정기적으로 CEO들의 고액연봉에 대해 비판한다. 그런 비판은 정부에 정치적 압력을 주어 어떻게 해서든지 연봉을 줄이도록 만들곤 했다. 그러나 그 당시 산업부 장관이었던 패트리샤 휴이트Patricia Hewitt는 보수를 조정하기 위해 무조건 시장에 개입하는 대신에 기업의 보수 행태에 대한 연차 주주투표제도를 도입하였다. 이 조치로 재무부는 어떤 비용도 부담하지 않았다. 그렇지만 이러한 조치로 주주는 이제 지나친 보수를 수정하는데 필요한 수단을 갖게 되었다. 아니면 언론이 거짓소동을 한다고 판단해서 아무조치를 하지 않을 수도 있다. 영국 정부나 비슷한 법을 제정한 호주 정부는 더 이상 정치적 부담을 지지 않게 되었다.

펀드 이니셔티브

시민경제의 정착으로 연결되는 두 번째 실마리는 펀드 자체의 자발적 행동에서 찾을 수 있다. 2001년 영국의 마이너스 보고서 Myners Report로 인해 투자자 행동지침이 갑자기 국제적으로 퍼져나갔을 때 그것은 마치 자연발화와도 같았다. 사실 그 동안 외로운 목소리들이 그런 선도적 행동을 요구할 때마다 연료는 조금씩 오랫동안 축적되어 왔다.[37] 그러나 적어도 유럽에서는 마이너스 보고서가 촉매제였다는 것은 의문의 여지가 없다.

그 당시 가트모어 투자관리 회사의 회장이었던 폴 마이너스Paul Myners는 영국 재무상 고든 브라운Gordon Brown의 요구로 연금에 대해 조사하는데 1년을 보냈고 부정적인 평가를 내렸다. 그는 대부분의 연금 수탁자들이 훈련을 제대로 받지 않았고 자원이 부족하고 보수도 받지 못한다는 것을 발견하였다. 그들은 기금관리자로 하여금 연금이 투자한 부실기업의 경영진에 이의를 제기하게 할 수 없었다. 마이너스의 처방은 새로운 "펀드지배구조 문화"였다. 그가 내세운 핵심 처방은 자발적 규율이었다. 연금펀드, 뮤추얼펀드, 그리고 보험회사는 가입자들에게 자기가 규율을 지키고 있는지, 그리고 지키지 않는다면 그 이유가 무엇인지를 밝히는 년차 보고서를 보내야 한다.[38] 보고서는 "의사결정권자들이 자기들의 접근방법을 설명하거나 정당화하고 이해관계자들이 자기들을 위해 내린 의사결정을 감독하는데 도움이 되는 공개토론의 장이 되어야한다."[39] 각각의 펀드가 주주 개입과 그것이 미치는 영향을 어떻게 평가할 것인가에 대한 전략을 갖고 있어야 한다는 것이 규율이 제시하는 요점들 가운데 하나였다.

오래지 않아 영국의 펀드관리 핵심 단체들이 기관투자가 주주위원회를 통해 새로운 실천 규율을 바탕으로 이런 분위기에 합류했다. 이런 노력은 시민투자자에 대해서 실질적으로 책임을 지는 것과 펀드매니저의 성과가 시민자본가 수혜자들의 이해와 일치하도록 그들을 실질적으로 감독하는 것을 최초로 구체화시킨 펀드지배구조의 골격을 만드는데 도움이 되고 있다.

마이너스 접근방법도 세계로 확산되고 있다. 예를 들어 캐나다, 프랑스, 그리고 네덜란드의 주주 그룹들은 최근에 투자자 지배구조에 관한 자기 나라 고유의 규율을 개발했다.[40] 그리고 다국적 기업 수준에서 국제 기업지배구조 네트워크는 2006년에 펀드를 위한 기본적인 투명성과 책임경영 지침을 만들었다. 더 나아가, 투자자들은 OECD, UN, 그리고 세계경제포럼이 새롭게 구상한 펀드 지배구조와 책임 지침을 완성하는 것을 돕고 있다.

주주혁명의 이정표

펀 드지배구조에 대한 관심은 훨씬 더 퍼져나가서 세계시장을 움직이는 강력한 새로운 요인이 되고 있다. 도미노 효과는 더 오래 더 멀리 영향을 줄 것이다. 활발하게 활동하는 몇몇 주요 수탁자 이사회가 시민경제의 초창기에 무엇을 했는지를 보자.

- 2002년에 미국의 3개 주립연금펀드는 투자관련 이해상충을 해소하기 위한 조치를 취했다. "투자보호원칙"은 자금관리회사로 하여금 기금관리자의 이해상충 문제, 투자관리자 보상방법, 그리고 시민자본의 실질 소유자로서의 역할 등을 보고할 것을 요구한다. 펀드는 이제 투자 대리인을 고용하고 감독하고 퇴출시킬 때 이런 요인들을 고려한다.

- 2004년 10월에 몇몇 유럽 대형 펀드들은 기업에 영향을 주는 비재무적 요인들을 분석하는 투자연구소를 위해 회원들이 수수료의 5%를 출연하는 EAI Enhanced Analytics Initiative를 창설했다. 이 프로그램은 시민경제에 맞는 투자를 위해 돈을 썼기 때문

에 대단히 성공적이었다. 회원 펀드들은 이제 어떤 요인들이 협소하고 단기적인 성장 대신에 장기적으로 지속가능한 가치를 만들어내는가를 조사하여 기업을 평가할 수 있다. "더 좋은 투자를 위한 더 좋은 연구"가 EAI의 모토이다. 2006년 초까지 EAI에 모인 펀드들의 자산 가치는 1조 달러를 넘어선다.[41]

• 그 동안 소홀하게 다루어졌던 장기투자 위험을 다루기 위해 국내외적으로 펀드들의 연합이 이루어지고 있다. 영국, 북미, 호주, 그리고 뉴질랜드의 포럼들은 이제 포트폴리오 이슈로 기후변화에 관심을 집중하고 있다.[42] 다른 포럼은 제약 산업의 특수한 위험을 조사하기 위해 기업들과 협력하기 시작했다.[43]

펀드관리의 대변혁

아마도 가장 중요한 것이지만 마지막으로 펀드관리 산업 그 자체도 기업 활동에 적극 관여하는 소유권의 힘에 주목하기 시작했다. 펀드관리 산업은 심지어 지난 50년 동안 이 산업을 지배해 왔던 경제적 패러다임을 바꾸기 시작했다.

우선 철학적 측면에서의 대변화가 일어나고 있다. 최근까지는 원스톱 쇼핑이 이 산업의 핵심전략이었다. 즉 금융기관은 고객의 소매 및 상업은행 업무, 자산관리, 보험, 그리고 심지어 투자은행 업무를 통제해서 일정한 몫을 얻으려고 애썼다. 그러나 이런 접근방법에 내재된 이해상충과 어려움이 조금씩 표면에 들어나기 시작했다. 요즈음에는 서로 상충되지 않는 핵심 역량에 집중하는 다른 돌파구가 있다. 따라서 시티코프Citicorp와 레그 메이슨Legg Mason은 레그가 자산관리만 하고 시티는 은행 업무에만 집중할 수 있도록 레그의 주식매매 중개와 투자은행 부문을 시티의 자산관리 그룹과 맞바꾸는데 합의했다.[44]

보다 극적인 것은 펀드매니저들이 주주행동주의를 통해 기업으로부터 감추어진 가치를 찾아내려는 전혀 새로운 투자방식을 개발했다는 것이다. 어느 정도 직관에 어긋나는 행동이지만, 그런 기업 지배구조 펀드는 일부러 성과가 나쁘고 지배구조가 취약한 기업에 투자한 다음 이사회를 설득해서 그 기업의 경영을 개선시킨다. 헤르메스는 유럽에서 이런 방법을 실천하는 가장 큰 펀드이고 이런 일을 수행하기 위해 50명의 전문가를 거느리고 있다. 샌디에이고에 있는 릴레이셔널 인베스터스Relational Investors는 이 펀드의 협력 파트너인데 북미에서 가장 크다. 이들이 관리하는 투자자산의 가치는 100억 달러에 달한다.

주주행동주의를 실천하는 펀드가 혼자서 할 수 있는 일에는 한계가 있다. 대형 기관투자가들의 자본을 모아서 지원을 받지 않으면 저항하는 이사회의 변화를 가져올 수 있는 충분한 지렛대를 확보하는데 실패할 수 있다. 하지만 어떤 주주행동주의 펀드가 먼저 나서서 일을 추진할 준비가 되어있다면 다른 펀드들도 기꺼이 뒤따르곤 한다.

유인구조 개혁

어떻게 재력이 있는 선두주자들이 있을 수 있을까? 앞서 언급했던 것처럼 펀드관리 경제학에 의하면 펀드는 활동적인 주주보다는 거래자가 되는 것을 지향한다. 어떻게 주주행동주의를 표방하는 펀드가 경쟁적 환경에서 살아남았을 뿐만 아니라 잘나가고 있을까?

해답은 그런 펀드는 주식소유를 촉진하는 수수료 체계를 사용한다는 것이다. 릴레이셔널 인베스터스, 헤르메스, 그리고 많은 다른 주주행동주의 펀드들은 관리하는 펀드에 대해서 고정 수수료뿐만 아니라 성과 수수료도 부과한다. 일반적으로 성과수수료는 관리하는 포트폴리오 초과성과의 20%이다.

행동주의를 표방하는 펀드에 헤지펀드라는 신참자도 있다. 헤지펀드도 주류와는 다른 보상 유인에 의해 운영된다. 하지만 사람들은 헤지펀드를 잘 이해하지 못하고 있고 종종 두려워한다. 헤지펀드는 10,000개 이상 있고 결코 하나로 뭉쳐있는 단일체가 아니다. 어떤 헤지 펀드는 주식에 투자하고, 어떤 헤지펀드는 외환이나 고정수익증권에 투자한다. 헤지펀드는 대부분 독립적이지만 대형은 행이나 펀드매니저와 제휴하고 있는 헤지펀드도 있다. 어떤 헤지펀드는 로켓과학에 대한 지식(혹은 적어도 약간의 고등전문수학지식)을 요구하는 신종 파생상품에 투자하고 어떤 펀드는 단지 쉽게 사고 팔수 있는 대형 상장기업에만 투자한다.

대부분의 헤지펀드는 단지 몇 가지 공통된 특징들을 갖고 있다. 첫째, 헤지펀드는 벤치마크에 대비한 수익보다는 절대적 수익을 추구하게 되어있다. 둘째, 주주행동주의 펀드처럼 헤지펀드는 포트폴리오의 수익률에 근거한 성과수수료를 부과한다.

상대적 성과를 보여주기 위해 경쟁해야 하는 의무로부터 자유롭기 때문에 헤지펀드는 누구나 하는 방식으로 투자해야 할 필요가 없다. 사실 이것은 헤지펀드가 해서는 안 되는 것이다.

어떤 헤지펀드는 소문이나 심지어 내부자정보에 근거한 아주 단기적인 거래에 관여하면서 궁극적으로 임차인처럼 행동한다. 헤지펀드는 목적을 달성하기 위해 기업을 약화시키거나 망하게 할 수도 있다. 헤지펀드는 기업이 전보다 나쁜 상황에 처하게 내버려 두면서 기업사냥꾼처럼 행동할 수도 있다. 예를 들어 그린메일러는 단지 주식을 팔고 물러나는 것의 대가로 보상을 강요한다. 그런 행동은 기업과 시민자본가 주주로부터 단지 자산을 이전시키는 것이다. 하지만 문제가 있는 기업의 주식을 산 다음 그 기업을 개선시키려고 하는 펀드도 있다.

이 장 처음에 소개한 애널리스트와 그의 상관 사이의 가상적 대화를 다시 보도록 하자. 다만 이번에는 전통적인 펀드매니저 대신에 성과보수를 받는 펀드, 예를 들어 주주행동주의를 표방하는 펀드 혹은 릴레이셔널 인베스터스와 같은 헤지펀드를 생각해 보자. 펀드의 자산은 500억 달러가 아니고 이런 종류의 펀드에 더 현실적인 10억 달러라고 하자. 하지만 이제 펀드 매니저는 여러 개의 유망 기업에 마음대로 투자할 수 있다. 따라서 이 펀드가 20개 기업 각각에 자기가 갖고 있는 자산의 5%인 5,000만 달러씩 투자한다고 가정하자. 이제 대화 장면으로 다시 돌아가 보자.

펀드의 총명한 애널리스트들 가운데 한사람이 가능한 수준만큼 성과를 내지 못하고 있는 기업을 발굴한다. 경영진이 이 기업을 잘못 경영하고 있고 제대로 감시를 받지 못하고 있다. 서로 밀접하게 관련된 사람들 사이의 거래로 부가 주주로부터 내부자로 이전되고 있다. 자본비용을 초과하는 수익을 얻을 수 없음에도 불구하고 경영진이 선호하는 투자안이 채택된다. 이 기업의 자본 남용이 너무 커서 애널리스트는 현재가치가 100억 달러인 이 기업은 지배구조가 제대로 작동한다면 150억 달러의 가치가 있을 것이라고 단정한다. 애널리스트는 자연스럽게 아주 흥분해서 선임 포트폴리오 매니저를 만나러 간다.

"보세요, 이 기업의 주주들은 자신들의 주주 권리를 이용해서 이 기업이 잘못 경영되고 있는 것을 멈추게 할 수 있다면 50억 달러를 거뜬히 벌 수 있습니다"라고 애널리스트는 주장한다.

포트폴리오 매니저는 분석에 호감을 갖게 된다. "좋습니다"라고 그녀는 대답한다. 그녀는 조금 있다가 계속 이야기한다. "하지만 변화를 가져오기 위해서는 자원과 전문가가 필요하지만 우리 회사 내부에는 그런 것이 없어요. 변호사와 경영전문가가 필요합니다. 이 일을 진전시키기 위해서는 100만 달러 이상의 비용이 들지도 모릅니다. 이 일을 추진하는데 필요한 예산을 만들어 내게 보여주세요."

"정말로 당신은 이 기업을 뜯어 고치기 위해 100만 달러를 쓰기를 원합니까?"라고 애널리스트는 믿지 못하겠다는 듯이 대답한다.

"물론이죠. 그것은 분명히 가치가 있어요. 우리는 이 기업에 5,000만 달러 투자했습니다. 우리가 기업 가치를 50% 향상시킬 수 있다면 기업가치가 2,500만 달러 증가하고 그 가운데 20%가 우리에게 돌아옵니다. 에누리 없는 500만 달러, 이거 저거 다 제하더라도 4백만 달러가 우리 호주머니에 들어오게 됩니다. 나는 500만 달러를 벌기 위해 100만 달러를 쓰겠습니다"라고 보스는 말한다.

그래서 애널리스트는 책상으로 돌아와서 자기가 한 분석을 다시 검토하고 이 기업을 개선하는 작업을 시작한다.

분명히 이 후 모든 상황이 좋게 끝나지는 않을 것이다. 펀드관리자가 분석에서 실수를 할 수도 있다. 분석이 옳다고 해도 해야만 할 일을 제대로 할 수 없을 수도 있다. 분석이 옳고 해야 할 일을 할 수 있어도 기업경영진의 저항에 부딪힐 수도 있고 단지 추가비용만 낭비하게 되는 수도 있을 것이다. 그러나 여기서 요점은 시민경제가 주주행동주의 소유권을 경제적으로 합리적인 것으로 만든다는 것이다. 블룸버그에 의하면 2005년 말에 주주행동주의를 표방하는 펀드가 90개 있었는데 이것은 놀라운 일이 아니다.

이런 펀드는 대서양 양안에서 실제로 영향을 주고 있다. 2005년에 TCI가 주도하는 헤지펀드는 피델리티와 캐피털 인터내셔널과 같은 주류 펀드매니저들의 지지를 등에 업고 독일 증권거래소의 서투른 런던 증권거래소 인수 시도를 좌절시켰다.[45] 그러나 헤지펀드에 의한 주주행동주의 개입의 가장 잘 알려진 예는 커네티컷주 펀드인 ESL이 아무도 쳐다보지 않았을 때 케이마트Kmart에서 가치를 실현한 것이다.[46] 실제로 ESL은 파산한 케이마트를 인수해서 이사회를 장악했으며, 이를 성공적으로 구조 조정하여 케이마트가 규모가 더 크고 오래된 경쟁기업인 시어즈Sears를 인수할 수 있었다. 지금 ESL 경영진은 시어즈와 케이마트의 주요 의사결정에 관여한다. ESL 이사회 의장이자 CEO인 에디 램퍼트Eddie Lampert는 시어즈 이사회 의장이다. ESL 직원인 윌리엄 크롤리William Crowley는 시어즈의 최고재무책임자CFO임과 동시에 최고경영관리책임자CAO이다. 두 명의 다른 임원인 사업발전 담당 부사장과 부동산 담당 선임 부사장도 ESL 직원이다.[47] 이것은 적극적인 소유권 행사이다.

모든 사람이 적어도 단기적으로 보았을 때 적극적인 소유권 행사로 혜택을 보는 것은 아니다. 주주가 자기의 특권을 거듭 주장할 때 결과가 불안해지고 고통스러울 수 있다. 주주의 개입에 따라 때때로는 경영진 교체, 해고, 그리고 심지어 공장폐쇄가 뒤따른다. 그러나 시민자본가는 변화를 기피하는 것이 치명적일 수 있을 때 기업이 개혁을 거부하면 그런 급진적인 조치들을 지지한다.

시민경제와 이해관계자 자본주의 지지자는 그런 경우에 서로 생각이 다를 수 있다. 이해관계자 자본주의 주창자는 기업에 의해 영향을 받는 모든 이해관계자들이 중요한 의사결정에 참여하기를 원한다. 그러나 이해관계자들이 요구하는 것은 때때로 기업 경쟁력 저하의 원인이 될 수 있다. 예를 들면 경영자는 불공정하게 부자가 될 수 있다. 변화하는 시장에서 노동자에 대한 배려는 지속가능하지 않을 수도 있다. 공급자들은 지나치게 후한 계약으로 이득을 얻을 수 있다. 이런 이해관계자들은 각각 기업 가치를 떨어뜨리면서 단기적으로 혜택을 얻기 때문에 필요한 변화를 방해할 수도 있다. 시민자본가 투자자는 기업의 장기적 발전을 위한 가장 좋은 옵션을 선택해야 한다. 그는 앞을 내다보면서 이해관계자들과의 생산적 관계를 이끌고 위기를 피하는 이사회를 만들기를 원한다. 그러나 이사회가 실패하고 기업이 위기에 처하게 되면 시민주주는 당장 쓴 약을 사용하는 것을 지지할 수밖에 없을 것이다.[48]

요약하면, 결과가 항상 모든 이해관계자들을 만족시킨다는 의미에서 모든 주주행동주의가 "좋다"는 것은 아니다. 자본주의가 역동적이고 건강하려면, 그리고 "창조적 파괴"가 마법을 부리려면 주주가 기업에 관여해서 행동할 수 있는 권한을 보유할 필요가 있다.

시장 수단

풀 뿌리 투자자들의 요구로 소유권 사업이라는 전혀 새로운 산업이 탄생했다는 사실보다 더 큰 시민경제의 발전을 위한 실마리는 있을 수 없다.

사업화되기 시작한 많은 서비스들이 주주로서 권리를 행사할 수 있는 수단들을 바탕으로 퇴직연금펀드와 자금관리회사에 힘을 실어주었다. 적어도 세 개의 세계적 평가기관과 수많은 지역 평가기관들이 기업의 지배구조를 비교하기 시작했다. 주주가치를 위협하는 이해 상충적 행동을 하는 이사회를 가려내는 감시 상품들이 개발되었다.

임대 행동주의activism-for-hire를 파는 사람들은 부실기업에 전문적으로 관여하는 서비스를 제공한다. 투자자들이 문제가 있는 기업에 대해 공동행동방안을 논의하기 위한 공개토론의 장을 제공하는 웹사이트도 있다. 대부분의 이런 옵션은 심지어 20세기 후반의 자본주의에도 알려져 있지 않았지만 참여하는 소유권으로 특징 지워지는 21세기에 뿌리를 내리고 있다. 이런 문제들은 6장에서 보다 구체적으로 다루어질 것이다.

하지만 여기서 소유권 사업의 한 측면에 주의해야 한다. 왜냐하면 소유권 사업은 시민시장의 촉매임과 동시에 거울로서 뮤추얼펀드와 연금펀드의 책임에 대한 새로운 감시자 역할을 수행하기 때문이다. 뮤추얼 펀드나 연금펀드는 시민투자자가 맡긴 돈이 얼마나 잘 관리되고 있는지를 판단하게 함으로써 책임순환구조를 완성시킨다.

재무자료를 제공하는 **모닝스타** 홈페이지에 들어가 보면 수천 개의 미국 뮤추얼 펀드가 고객 자금의 관리자로서 어떻게 평가되는지를 알 수 있다. 2004년에 시작된 **모닝스타**의 수탁자 등급 평가는 뮤추얼 펀드의 신뢰성을 상세히 분석한 최초의 상업적 서비스였다. 이것은 이사회 독립성을 분석하고 관리자 보상이 펀드 성과를 반영하는지 여부를 평가한 다음 A에서 F까지의 등급으로 펀드 순위를 매긴다.

미국과 캐나다에서는 투자회사가 고객주식의 의결권을 어떻게 행사하는가에 대한 기록을 공개해야 하기 때문에 뮤추얼 펀드에 대한 순위 평가는 앞으로 훨씬 더 늘어날 것이다. 사실상 의결권 행사는 펀드가 주주로서 어떻게 행동하는가를 간접적으로 보여준다. 여러 단체들이 시민자본가가 뮤추얼 펀드를 여러 가지 관점에서 판단할 수 있게 하는 상품을 만들기 위해 기본 자료를 축적하고 있다. 어떤 자료는 학문적 목적을 위해 축적된다. 버룩 대학Baruch College의 재무통합연구소Center For Financial Integrity는 뮤추얼 펀드의 의결권행사에 대한 데이터베이스를 만들었다. 뮤추얼 펀드에 대해 보다 고객의 이익을 위해 행동하도록 압력을 가하기 위한 목적으로 만들어지는 자료도 있다. 홍콩의 유력한 웹사이트는 자국 투자자의 선도적 행동을 지원하지 못하는 미국 펀드의 이름을 알리고 비판하기 위해 새로운 자료를 사용하고 있다. 환경연합단체인 세레스CERES는 기후변화 문제에 대한 뮤추얼 펀드의 의결권 행사 분석을 위해 자금을 지원했다. AFL-CIO는 노동문제와 관련해서 뮤추얼펀드의 순위를 매겼다.

이러한 새로운 서비스는 뮤추얼 펀드에서의 투자자 대변자로서 설립된 펀드 데모크라시Fund Democracy와 같은 생긴 지 얼마 되지 않지만 재미있는 온라인 감시자들에게 연결된다. 감시자들은 영향력이 커지면서 펀드회사로 하여금 시민투자자 고객에게 보다 신경을 쓸 것을 요구할 것이다.

현미경적 분석

심지어 기존의 분석서비스 회사도 책임경영이 자산관리에서 소홀히 다루어졌다는 것을 알고 행동에 나서고 있다. 신용평가기관인 피치Fitch사는 주주활동 성과를 바탕으로 펀드매니저를 평가하는 개념을 처음으로 도입했다. 2001년에 시작된 이 서비스는 처음에는 분명하지 않은 지표를 사용했다. 그러나 3년 후에 런던에서 활동하는 자문회사인 린트스톡Lintstock은 영국 정부가 펀드 행동에 주목하는 것을 예상하고 자금관리회사가 의결권을 어떻게 행사하는지를 감시하는 상업적 서비스인 기관투자가 프로파일Instituional Investor Profiles : ii-Profiles을 공표했다. 연금수탁자들은 어떤 관리회사가 펀드이 사회 지배구조 원칙에 부합해서 행동하는지를 점검하기 위해서 이것을 사용한다.

그 후 2005년에 세계에서 가장 큰 컨설팅 회사들 가운데 하나인 머서Mercer는 의결권 행사, 참여 행동, 그리고 포트폴리오 선택에 환경적, 사회적, 그리고 지배구조ESG 분석을 어느 정도 반영하는가를 바탕으로 세계 펀드매니저를 평가하는 서비스를 시작했다. 고객들은 펀드 매니저에 대한 전통적인 재무적 성과와 함께 머서의 관리 성과를 함께 볼 수 있게 되었다.

이런 상업적 서비스에 보조를 맞추어 펀드와 자금 관리회사의 관리 성과를 감시하는데 집중하는 온라인 불로그, 투자자 대변 장치, 그리고 시민사회단체로 이루어진 공동체가 형성되고 있다. 제임스 맥리치James McRitchie의 CorpGov.net은 캘퍼스의 행동을 추적하면서 모범을 보여주었다. 2005년에 시작된 페어펜션FairPension 사업은 시민자본가를 동원해서 영국 연금 이사회를 감독하는 것을 목표로 하고 있다. 그리고 미국, 캐나다, 그리고 영국에서의 노동자 연합은 펀드매니저로 하여금 기업의 연차 주주총회에서 의결권 행사에 대해 책임을 지게 하는 연차 "핵심투표" 서베이를 만들었다. 또한 이런 보고서를 통해 연금펀드 가입자는 자기의 수탁자가 재무대리인을 감독하는 일을 제대로 하고 있는지를 분석할 수 있게 되었다.

올바른 방향의 소유권 행사

참여소유권이 어떻게 작동하게 되어 있는지를 보여주는 실제 사례를 보면서 이 장을 끝낸다.

투자자로는 BT연금펀드가 거느리고 있는 펀드관리회사인 헤르메스가 있다. 기업으로는 지배구조와 기업의 사회적 책임에 관심을 갖는 사람들의 특별한 관심을 끌었던 프리미어 오일Premier Oil이 있다. 이 기업의 주가는 하락하고 있었고 성과를 보여주지 못하는 것 같았다.

2000년에 헤르메스는 자신들이 걱정하고 있다는 것을 이미 이 기업의 이사회에 전달했다. 이사들은 헤르메스와 같은 소액주주는 무시하고 대주주인 아메라다 헤스Amerada Hess라는 미국 기업과 말레이시아 국유 정유회사 페트로나스PETRONAS의 요구를 들어주는 경향이 있었다. 이 밖에도 이 기업은 전략에서 결함을 갖고 있었다. 이 기업은 떠오르는 초대형 정유회사들과 경쟁할 만큼 크지 않았고 탐사기회를 잡기 위해 발 빠르게 움직이지도 않았다. 프리미어는 더욱이 높은 부채비율로 활동에 제약을 받았다.

이 기업은 문제를 해결하기 위해서 미얀마의 예타건Yetagun 가스전을 개발하고 있었다. 잔인한 군사독재정권의 지배를 받고 있는 미얀마(이전의 버마)는 국제적으로 기피대상이 되었던 천덕꾸러기 국가였다. 프리미어는 윤리 그리고 평판 측면에서 위험에 노출되어 있었다. 프리미어는 또한 불필요하게도 특정 방법으로만 자금을 조달해 왔다.

헤르메스는 이사회가 프리미어의 딜레마를 이해하고 있거나 해결방안을 마련할 수 있다고 확신할 수 없었다. 하지만 헤르메스는 보유 지분을 팔고 회사를 망하게 내버려 두어 다른 투자자에게 피해를 주기보다는 주주참여 계획을 수립했다.

동시에 헤르메스의 모회사인 BT연금을 포함한 노동조합 퇴직연금의 수탁자들은 헤르메스가 프리미어로 하여금 미얀마에서 떠나도록 압력을 가할 것을 제안했다. 헤르메스 경영자이자 이 책 저자 중 한사람인 데이비드 핏-왓슨David Pitt-Watson은 펀드매니저가 "특정 이익"에 입각해서 노동조합 운동을 지지할 수 없고 기업의 주요 자산을 몰수할 것을 요구했던 행동계획도 지지할 수 없다고 그들에게 설명했다. 그러나 그는 또한 헤르메스가 장기적으로 주주가치를 위협하는 위험을 제대로 관리하지 못한 기업에 적극적으로 관여하고 싶어 한다는 점도 지적했다. 프리미어가 그런 사례였다. 헤르메스는 또한 영국 미얀마 운동Burma Campaign UK과 국제사면위원회 사람들과 만났고 관심을 갖고 있는 자산관리자 그룹을 자발적으로 이끌었다. 헤르메스는 반대 주주결의안을 제안하는 것에 반대했지만 여러 가지 다른 참여 활동을 약속했다.

헤르메스는 프리미어 회장 데이비드 존 경Sir David John과의 면담을 요청했고 면담은 2001년 1월 이루어졌다. "데이비드 경은 우리가 말한 모든 것에는 동의하지 않았지만 주주의 관심사가 이사회에 제시되어 가능하면 해결되도록 도울 용의가 있었다"고 핏-왓슨은 나중에 헤르메스 보고서에서 말했다. 데이비드 경은 지배구조 개혁을 약속했고 영국 미얀마 운동의 대표과 만나는 것을 처음으로 수락했다.

3월에 프리미어는 또 하나의 완전히 독립적인 인물를 이사회에 추가했다. 의사결정에서의 균형으로 소액투자자의 이해가 천천히 전면에 나서기 시작했다. 10월에 이 기업은 인도네시아에 있는 자산의 일부를 팔고 파키스탄 사업을 개편함으로써 전략을 투명하게 만들기 시작했다. 하지만 진전은 더뎠는데 이것은 헤르메스에 의하면 2대 주요 주주들 때문이었다.

헤르메스는 데이비드 경에게 더 이상 기다리기 힘들다는 솔직한 편지를 보냈다. 헤르메스는 프리미어 오일의 아메라다와 페트로나스 측 이사들이 일반 주주들의 이익을 위한 행동을 방해한다면 다른 세계 투자기관들에게도 알리겠다고 경고했다. 헤르메스는 그런 전략을 통해 이러한 회사들로 하여금 모든 주주를 공평하게 대우하는 것이 대단히 중요하다는 것을 알게 할 수 있을 것으로 기대했다. 그렇게 하지 않으면 이 회사들은 시장에서 자금을 조달하는데 어려움을 겪게 될 것이고 결국 프리미어 문제를 처리하는데 더 유리해 질것이기 때문이다. 헤르메스는 공격을 더욱 강화했다. 그것은 아메라다의 진술 - 즉 이사들이 회사의 미얀마 연루에 관련된 어떤 논의에도 참가하지 않았다는 - 이 영국 회사법에 의거한 이사의 수탁자 의무와 어긋난다는 것을 암시했다.

프리미어는 메시지를 수용했다. 2002년 3월 13일 경영진은 회사의 문제를 해결하기 위한 계획을 발표했다. 회사는 주요 주주들을 물러나게 하고 회사를 핵심에 집중하는 발 빠른 탐사전문기업으로 다시 한번 전환시키기 위해 노후 자산을 매각하게 되어 있었다. 이 거래는 9월에 이루어졌다. 프리미어 오일은 페트로나스가 미얀마 사업과 프리미어의 인도네시아 사업 일부를 인수하고 아메라다는 인도네시아 사업의 일부를 인수하게 하여 자산과 주식을 교환한다고 발표했다. 페트로나스는 또한 상당한 현금을 지불하고 프리미어에 대한 25% 지분도 잃게 되며 이사 선임 권리도 상실하게 되었다.

이렇게 해서 프리미어는 단숨에 주식소유와 지배구조 문제를 해결했고 대차대조표를 개선시켰다. 또한 프리미어는 석유와 가스 생산 활동을 줄였고, 재빠르게 움직이는 탐사전문기업으로 변신했다. 이 밖에도 프리미어는 BT연금 수탁자, 영국 미얀마운동, 그리고 다른 인권단체들에게 충분히 용납될 수 있고 경제적으로 합리적인 방법으로 미얀마에서 벗어날 수 있었다.

그러나 BT연금의 시민투자자에게 있어서 아마도 가장 중요한 결과는 프리미어 오일주가의 극적인 상승이었다. 주가는 헤르메스가 관여하는 동안 석유화학부문 지수 대비 두 배로 상승했고 헤르메스 고객들에게 100만 파운드 이상의 초과수익을 가져다주었는데 이것은 다른 소액주주의 수익보다 50배 이상 되는 것이었다.

물론 프리미어의 이런 변화가 헤르메스에 의해서만 이루어진 것은 아니었다. 헤르메스는 변화의 촉매 역할만을 했을지도 모른다. 하지만 새로운 전략을 결정해서 실행에 옮기는 것은 기업의 이사회였다. 운동단체들과 접촉하지 않았거나 다른 펀드매니저로부터 지지를 얻어내지 못했다면 헤르메스가 행동에 나섰을까? 우리는 말할 수 없다. 우리가 말할 수 있는 것은 시민경제의 생태계의 여러 부분들이 잘 작동하고 있었다는 것이다. 이 문제는 다음 장에서 다룬다.

▮ 요점 정리 ▮

- 전통적인 자산관리회사나 연금펀드는 역사상 어느 때보다도 더 많은 자본을 모아서 운용해 왔다. 그러나 이들은 시민자본가 투자자들과의 이해상충 측면에서 심각한 시스템적 문제점을 드러냈다.

- 펀드매니저는 다음과 같은 세 가지 문제에 노출되어 있다. 첫째, 펀드매니저는 관리의 '질'이 아니라 관리되는 펀드의 '규모'에 따라 보상을 받는다. 따라서 펀드매니저는 소유구조에 신경을 쓰지 않고 자산을 모으는데 주력한다. 둘째, 절대적이 아니라 상대적인 성과평가를 강조하는 산업관행 때문에 전통적 매니저가 주주로서 회사 일에 관여하는 것에 대해 보상을 받는 것이 어렵다. 셋째, 단기적으로 상대적 성과를 평가함에 따라 펀드매니저는 임차인의 정신자세(renter's mentality)를 장려하는 거래에 의존하게 된다.

- 연금펀드의 문제는 회원들이 펀드의 지배구조에 거의 관여하지 않는 경향이 있기 때문에 종종 발생한다. 더 심각한 문제는 비밀 때문에 시민투자자들이 자기들 이름으로 어떤 일이 벌어지고 있는지를 감시하기 어렵다는 것이다.

- 이런 문제들에도 불구하고 소수의 연금펀드와 자산관리회사는 시민 주주로서 회사 일에 관여하기 시작했다. 회사 일에 대한 이런 참여는 시민저축자들이 지배구조에서 큰 목소리를 내는 연금펀드에 의해 주도되어 왔다.

- 공공정책 입안자들은 - 특히 유럽에서 - 투자자 계층의 인구통계학과 다양한 스캔들 모두에 대해 대응해 왔다. 이들은 기업이 취해야 할 행동을 정해주는 대신 책임순환구조를 강화했고 시민자본가 주주들에게 자기들을 위해 행동하는 대리인을 감시할 수 있는 도구를 제공했다.

- 수많은 헤지 펀드들을 포함한 몇몇 전문 자산관리회사들은 회사 일에 대한 소유자의 적극참여가 보상을 받을 수 있도록 인센티브를 재조정했다. 이 글을 쓰는 현재 거의 100개의 주주행동주의 펀드가 있다.

5
이사회

새로운 책임경영

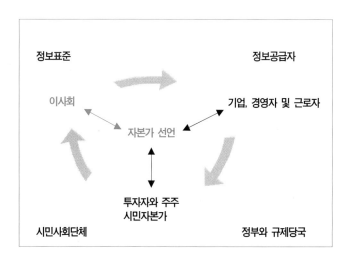

이사회는 상장기업을 감독하고 주주에게 책임을 진다. 과거에 이사들은 장식품에 불과했고, 따라서 책임순환구조를 무너뜨렸다. 그러나 이 장에서 보듯이 이사회는 이제 활동적이고 전문적인 조직이 되고 있고, 시민자본가와 협력해서 기업경영진의 급격한 변화를 요구하고 있다.

1968년 추운 어느 날 한밤중에 펜실베이니아와 뉴욕 철도회사의 이사들은 두 기업이 펜센트럴Penn Central이라는 미국의 최대 철도회사이자 여섯 번째 대기업으로 합병하는 것을 상징하는 리본 자르기 행사를 바라보고 있었다. 그러나 2년 후 펜센트럴은 채권자 10만 명의 현금과 주주 11만 3천명의 저축을 가지고 파산하였다.[1]

창조적 파괴는 역동적 자본주의를 위한 규범일지도 모르지만, 그런 기업파산이 장소와 시간을 가리지 않고 반복되고 있는 것을 보노라면 하나의 의문이 생긴다. 스캔들, 탐욕, 그리고 무능이 기업을 부실하게 만들었을 때 왜 이사회는 바라만 보고 있었을까?

모든 기업 스캔들에서 이사들은 주주를 보호하는데 실패했다. 하지만 개인적으로 이사들이 모두 타락했거나 어리석은 것은 아니었다. 서류상으로 어떤 사람은 사업계와 학계에서 가장 유능하고 청렴한 사람인 것 같다.[2] 그러나 이사회 구성원으로서 그들은 역할을 제대로 하지 못했다. 왜 그럴까? 이것이 단지 개별적인 불량 사과 문제인가, 아니면 불량한 구조문제일까? 그런 실패를 장려하거나 혹은 적어도 허용하는 어떤 시스템적 결함이 있는 것은 아닐까?

한마디로 이야기 하면 그렇다. 이 장은 그런 결함을 규명하고, 시민자본가적 변화가 어떻게 기업의 책임경영을 위한 처방을 내놓을 것을 약속하는지를 보여준다.

세 개의 "I"

유명한 경영학자인 피터 드러커는 이 문제에 대한 분명한 견해를 갖고 있었다. "모든 이사회가 공통적으로 가지고 있는 것이 하나 있는데 그것은 이사회가 제 역할을 하지 못한다는 것이다"라고 그는 말했다. 그는 이사회의 쇠퇴가 세계적 현상이라고 주장했다. 그리고 그렇게 된 주요 원인들 가운데 하나는 소유가 분산된 대기업의 발전이었다. "미국, 영국, 프랑스, 독일 어디에서도 이사회는 원래 소유주를 대변하는 것으로 인식되었다. 이사회 구성원은 누구나 기업의 상당한 지분을 갖고 있었다. 그러나 선진국의 대기업은 더 이상 소수의 사람들에 의해 소유되지 않게 되었다. 대기업의 법적 소유권은 수많은 투자자들이 갖고 있었고 이사회는 더 이상 소유주 혹은 특정 사람을 대변하지 않게 되었다."[3]

이것은 현대 기업의 심장부에 있는 커다란 구조적 결함이다. 서류상으로 이사들은 주주에게 법적, 그리고 윤리적 책임을 진다. 주주는 이사에게 최고경영자를 임명하고 전략을 수립하고 자본지출과 배당을 승인하는 힘을 준다. 비록 시민자본가들이 기업을 소유할 수도 있지만 이사회가 그들을 대변하지 않으면 그들의 영향력은 느껴지지 않을 것이다. 그러나 소유가 폭넓게 분산된 기업에서 이사가 주주를 알거나 주주와 대화를 하거나 자기의 일이 주주들의 지지에 의존한다고 느끼는 경우는 별로 없다. 지배주주가 있는 기업에서 이사가 소액주주와 연결되는 경우는 별로 없다.

결과적으로 책임순환구조에 균열이 생기게 되었다. 대중보다는 단지 정부나 내각의 장관들과 이야기하는 국회의원, 혹은 정기적인 투표로 선출되는 것이 아니라 스스로를 임명하는 국회의원을 상상해 보라. 정치에서는 이것을 특수한 이익집단에 신세를 지는 것이라고 말한다. 사회사업에서는 이것을 고객에 사로잡힌 것이라고 말한다. 과거의 기업세계에서는 이것이 정상이었다.

이사와 주주 사이에 책임지는 것이 사라지게 된 것은 기업의 합법성을 해치는 암이다. 운 좋게도 이것은 치료를 받기 시작한 암이다. 천천히 이사회의 책임의식은 회복되고 있고 시민경제가 발전하고 있다는 증거로 볼 수 있다. 우선 왜 이사회가 그렇게 중요하게 되었는지를 보도록 하자. 세 개의 "I" - 불충분한 정보Information, 부적절한 영향력Influence, 그리고 무능Incompetence - 가 어우러져 이사회 성과를 나쁘게 만들었다.

첫 번째 "I" : 불충분한 정보

루이스 캐봇Louis Cabot은 어떤 대기업의 이사가 될 충분한 자격을 갖고 있었다. 그는 여러 기업들의 이사였고 보스턴 연방준비은행의 이사와 노스 이스턴 대학의 수탁인이 될 예정이었다. 하지만 그는 펜센트럴의 파산을 지켜보았던 이사들 가운데 하나였다. 그는 그가 이사로 있었던 동안 이사회가 어떻게 진행되었는가를 다음과 같이 묘사하고 있다.

단지 한 시간 반 동안 진행된 모든 펜센트럴 이사회에서 우리는 승인이 필요한 자본지출에 관련된 긴 리스트와 개략적인 재무보고서를 받았는데 별로 상세하게 논의하지 못했다. 보고서는 공개용이 아니었기 때문에 우리는 회의가 끝난 후에 그 보고서를 갖고 나가지 못했다. 우리는 최고경영자로부터 구두보고를 받았고 그는 언제나 다음 달에는 더 좋은 결과를 약속했다.[4]

이사회가 어떤 정보를 언제 획득하느냐가 바로 이사회의 기능에 큰 영향을 미친다. 아무리 좋은 동기를 갖고 이사회에 참여해도 정보가 없는 이사는 투자자가 기대하는 감독과 관리를 적절히 수행할 수 없다.

그러나 펜센트럴 혹은 다른 기업의 이사는 자기가 필요한 정보로부터 차단되어 있다는 것을 알게 되었을 때, 왜 그런 정보를 요구하지 않았을까? 하나의 이유는 사외이사들이 질문을 하는 것을 꺼리고 단지 적당히 잘 지내려는 유인을 가지고 있으며, 또 너무 부지런하면 오히려 말썽꾸러기로 배척된다는 것이다.

두 번째 "I" : 부적절한 영향력

CEO는 이사회에 영향력을 행사한다. 대부분의 CEO는 이사회의 의견을 환영하지만, 어떤 CEO는 모든 구속과 제약, 심지어 이사회의 정중한 질문에도 참지 못하고 효과적인 감시를 피하기 위해 자기가 갖고 있는 힘을 이용한다.

CEO 로스 존슨Ross Johnson이 알제이알 나비스코RJR Nabisco의 주주 대신 자기를 이사들이 좋아하는 대상으로 만들기 위해 어떤 일을 저질렀는가를 한번 살펴보자. 이는 브라이언 버로Bryan Burrough와 존

헬리아John Helyar가 이 회사를 폭로한 **문 앞의 야만인**Barbarian at the gate
에 잘 나타나있다. 여기서 저자들은 존슨이 어떻게 이사회 의장 폴
스틱트Paul Sticht를 제거한 다음 이사회를 순종하게 만들었는지를 설
명한다.

이사들은 이제 그들의 요구가 잘 받아들여지고 있음을 알게 되었다.
NCR의 빌 앤더슨 Bill Anderson은 스틱트가 하던 국제자문이사회 의장이
되었고 그 일에 대해 8만 달러를 받기로 계약했다. 존슨은 알제이알 나
비스코의 주주서비스 부서를 없애버렸고, 그 일은 존 메들 John Medlin의
와코비아 은행에 외주계약으로 위임했다. 후아니타 크렙스 Juanita Kreps
는 두개의 석좌교수 자리를 듀크 대학에 기부할 수 있도록 200만 달러
를 받았으며, 그 중 하나에는 그녀 자신의 이름을 붙였다. 듀크 경영대
학은 2백만 달러를 추가로 더 받기 위해 새 건물의 이름을 "호리건 홀
Horrigan Hall"로 지었다. (존슨은 듀크의 수탁인으로 임명되었다.)
동시에 이사회 회의 수가 줄었고 이사의 보수가 5만 달러로 늘어났다.
존슨은 이사들이 알제이알 비행기를 언제, 어느 곳으로나 공짜로 이용
하도록 권했다. 그는 또 다른 이사의 비행기 탑승을 하나 더 주선해
준 다음 "나는 가끔 내가 운송담당 이사가 아닌가하는 생각이 들기도
한다"고 한숨을 쉬기도 하였다. 그러나 그는 "내가 그들을 위해 거기
에 있으면, 그들도 나를 위해 거기 있을 것이라는 것을 안다"고 말하
곤 했다.[5]

존슨과 알제이알 나비스코는 결코 고립되어 있는 사례가 아니었
다. 다음 세대 CEO들이 이사회 구성원과의 타협은 지갑을 통해서
이루어진다는 그가 전한 교훈을 잘 받아들였던 것이다. 월드컴의
창립자이자 전 CEO인 버니 에버스Bernie Ebbers(사기와 공모로 기소되었음)

는 이사인 스타일스 켈렛Stiles Kellet이 한 달에 1 달러를 내고 월드컴 비행기를 이용하는데 동의했다. 켈렛은 월드컴이 에버스에게 400 만 달러의 개인대출을 승인한 이사회 보상위원회 의장이었다. 켈 렛은 분명히 에버스를 위해 "거기에" 있었다. 아메리칸 익스프레스 가 곤경에 빠졌을 때 전 CEO인 지미 로빈슨Jimmy Robinson이 사장으 로 있는 회사가 이사회 구성원인 헨리 키신저Henry Kissinger에게 자문 료를 지불하고 있었던 것으로 판명되었다. 물론 이것은 켈렛과 키 신저가 회사의 주주들을 위해서 거기에 있었는지에 대한 의문을 제기한다.

세 번째 'I' : 무능

마지막으로 세 번째 I 는 무능이다. 이사회는 개인들로 구성된다. 그런 개인들이 어떤 사람인지를 통제할 수 있으면 이사회를 통제 할 수 있다. 이사회가 출세주의자, 사업경험이 없는 유명인사, 회사 와 관련이 없는 기술을 갖고 있는 사람, CEO나 지배주주와 특별한 관계를 갖고 있는 사람으로 구성되면 효과적인 감독을 기대하기 어렵다.

한 가지 주목할 만한 사례가 있다. 1911년에 브라질의 고무 재배 회사Brazilian Rubber Plantation and Estate Ltd.가 망한 것을 조사해보면 이사 회가 너무 무능해서 이사들이 우드하우스P.G. Wodehouse의 소설에 나 오는 사람들인 것 같았다. "아서 앨리머 경Sir Arthur Alymer은 사업을 전혀 몰랐다.... 터그웰H.W. Tugwell은 75살이고 귀가 먹었다.... 바버 Barber는 고무 중개상인이었고 그가 해야 할 일은 단지 고무가 영국

에 도착했을 때 고무의 가치에 대한 의견을 제시하는 것이라는 이
야기를 들었다."[6]

두 세대 이상 지난 후에도 이사회 문화는 많이 개선되지 않았다.
경험 많은 이사인 로드 부스비Lord Boothby는 1962년경에 이사회 구
성원이 해야 할 일을 다음과 같이 묘사했다: "어떤 노력도 요구되
지 않았다. 이사는 회사가 제공하는 차를 타고 한 달에 한 번 회의
에 참석한다. 이사는 엄숙하고 동시에 사려 깊은 듯이 보이고 두개
의 안건에 대해 "나는 동의합니다", "나는 그렇게 생각하지 않는
다"라고 말한다. 별 문제가 없으면 이사는 일년에 5,500 파운드를
받는다.[7]

요즈음 이런 상황은 흔하지 않지만 결코 사라지지 않았다. B급
유명인사(프리시야 프레슬리), 운동선수(전 LA 다저스 매니저 토미 라소다,
권투선수 라이라 알리), 민주당과 공화당 출신 정치인, 그리고 능력보
다는 이름으로 선택된 많은 사람들이 최근 미국의 유명한 이사들
이다. 데릭 히그스Sir Derek Higgs경의 2003년 보고서에 의하면, 영국에
서는 이사들의 단지 4%만이 모든 다른 간부들에 대해서는 의무화
된 그런 종류의 선발과정을 거쳤다. 사실상 맥도날드에서 햄버거
만드는 사람을 선발하고 훈련하는 과정이 수백억 달러 가치가 있
는 글로벌 기업을 감독하는 사람을 선발하는 과정보다 훨씬 엄격
하다.

그래서 정보부족, 부적절한 영향력 행사, 그리고 무능이라는 3I
때문에 이사회의 효율성을 조직적으로 떨어뜨리는 상황이 너무 자
주 생겨난다.

과도한 CEO 보상

이 사회가 잠들어있는 것을 보여주는 생생한 예를 보자. 특히 미국 기업에서, 이사가 CEO에게 주는 과잉보상만큼 언론의 관심을 끄는 것은 없고, 혹은 이사회가 주주보다는 CEO에게 가까이 있다는 것을 날카롭게 보여주는 것도 없다. 물론 CEO는 지금까지 오랫동안 편안한 생활, 호화로운 사무실, 좋은 오락, 개인 비행기, 그리고 다른 특권을 즐겨왔다. 그러나 1990년대에 들어, 이사회는 CEO가 엄청나게 많은 보수를 받는 것을 허용했다. 역설적으로 이사회는 주주가치를 창조하는 것이 필요하다는 것을 근거로 그렇게 했다.

기본적으로 CEO들은 주주가치에 신경을 쓰기 위해서는 주주가 보상을 받을 때 자기들도 보상을 받아야 한다고 주장했다. 가장 많이 선호되었던 보상방법은 고위 경영진에게 미래에 오늘 미리 정한 가격으로 회사 주식을 살 수 있는 권리를 부여하는 스톡옵션이었다. 시장에서 사거나 파는 비슷한 옵션과 달리 스톡옵션은 CEO에게 공짜로 제공되었다. 주가가 오르면 주주와 경영진 모두 좋다는 것이 스톡옵션을 부여하는 기본 논리였다. 이사회는 곧 CEO에게 수천, 그리고 어떤 경우에는 수백만 주의 스톡옵션을 나누어 주었다. 그러나 주가가 내릴 때 주주는 고통을 받지만 CEO들은 고통을 받지 않는다. CEO는 자기가 회사에 계속 있기 위해서는 다른 데서 주는 만큼 보상을 받아야 한다고 이사회에 이야기 했다. 다른 말로 하면 가변적 보상은 내려가지는 않고 오직 위쪽 방향으로만 변하게 되어 있었다.

많은 기업들의 주가는 1990년대에 들어 단지 CEO 리더십 때문만이 아니라 모든 주가를 매력적으로 만든 금리인하에 의해 촉발된 주기적 시장가격 상승 때문에 크게 올랐다. 심지어 기업 가치 상승을 위해 아무 것도 하지 않은 경영자도 혜택을 받았다. 그러나 이사회는 종종 경영진에게 지나치게 신세를 많이 졌기 때문에 이러한 자금유출을 통제하기 어려웠다.

이사회는 이러한 비잔틴식 보상이 어떤 영향을 주는지를 이해하기에는 너무 정보가 부족했고, 기업의 CEO는 보통 사람이 아니기 때문에 보통 이상의 보상을 받아야 한다고 항상 주장했던(종종 CEO가 고용하는) 보상 자문가에게 이의를 제기하기에는 지나치게 유순했다. 아주 이상하고 당혹스러운 예를 들면, 뉴욕증권거래소(그 당시 상장기업은 아니었지만 수많은 다른 상장기업들의 준 감시자였음) 보상위원회 위원장은 전임 사장인 리처드 그라소Richard Grasso의 보상이 놀랍게도 1억 8천 7백만 달러에 달한다는 것을 모른다고 말했다.[8]

그래서 미국 CEO의 보상은 계속 하늘 높은 줄 모르게 더욱 상승했지만 이사회는 이를 내버려 두었다. 컨설팅 회사인 MVC 어소시에이트 인터내셔널MVC Associate International은 러셀 3000 지수Russel 3000 index를 구성하는 기업들 가운데 성과가 좋지 않은 60개 기업들은 2004년까지 5년 동안 7,690억 달러의 시장가치를 잃어버렸고 4,750억 달러의 경제적 가치를 파괴한 반면 이 기업들의 이사회는 상위 5대 임원들에게 각각 120억 달러이상을 지불했다는 것을 발견했다.[9] 1992년에 미국 500대기업 CEO의 평균보상은 2002년 불변가격으로 270만 달러이었고 여기에는 퇴직연금, 판공비, 그리고 눈에 보이지 않는 잡다한 보상이 빠져있다. 2000년에는 평균보상은 500% 증가해서 1,400만 달러이었다.[10] 8년이 지나서 미국 500대 기업 CEO가 받는 보상의 증가분만 기업들에게 연 56억 달러의 비용을 발생시켰는데, 이것은 미국 해외원조예산의 절반에 해당하는 금액이었다.[11]

일등석

많은 CEO들이 좋은 성과를 바탕으로 보상을 받았을 수도 있다. 그런 CEO가 있는 기업의 이사회는 주주에 대한 책임을 잘 이해하고 있었고 기업을 잘 감독해서 가치를 지속적으로 창출했다. 하지만 다른 CEO들은 기업의 실적이 상대적으로 저조함에도 불구하고 성과 부풀리기를 통해 놀라울 정도의 초과 보상을 받았다. 사실 스톡옵션이 성과 부풀리기에 기여했을지도 모른다. 왜냐하면 경영자는 자기가 보유한 스톡옵션의 가치를 훨씬 더 높이기 위해 주식가치를 높이려는 유인을 갖고 있기 때문이다. 보상Remuneration이라는 책에서 마이클 젠슨, 케빈 머피Kevin Murphy, 그리고 에릭 럭Erick Wruk은 옵션이 미치는 영향을 "조직의 마약"이라고 묘사했다. 왜냐하면 경영자는 옵션가치를 보존하기 위해 주주에게 호재를 전달하는데 중독되기 때문이다.[12]

자신들의 탐욕이 주주의 이익보다 우선시되고 때때로 우스꽝스러운 영역까지 파고들면서 이사회는 한눈을 팔았다. 글로벌 크로

싱Global Crossing의 이사들은 로버트 애넌지아타Robert Annunziata와 4,000 단어로 이루어진 실로 대단한 고용계약을 체결했는데, 거기에는 회사가 CEO에게 특정 벤츠 자동차500 SL를 사주고 부인, 자녀, 그리고 어머니가 그를 방문할 수 있도록 매달 일등석 비행기표 구입비용을 지불하도록 되어 있었다. 이것은 1,000만 달러 계약체결 보너스와 200만 달러 스톡옵션에 추가된 것이다. "단지 나타나기만 하면 3,000만 달러에 상당하는 돈을 받게 되는 사람이라면 누구나 자기 자신의 항공료나 벤츠 자동차 구입비용을 지불할 수 있는 것 같다"고 주주에 대한 책임 측면에서 이 이사회에 아주 낮은 점수를 주었던 코퍼레이트 라이브러리Corporate Library의 넬 미노우Nell Minow는 말했다. 물론 글로벌 크로싱은 바로 파산했다.[13]

경제학자 존 케네스 갤브레이스John Kenneth Galbraith는 이사회의 수동성을 비판하면서 다음과 같은 이야기를 한 적이 있다: "대기업 CEO의 봉급은 성과에 대한 시장의 보상이 아니다. 그것은 종종 그 개인의 자기 자신에 대한 배려 차원에서 만들어진다."[14] 그러나 경영자에 대한 과잉보상의 예는 단지 그것이 신문의 머리기사가 되기 때문에만 의미가 있는 것은 아니다. 여기서 핵심은 다음과 같다: 이사회가 주주에게 대한 책임의식을 갖고 있지 않았기 때문에 엄청난 부가 성과와 전혀 관계없이 CEO에게 이전되었다는 것이다. 이사회는 올바른 정보를 요구하지 못했고, CEO의 영향력에 쉽게 사로잡혔거나 의무를 다하기 위한 능력이 없었다.

그러나 이제는 상황이 변화하고 있다. 시민자본가 투자기관들이 깨어나면서 책임순환구조를 회복시키고, 이사회의 역할과 책임에 대한 이슈를 점점 더 많이 제기하고 있다. 시민자본가들은 지금까지 없었던 현대기업을 위한 새로운 헌장을 만들고 있다.

"부실자산?"

이 사회책임을 개선하기 위한 시민투자가들의 초창기 노력을 하나 보자. 시어스Sears, Roebuck and Co.는 미국 경제의 상징이었다. 이 기업의 우편주문 카탈로그는 미국서부를 개화시켰다. 이 기업은 2차 세계대전 후 귀국하는 병사들의 요구에 맞추어 교외주민들의 생활용품을 공급했다. 그러나 1980년대 중반이 되면서 이런 역사는 과거사가 되었다. 월마트Wal-Mart, 갭Gap, 그리고 서키트 시티Circuit City와 같은 신규로 진입한 기업의 이익은 증가했지만 시어스는 매년 이익이 감소했다. 시어스는 어느 한 곳에 집중하지 않고 모든 방향으로 사업을 벌이는 것으로 대응했다. 경영진은 시카고의 역사적 건조물인 시어스 타워를 매각했다. 이 기업은 대형 도매상을 추구하면서 보험회사(올스테이트), 중개회사(딘 위터,) 그리고 부동산 회사(콜드웰 뱅커)를 인수해서 금융서비스로 다각화했다. 이렇게 양말과 주식을 섞은 결과는 결국 우울한 실패로 끝났다.

미국 노동부 연금감독관을 역임했고 기관투자가자문회사Institutional Shareholder Services: ISS의 창업자이며 북미의 선도적 주주행동주의자인 로버트 멍크스Robert A.G. Monks는 1991년에 시어스의 이사회 진입을 목표로 설정했다. 그는 독립적으로 이사회 선거에 출마했는데 그것은 분명하고도 아주 새로운 도전이었다.

시어스 경영진은 멍크스에게 이기기 위해 비용을 아끼지 않았다. 멍크스는 자금과 변호사 측면에서 시어스의 상대가 되지 않았다. 시어스는 그를 법원에 고소해 개인파산으로까지 몰고 가려고 위협하였다. 시어스는 심지어 반대 주주들이 승리를 이끌어낼 가능성을 줄이기 위해 이사회의 규모를 축소시켰다.

멍크스는 이 싸움에서 졌지만 그 다음 해에 다시 돌아왔다. 이번에 그는 전체 이사회가 주주들에 대한 수탁자 의무를 오랫동안 제대로 수행하지 못한 것을 공격했다. 그는 **월스트리트 저널**에 광고를 실었는데, 그것은 아주 간결했으며, 메시지를 효과적으로 전달하고 있었으며, 이사회에 초점을 맞춘 것이었다. 그 광고는 시어스 연차보고서에 나와 있는 사진을 바탕으로 이사회의 실루엣을 보여주고 있었는데, 거기에는 "부실자산?"이라는 슬로건이 있었다.

멍크스의 광고로 금융계는 그때까지 세상에 알려지지 않았던 이러한 수탁자들에게 관심을 집중하게 되었다. 금융관련 언론은 개별 이사들이 그들이 대표하는 주주들을 위해 무엇을 하고 있는지를 묻기 시작했다. 그 후 얼마 되지 않아 시어스는 딘 위터를 분사시키고, 콜드웰 뱅커를 매각하고, 올스테이트를 처분하는 계획을 발표했다. 이 기업의 시장가치는 하루 만에 10억 달러 이상 상승했다. 이 기업 주가는 지난 수년 동안 지지부진했으나 일년만에 주주에게 돌아가는 수익률은 36% 이상 증가했다.[15] 아마도 보다 중요한 것은 멍크스의 운동이 시어스 이사회와 주주 사이의 연결을 복원시켰다는 것이다. 이사들은 기업의 성과와 투자자에 대한 자기들의 책임을 재발견하지 않을 수 없게 되었다.

이사회 정비

시민경제는 구체화되고 있다. 물론 결정체는 형태를 만들기 위한 "씨"가 필요하다. 기관투자가들은 웨일, 고트샬 앤 만지스Weil, Gotshal & Manges라는 법무법인에 있는 상식적으로 말하는 백발의 선임 파트너인 이라 밀스타인Ira Millstein의 충고를 따라 그런 씨를 발견했다. 나중에 OECD의 기업지배구조 원칙의 방향을 제시한 "현자들" 가운데 하나인 밀스타인은 기관투자가협회 포럼에서 연금펀드가 포트폴리오에 있는 실기주에 관심을 집중할 것을 강조하는 연설을 했다. 바로 시어스와 같은 성과가 좋지 않은 기업이 결정체를 만들기 위한 씨가 되었다.

펀드들은 책임순환구조에 대한 장애물을 해체하는데 집중하기 시작했다. 펀드는 이해상충관계가 없는 이사가 투자자를 위한 수탁자로서의 역할을 더 잘 할 수 있다는 것을 고려해서 이사들이 경영진 혹은 지배주주와 정말로 독립적인 외부자여야 된다는 요구사항을 내세웠다. 곧 규제당국과 의회가 이러한 요구를 받아들였다. 오늘날 독립성은 주요 증권거래소의 상장 기준과 세계 기업지배구조 규약에서 소중한 것으로 다루어지고 있다.

다음으로 투자자들은 정보문제를 거론했다. 표준 규약은 이사회의 핵심 위원회가 경영진을 통하지 않고 전문가를 직접 고용할 수 있도록 할 것을 요구했다. 어떤 투자자는 더 범위를 좁혀서 이사가 회의 전 미리 정해진 날짜에 이사회 자료를 받아야 하고, CEO를 통하지 않는 정보 채널을 개통시키기 위해 기업내부의 누구와도 직접 접촉할 수 있도록 할 것을 요구했다. 미국의 사베인-옥슬리 법Sarbanes-Oxley Act은 적어도 감사위원회 일부 위원들이 회계와 금융 시장 전문성을 갖추고 있을 것을 요구한다. 동시에 변호사들은 이사회는 자기 역할을 다할 뿐만 아니라 소송을 피하기 위해 이사회가 무엇을 결정하는지를 충분히 알 필요가 있다고 주장하기 시작했다.

마지막으로 무능력자와 쓸모없는 사람을 제거하기 위해 이사가 누구인지에 대해 관심이 집중되고 있다. 코퍼레이트 라이브러리, 거버넌스메트릭스 인터내셔널GovernanceMetrics International, 기관투자가 자문회사ISS, 그리고 보드엑스BoardEx와 같은 회사들은 기업임원들에 대한 접근하기 쉽고 믿을만한 자료를 투자자에게 제공했는데 여기에는 이사가 주주를 얼마나 잘 대변하고 있는가에 대한 분석도 포함되어 있다.

자, 세 개의 "I"를 제거하면 문제는 해결되는가?

그렇지 않다. 책임지는 것에 대한 장애물을 제거하는 것은 필요조건이지만 아마도 충분조건은 아니다. 루시안 벱척Lucian Bebchuk과 제시 프라이드Jesse Fried는 이사회가 경영진으로부터 독립적이기보다는 오히려 "주주에 종속되어야 할" 필요가 있다고 말하면서 이문제를 가장 잘 설명했다.[16] 이사들은 여전히 그들이 대표하는 주주와 연결될 필요가 있다. "이사회는 무엇을 위한 것인가?"라는 아주 기본적인 질문을 통해 그렇게 하는 방법을 한번 점검해 보자.

이사회는 무엇을 위한 것인가?

이사회는 기업의 최고 업무집행기관이다. 상법은 "모든 기업의 사업과 거래는 이사회의 지시에 의해 관리되어야 한다"고 말하고 있다.[17] 나라마다 상이한 이사회 모형을 채택하고 있다. 독일은 감독이사회와 기업의 일상 업무를 책임지고 있는 집행이사회 사이에 지배구조를 분리하고 있다. 일본의 이사회는 어떤 경우 인원이 30명이상일 정도로 규모가 컸고, 비록 변화하고 있기는 하지만 전통적으로 경영진에 의해 지배되어 왔다. 미국의 이사회는 규모가 상대적으로 작고, 주로 외부사람들로 구성되어 있다. 영국에서는 이사회가 내부이사와 사외이사로 구성되어 있다. 이사회가 법의 규제를 받는 나라도 있고 관습의 규제를 받는 나라도 있다. 하지만 모든 국가에서 이사회가 기업의 행동에 궁극적으로 책임을 진다. 시민이 아니라 의회 의원이 국가를 통치하듯이 이사회만이 기업을 관리한다.

이사회의 이런 책임을 감안하면 시민자본가는 효과적인 이사회로부터 무엇을 기대해야만 하는가?

먼저 가장 중요한 것으로 이사회가 해야 할 일은 조직의 적절한 기업가적 리더십을 확보하는 것이다. 기업의 사명은 주주를 위해 이익을 창출하는 것이다. 이것은 기업이 그렇게 하기 위한 적절한 리더십과 추진력을 갖고 있을 때 가능하다. 여기서 어떤 이들은 미국의 사베인-옥슬리 법과 같은 최근의 개혁에 반대한다. 과도한 규제는 잠재적인 법적 책임을 확산시킬 위험이 있기 때문에 이사는 위험과 보상을 회피하게 되고 결과적으로 규제 준수비용이 혜택보다 커진다. 세월이 지나면서 이것이 사실로 판명되면 개혁은 자기 파괴적인 것으로 판명될 것이다. 기업가적 시장경제에서 지배구조는 정치적으로 옳은 것을 쫓아가거나 법 준수를 점검하는 이사들에 대한 것이 아니다. 이사회가 해야 할 일은 경찰이 하는 일과 같은 것이 아니고 가치를 창조하는 것이다.

이사회가 해야 할 두 번째 일은 최고경영자나 지배주주로부터 독립적인 관점에서 주주를 위해 가장 좋은 것이 무엇인지를 판단하는 것이다. 이사회는 경영자가 자기 자신보다 주주를 우선시하게 만들어야 한다. 이사는 필요하면 CEO를 해임할 의지를 갖고 있어야 하고 해임할 수 있어야 한다. 이것이 이사회가 경영진으로부터 독립되어 있는가를 검증하는 궁극적인 척도이다.

이사회가 해야 할 세 번째 일은 전문성을 발휘하는 것이다. 이사들이 좋은 의사결정을 하기 위해서는, 특히 기술적으로 복잡하게 움직이는 기업에서는 특수한 노하우를 활용해야 한다. 가끔 이사들은 어떤 문제에 대한 균형 잡힌 시각을 갖기 위해서 그런 서비스를 회사 밖에서 찾아야 한다.

문서상으로 이런 모든 책임은 명백하다. 그러나 실제 세계에서 가치창출 리더십에 이르는 길은 이해상충과 어려움으로 가득 차 있다. 여러분이 이사라고 하자. 만난 적이 별로 없고 해야 할 일에 대해서 어떤 지시도 하지 않는 주주를 위해 여러분은 최고경영자와 경영진을 고용하고 지원해야 한다. 여러분은 이들에게 적절한 동기를 부여해야하고 유인을 제공해야 하며, 이들이 윤리적이고 법적인 제약 아래에서 새로운 가치창출 전략을 개발해서 실행하도록 격려해야 한다. 여러분은 최고경영자와 그의 팀이 실패로 판명되면 그들을 교체해야 한다는 것을 알고 있는 상태에서 채택된 정책에 대해서 책임을 지게 될 것이다. 그리고 여러분은 이런 일을 대부분의 상장기업을 둘러싸고 있는 위험, 공시, 그리고 규제의 불길 속에서 해야 할 것이다.

이들은 쉽게 할 수 있는 일이 아니다. 그러나 우리는 조용히 만들어진 이정표에 따라 과거 어느 때보다 이들에 가까이 가고 있다. 새로운 책임구조가 등장하고 있다.

합법적 기업

이 사회의 구조조정이 어디까지 진행되었는가를 살펴볼 필요가 있다. 2장에서 본 바와 같이 기업의 초창기에는 법이 지켜지지 않았고 투기가 성행했다. 세월이 흐르면서 대부분 국가들의 법, 규제, 그리고 문화는 주주를 악용할 수 있는 능력을 강력히 제한하였다. 물론 어디서나 그런 것은 아니다. 제약이 없으면 이사들은 투자자에게 피해를 줄 수 있다. 정부가 공기업을 민영화시키는데 성공한 후이지만 주주보호가 아직 이루어지기 전인 1990년대 러시아가 그러했다. 이사들은 기업의 생산물을 자기가 통제하는 기업에 헐값에 팔아서 막대한 이익을 챙기곤 하였다. 소액주주들이 반대하면 이사들은 단순히 더 많은 주식을 싼 값에 그들 자신과 친구들에게 발행하곤 하였다. 때때로 이사들은 중간단계를 생략하고 주주명부에서 주주의 이름을 "지워버림으로써" 자기 자신에게 보다 많은 지분을 부여했다.

대부분의 국가에서 이와 같은 지나친 남용은 불법이고 한동안 그러했다. 그리고 대부분의 선진국에서는 이사들이 자기 지위를 남용하지 못하도록 하기 위해 엄격한 대청소가 있었다.

1980년대 중반까지만 해도 "내부자거래"는 대부분의 주요 서구 시장에서 불법이 아니었다. 부도덕한 이사는 기업의 성과에 대한 좋은 뉴스가 발표되기 이전에 주식을 사고 나쁜 뉴스 이전에 주식을 팔 수 있었고, 결과적으로 주주를 희생시켜 이익을 챙길 수 있었다. 프랑스에서 그런 행동은 1970년까지 합법적이었고, 독일에서는 1994년까지 그랬다.[18] 오늘날 법률제정자들은 이런 부적절한 행동이 일어나지 않도록 하기 위해 고심하고 있다. 2005년 5월에 스페인 증권시장은 기업과 "이사들이 친밀한 유대관계를 갖는 사람들" 사이의 거래를 이사회가 공표할 것을 요구함으로써 기업들에게 충격을 주었다. 이사들은 이른바 "연인들에 대한 이사회 지침"을 두려워하며 항의했다.[19]

두 번째로 중요한 개혁은 서로 다른 이사 그룹들 사이에 권력을 분리하는 것이었다. 오랜 동안 독일기업은 감독이사가 집행이사의 행동을 감독하는 이중 이사회시스템two-tier board system을 운영해 왔다. 단일 이사회 제도를 갖고 있는 국가에서 개혁자들은 최고경영자의 판단이 이해상충을 가져오기 쉬운 이슈를 확인하려고 노력해 왔다. 이러한 이슈에는 최고경영자 자신의 임명, 면직, 그리고 보상

뿐만 아니라 신임 이사의 선임, 감사보고서에 대한 반응 등도 포함 된다. 그런 이슈는 최고경영자의 손에서 벗어나서 독립적인 이사 들만으로 구성된 위원회에 넘겨진다. 독립적인 이사가 해야 할 특 별한 역할은 이제 뉴욕증권거래소 상장기준, 영국의 통합규정, 인 도의 SEBI 규칙, 그리고 중국 증권감독원 지침과 같은 기업하부구 조를 위한 다양한 기본원칙에 반영되어 있다.

주주에 대한 신뢰

많은 국가들은 한걸음 더 나아가 이사회 의장과 최고경영자의 역할 분리를 요구한다. 이사회 의장은 최고경영자 감독을 포함해 서 이사회가 적절하게 운영되도록 하는데 명시적으로 책임을 진다. 이런 감독의 틀안에서 최고경영자는 기업을 경영할 권리를 갖지만 누구의 간섭도 받지 않는 위치에 있지는 않다.

이런 개혁들은 이사회 내의 권리의 분리를 가져왔고, 기업을 법 적으로 제도화하는데 있어서 중요한 진전을 가져왔다. 이것들은 이사회의 책무를 주주로부터 다른 곳으로 돌릴 수 있는 부정적이 고 부적절한 영향력을 없애기 위한 노력을 대변한다. 이사의 긍정 적인 책임을 정의하는데 있어서 더 강력하고 새로운 작업이 진행 중인데, 그것은 벱척과 프라이드가 말한 바와 같이 단지 경영진으 로부터 독립적인 것이 아니라 "주주에게 종속적인 것"이 될 것이 다. 이것들은 시민경제를 창조하는데 있어서 중대한 진보이다.

아마도 가장 중요한 것은 의회 의원이 시민에 의해 선출되고 교 체되듯이 이사가 주주에 의해 지명되거나 교체되어야 한다는 여론의 확산이다. 지금도 그렇게 하고 있다고 생각될 수 있지만 그렇게 하고 있지 않다. 적어도 어디서나 그렇게 하고 있는 것은 아니다. 분명히 그런 주주의 권리는 널리 퍼져 나가고 있다. 누구나 이사가 "선출되고," 위임 "투표가 있고," 독립적 투표 감시자가 있다고 말한다. 하지만 현실은 어느 정도 혼란스럽다.

경영자와 지배주주가 투자자에 대한 책임을 회피하기 위해 사용해왔던 많은 도구들이 있었고 여전히 남아 있다. 예를 들어 그들은 보통주와 동일한 권리를 갖고 있지만 투표권이 없는 우선주를 발행한다. 그들은 경제적 가치가 희석되어도 통제가 유지되게 하면서 한 회사가 다른 회사의 51%를 통제하는 피라미드 지주회사를 만든다. 그들은 연차 회의에 직접 참가할 것을 요구하거나, 위임장에 본인의 직접 서명을 요구하거나(팩스나 인터넷을 통한 투표는 허용하지 않고), 투표기간 중에 주식을 팔 수 없다고 주장함으로써 주주가 의결권을 행사하는 것을 어렵게 만든다.

조금씩 이런 악습들은 없어지고 있다. 단지 20년 전만 해도 "한 주 한 표"는 기업지배구조를 개선하기 위해 힘을 합친 선구자적인 퇴직연금 조직인 기관투자가협회Council of Institutional Investors의 창설을 가져온 구호였다. 오늘날 이것은 많은 국가들에서 최선의 관례로 받아들여지고 있다. 이것이 보편적으로 채택되고 있다는 것은 아니다. 결코 그렇지 않다. 그러나 대부분의 영어권 국가들에서 우선주와 이중 투표권은 점점 찾아보기 힘들다. 유럽에서 그런 관습은 줄어들고 있다. 이전에 전체 주식의 2/3가 우선주로 발행되는 것을 허용했던 브라질에서 지금은 이것이 50%로 감소되었고 "노보 메

르카도Novo Mercado[1])" 상장 기업들은 당연히 "한 주 한 표"를 행사하고 있다.[20]

주주행동주의는 피라미드 지주회사 구조를 공격하고 있다. 노르웨이, 스웨덴, 그리고 핀란드 같은 나라에서는 주주보호 차원에서 주주는 이사를 지명할 수 있는 특별 권리를 부여받는다. 이태리에서는 경영진이 자기 권리를 남용하지 않도록 하기 위해 소액주주가 자기 나름의 이사 후보자 명부를 이사회에 제시하는 것을 허용하는 법이 지금 만들어지고 있다.

미국에서의 소련식 이사회 선출

이런 모든 개혁은 투자자로 하여금 수탁자 의무를 갖도록 장려하고 있다. 의결권 행사 수준은 어디에서나 높아지고 있다. 4장에서 지적한 바와 같이 영국에서 펀드는 1990년에 특정 기업에 대해서 보유주식의 20%만 의결권 행사에 사용했다. 지금은 의결권 행사를 위한 평균 참여비율은 55.9%이다. 6장에서 언급하겠지만 의결권행사 분석은 정말로 최고의 큰 사업이다. 가장 큰 의결권행사 자문서비스 회사인 ISS는 550명의 직원을 거느리고 있고, 세계 13,000 고객들에게 자문서비스를 한다. 20년 전에 이 회사는 자금조달이 너무 어려워서 생존이 의심스러웠다.

물론 능력 있는 후보자를 확인해서 지명할 수 있는 과정이 없으면 의결권 행사는 의미가 없다. 보통 이사회가 후보자를 지명한다.

---

1) (역자) 브라질에서 2002년 2월에 기업지배구조 및 소액주주보호를 위해 만들어진 새로운 증권거래소이다. 여기서 거래되는 주식은 한 주 한 표의 의결권을 가지도록 하였다.

역사적으로 이것은 종종 CEO나 지배주주가 후보자를 선출했다는 것을 의미했다. 그러나 요즈음 주로 독립적인 이사로 구성된 별도의 추천위원회가 주요 선진국 시장에서 표준화된 관행으로 자리 잡고 있다. 영국과 같은 나라에서는 주주의 승인을 받기 이전에 적절한 자격이 있는 후보자를 찾아내는 과정을 거칠 것을 법으로 의무화하고 있다. 이사 찾기 사업이 호황을 누리면서 떠오르고 있다.

놀랍게도 뒤져있는 나라는 미국이다. 이사 지명을 위해 주주에게 주어진 도구들은 쓸모가 없거나 지나치게 대결적이다. 한편으로 주주는 이사후보를 이사회에 추천할 수 있지만, 이사회는 그런 추천을 무시할 수 있고 보통 그렇게 한다. 물론 주주는 비용이 많이 드는 위임장 경쟁(멍크스가 시어스에서 했듯이)을 할 수 있다. 그러나 비용과 그런 대결적 상황(선거는 당연히 만장일치라야만 하는 것처럼 이런 상황을 법적으로 "경쟁선거"라고 정의한다)은 그런 경쟁에 참여하는 주주가 거의 없다는 것을 의미한다. 이 전략은 보통 적대적 인수합병의 일부로 이용된다. 여기서 빠진 것은 몇몇 다른 국가들에 있는 중간지점인데 그것은 바로 주주가 다른 주주들이 추천한 이사 후보를 보다 덜 대결적으로, 보다 더 일상적인 방법으로 고려할 수 있는 능력이다.

설상가상으로 미국과 캐나다의 이사는 최고득표라는 특이한 방식으로 선출된다. 투자자는 특정 후보에 대한 반대투표를 할 수 없다. 투자자는 찬성의사를 표시하거나 혹은 기권하기를 원한다는 의사를 표시해야 한다. 여기서 웃기는 것은 전형적인 비경쟁 선거에서는 이사 전원이 한 주의 찬성투표로도 선출될 수 있다는 것이다. 다른 모든 주주가 기권해도 이사 전원이 선출된다. 멍크스와 미노우는 이런 상황을 "선거는 단지 형식이다"라고 규정한 바 있다.[21] 주류에 속하는 판사들도 이에 동의하고 있다. 델라웨어 판사 윌리엄 챈들러William Chandler III와 레오 스트라인Leo Strine Jr.은 유명한 2003년 논문에서 대부분의 미국 이사 선거는 "시대에 뒤진 것"이라고 주장했다.[22] 다른 비판론자들은 이런 시스템을 훨씬 더 심한 표현으로 "소련방식"이라고 불러왔다.

그러나 변화가 일어나고 있다. 강력한 시민자본가의 압력 덕분에 다수결 방식으로 전환될 것 같다. 국제 기업지배구조 네트워크, 기관투자가협회, 그리고 좋은 지배구조를 위한 캐나다 연합Canadian Coalition for Good Governance: CCCG은 다수결 투표를 자기들 어젠다의 핵심과제로 만들었다. 심지어 보수적인 미국변호사회도 주주에 대한 이사의 책임강도를 높이도록 선거방식을 바꾸는 방법을 모색하고 있다.

점점 더 많은 미국 기업들이 시민경제의 책임표준이 만들어지는 것을 보고 이미 그 방향으로 움직이기 시작했다. 오랜 동안 기업지배구조의 선도기업이었던 화이자Pfizer는 2005년에 특정 이사 선거에서 과반수 주주들이 기권하면, 비록 기술적으로는 이사회가 그 이사를 선택할 수 있지만, 그 이사가 사직할 것을 요구할 것이라고 선언했다. 디즈니와 다른 기업들도 채택한 화이자의 혁신은 드디어 선거과정을 의미 있게 만들 수 있을 것 같다. 강력한 CCCG 압력으로 캐나다의 모든 주요 은행들은 몇 달 이내에 동일한 과정을 받아들이게 되었다.

변화의 물결

전 반적으로 책임을 중요시하는 흐름이 세계적으로 폭넓게 확산되었기 때문에 1990년대 초반의 비판들은 이미 시대에 뒤진 것 같다. 그렇다고 "합법적 기업"을 위한 투쟁이 끝났다는 것은 아니다. 결코 그렇지 않다. 하지만 엄청난 진전이 이루어졌다.

1994년부터 2004년 까지 10년 동안 50개 이상의 국가들이 책임순환구조를 강화하는 새로운 기업지배구조 규약을 도입했다.[23] 국가가 정치적 책임 시스템을 설립하는데 수백 년이 걸렸다. 세계 기업들은 이 보다 훨씬 더 빠르게 단지 20년 동안에 책임수준을 높이기 위한 개혁을 경험했다. 어떤 국가에서는 혁명에 가까울 정도의 기업 현대화가 이루어졌다. 이사회의 행동, 능력, 그리고 책임을 위한 새로운 기본 골격은 정치 영역에서 인권선언 혹은 헌법의 발전에 해당하는 상업적 발전을 반영한다.

이러한 합법적 변화들이 영향을 주었을까? 분명히 그렇다. 예를 들어보자. 컨설팅 회사인 부즈 알렌 해밀턴은 지난 10년 동안 세계 상위 2,500개 기업 CEO의 고용과 해고 사례를 분석했다. 1995년에 이사회는 성과가 썩 좋지 않은 기간이 지속되었음에도 90명 가운데 한명 이하의 CEO를 교체했을 뿐이다. 본질적으로 CEO는 평생 동안 자리를 유지할 수 있었다. 그러나 분석에 의하면 2004년에는 성과가 나빠서 교체된 CEO의 수가 네 배 증가하였다. 그래서 저자들은 "추세를 부정할 수는 없다. 이것은 대단히 중요한 시사점을 제공한다. 세계 주요 경제권에서 만족하지 못한 대주주들과 기업의 다른 구성원들이 세계 주요 경제의 제왕적 CEO로부터 권력을 빼앗았다. ... 이사회와 경영진은 경영자 리더십이 더 이상 자동적으로 제왕적일 수 없게 된 상황에 조직과 과정을 적응시킬 필요가 있다"는 결론을 내렸다.[24]

부즈 알렌 해밀턴 연구는 주목할 만한 또 하나의 주장을 하고 있다. 개인적 윤리, 불법, 혹은 권력투쟁이 아니라 좋지 못한 성과가 CEO 교체의 원인이었다는 것이다. 그래서 이사회의 성과 분석이 늘어날수록 앞으로 CEO 교체도 늘어날 것 같다. 독립적인 이사는 경영진을 세심하게 분석하는 자기의 역할에 점점 더 열중하고 있는 것으로 나타나고 있다.

이사회 감시 경찰?

요약하면 이 장의 시작 부분에서 이야기한 오랫동안 무조건 찬성만 하던 이사회는 해가 갈수록 책임지는 이사회 체제로 교체되고 있다. 그러나 아직도 많은 과제가 남아 있다. 특히 시민주주에 대한 이사회 신뢰를 높이는데 있어서 그렇다. 그러나 이미 이루어진 것을 보면 이사회를 통해 기업이 주주에게 책임지는 것이 엄청나게 강화되었다는 것을 알 수 있다.

하지만 시민자본가가 기업의 책임에 집착하는 것은 경쟁기업보다 낮은 비용으로 더 좋은 서비스를 고객에 제공함으로써 이익을 얻는다는 기업 활동의 사업가적 목적을 인식하지 못한 일종의 유행이라고 주장하는 사람도 있다. 비판론자들은 이사회가 책임의식에 너무 집착하면 기업체에 사업가적인 리더십을 제공한다는 이사회 본연의 기능을 약화시킨다고 주장한다.

좋은 기업지배구조라는 명분을 바탕으로 과정과 절차에 대해서 지나치게 법을 내세우면 분명히 위험이 따른다. 이사회의 책임의식을 강화하는 목적은 주주가치를 증가시키는 것이다. 이와 대조적으로 세세하게 법적으로 따지는 작업은 위험감축 비용이 가치가 있는지 여부와 관계없이 책임을 줄이는 것을 목표로 하고 있다. 그러나 여기서 문제는 개혁의 원칙에 있는 것이 아니라 법을 어떻게 제정하는가에 있다.

원리적으로 어떻게 책임지지 않는 시스템이 책임지는 시스템보다 더 큰 가치를 만들어내는가를 알기는 어렵다. 그러나 역사는 기업이든 국가이든 상관없이 책임의 결여와 제왕적 리더십이 일반적 경제부흥보다는 쇠퇴와 연관되어 있다는 것을 보여준다. 이것은 시대와 지역에 상관없이 진실이다. 군주주의 국가였던 프랑스, 공산주의 국가였던 소련, 혹은 오늘날 전체주의 국가인 북한을 생각해 보라. 맥스웰 커뮤니케이션, 월드컴, 혹은 선빔과 같은 기업에서 책임경영의 결여와 제왕적 CEO는 실패로 끝났다. AIG에서처럼 기업이 잘 돌아가는 것처럼 보였을 때에도 책임경영의 결여가 심각한 문제나 스캔들을 발생할 위험을 높이는 것은 시간문제인 것 같다.

책임경영의 결여는 전체를 위한 가치창출보다는 상층부의 부패를 부추기는 것 같다. 그러나 이제는 이것의 반대가 진실인 것 같다. 앞서 논의한 바와 같이 수많은 연구들은 기업이 더 잘 관리되고, 보다 더 책임지고, 본질적으로 보다 합법적일 때에 가치가 증가한다는 것을 보여주고 있다. 도이치 은행이 2005년에 지적했듯이 "지배구조가 개선되는 기업은 지배구조가 악화되는 기업보다 성과가 좋았다."[25]

그렇다면 이것은 몇 가지 중요한 의문을 제기한다. 기업이 책임 경영을 실천하고 있는지를 어떻게 알 수 있는가? 기업이 잘 관리되고 있는지를 어떻게 알 수 있는가? 분식회계로 가득 찬 최근의 스캔들을 볼 때, 기업이 수익을 창출하고 있는지를 어떻게 알 수 있을까? 대답은 기업 감시책임을 맡고 있는 수많은 잘 알려지지 않은 외부기관들의 역할에 달려있다. 제3부에서 보겠지만 이런 외부기관들은 시민경제 생태계의 일부를 구성하고 있다. 이런 기관들의 엄청난 변천추이도 자세히 분석할 필요가 있다.

▌요점 정리 ▌

- 이사회는 주주에 대한 책임의식을 바탕으로 기업 활동이 이루어지게 하는 중요한 통로이다.

- 과거에는 이사들이 기업의 효과적인 관리자로서 역할 하는데 필요한 독립성, 정보, 혹은 능력을 갖지 못했다.

- 1980년 중반 이후 우리는 독립성과 책임의식을 강화시키는 것을 목표로 한 이사회 구성의 혁명적인 변화를 목격했다. 이것은 중요한 결과를 가져오는 세계적인 현상이다.

- 이사회 개혁에는 이사회와 CEO 기능의 명확한 분리, 독립적인 이사의 특별한 역할 설정, 그리고 이사회의 전문가 접근성 부여 등이 포함된다.

- 주주의 의결권행사비율 증가와 주주의 이사회 구성원 추천 및 선출 방법의 개선은 모두 이사회를 경영진으로부터 독립적이게 할 뿐만 아니라 주주와의 신뢰관계를 강화함으로써 이사회의 책임의식을 더 진작시키는 잠재력을 갖고 있다.

- 이사회 개혁은 시민자본가가 장기적으로 필요로 하는 것을 전달하는데 집중한다는 기업의 약속을 반영한다.

제 **3** 부

시민자본가 생태계

The New Capitalist Ecosystem

part **3** *The New Capitalist Ecosystem*

6
시장 감시

정보 거물들

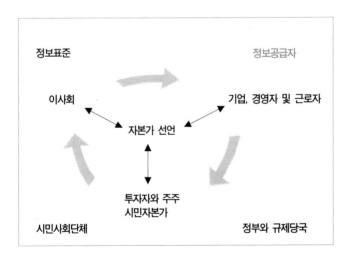

정보는 시장 활력의 원천이다. 그렇지만 정보의 신뢰성이 송두리째 무너질 때 어떤 일이 발생하는가? 이 장에서는 브로커, 감사인, 시장애널리스트, 그리고 신용평가회사들 사이의 이해상충을 규명한다. 또한 이 장은 어떻게 시민자본가가 그런 정보 거물들에 압력을 행사해서 기업을 보다 투명하게 만들고 펀드를 보다 빈틈없게 만드는가를 설명한다.

크리스튼 캠벨Kristen Campbell은 그녀가 메릴 린치로부터 받는 보너스가 다음 달에 기록을 갱신할 것이라는 전망에 즐거워할 수도 있었다. 하지만 그녀는 기로에 서 있었다. 인터넷 버블이 극에 달했고, 그녀가 분석하게 되어있는 기술주들이 날마다 쓰레기가 되고 있었던 2000년 11월이었다. 그러나 그녀는 객관적 판단을 위해 그녀에게 의존하고 있었던 수백만 소액 투자자들에게 이에 대해 아무것도 이야기 할 수 없었다. 메릴 린치의 투자은행가들은 인터넷 벤처기업의 주식 판매를 관리해서 자기들이 얻을 수 있었던 수백만 달러의 수수료에 목말라 있었다. 그래서 상사로부터의 메시지는 비록 암묵적이지만 분명했다. 애널리스트의 일은 아무리 형편없는 주식이라도 등급을 좋게 평가해서 투자은행 사업을 활성화시키라는 것이었다.

캠벨에게 있어서 Goto.com은 마지막 상품이었다. 이 기업의 CFO인 토드 태핀Todd Tappin은 메릴 린치를 위한 투자은행 사업에 매달려 있었지만 캠벨이 Goto를 강력매수 종목으로 추천해 주기를 원했다. 그녀는 사업설명서를 자세히 보았으나 그런 평가를 내리기 위한 어떤 좋은 점도 발견할 수 없었다. 그녀는 고민하면서 책상에 앉아서 상사인 헨리 블로젯Henry Blodgett에게 이메일을 보냈다.

"나는 염병할 경영진을 위한 창녀가 되고 싶지 않습니다. 그런 평가를 내리는 것이 우리가 메릴 린치 소액투자자금 절반을 이 주식에 투자하게 되는 것을 의미한다면 나는 그렇게 하는 것이 옳지 않다고 생각합니다. 우리는 투자자들의 자금을 잃어버리게 될 것이고 나는 그것을 원하지 않습니다. 우리는 토드가 우리에게 화내는 것을 꺼리기 때문에 결국 수많은 소액 투자자들의 은퇴자금을 잃어버리게 될 것입니다." 캠벨은 결론에서 17개월 후 메릴 린치에 대한 뉴욕 주 소송사건의 중심에 다시 등장하게 될 몇 가지 거친 말을 이렇게 부드럽게 바꿨다: "우리가 은행으로부터 독립적이라는 생각은 완전히 거짓말입니다."[1]

캠벨이 옳았다. 월스트리트의 상식 가운데 하나는 아주 공정한 것으로 알려진 투자관련 조사연구가 사실은 투자은행 사업을 활성화하기 위해 비밀리에 어느 한쪽으로 기울어져 있다는 것이다. 기만의 정도는 엄청나게 크다. 예를 들어 시장붕괴가 극에 달했을 때, 살로먼은 자기가 평가하고 있는 1,179개 주식들 가운데 어느 하나에 대해서도 매도의견을 제시하지 않았다. "우리는 돼지들을 지지합니다"라고 시티코프 애널리스트인 잭 그러브먼Jack Grubman은 이메일에서 선언했다.[2]

월스트리트 분석을 왜곡시키는 이해상충은 수많은 소액투자자들로 하여금 얼마 되지 않는 저축을 쓰레기 주식에 투자하도록 유도했다. 그러나 애널리스트들은 시장을 작동하게 하는 거대하지만 놀랍게도 별로 알려지지 않은 집단의 일부일 뿐이다.

이런 정보 중개기관들은 시민자본가에 대한 기업의 책임경영을 가로막거나 가능하게 하는 생태계의 중요한 부분이다. 감사인은 기업의 재무 상태에 대해 의견을 제시한다. 이사회 구성원들이 적절한가를 분석하는 기관도 있다. 연금펀드에 대한 자문회사는 연금펀드가 어떤 나라의 어떤 주식을 어떤 매니저를 통해 투자할 것인가를 추천한다. 신용평가회사는 채권이 투자 대상으로 적절한가를 결정한다. 그리고 크리스틴 캠벨과 같은 브로커나 애널리스트는 주식을 사고파는 것에 대해 자문한다.

이런 중개기관들이 없으면, 그리고 그들의 성실성이 보증되지 않으면 자본시장은 붕괴된다. 세계 시민은 이런 정보 중개기관들이 공정하게 행동한다고 확신할 때 자본시장에 자기의 저축을 보다 자유롭게 투자하게 된다.

그러나 의도가 아무리 좋아도 이런 기관들은 주로 만성적인 이해상충 때문에 너무 자주 공정하게 행동하지 않는다. 경제학자들은 이런 왜곡이 자본의 효율적 배분을 가로막아 성장잠재력을 감소시킨다고 말하곤 한다. 조직 이론가들은 이런 상황을 주인 - 대리인 문제principal-agency problem라고 부른다. 사기로 희생된 은퇴자들은 이런 시스템을 부정한 돈벌이라고 말할지도 모른다.

시민경제 시각에서 보면, 여러 가지 압력에 사로잡힌 중개기관들은 시민자본가를 기업 활동에 묶어 놓는데 필요한 책임순환구조에 장애가 된다. 이러한 책임순환구조의 균열은 투자자에 의한 효과적인 감시에 장애가 된다. 게다가 그런 감시가 없으면 기업은 누구의 이익을 극대화하느냐에 대해 잘못된 신호를 종종 받는다.

크리스틴 캠벨로 하여금 파멸적인 이메일을 쓰게 한 것과 같은 스캔들은 정보관련 주요 기관들이 제대로 작동하지 못하고 있다는 것을 노출시켰으며, 그에 따라 세계 국가들로 하여금 다양한 치유책을 내놓게 하였다. 목표는 분명하다: 애널리스트, 신용평가사, 감사인, 그리고 다른 중개기관들이 자기 일의 목표를 투자자의 이익과 일치시킬 수 있도록 이해상충을 해소하는 것이다. 책임순환구조를 정비하고, 시민경제에서 시민 주주의 목표를 정립함으로써 이미 기업의 운영방법이 변화되고 있다. 그러나 앞으로 닥쳐올 변화가 얼마나 거센 것인가를 제대로 아는 사람은 별로 없다.

해로운 자장가

우선 무엇이 잘못되었을까? 수십 년 동안 기업을 둘러싼 경제적 문화는 투자자와 규제당국, 그리고 세상 전체를 부드럽게 잠들게 하는 자장가를 불렀던 것 같다. 심지어 가장 약삭빠른 금융기관도 감사인, 신용평가사, 브로커 등을 별로 눈여겨보지 않았다. 이들은 분명히 시장이라는 기계를 돌리는 중요한 톱니들이다. 이들은 제 역할을 수행하는 것처럼 보였다. 결과적으로 펀드들은 중개인 세계의 골격이 되는 돈, 표준, 계약, 그리고 관행이 어떻게 서로 관련되어 있는가를 밝히기 위해 서로 힘을 합치지 못했다. 거의 누구나 몽유병에 걸린 것이 위험한 실수로 판명되었다. 진실은 실로 진실이다: 정보는 힘이다. 기업과 다른 세상을 이어주는 정보관련 중개기관들은 정보를 통제하고 이를 바탕으로 재산을 통제할 수 있는 능력, 심지어는 세계 대규모 기업들의 운명을 통제한다. 그들이 바로 정보 거물들information moguls이다.

　주주가 잠들어 있는 동안 힘 있는 기관은 세상의 관심을 피할 수 있었다. 이렇게 세상의 관심에 직접 노출되지 않은 것이 엔론 사태의 적어도 부분적인 원인이라고 할 수 있다. 에너지 거래 기업이 망해가고 있는 동안에도 감사회사인 아서 앤더슨이 엔론의 회계장부가 미국 회계기준을 충족시킨다는 것을 공인했기 때문이다. 감시가 소홀한 틈을 타 신용평가회사들은 월드컴이 상거래 역사상 가장 큰 사기로 파산을 신청하기 불과 몇 달 전에 그 회사 채권을 투자등급으로 평가할 수 있었으며, 그러한 이유로 월드컴 채권은 소문난 과부나 고아의 저축수단으로 충분히 안전했던 것이다.[3]

모든 이런 스캔들의 핵심에는 이해상충이라는 단 하나의 독소가 있었다. 표면상으로는 투자자의 이익을 위해 설계된 서비스의 비용을 서비스 수혜 대상인 투자자의 이익과 상충되는 이해관계를 갖는 집단이 부담하거나 지원했다. 통상 회사가 비용을 지불했기 때문에 주주를 위해 서비스를 제공해야만 했던 전문 중개기관들은 대신 경영진의 기호에 맞게 춤을 추었다. 이것은 이렇게 생각할 수 있다. 자유언론은 시민사회를 위한 중요한 기둥이다. 객관적인 뉴스로 신뢰받지 못하고, 신문기사가 언론의 취재대상 인물이나 기관이 비용을 지불하는 광고로 대체된다면 무슨 일이 벌어질 것인가를 상상해 보라. 어떻게 보면, 시장에서도 바로 이러한 일이 일어난다. 시민경제가 의존하는 정보 중개기관들의 이해가 상충되어 있었다. 결과적으로 감시견이 제대로 짖지 않은 것이다.

불량한 브로커

모든 정보 중개기관들 가운데 아마도 브로커가 좁고 바른 길에서 벗어날 유혹에 가장 쉽게 빠진다. 브로커는 자기가 얼마나 많이 거래하느냐에 따라 보상을 받는다. 따라서 타블로이드판 신문처럼 브로커는 투자자가 주식을 사거나 팔도록 유도하는

"스토리"를 만들어내고 싶어 한다. 영리한 투자자는 영리한 신문독자처럼 이것이 게임 규칙이라는 것을 이해하기 때문에 그들의 중개자문을 비판적으로 평가한다. 훨씬 더 중요한 것은 브로커가 자기가 느끼기에 다른 이해상충이 있는 상황에 처해 있는가 여부이다.

아마도 남용의 본보기라 할 수 있는 시티코프의 잭 그러브먼을 보자. 크리스틴 캠벨처럼 투자자에게 공정한 자문을 하도록 채용되었지만, 그는 마치 고객들이 실제로 그가 분석하기로 되어있는 통신회사들인 것처럼 행동했다. 예를 들어 그러브먼은 월드컴이 경쟁회사인 MCI를 인수할 때 주주에게 객관적인 자문을 제공하게 되어있었음에도 불구하고 전 월드컴 사장인 버니 에버스의 핵심 자문역인 것처럼 행동했다. 그가 투자자에게 자문을 하는 동안 그의 회사는 그의 그런 활동과 관련된 투자은행 수수료를 챙기고 있다는 것에 대해 고민스럽게 생각하지 않았느냐는 질문에 대해 그러브먼은 선을 넘는 대신 그 선 자체를 지워버리는 식으로 대답했다. 그는 "과거 이해상충적이었던 사안이 이제는 시너지로 작용하고 있다. 객관적인 것을 대신할 다른 단어는 정보가 없는 것이다"라고 주장했다.[4]

그러브먼은 윤리뿐만 아니라 재능을 판단하는데 있어서도 아주 서툴렀다. 그는 에버스의 법률고문으로 활동하는 것 외에도 또 하나의 최고경영자 퀘스트Qwest의 조지프 나쵸Joseph Nacchio와 관련되어 있었다. 절묘한 숙명의 순간에 나쵸는 에버스가 증권사기로 기소된 24시간 후에 같은 죄목으로 기소되었다.[5] 결과적으로 우리를 정보가 없는 사람으로 불렀던 그러브먼은 130억 달러 이상의 회계사기를 저질렀던 두 명의 통신회사 CEO들에게 자문한 것으로 판명되었다. 이것은 니카라과, 보츠와나, 그리고 에스토니아의 국내 총생산(GDP)을 합친 것을 잃어버린 것과 같은 것이다.[6]

20세기 후반의 정보 거물들이 유별나게 정직하지 못했던 것은 아니었다. 윤리적 타락을 허용하거나 부추기거나 혹은 심지어 훌륭한 것으로 묘사하는 어떤 것이 기업생태계에 내재되어 있었다. 브로커가 후원하는 연구의 경우, 금융회사들은 공통적으로 투자은행 수수료를 얻기 위해 손실을 감수하는 미끼로 연구를 제공한다. 시티코프의 그러브먼과 메릴 린치의 헨리 블로젯은 이해상충의 극단적인 예일지도 모른다. 그러나 이들이 회사가 내세우는 최고의 스타 직원이었다는 사실은 월스트리트 문화가 얼마나 왜곡되어 있었던가를 잘 보여준다.

그러나 시민경제는 스캔들 와중에서도 뿌리를 내렸다. 뉴욕 주 검찰총장인 엘리엇 스피처Eliot Spitzer는 SEC와 함께 베어 스턴스, 크레디트 스위스 퍼스트 보스턴, 골드만 삭스, 리먼 브라더스, 제이피 모건, 메릴 린치, 모건 스탠리, 시티그룹, 유비에스 와버그, 그리고 파이퍼 재프레이 등 많은 대형 금융회사들에 대해서 금지명령을 내렸다. 협의조정안은 금융회사들이 법을 어기는 것을 금했을 뿐만 아니라 민사상 가장 높은 벌금을 부과하는 것으로 하였다. 이 협정에는 스피처의 핵심 아이디어도 포함되었는데, 그것은 소액투자자가 정확한 정보를 바탕으로 투자 판단을 할 수 있도록 주식에 대한 조사연구가 어느 한쪽으로 편향되어서는 안 되고 투자자 중심이어야 한다는 것이다. 금융회사들은 조사연구사업과 투자은

행 사업을 분리해야만 했다.[7]

스피처 협정이전에 몇몇 회사들만 지켰던 이러한 객관적 정보
원칙은 마침내 독립적 주식조사연구 운동으로 연결되었다. 돈의
유혹도 도움이 되었다. 투자회사들과의 세계적인 협정으로 주식의
독립적인 조사연구를 위해 4억 5천만 달러가 마련되었다. 미국의 3
대 주 연금인 노스캐롤라이나, 뉴욕, 그리고 캘리포니아 연금은 조
사연구에서 이해상충을 없애기 위한 "투자자보호 원칙"을 채택함
으로써 이런 운동에 커다란 발전을 가져왔다.[8]

독립적 조사연구를 위한 최초의 전문가 협회인 인베스터사이드
Investorside는 2002년에 발족되었다. 인베스터사이드는 시민경제를 어
떻게 대변할 것인가에 대해서는 개의치 않는다. 다만 이 협회의 웹
사이트는 자기의 존재 이유를 "투자자 이익에 맞는 투자분석을 발
전시켜 미국 자본시장의 신뢰를 회복하는 것"이라고 묘사하고 있
다. 이 아이디어는 아주 강력한 것으로 입증되었기 때문에 인베스
터사이드는 3년 만에 샌포드 번스타인과 아거스 리서치와 같은 주
요 회사들을 포함해서 70개의 회원사를 모았다. 유럽에서는 인디
펜던트 리서치 싱크탱크Independent Research Think Tank라는 펀드 연합이
독립적인 조사연구를 위한 시장과 유럽연합EU의 지원을 얻기 위해
2005년에 만들어졌다.[9]

EAIEnhanced Analytics Initiative는 한 걸음 더 나아갔다. 시민자본가를
지향하는 연금펀드들 사이의 연합 벤처인 이 단체는 단순히 주식
거래를 권하는 기관들이 아니라 환경적, 사회적, 그리고 지배구조
위험을 포함한 기업의 장기적 건강상태를 조사하는 기관들에게 중

개수수료가 지불되도록 유도한다. 주주는 그런 분석을 무기로 관리자로서 자기의 의무를 보다 잘 수행할 수 있다. 앞에서 지적한 바와 같이 2006년 초까지 EAI가 끌어들인 연금펀드 총자산은 1조 달러가 넘는다.

비록 그 스캔들과 처방전이 널리 알려졌지만, 주식관련 조사연구는 책임을 물을 수 있는 경제로 나아가기 위해 청소가 시급한 간선도로들 가운데 단지 하나일 뿐이다. 다른 것들은 시야 밖에 있다.

감사인은 어디에 있는가?

정보 중개기관들 가운데 가장 핵심적인 것은 회계법인이다. 회계법인은 자본주의의 정직성 혹은 상거래 용어로 표현하면 "규칙성의 추정presumption of regularity", 즉 우리가 투자하는 기업의 재무 상태에 대해 듣는 것을 믿을 수 있다는 기본적 신념을 확보하는데 필수적이다. 그런 추정이 거짓으로 드러나면 시스템이 멈춘다. 세계적인 대기업들에 대한 회계정보를 얻기 위해서는 세계에 각각 10만 여명의 직원을 고용하고 있고 세계 대부분의 국가들에 수많은 사무실을 갖고 있는 프라이스워터하우스 쿠퍼스PricewaterhousCoopers, 딜로이트Deloitte, KPMG, 그리고 언스트 앤 영Ernst & Young과 같은 4대 회계법인들 가운데 하나에 의존해야 한다(5번째로 규모가 컸던 아서 앤더슨은 엔론 붕괴 후 파산했다.)

재무제표가 신뢰를 잃어버리기 시작하면 사업을 하는데 비용이 많이 든다. 브루킹스 연구소는 2001-2002년 기업지배구조 스캔들로 미국경제가 부담한 비용이 석유수입 가격이 배럴당 10 달러 상승한 것과 같다고 계산했다. 자본시장의 신뢰성 상실 때문에 미국 GDP가 350억 달러나 감소하였다.[10]

이것은 엔론과 월드컴 스캔들로 시민투자자가 부담한 직접 비용인 2,500억 달러에 이르는 시장가치를 감안하지 않은 것이다. 이 숫자가 갖는 의미를 구체적으로 말하면, 2,500억 달러는 미국 국토안보부와 나사(NASA)의 1년 예산뿐만 아니라 영국의 국방, 주택, 그리고 환경 1년 예산으로 쓰일 수 있고, 이에 더하여 이탈리아의 전체 예산 적자를 없앨 수 있으며, 2193년까지 바티칸 예산을 충당하고도 남는다. 후유증도 심각했다. 예를 들어 뉴욕 주 감사관 앨런 헤베시(Allan G. Hevesi)는 그러한 스캔들 때문에 뉴욕 주와 뉴욕 시에 12억 5천만 달러에 이르는 세입 손실이 발생했다고 추정했다.[11]

엔론, 월드컴, 아델피아, 맥스웰, HIH, 에이홀드, 파르마라트, 그리고 다른 스캔들 후에 시민투자자들이 "감사인은 어디에 있었을까?" 라고 한탄하게 된 것도 이해할 만하다. 월스트리트와 메인스트리트는 다 같이 회계사가 사기를 포착해서 경고하지 못한 것에 대해 배신감을 느꼈다. 감사인들은 투자자의 눈과 귀 역할을 하는 것이었다. 엔론 사기에 연루되었던 아서 앤더슨의 파트너들이 회사의 공적인 목적을 무시한 것에 대해 욕을 먹는 것은 지극히 당연하다. 하지만 스캔들이 계속 드러남에 따라 단지 몇 개의 암적인 존재가 아니라 구조적인 실패가 문제의 핵심이라는 것이 분명해졌다.

1990년대까지 감사인들은 경영자문을 위한 상당한 능력을 축적했고 많은 돈을 받고 감사를 받는 고객들로부터 규모가 큰 부수적인 일거리를 따냈다. 이런 상황에서는 아주 용감한 감사인만이 고객의 재무 상태에 대한 불편한 진실을 나서서 밝힐 수 있을 것이다. 특히 감사인이 소속된 회사가 고객에 자문 활동을 할 때는 더욱 그렇다. 이외에도 특히 미국의 경우 구조적인 법적 문제가 잠재되어 있었다. 다른 나라의 정보 중개기관들과는 달리 미국의 감사인들은 주주를 배반하기 쉽게 만드는 독특하지만 잘 이해되지 못하는 시장결함이 존재하는 상황에서 활동하고 있다.

무풍지대

법적으로 "미국기업"이란 것은 없다. 델라웨어 기업, 캘리포니아 기업, 뉴욕 기업, 그리고 네바다 기업은 있지만 미국 기업은 없다. 워싱턴이 아니라 개별 주가 기업에게 법인 지위를 허락하고 매일 매일의 기업 활동을 감독한다. 이것이 시민투자자에게는 문제가 될 수 있다. 왜냐하면 공공 기업이 어떤 활동을 할 수 있는지는 주법으로 규정되지만 감사인의 역할은 완전히 독립된 연방 법령에 의해 규정되기 때문이다. 믿거나 말거나, 대형 상장 기업들이 법인으로 등록되어 있는 주인 델라웨어를 포함해 사실 많은 주들은 공적인 재무제표를 요구하지도 않는다.[12]

다른 많은 나라에서 회사법과 시장공시라는 쌍둥이 이슈는 자연스럽게 국법에 얽혀있다. 그렇지만 이들이 다른 궤도에 있을 때 이들 사이의 차이는 방향이 잘못된 회계감사로 연결됨으로써 기업지배구조 재앙을 초래할 수 있다. 모범적인 시민경제에서는 감사인의 연차보고서는 이사회와 경영진이라는 상장기업의 전체 지배구조가 주주자본의 관리자로서의 역할을 제대로 수행하고 있는지를 판단한다. 이와 대조적으로 비시민경제의 경우 감사보고서는 투자자를 보호할 수도 있고 하지 않을 수도 있는 세부적인 회계기준을 기업이 준수하고 있는가에 대한 기술적 문제에 협소하게 집착한다. 나무 때문에 숲을 보지 못할 수 있다.

왜 그럴까? 답을 얻기 위해서는 100여년 전으로 거슬러 올라가 보아야 한다. 1929년 주가 대폭락 이전 10년 동안 뉴욕증권거래소에 상장되어 있는 기업들의 30%는 투자자를 위한 연차보고서를 만들지 않았다. 물론 기업들이 보고서를 만들었을 때에도 계정은 결코 투명하거나 정직하지 않았다. "보고서는 모두 지저분한 문제들 때문에 읽기 어렵고 이해하기 어렵다. 보고서는 사전 지식이 없는 사람들에게 말할 필요 없는 것은 너무 많이 이야기 하고 말해야 하는 것은 너무 적게 이야기 한다"고 하버드 대학 교수인 윌리엄 리플리William Z. Ripley는 1926년 **애틀랜틱 먼슬리**Atlantic Monthly 논문에서 비판적으로 지적한 바 있다.[13]

그 후 검은 금요일, 대공황, 그리고 가난과 굶주림이 도래했고, 개혁을 해야 한다는 목소리가 국가적으로 높아졌다. 전문가들은 재무제표 작성을 포함한 국가전체에 공통적으로 적용되는 기업규제에 동의했는데, 대부분의 새로운 개념은 기존의 영국 법을 근거로 한 것이다. 그러나 하나의 큰 장애물이 있었다. 헌법에 의하면 연방정부는 감사를 필한 재무제표를 요구할 권한이 없었으며, 당시 기업들에게 신세를 진 주정부는 그것을 의무화하려고 하지 않았다. 프랭클린 루스벨트 행정부는 곧 문제를 해결할 독창적인 방법을 고안해 냈다.

워싱턴은 주식시장을 포함한 주 사이의 상거래에 대해 누구도 이의를 제기할 수 없는 통제권을 갖고 있었다. 그래서 1933년 증권거래법에서 의회는 주주의 정보 필요가 아니라 거래자의 정보 필요에 근거해서 회계감사를 규제할 권한을 요구하였다. 영국의 회계전문가 팀 부시Tim Bush가 지적하듯이, "지금까지도 미국의 1933년 법은 여전히 두개의 전혀 다른 일을 썩 우아하지 않은 방법으로 하려고 하고 있다. 즉 증권거래를 규제함으로써 간접적인 방법으로 기업을 규제하는 것이다."[14]

해결책은 아주 훌륭했지만 문제의 핵심에서 벗어났고, 의도하지 않았던 결과로 쓸모가 없게 되었다. 우선 연방법은 감사인들이 주주가 아닌 기업에 대해 책임을 지게 하였다. 따라서 CEO와 이사회는 자기 자신의 감사인을 고용할 권한이 있었는데, 이는 결코 공정한 심사를 보장할 수 있는 비결이 아니었다. 2002년 사베인 - 옥슬리 법은 독립적인 감사위원회에 외부 감사인을 고용하거나 해고할 수 있는 권한을 부여함으로써 상황을 다소 개선시켰다. 그러나 세계 어디서나 그러하듯이 이것은 여전히 주주에 대해 직접적으로 책임을 지는 것이 빠진 조치이다. 회계법인이 세금회피수단, 경영자문서비스, 정보기술서비스, 그리고 회계감사와 관련 없는 수많은 다른 서비스를 기업에게 - 심지어는 CEO, CFO, 그리고 다른 임원들에게 개인적으로 혜택이 돌아가도록 - 직접 파는데 전혀 개의치 않는 것은 놀랄 일이 아니다. 주주가 아니라 경영진이 그들의 고객이었다. 2003년까지 5년 동안 포춘 500대 기업 가운데 61개 기업이 세금회피제도의 적정성에 대한 독립적인 의견을 제공하도록 고용한 감사인들로부터 34억 달러에 달하는 세금회피수단을 매입했다. 이런 기업들 가운데 17개 기업의 경영자들은 감사인과 상의해서 구입한 그런 회피수단들로부터 개인적인 혜택을 얻었다.[15]

지분과 공정성

스프린트Sprint에 대한 언스트 앤 영의 세금자문서비스는 주주와 경영진의 이해가 어느 정도 어긋날 수 있는가와 그 결과가 얼마나 참담할 수 있는가를 간결하게 보여준다. 2000년 상반기에 스프린트는 월드컴과 공식적으로 합병협상을 하고 있었다. 확실히 돈을 벌 수 있다는 것을 알게 된 스프린트의 경영진 수뇌들은 스톡옵션을 행사하기 위해 수백만 달러를 빌렸고, 결과적으로 CEO 윌리엄 이즈리William Esrey와 다른 선임 경영자들은 상당한 세금을 내야 하는 상황에 처하게 되었다. 그러나 합병이 이루어지지 않게 되자 주가는 2개월 만에 67달러에서 36달러로 폭락했다. 경영자들이 보유한 주식가치가 수백만 달러나 사라졌지만 세금부담은 여전히 남아있었다.

세금자문과 외부감사 서비스를 모두 제공하는 언스트 앤 영은 곧 일에 착수했고 스프린트가 경영자들이 행사한 옵션을 되살 것을 제안하였다. 이 제안에 따르면 경영자들은 3억 달러가 넘는 서류상 이익에 대해 내야 할 세금을 내지 않을 수 있었지만, 주주들은 기업에게 귀속될 1억 4천 8백만 달러의 세금혜택이 없어짐으로써 비용을 부담하게 되어 있었다. 기업의 신용을 고려해서 스프린트는 이 제안을 거절했다. 그러나 외부감사를 담당하는 회사가 이런 제안을 했다는 사실 자체는 법이 시민투자자와 그들이 감시인으로 믿고 있는 중개기관 사이의 연결을 단절시킬 때 투자자가 얼마나 피해를 볼 수 있는가를 잘 보여 준다. ISS의 패트 맥건 Pat McGurn이 말했듯이 "이것은 가장 노골적인 이해상충이다."[16] 그러나 하나의 측면에서 보면 이것은 그리 놀랄 일도 아니었을 것이다. 그해 스프린트는 언스트 앤 영에게 6,500만 달러의 수수료를 지불했는데 대부분이 자문수수료였고 단지 5.4%인 350만 달러만이 감사수수료였다.[17]

스프린트 사례를 제외하면 대부분의 회계사들은 윤리적이고 공정하게 처신했다. 사실 보다 놀라운 것은 스캔들이 아주 규칙적으로 발생한다는 것이 아니라, 사베인 - 옥슬리 법이 통과되기 전까지 감사에 대한 미국연방법이 주주에 대한 효과적인 충성을 요구하지 않았을 때에도 왜 그렇게 많은 기업과 감사인들이 명예롭게 행동했는가 하는 것이다.

여기에 문제의 핵심이 있기 때문이다. 주주관리보다는 시장가격에 법적으로 연계된 미국 감사관련 법은 기업이 주주에 귀속되는 시장가치를 극대화한다는 커다란 가정에 의존하고 있다. 하지만 때때로 기업은 그렇게 하지 않는다. 예를 들어 경영진은 당사자 거래를 통해 자기 자신 혹은 지배주주에게 혜택이 돌아가도록 가치를 이전시킬 수 있다. 타이코Tyco에서 일어난 것처럼, 사장이 기업자금을 이용해 자기 아내의 호화로운 200만 달러짜리 생일파티 비용을 지불하더라도 이런 행동이 기술적으로 사기가 아니라면 감사인은 주주에게 이것을 알리지 않을 것이다. 그런 낭비는 기업의 경영진과 이사회가 주주의 관리에 대해 별로 개의치 않는다는 것을 반증한다. 그러나 미국 법에서 이러한 것은 감사인이 해야 할 일이 아니다.

이런 관습을 미국의 1993년 증권법 전체가 모방한 영국시스템과 비교해 보자. 영국 회사법은 감사인들이 이사회와 경영진이 아니라 주주에 의해 임명되고 주주에 대해 책임을 진다는 것을 분명히 하고 있다. 중요한 것은 영국의 감사인들이 거래소에서 주식의 공정한 거래를 감시하기보다는 이사와 경영진이 주주자본을 얼마나 잘 보호하고 있는가를 평가한다는 것이다. 이런 책임은 획기적인 1990년 영국 판례인 **카파로 대 디크맨**Caparo v. Dickman에 잘 나타나 있다. 이 판례에서 올리버 판사는 "사업과 관련된 기업 행동을 상세히 분석하고 경영자를 보상하거나 통제하거나 교체하기 위해 힘을 공동으로 행사할 수 있도록 주주에게 신뢰할 수 있는 정보를 제공하는 것이 감사인의 역할이다"라는 의견을 제시했다.[18] 이것은 아주 범위가 넓은 의무사항이다.

팀 부시가 지적했듯이, 이것으로부터 문제가 생겼다. 미국이 모방하려고 했던 원래의 영국관습은 적절한 감사를 통해 기업이 처한 상황에 대한 "정확하고 공정한" 견해가 제시될 것을 요구하였다. 이러한 의무조항은 대서양을 건너면서 다른 것으로 변질되었다. 미국에서의 모든 법원판결은 모두 이른바 경영판단규칙business judgement rule에 따라 경영자가 사기는 아니나 기업에게 피해를 주는 정보를 공개하지 않는 것을 허용하고 있다. 법원은 심지어 기술적인 회계기준에 어긋나지 않는 한 경영자가 투자자를 쉽게 오도할 수 있는 과대선전을 이용하는 것을 허용하고 있다. 다시 말하면, 감사인들은 기업이 경영진의 능력, 낭비, 그리고 잘못된 사업판단과 관련된 이슈를 주주에게 은폐하는 것을 합법적으로 허용할 수 있다.

시민자본가를 위한 감사인

연방정부와 주정부간의 분리로 힘이 약화되었지만, 미국의 규제당국과 입법자들은 스캔들이 있은 후에 회계감사를 개선시키기 위해 움직였다. 정부 검찰관들은 아서 앤더슨의 업무를 효과적으로 정지시켰고, 의회는 사베인 - 옥슬리 법을 바탕으로 독립적인 상장기업 회계감독이사회Public Company Accounting Oversight Board: PCAOB를 만들었다. PCAOB는 회계사가 공정한 표준에 입각해서 일할 수 있도록 일련의 규제 표준을 발표했다. 문제는 그런 규칙들이 기업 활동에 더 큰 부담이 된다는 것이다. 미국에서 일반적으로 인정된 회계원칙Generally Accepted Accounting Principles: GAAP 목록은 지금 영국의 그것에 비해 4배나 길다. 그 이유는 미국의 규제당국이 지배구조에 대한 이슈를 자본시장이 어떻게 다룰 것인가를 세밀하게 규정하려고 노력해 왔기 때문이다.

PCAOB는 자기 역할을 수행하기 위해 감독 예산을 증가시켰다. 2005년에 PCAOB는 1억 3천 7백만 달러를 넘어서는 예산을 갖고 있었고 미국 상장기업들을 감사하는 1,623개 회사를 감독하기 위해 450명의 직원을 거느리고 있었다.[19] 유럽위원회European Commission

도 비슷한 단체를 만드는 계획을 갖고 있다. 그리고 세계의 회계사들은 국제회계사연맹International Federation of Accountants: IFAC을 통해 세계적인 감사 윤리를 감시하기 위해 공공이익을 위한 독립적인 감시위원회Public Interest Oversight Board를 2005년에 설립했다.

아마도 보다 중요한 것은 시민자본가의 등장에 힘입어 민간부문 자체가 이제는 이해상충으로 신뢰받지 못했던 모형을 대체하기 위해 투자자 중심이고 시민경제에 맞는 감사활동 감시모형을 만드는데 바쁘다는 것이다.

과거에는 세계 기관투자가들은 경영진이 추천한 어떤 감사인도 무조건 받아들였다. 이제 기관투자가들은 회계 법인이 감사보다는 자문을 통해 더 많은 돈을 버는 것을 통상적으로 반대한다.[20] 단순히 반대하는 것으로 충분하지 못할 때, 기관투자가들은 투자자에 대한 의무를 수행하지 못한 회계사들을 고소하기 시작했다. 월드컴 사기를 사전에 알아내서 주주들에게 알렸어야 한다고 주장하는 소송을 해결하기 위해 아서 앤더슨은 6천 5백만 달러를 지불했다.[21] 앤더슨 소송의 원고가 1,200억 달러를 넘어서는 뉴욕 주 연금펀드의 총수탁자이자 기업지배구조 행동주의가 나아가는데 선구자적 역할을 했던 미국 직능단체인 기관투자가 협회의 전 공동의장인 뉴욕 주 감사관인 앨런 헤버시라는 것은 우연이 아니다. 헤버시는 정보 중개기관들이 이해상충으로 수탁자 의무를 소홀히 할 때 시민사회를 부패시키고 자본주의를 망친다고 주장한다.

시민자본가가 원하는 것을 서비스하기 위해 새로운 정보 거물들이 떠오르고 있다. 예를 들어 하워드 쉴리트Howard Schilit의 재무 조사 및 분석 센터Center for Financial Research and Analysis: CFRA는 감사보고서의 적정성을 세밀하게 분석한다. CFRA는 1994년에 창립된 이후이 기관의 일간 보고를 이용하는 4,000명이상의 투자자들과 규제전문가들에게 서비스하고 있다. 이것에 대해 잠시 생각해 보자. 이러한 시민자본가 기관은 전통적인 정보 중개기관들이 부적절했기때문에 성장하고 있다. 쉴리트는 직관적으로 이런 차이를 이해하고 있다. CFRA는 "투자은행과의 이해상충이 없음"을 증명하기 위해 인베스터사이드 로고를 자신의 웹사이트에 전시하고 있다.[22]

이런 모든 것들 때문에 회계법인들은 이제 매우 신중한 처신을하게 되었다.

그냥 "노"라고 말하라

일리노이 주의 리슬리Lislie는 목가적인 상징물로 둘러싸인 시카고 서부의 조그만 도시이다. 리슬리는 "수목원 마을"로 불리고 있는데, 이 도시의 상공회의소는 해마다 웃는 날Smile Days 축제를 후원한다. 이 도시는 시민경제를 이야기 사람들에게 믿기 어렵지만 획기적인 사건이 있었던 곳이었다.

그 해는 2004년이었고 장소는 다각화된 전자제품 제조업체인 몰렉스Molex의 리슬리 본부였다. 이 기업의 회계감사 법인인 딜로이트 앤 투시Deloitte & Touche는 몰렉스의 공표된 수입을 부풀리게 했던 회계처리 실수를 없애기 위해 2004년 재무제표를 수정할 것을 요구했다. CEO인 조지프 킹Joseph King은 이를 거절했고 이사회도 그를 지원했다.

여기서 이야기가 끝났을까? 몇 년 전이라면 그랬을 것이지만 지금은 더 이상 그렇지 않았다. **비즈니스 위크**는 그 다음에 일어난 것을 다음과 같이 요약하고 있다. "그래서 딜로이트는 예상하지 못했던 방향으로 나아갔다. 딜로이트는 몰렉스를 위한 회계감사일을 그만 두었으며, 두 주 후에 SEC 공시를 위해 이 사건에 대한 통렬하고 자세한 보고서를 썼다. 이것으로 사실상 킹이 CEO로 있는 한 어떤 감사인도 몰렉스를 위해 일하지 않을 것이라는 것이 확실해졌다. 열흘이 지나지 않아 몰렉스의 이사들은 아주 하기 싫은 일을 하게 되었다. 그들은 킹을 해고시켰고, 그들의 감사위원회를 위해 재무분야의 전문성을 갖고 있는 이사를 새로 임명했으며, 적절한 재무보고를 위한 교육을 받기로 동의했다."[23] 이제 시민경제 정보 중개기관들은 이렇게 일하게 되어 있는 것이다.

주주를 위한 감시자 역할 재고

연 방정부의 감시는 미국 회계법인에 건전한 방향으로 영향을 미치고 있다. 그리고 다른 나라의 법구조가 미국과 다름에도 불구하고, 미국 시장이 매우 크기 때문에 미국 법으로 규정된 안전장치는 세계 모든 회계법인에도 변화를 강요했다. 논란이 있겠지만, 사실상 워싱턴 표준만 아니라 여러 체제들을 혼합한 것을 기반으로 세계에서 제일 좋은 관례를 만드는 것이 주주의 이익을 위해 더 현명한 방법일 수도 있다.

예를 들어 프랑스 규제는 상장기업이 하나가 아닌 두개의 회계법

인으로부터 외부감사를 받을 것을 요구하고 있다. 이런 이중 회계
감사는 비용이 더 많이 들 수 있지만, 품질관리 장치가 될 수 있고
감사활동이 경영진에 의해 좌지우지 될 가능성을 줄인다. 두개의
회계법인은 영어권 시장에서는 알려지지 않은 견제와 균형을 이루
면서 함께 일을 해야 하고 감사보고서에도 함께 서명해야 한다.

비방디 Vivendi에서의 위기는 이런 시스템이 가치가 있다는 것을
보여 주었다. 2001-2002 회계연도에 CEO인 장-마리 메시에 Jean-Marie
Messier는 비방디의 이익을 14억 달러로 부풀리기 위해서 복잡한 부
외 주식매도를 끼워 넣으려고 했다. 공동 감사인인 아서 앤더슨은
이런 거래를 허용할 준비가 되어 있었다. 그러나 두 번째 공동 감
사인인 살루스트로-레이델 Salustro-Reydel은 문제가 있음을 지적했고,
프랑스 증권거래위원회(그 당시 시장의 규제당국)는 이에 동조했다. 비
방디가 다른 곳에 상장되어 있었다면, 아서 앤더슨의 의견이 먹혀
들어서 주주에게 기업의 재무상태가 잘못 전달될 수도 있었다. 이
러한 이중 감사시스템은 회사가 파산하기 전에 엔론의 회계사기를
잡아내서 시민자본가 주주들에게 수십억 달러를 절약하도록 할 수
있었을까?

활동적이고 깨어있는 시민 주주, 독립적인 감사인, 그리고 새로
운 규제가 감사문화의 개혁을 추진하는데 함께 도움을 주었다. 하
지만 이해관계를 일치시키는데 있어서 근본적인 의문이 여전히 남
아있다. 피감사기업이 감사비용을 지불할 때 시민투자자는 감사활
동이 자기의 이익을 지키기 위한 것으로 정말로 신뢰할 수 있을까?
세계 감사 회계법인의 수가 단지 4개로 축소될 때 주주가 최고의

서비스를 받을 수 있을까? 미래지향적인 투자자는 잠재적 이해상 충을 완화시키거나 예방하기 위한 근본적인 방법을 찾기 위해 더 깊이 고심하고 있다.

파리에 있는 회계법인 프락스인베스트 Proxinvest의 사장인 피에르-앙리 르로이 Pierre-Henry Leroy는 프랑스의 이중감사 표준이 세계 모든 국가에서 채택되면 거대 다국적 회계법인의 과점 체제에 새로운 피가 수혈될 수 있을 것이라고 주장한다. 헤르메스 활동펀드의 전 대표이자 주주를 위한 지배구조 Governance for Owners의 창립자인 피터 버틀러 Peter Butler는 투자자에게 혜택을 주기 위해 보다 과격한 "새로 운 방식의 감사" 해법을 주장한다. 버틀러는 장기 투자하는 주주들 이 감사서비스를 제공하는 새로운 산업에 소액주주로 참여할 것을 제안한다.[24]

주주로 하여금 감사인을 선임하는 독점적 권한을 갖는 투자자 특별위원회 위원을 선임하게 하는 또 하나의 전통 파괴는 어떤가? 펀드관리그룹인 몰리 Morley는 영국 통상산업성에 그와 같은 계획을 제안했다.[25] 호주의 주주활동주의자 샨 턴불 Shann Turnbull은 오랫동안 비슷한 견해를 갖고 있었다. 스웨덴 기업은 이미 그런 관례를 따르 고 있다.

궁극적으로 어떤 해법이 채택되든 회계산업은 시민경제 논의의 중심무대이다. 기업 활동이 독립적으로 평가되고 보고될 때 비로 소 기업이 시민주주에게 책임을 질 수 있다.

자유롭고 공정한 선거

자본시장의 가장 두꺼운 정글에 회계사보다도 덜 알려진 또 다른 종류의 정보 거물이 진을 치고 있다. 주주가 주주총회에서 의결권 행사를 어떻게 할 것인가를 자문해 주는 회사가 그것이다. 이런 "의결권 대행 자문회사proxy advisers"의 판단은 아주 영향력이 커졌기 때문에 CEO를 선임하거나 해임할 수 있고, 인수합병을 성공으로 이끌거나 실패로 끝나게 할 수 있으며, 기업이 사회적 책임이 있는 행동을 수용하는 것을 촉진시키거나 멈추게 할 수도 있다. 시민 투자자는 자기의 이익을 대변하는 의결권 대행 자문회사를 믿을 수 있어야 한다. 과연 그럴 수 있을까?

아마도 누구나 의결권 대리투표관련 문서를 우편으로 받아 본 경험이 있을 것이다. 그렇다면 누구나 문서에 재미없고 이해하기 어려운 것들이 많이 포함되어 있다는 것을 알 것이다. 이제 포트폴리오에 많은 주식이 있고, 각각의 회사주식과 관련된 2개 내지 40개 결의안에 대해 의결권을 행사할 의무를 갖고 있는 기관투자가를 생각해 보자. 수많은 그런 펀드들은 그들의 고객을 대신해 그 일을 이사의 독립성과 보상체계의 적정성을 분석하는 시간과 전문성을 갖고 있는 전문가에게 위임한다. 이 분야에서 가장 앞서가는 회사는 가장 중요한 정보 중개기관들 가운데 하나이면서 많은 개인 저축자들이 결코 들어본 적이 없는 기관투자가 자문회사Institutional Shareholder Services: ISS이다.

워싱턴 D.C. 근처에 본사가 있는 ISS는 연금펀드, 은행, 자금관리
자, 그리고 뮤추얼 펀드가 수천 개 기업의 주주총회에서 어떻게 의
결권을 행사할 것인가를 자문한다. 수년간 ISS는 미국 시장을 독점
했다. 2000년까지 이 회사는 미국 기업에서 의결권이 행사된 주식
들 가운데 20%에 영향을 준 것으로 추정되고 있다. 전국 연금펀드
협회와의 공동사업과 브뤼셀에 있는 드미노 레이팅Deminor Rating의
인수를 통해서 이 회사가 영국으로 사업영역을 확대한 것을 감안
하면 ISS는 세계 주주총회에서 의결권 행사 결과를 좌지우지하는
막강한 힘을 갖는 회사가 되었다. 1990년대와 21세기 초의 수많은
스톡옵션 계획, 합병, 그리고 위임장 경쟁은 ISS가 제시한 방향에
따라 성공하거나 실패했다.

ISS의 힘은 자신을 시민경제기관으로 내세우는 전략으로부터 생
겨났다. 이 회사는 투자자를 위해 활동했고 투자자가 활동비용을 지
불했다. 이런 모형은 ISS의 창립자이자 유명한 주주활동주의자인 로
버트 멍크스, 그리고 동료인 넬 미노우와 하워드 셔맨Howard Sherman
이 수입이 거의 없고 고객이 40명도 되지 않는 상태에서 고생하고
있었던 초창기에 굳게 정립된 이 회사 전통의 일부이다. 사실 이들
은 시민경제 중개기관에 대한 새로운 틀을 만드는 산파였다.

1989년에 멍크스는 전설적인 금융업자인 리차드 레인워터Richard
Rainwater와 에디 램퍼트Eddie Rampert로부터 전화를 받았다. 두 사람은
어떤 계획을 갖고 있었다. 이들은 미국 엔지니어링 우량 기업의 상
징이었던 허니웰Honeywell에 많이 투자하고 있었다. 이 회사는 그 이
전 해에 거의 5억 달러에 달하는 손실을 보았다. 레인워터와 램퍼

트의 의견에 의하면, 허니웰 경영진은 위기를 서투르게 다루고 있었다. 경영진은 기업구조조정을 통해 문제를 해결하려고 노력하기보다는 현상유지를 택했던 것이다. 경영진은 CEO와 친한 이사들이 항상 이사회를 지배할 수 있도록 이사의 시차임기제를 도입하는 것을 포함한 수많은 매수합병 방어 장치를 제안하였다.

그 당시 기업사냥꾼만이 용감하게 그런 제안에 맞서 싸울 수 있었는데, 허니웰에는 그런 사람이 없었다. 그러나 램퍼트와 레인워터는 근본적으로 다른 투자자였다. 이들은 허니웰의 독주를 좋아하지 않았다. 이들은 경영진에 주주압력을 가해 회사의 방향을 변화시키고 주가를 올릴 계획을 갖고 있었다. 하지만 경영진이 보호장치 안에 들어가 있어 그들은 이를 실행할 수가 없었다. 그래서 그들은 멍크스와 ISS에게 매수합병 방어 결의안에 대한 싸움을 주도해 줄 것을 제안했다. 이들 사이에 이해 상충은 없었다. 레인워터와 램퍼트가 제안한 것은 ISS가 그 동안 주장해 왔던 것이었다. 이 밖에도 ISS는 자금을 갖고 있었고, 회사가 유명하다는 것을 이용할 수 있었다. 그럼에도 불구하고 ISS는 어떤 형태로든 갈등이 노출되는 것을 피하기 위한 가장 좋은 방법은 허니웰 프로젝트를 수수료를 받지 않고 하는 것이라고 결정했다. 그렇게 함으로써 ISS가 같은 노선에서 활동하고 있는 레인워터와 램퍼트를 위해서가 아니라 고객을 위해서 일한다는 것이 분명해 졌다. "리처드로부터 수수료를 받지 않는다는 제안이 우리에게는 매우 중요했다. 지금까지 우리는 어떤 이유로든 주주를 제외한 어떤 사람으로부터도 돈을 받은 적이 없다"고 10년이 지난 후 멍크스는 회상했다.[26]

시대가 많이 변했다. 오늘날 의결권 대행 자문은 더 이상 회사가 업종을 바꾸어 독자적으로 하는 사업이 아니라 세계적으로 시장가치가 4억 달러에 이르는 주식을 두고 다투는 재무적 전문성이 있는 여러 회사들이 함께 이끌어가는 사업이다.[27] ISS도 소유구조와 리더십이 바뀐 이후 여전히 의결권 대행 자문, 의결권행사기록 보관, 그리고 기관투자가를 위한 지배구조평가 등으로 주 소득을 올리고 있다. 하지만 이 회사는 또한 투자자를 위해 분석하는 이슈에 대해서 경영진에 자문을 하면서 기업에게도 서비스를 제공한다. 이 회사는 기업경영진에게 ISS의 검증을 통과하기 위해 필요한 결의안 제출방법을 자문해 준다. 예를 들어 주주 지분의 희석(직원들에게 제공되는 주식 수가 증가해서 주주 지분이 희석되는 것)으로 ISS의 애널리스트가 결의안에 대해 반대투표를 권유하지 않도록 하기 위해서는 어떻게 경영진 보상 계획을 만들 것인가를 자문한다.

신용평가회사가 그렇게 해왔듯이, ISS는 주식조사연구의 객관성과 의결권행사 자문에서의 정직성을 가장 높은 수준으로 유지하기 위해 평가기관으로서의 활동과 기업자문 활동 사이에 방화벽을 설치했고, 알려진 이해상충을 완화하기 위해 설계된 다른 조치를 취했다.[28] 한편으로는 기업이 이 회사의 자문을 원한다는 것은 활동적 주주가 새로이 영향력을 행사한다는 증거이다. 그러나 다른 한편으로는 이 회사가 기업자문 서비스를 한다는 사실은 의심의 여지를 남겨 놓고 있다. 누구나 알고 있는 ISS에서의 이해상충은 지배구조 대가인 이라 밀스타인의 비판 대상이었을 뿐만 아니라 **워싱턴 포스트, 뉴욕 타임스, 파이낸셜 타임스, 월스트리트 저널**과 같은 주요

언론에서 주목받는 주제가 되었다.[29]

이해상충 해결책

ISS는 수천만의 시민주주를 위한 핵심 대변인으로서의 역할을 수행하는 최고 정보 거물로서 열려있어야 하고 투명해야 된다는 압력을 받아왔다. 규제당국은 주주를 보호하기 위해 개입해야 할 좋은 기회를 포착했을 수도 있다. 미국 SEC는 이해상충문제를 갖고 있는 의결권대행 자문회사를 제외하도록 펀드들에게 명백한 경고를 보내면서 2004년에 바로 그러한 움직임을 시작했다.[30]

여기서 규제가 유일한 해결책은 아니다. 건강한 경쟁이 처방이 될 수 있다. 하나의 서비스 공급자에게 만족하지 못한 투자자는 다른 서비스 공급자를 선택할 수 있다. 분명히 투자자 중심 경제가 활성화됨에 따라 복수의 서비스 공급자 시대가 열렸다. 미국에서 ISS는 이제 채권평가회사인 글래스 루이스 앤 프록시 거버넌스 Glass Lewis and Proxy Governance의 자회사인 이건-존스 프록시 서비스 Egan-Jones Proxy Service와 사업을 따내기 위해 경쟁한다. 다른 회사들이 다른 시장과 국가에서 사업을 하고 있다. 예를 들어 영국에는 PIRC, 영국보험업 협회Association of British Insurers, IVIS, 그리고 매니페스트Manifest가 있다. 파리에는 프락스인베스트Proxinvest, 시드니에는 코퍼레이트 거버넌스 인터내셔널Corporate Governance International, 멜버른에는 ISS Proxy Australia, 그리고 서울에는 한국기업지배구조센터Korea Corporate Governance Service and Center for Good Corporate Governance가 있다. 이들은 각각 사명의 특이성을 시민경제에서의 핵심판매 전략으로 내세우면서 투자자 중심의 분석서비스를 제공한다. "우리 제안의 성실성은 바로 이사와 경영자에게 동일한 주주제안과 관련된 컨설팅 서비스를 팔지 않는데 있다"고 그들은 말한다.[31]

대부분의 이사회가 이런 흐름을 제대로 인식하지 못하고 있지만 경영자들이 그 의미를 제대로 이해하는 것이 좋을 것이다. 추세를 보면 의결권대리행사 거물들이 책임경영으로 이어지는 경로에서 중요한 장애물을 제거하면서 시민자본가 주주의 이익과 합치되는 방향으로 점점 다가가고 있다. "우리는 CEO에게 인기를 얻으려고 하지 않는다. 우리는 권력자에게 인기가 있든 없든 투자자를 위험으로부터 보호하는 것을 목표로 하고 있다"고 글래스 루이스의 그레그 택신Greg Taxin은 설명했다.[32]

그러나 의결권 행사의 구조조정이 중요하기는 하지만 연금펀드 스스로 적절히 자문을 받아서 펀드매니저들이 수탁의무를 충실히 이행하지 않으면 시민경제의 지속적인 진화는 멈추게 될 것이다.

문지기 달인

연금펀드는 종종 복잡한 의사결정의 방향을 제시하는 것을 돕는 자문회사를 고용한다. 가장 큰 결정은 어떤 투자회사가 자기의 돈을 관리하는데 가장 적합한가에 대한 결정이다. 그런 자문회사들이 성장해서 강력한 문지기gatekeeper가 되었다. 이들의 판단에 근거해서 수탁자는 어떤 펀드매니저에게는 막대한 돈을 보내지만 다른 펀드매니저에게는 보내지 않는다. 특히 아주 독립적인 자문에 대해 펀드가 지불하는 수수료가 상대적으로 크지 않기 때문에 이해상충으로 추천이 왜곡될 가능성이 굉장히 크다. 시티코프와 메릴 린치가 객관적인 조사연구를 선점하기 위해 짭짤한 투자은행 수수료를 허용한 것처럼 어떤 자문회사는 유혹에 굴복했다. 이 회사는 자기에게 수수료를 지불했던 펀드매니저에게 고객의 돈을 맡기는 거래를 성사시켰고, 객관적인 자문을 위해 자기를 신뢰했던 연금펀드에 이 거래를 비밀로 했다.

또다시 최악의 남용은 미국에서 맨 처음 일어났다. 이해상충에 대한 법이 부정확하게 규정되었기 때문만은 아니었다. 사실 1940년의 투자자문법은 자문회사가 고객에게 어떤 이행상충에 대해서도 공개적으로 이야기할 것과 공정한 자문을 해야 한다는 것을 분명히 하고 있다. 그러나 2004년 현재 1,742개의 자문회사가 등록된 상황에서, 미국 증권거래위원회는 1980년대와 1990년대에 주요 중개인들에게 있었던 것과 같은 뒤엉킨 이해상충을 저지하기 위해 혼탁한 산업을 감시할 직원도 부족하고 관심도 거의 없었다. 사실 법이 제대로 집행되지 않고 있어 2005년에 규제당국은 다음과 같은 사실을 인정할 수밖에 없었다. "많은 자문회사는 자기가 고객과 어떤 수탁자 관계도 갖고 있지 않다고 생각하고, 자문가법에 나와 있는 수탁자 의무를 무시하거나 알지 못하고 있다"고 2005년 보고서에서 어떤 직원이 썼다.[33]

뒤늦게 나온 이 SEC 조사보고서는 분명히 추악한 빙산의 일각에 해당되는 것을 밝혀냈다. 전문 직원들이 24개 자문회사 표본을 자세히 조사했으며, 문지기가 일하는 방법을 정밀 조사했다. 이들은 자문회사와 자금관리회사 사이의 밀착된 관계를 여러 개 포착했는데 이것들은 대부분은 잘 감추어져 있었다. "연금펀드 자문회사는 자기가 고객에게 추천하는 자금관리회사로부터 다양한 형태로 보상을 받는다는 것을 현재, 그리고 미래의 연금펀드 고객에게 밝히지 않는다"고 서베이는 결론을 내렸다.[34]

자문회사들은 연금 수탁자를 위해 세미나를 개최했고, 투자 관리회사로부터 높은 참가비용을 받았다. 투자 관리회사는 컨설턴트의 눈에 나지 않기 위해 기꺼이 참가비용을 지불했다. 투자 관리회사는 또한 동일한 이유 때문에 금융소프트웨어 비용으로 1년에 7만 달러를 자문회사에게 지불했다. 어떤 자문가는 자문회사의 자회사 중개서비스를 이용할 것을 비밀리에 동의한 자금관리회사에 연금펀드 자산을 맡겼다. 다른 자문회사는 자금관리회사와 투자자 모두에게 자문을 했고 심지어 자신이 펀드를 직접 운영했다.

자문회사들은 연금펀드, 기부금, 재단, 그리고 다른 기관투자가에게 제공되는 서비스 비용을 충당하는 방법으로 그런 거래를 정당화했다. 그 결과로 잠재적으로 이해상충적인 활동이 수년 동안 지속되었다.[35] 두둑한 수입을 위해 이해상충을 감수하는 금전적 유혹이 시장과 상관없이 동일하게 존재하기 때문에 감추어진 유사한 비리가 유럽과 그 밖의 지역에서도 발생했을 가능성이 크다.

독립기념일

이런 시장의 어두운 구석에서도 여전히 시민자본가를 의식하는 규제당국과 펀드는 시민경제관습으로 변화할 것을 독려하고 있다.

"나의 희망사항은 수탁자가 더 많은 질문을 하면 자문회사가 그들의 이해상충에 관한 보다 많은 정보를 제공할 것이고 이렇게 되면 많은 개선이 이루어질 것이다"라고 2005년 보고서를 공개한 SEC의 법률준수 조사검사국 이사인 로리 리처드Lori Richard는 선언했다.[36] 기관투자가들은 자문회사가 자금관리회사와 어떤 사업을 하는지를 정밀하게 조사하고 있다. 가장 큰 자문회사들 가운데 하나인 머서Mercer는 자기가 후원하는 컨퍼런스를 그만두었다. 그리고 연금펀드는 가장 먼저 이행상충이 없다고 광고하는 자문회사를 고용하고 있다.[37]

시카고에 있는 자문회사인 에니스 크넙Ennis Knupp은 그런 자문회사이다. 이 회사의 철학은 분명하다. "독립적인 관점에서 투자 자문회사를 이용하라"고 창업자인 리차드 에니스Richard Ennis는 말한다. 이 회사의 웹사이트에 다음과 같은 말이 있다. "우리의 유일한 사업은 기관고객들에게 컨설팅 서비스를 제공하는 것이다. 우리는 중개, 투자관리, 혹은 투자은행 회사와 아무런 관련이 없고 이런 회사에 정보나 서비스를 팔지 않는다. 우리 회사, 그리고 우리가 하는 자문은 완전하고 분명하게 어느 쪽으로도 치우쳐 있지 않다."[38] 시민경제 중개기관을 향한 움직임이 가속화됨에 따라 회사와 고객의 이해가 상충되지 않도록 한다는 평판으로 이 회사는 사업에서 성공하고 있다. 에니스 크넙은 2001년에 미국에서 13번째로 큰 자문회사였고, 2,500억 달러 이상의 자산에 대해서 자문을 했다. 2003년까지 이 회사는 6번째로 큰 회사로 성장했고, 거의 4,350억 달러 자산에 대해 자문하고 있다.[39]

펀드들이 이해상충 관계를 갖고 있는 자문회사를 버림에 따라 시민투자자의 주식투자를 위한 저축이 보다 전문적으로 투자자문을 받게 될 것이다. 그러나 관심을 갖고 보아야 하는 마지막 정보 중개기관이 있다. 채권투자 자문회사이다.

신용의 손상

퇴직연금 자문회사는 크고 복잡한 고객들을 대상으로 영업한다. 이 회사는 소매 고객인 시민투자자를 어떻게 생각할까? 소문난 과부나 고아의 보호자인 채권평가기관은 "투자등급"으로 분류하는 증권과 "정크"로 분류하는 증권 사이의 경계를 정의한다. 기업이 돈을 빌리는데 지불해야 하는 이자는 세계적 규모의 3대 신용평가회사인 S&P, 무디스, 그리고 피치로부터 받은 신용등급의 상향 혹은 하향에 의해 결정된다. 등급이 높으면 높을수록 기업은 더 적은 이자를 지불한다. 따라서 기업은 신용등급을 높이려는 강한 유인을 갖는다. 그러나 동시에 규제당국은 가장 취약한 투자자들이 저축으로 어떤 채권을 살 것인가 혹은 팔 것인가를 결정할 때 위험을 평가할 수 있는 공정한 방법을 제공하기 위해 이러한 신용평가기관에 의존해 왔으며, 심지어 이들에게 공식적으로 축복받은 독과점적 지위를 부여했다. 이러한 믿음은 정당한가?

3대 신용평가기관은 자기 자신이 나무랄 데가 없고 모든 사람들로부터 신뢰받는다고 생각한다. 하지만 분명히 코끼리가 방안에 있다. 이것은 구석에 조용히 앉아서 모든 사람들의 시선을 끌지 않으려고 노력하고 있으며, 그렇게 하는데 있어서 상당한 성공을 거둔, 처신을 잘하는 코끼리이다. 그러나 이것은 여전히 아주 커다란 코끼리이다.

진실의 핵심은 투자자가 아니라 기업이 그런 신용등급을 사는 대가로 비용을 지불한다는 것이다. S&P, 무디스, 그리고 피치가 어떤 기업으로부터 평가수수료를 받을 때 과연 그 기업을 공정하게 평가할 수 있을까? 3대 신용평가 회사가 여전히 신뢰를 받는다는 것은 이 회사가 영업권에 높은 가치를 부여하고 있고, 이해상충을 관리하기 위한 절차를 설정해 놓았다는 것에 대한 증거이다. 그러나 투자은행도 이해상충을 관리하기 위해 방화벽을 설치해 왔던 것으로 알려져 있다. 아주 근본적인 이해상충을 극복하기 위해 설계된 장치들은 시간이 지나면서 지속될 수 없을지도 모른다. 사실 S&P와 무디스는 내부재무자료를 볼 수 있는 특권이 있었음에도 불구하고 엔론과 월드컴이 파산할 때까지 이 회사들의 주식에 투자적격 등급을 준 것에 대해서 2001년에 호된 비판을 받았다. 신용평가회사들이 기업으로부터 얻는 수입에 의해 영향을 받았을까? 아니면 단지 속았을까? 어찌됐든 이런 의문이 제기될 수 있다는 사실은 수수료 지급구조 때문에 투자자의 신뢰가 무너질 수 있다는 것에 대한 증거이다.

또 하나의 문제는 신용평가회사들이 고객인 기업에게 컨설팅 서비스와 신용평가서비스를 모두 팔고자 하는 끊임없는 유혹에 직면하고 있다는 것이다. 방화벽이 신용평가회사를 일반투자자와 피평가 기업에 똑같이 얽히게 하는 한 그런 사업은 부정한 돈벌이로 보이기 시작한다. 예들 들어 2004년에 S&P는 잘못된 기업지배구조를 이유로 신용평가보고서에서 기업들의 신용등급을 내리기 시작했고, 이와 동시에 S&P의 다른 부서는 지배구조 자문서비스를 제공하겠다고 광고했다. S&P는 이러한 분명한 이해상충 가능성에 민감하게 대응했다. 이 회사는 지배구조 부서가 신용분석가로부터 지배구조 평가를 추가로 받아야 한다고 지적당한 어떤 기업들로부터도 사업을 따내는 것을 금지시켰다.[40] 그러나 그런 행동으로 시민 주주가 채권평가회사에 부여했던 신뢰가 얼마나 오래 갈까? 아마도 수 년 혹은 수십 년 갈지도 모른다. 그러나 일주일후에 신뢰가 무너질지도 모른다. 신뢰는 일단 무너지기 시작하면 아주 빨리 무너지는 경향이 있다.

선택을 해야 하는 경제에서는 경쟁이 해결책이 될 수 있다. 그러나 이것은 신용평가 사업에서 결코 쉽지 않다. 3대 신용평가회사는 지금까지 부분적으로 회사의 질을 근거로 주요 경쟁을 회피해 왔지만 미국의 규제로부터 엄청난 도움을 받았다. 신용평가의 무결성을 확보하기 위한 고전적인 방법으로 SEC는 오래 전부터 인위적으로 독과점 체제를 만들었다. 규제당국은 S&P, 무디스, 그리고 피치에게 전국적으로 인정되는 통계적 신용평가기관Nationally Recognized Statistical Rating Organization: NRSRO이라는 호칭을 부여했다. 이런 애매한 훈장이 의미하는 것은 NRSRO의 신용평가만이 어떤 채권이 투자등급으로 공인될 수 있으며, 따라서 가장 취약한 투자자의 포트폴리오에 합법적으로 편입될 수 있는지에 영향을 줄 수 있다는 것이다. 미국 시장이 너무나 압도적으로 크기 때문에, 결국 SEC의 이러한 규정이 3대 신용평가회사를 세계에서 지배적인 회사로 만드는 결과를 초래했다. 신규 신용평가회사들은 SEC로부터 NRSRO 지위를 받는 데 성공하지 못했다. 그러나 시민경제는 규제당국을 훨씬 앞서 가고 있다. 여기서도 투자자중심 중개기관에 대한 장애물을 제거하려는 시민자본가의 욕망은 열매를 맺고 있다.

신뢰등급 평가

이제 신용평가시장은 분산되고 있다. 우선 핌코PIMCo, 웨스턴 에셋 매니지먼트Western Asset Management, 그리고 프루덴셜과 같은 주요 펀드관리회사들은 사내 분석부서를 아주 완벽하게 발전시켰기 때문에 종종 3대 신용평가회사보다 앞서서 기업의 신용도 변화를 분석할 수 있다. 그리고 정의상 이런 회사들의 이해는 분석대상 기업이 아니라 전적으로 포트폴리오 관리회사의 이해와 일치한다.

이런 경쟁이 얼마나 존속할 수 있을까? 이 책의 저자들 가운데 하나인 존 루콤닉은 뉴욕시의 부감사관으로 일하고 있는 동안, 종업원퇴직연금을 위한 고수익 포트폴리오를 관리하는 계약을 따내려고 애쓰는 투자회사들과 인터뷰한 적이 있었다. 수많은 채권관리 전문회사가 차례대로 전통적인 신용평가기관들이 얼마나 느리게 신용등급을 올리고 내리는지, 그리고 그런 지연으로 자기 나름대로 조사연구하는 포트폴리오 관리회사에 어떻게 기회가 생기는지를 보여주었다. 이 회사들은 자기들의 분석이 예상하거나 예상하지 못한 신용등급의 상승과 하락의 수를 보여주는 미리 인쇄된 도표를 보여 주었다. 이 회사들은 도표를 통해 전통적인 신용평가회사가 신용평가결과를 미처 내놓기 전에 자기들이 얼마나 돈을 많이 벌었는지, 신용평가회사보다 앞서서 얼마나 많은 재앙을 예견했는지, 그리고 신용평가회사가 어떤 파산을 예상하지 못했는지를 보여주었다. 대략 10개 정도의 이런 발표를 들은 다음 뉴욕퇴직연금펀드의 직원들은 왜 많은 사람들이 S&P나 무디스에만 관심을 갖는가를 의아해 했다. 물론 대답은 그들이 6시간 동안 볼 수 있었던 그러한 독립적인 신용분석이 독립적인 서비스로는 구할 수 없고 자금관리서비스와 함께 제공된다는 것이다. 이것은 그런 선견지명이 있는 분석이 특정 채권관리회사의 내부 자료로만 남아있고 일반대중에게는 제공될 수 없다는 것을 의미한다.

지금까지 그렇다. 이건-존스Egan-Jones, 그리고 크레딧사이츠CreditSights와 같은 독립적인 신용평가회사는 시장에서 좋은 평가를 받았다. 회비를 낼 의향이 있는 사람이면 누구나 이 회사들의 신용평가를 이용할 수 있다. 이 회사들은 3대 신용평가회사가 구조적인 이해상충이 존재하는 사업모델을 운영하고 있다고 주장하면서, 자기들의 독립성과 투자자들과 이해가 일치한다는 점이 그들 분석을 다른 것과 차별화시키는 요인이라고 강조하고 있다. 예를 들어 크레딧사이츠는 "우리의 유일한 관심은 투자자가 돈을 벌고 위험을 줄이는 것을 돕는 것이다"라고 지적한다.[41] 투자자 중심이라는 것이 보다 좋은 분석을 하는데 도움이 될까? 물론 이것은 아직 답을 알 수 없는 질문이다. 그러나 이건-존스는 무디스나 S&P보다 227일 앞서서 월드컴의 신용등급을 낮추었으며, 3대 신용평가회사보다 먼저 고객에게 엔론, AT&T 캐나다, 도이치 텔레콤, 포드, 컴디스코, 그리고 다른 위기에 대해 경고한 바 있다.[42]

변화와 진화

엔론은 시민자본가 생태계에서 산불과 같은 스캔들을 일으켰다. 시민투자자 저축에 커다란 피해를 주었고 전체시장이 비틀거렸다. 그러나 격렬한 회오리바람은 오랫동안 무시되었던 이 해상충을 노출시켰고, 최악의 범죄자들을 몰락시켰으며, 보다 풍성하고 다양한 시민경제 하부구조가 뿌리를 내리게 하였다. 이제 발빠른 정보 중개기관들이 태어나고 있고, 바뀐 환경에서 다양한 사업기회를 찾고 있다. 전통적인 정보 중개기관들은 근본적으로 바뀌고 있다. 왜냐하면 환경의 급격한 변화에 직면하는 모든 창조물처럼 이들은 적응하느냐 아니면 죽느냐하는 분명한 선택의 기로에 직면해 있기 때문이다. 정보 중개기관에 영향을 미치는 새로운 규제개혁들 가운데 일부는 성공하고 다른 것은 방향이 잘못된 것으로 판명되는 것과 마찬가지로 어떤 기관은 성공할 것이고 어떤 기관은 실패할 것이다. 그러나 시스템의 새로운 활력은 보다 견고하고 건강한 자본주의의 가능성을 보여준다. 경영자들은 자신들이 최적의 성과를 거두고 있는지 효과적으로 감시를 받게 되고, 시민자본가 투자자는 자기의 저축이 최적의 가치를 만들어낼 수 있게 하는 힘을 갖게 되었다.

시민경제를 가능하게 만드는 무엇인가 근본적인 것이 발생했다. 주주들은 자신들이 의존하고, 전에는 당연하게 생각했던 정보 중개기관들의 질과 능력에 관심을 집중하기 시작했다.

시민자본가가 이제 누가 자기에게 정보를 제공하는가, 그리고 어떻게 정보를 제공하는가에 주의를 기울인다면, 그 다음에는 필연적으로 주주로서의 책임을 수행하고 가치를 늘리기 위해 어떤 정보가 필요한지를 알기를 원할 것이다.

이것은 매우 중요한 시사점을 갖는 엄청나게 큰 질문이다. 우리가 평가하는 것을 잘 관리한다면, 새로운 시민경제 자료는 경영자들이 기업을 관리하는 방법과 시민투자자가 자기의 자본에 의존하는 기업에 대해 생각하는 방법을 근본적으로 변화시킬 수 있는 잠재력을 갖고 있다. 이것은 다음 7장에서 분석해야 할 이슈이다.

‖ 요점 정리 ‖

• 엔론 이전 시대의 브로커들은 상충되는 상업적 목적을 달성하기 위해 투자자문을 종종 왜곡시켰다. 규제당국은 독립적인 주식 조사연구라는 해결책을 제시했다. 시민자본가 펀드는 거래분석이 시민투자자의 이해에 일치하도록 하는 혁신적인 서비스를 가능하게 함으로써 더 큰 변화를 가져왔다.

• 감사인은 주주를 위한 감시자 역할을 하는 대신 너무 자주 경영자를 위해 일해 왔다. 미국에서 주와 연방의 분리는 이런 상황을 더 악화시켰다. 규제당국이 새로운 안전장치를 만들어 내는 동안 주주들은 스스로 감사인을 정밀하게 분석하고 혁신을 위한 아이디어를 만들어냄으로써 스스로 해결책을 찾으려고 애썼다.

• 의결권대행 자문회사는 시민투자자의 이해가 기업에게 직접 전달되는 방법에 엄청난 영향을 준 별로 알려지지 않은 중개기관이다. 시민자본가는 상충되지 않는 훌륭한 자문을 요구하게 되었으며, 이러한 결과로 기업지배구조를 정밀하게 분석하는 새로운 서비스 산업이 탄생하게 되었다.

• 컨설턴트들이 시민투자자의 저축이 어디에 어떻게 투자되는가를 결정하는 것을 돕는 문지기 역할을 수행한다. 그러나 감추어진 상거래 관계의 네트워크가 이들이 제공하는 자문의 질을 떨어뜨렸다. 펀드는 이제 이해상충이 없는 서비스를 요구하고 있다.

• 신용평가회사들은 가장 취약한 시민 저축자들이 위험이 높은 투자를 벗어날 수 있도록 돕는 역할을 한다. 그러나 그들도 근본적인 이해상충 문제를 갖고 있다. 그들은 자기들이 보호하게 되어있는 투자자가 아니라 평가대상 기업으로부터 보상을 받는다. S&P, 무디스, 그리고 피치 등 세계 3대 신용평가회사들은 잠재적 이해상충을 관리하려고 노력하고 있다. 그러나 시민자본가 펀드는 소규모이지만 이해상충이 없는 신용평가회사에서 대안을 찾고 있다.

• 주주들은 자신들이 의존하고, 과거에는 당연하게 생각했던 정보 중개기관들의 질과 능력에 관심을 집중하기 시작했다.

7
회계기준

브라더 루카상자 탈출

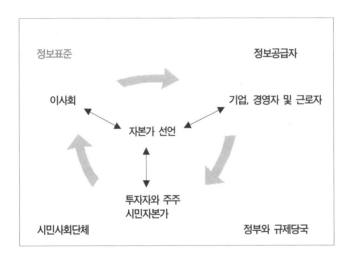

회계기준과 같은 전통적인 지침들은 아주 구식이 되어서 시민자본가와 기업경영자가 모두 실제 가치를 평가하고 관리하는 것을 아주 어렵게 하고 있다. 이 장은 혁신적인 시민경제 평가기준들의 등장을 살펴보고, 이런 기준들이 기업 활동을 시민투자자의 장기적 이익에 맞도록 하는데 어떻게 이용될 수 있는가를 보여준다.

회계기준은 시나이 산에 있는 두개의 돌 판에 기록되어 있지 않다. 그것은 다음 두 가지 이유 때문에 잘된 일이다. 첫째, 대부분의 사람들은 십계명을 지키는데 어려움을 겪는 것처럼 수많은 회계기준을 지키는 것이 어렵다고 생각한다. 보다 중요한 것은 회계기준은 십계명보다 수 천 년 늦게 만들어졌기 때문에 십계명만큼 그렇게 성숙되지도 않았다.

그러나 경제적 성공을 평가하는 이 기준은 이탈리아 르네상스 시대 이래로 500년 동안 계보를 이어왔다. 물론 세계경제는 그 이후 아주 많이 변화되었지만 전통적인 회계처리방법은 변화를 따라가지 못했다. 심장을 검사하기 위해 오래된 x-레이만을 사용해서 심장건강에 대한 정보는 얻지 못하고 신체골격구조만을 알게 되는 의사처럼 전통적인 회계처리 방법만을 사용하는 시민자본가는 최근의 상장기업이 장기적 가치 창조를 위한 건전한 재무적 상태를 갖고 있는지, 혹은 기업 가치를 파괴하는 파악되지 못한 질병을 갖고 있는지를 알 수 없다.

결과는 파괴적이다. 어떤 기업이 처한 상황을 정확히 평가하지 못하면 상습적으로 그 기업임원의 성과를 잘못 평가하게 된다. 결과적으로 우리는 아주 잘못된 자료에 반응해서 주식을 사거나 팔게 된다. 경영자는 잘못된 신호를 바탕으로 종업원을 고용하거나 해고할 수 있다. 임원들은 가치파괴적인 사업에 자본을 투자하고 생산적인 사업을 포기할 수 있다. 요약하면 평가수단들이 현실세계와 어울리지 않으면 모든 사람이 손해를 보게 된다. 투자자는 감시할 수 있는 능력을 잃어버리고, 경영자의 생산성이 급격하게 떨어지고, 경제는 도달할 수 있는 부와 고용 수준에 이르지 못하게 된다.

좋은 소식도 있다. 정확하고 적절한 정보기준이 보이지 않게 진화하고 있다. 이런 기준은 시민경제 생태계의 핵심장치로서 투자자, 경영자, 임원, 그리고 다른 사람들에게 가치를 창조하거나 파괴할 수 있는 기업의 진짜 능력을 더 잘 평가할 수 있는 길을 열어준다. 그런 정보가 들어오는 것은 책임순환구조가 작동하는데 도움이 된다.

브라더 루카의 유산

5 00년 전에 프랑스 수도사 루카 파치올리Luca Bartolomeo Pacioli는 수학과 원근화법을 가르쳤다. 레오나르도 다빈치라는 재능 있는 젊은 학생이 그의 걸작 작품인 **마지막 만찬**에 배운 것을 잘 이용하였다. 그러나 브라더 루카는 재능이 아주 다양했다. 그는 **산수, 기하학, 그리고 비례에 관한 모든 것**Everything about Arithmetic, Geometry and Proportion이라는 1494년에 그가 쓴 책으로 잘 알려져 있다. 구텐베르그 출판사에서 출간된 이 책에는 회계시스템을 설명하는 36개의 장이 있다. 파치올리는 이 회계시스템을 통해 거래자는 자기의 자산과 부채에 대한 정보를 바로 얻을 수 있다고 주장했다.

파치올리는 모든 상거래를 두개의 동등하고 반대되는 부분으로 나누었다. 상인이 물건을 구입했을 때 상인은 물건을 받음과 동시에 돈을 내놓는다. 상인이 물건을 팔 때 상인은 물건을 내놓고 돈을 받는다. 이것이 차변과 대변이 일치하는 복식회계의 탄생이었고 파치올리의 시스템은 제대로 작동했다. 이것이 그 후 500년 동안 회계의 기본이 되었다.

그렇지만 왜 이것이 21세기 시민경제를 위해 중요한가? 왜냐하면 19세기 그리고 20세기 초부터 시작해서 점점 더 소유와 경영이 분리됨에 따라 소유주는 자기가 투자한 조직의 재무적 건강상태를 자기에게 확인해 줄 수 있는 누군가를 필요하게 되었다. 1929년의 미국 증권시장 붕괴와 이어지는 경기침체로 소유주는 자기가 보유한 주식증서가 대변하는 것이 무엇인지를 이해하려고 애썼고 결과적으로 보증 관련 산업이 활발하게 생겨났다. 점점 더 소유주는 회계와 회계사에게 눈을 돌렸다. 미국 회계사 협회가 1887년에 만들어졌다는 것을 주목하라. 1916년까지 협회에 회비를 납부하는 회원의 수는 1,000명에 불과했다. 오늘날 이 협회의 후신인 미국 공인회계사 협회는 회원 수가 334,000명인데 이것은 미국 사람 900명 가운데 하나가 공인회계사임을 의미한다. 그리고 미국의 모든 회계사가 회원인 것은 아니다.[1]

대체로 이렇게 거대한 전통적인 회계전문가 집단은 제대로 역할을 수행했다. 그러나 경제를 움직이는 수많은 요인들은 파치올리 시대 이후 근본적으로 변하지 않았다. 20세기 마지막 사분기 까지 경제는 여전히 사고파는 것들에 의존하고 있었다. 고래 기름이 전기로, 그리고 말이 자동차로 대체되었지만 여전히 유형 자산을 만들어서 사고파는 경제가 유지 되었다.

1조 달러 가치 창출 요인

오늘날에도 대차대조표는 여전히 토지, 공장, 그리고 현금과 같은 자산을 간결하게 나타내는 데는 아주 훌륭하다. 그러나 노동력과 합쳐진 그런 자산들만이 유일한 가치 창출 요인은 아니다. GM 자동차 회사에 있어서도 마찬가지로 황금 알은 더 이상 조립공장이 아니라 금융자회사이다. 하지만 우리의 회계시스템은 브랜드, 광고, 특허권, 상표, 저작권, 금융노하우, 노동자 지식, 생산성 기술과 같은 이른바 무형자산이 공장, 장비 그리고 철근구조보다 오늘날 경제를 이끄는데 훨씬 더 중요하다는 사실을 받아들일 만큼 근본적으로 변화하지 못했다. "대차대조표, 손익계산서, 그리고 현금흐름표가 비재무적 요인의 결과라는 것이 직관적으로 분명하다"고 2004년 딜로이트 연구보고서는 결론을 내리고 있다.[2] 관련된 액수가 결코 사소한 것이 아니다. 미국의 기업만 해도 매년 성장을 이끄는데 필요하다고 생각되는 무형자산에 거의 1조 달러를 지출한다.[3] "무형자산은, 성공적으로 관리하기만 하면, 물적 혹은 재무적 실체가 없는 미래 수익에 대한 청구권이 된다. 특허권이나 저작권처럼 그런 청구권이 법적으로 보장될 때 우리는 그런 자산을 "지적자산"이라고 부른다"고 이 문제에 대한 전문가인 뉴욕대학 바루크 레브Baruch Lev 교수가 설명한다.[4]

오늘날 영리한 투자자는 유형 및 무형 자산 모두로부터 미래 현금흐름을 예측해서 기업의 가치를 계산하려고 한다. 그런 계산은 까다롭다. 고전적인 파치올리의 패러다임은 지적자본을 사실상 무시하고 있다. 전통적 회계에서는 형체나 재무적 구체성이 없는 어떤 것도 단지 유령에 불과하다.

기존 회계제도에 따른 왜곡된 결과를 보기 위해 가상적 상황을 고려해 보자. 탁월한 독창성을 갖고 있는 마이크로소프트의 빌 게이츠 Bill Gates가 마이크로소프트를 떠나서 독일 소프트웨어 업체 SAP로 자리를 옮겼다면, 분명히 마이크로소프트 주가는 폭락했을 것이고 SAP 주가는 급등했을 것이다. 게이츠의 재능은 우리가 이해하는 말 자체의 의미에서나 주식시장에서 레브 교수의 정의를 사용한다는 의미에서 자산이었을 것이다. 하지만 마이크로소프트 대차대조표 어디에서도 자산으로 분류된 빌 게이츠는 찾을 수 없다. 그의 이름은 손익계산서의 비용 측면에서 그의 보상이 다루어질 때만 언급될 것이다(또한 그가 벌었지만 아직 받지 못한 보상이 반영되는 대차대조표의 부채 측면에서도 그의 이름이 언급될 수 있다).

이 예를 정보경제 전체로 확대해 보자. 골드만 삭스의 은행원, 삼성의 산업 디자이너, AFPAgence France-Presse의 기자, 엠브라에르 Embraer의 엔지니어, 애플의 아이팟iPod 프로그래머와 같은 가치창조자들이 미래에 계속 가치를 창조할 수 있는 생산적 자산이 아니라 부채로 간주되는 것이 논리적으로 맞는가?

모든 것이 대차대조표의 다른 쪽으로 기울어져 있다. 오늘날 기업이 당면하고 있는 평판위험, 경쟁압력, 환경 혹은 다른 규제에 근거한 우발 채무, 그리고 심지어 사업모델 자체의 기본적인 지속가능성 등과 같은 대부분의 위험은 그것이 너무 심각해져서 경영자가 그에 대한 비용을 지불하기 위해 특별예비비를 책정하기 전에는 드러나지 않는다. 그때가 되어서야 투자자가 주식을 팔고 경영자가 문제를 해결하기 위해 법석을 떠는 것은 종종 너무 늦은 것이다.

"글쎄요, 재무제표는 큰 문제없습니다. 원래 재무제표는 결코 기업에 대한 모든 지식이나 미래지향적인 모든 정보를 반영하게 되어 있지 않습니다"라고 말할 수도 있다.

바로 그렇다. 하지만 그것이 바로 시민자본가 - 또는 임원, 경영자, 그리고 책임순환구조의 어떤 다른 연결고리 - 가 알고 싶어 하는 것은 아닐까? 과거를 평가할 수 있을 뿐만 아니라 미래에 어떤 일이 일어나고 기업이 어떻게 대처해야 하는가를 예측할 수 있는 도구들이 필요하다. 경영능력이나 기업의 평판과 같은 핵심 자산, 또는 기후변화나 부패가 미치는 영향과 같은 부채위험은 평가하기 어렵다. 그러나 이런 것들을 평가하려고 노력하지 않으면 오래되고 친근한 것에 굴복하고 최선의 것을 찾지 못하게 된다.

두 명의 전문가가 수십 년 전에 잘못된 회계로 인한 왜곡을 지적하였다. 관리회계 교수인 토머스 존슨Thomas Johnson과 로버트 카플란Robert Kaplan은 1987년 저서 **적절성 상실**Relevance Lost에서 "요즈음 관리회계 시스템은 회사 경영에 잘못된 목표를 제공하고 기업과 관련된 기술, 제품, 과정, 그리고 경쟁 환경을 제대로 반영할 수 있는 적절한 평가 수단을 제공하지 못한다. 관리회계 시스템이 제대로 돌아가지 못하고 있는 기업에서는 경영자가 그것을 무시하고 자신의 정보시스템을 발전시킬 때 가장 좋은 결과가 생긴다"고 지적하고 있다.[5]

숫자의 통제

요즈음 전통적인 회계 측정치에만 의존해서 기업을 경영하는 경영자는 없다. 기업 경영자는 주문의 흐름, 가격경쟁, 회사에 귀속되는 특허권, 저작권 또는 다른 지적 자산과 라이센스 수입의 동향, 신제품이 만들어내는 수익의 비율, 규제위험, 소비자 만족도, 그리고 노동자 만족도와 같은 실질적 가치창출요인들을 추적하는 아주 혁신적인 방법을 발견했다. 경영자는 경영관리팀을 공식적 혹은 비공식적으로 평가한다. 경영자는 상호경쟁을 지켜본다.

다르게 말하면, 법적으로 요구되는 숫자를 넘어서 의미 있는 벤치마크를 찾아내는 것이 바로 전략이다. 토머스 존슨은 1992년 저서 **적절성의 재발견**Relevance Regained에서 다음과 같이 말한다. 재무적 점수는 테니스 시합에서의 점수와 같다. 테니스 선수가 알고 있듯이 시합하는 동안에는 점수가 아니라 볼에 집중하는 것이 필요하다. 하지만 영업성과에 대한 비재무적 평가치는 전통적인 비용평가치와 달리 종종 점수가 아니라 볼이다. 여러 가지 비재무적 평가치를 개선하기 위해 과정을 통제하는 것은 분명히 기업의 경쟁력을 향상시킬 것이다. 그러나 회계적 비용목표를 달성하기 위해 과정을 통제하는 것은 경쟁력을 전혀 향상시키지 못할 것이다.[6]

훌륭한 기업경영자가 전통적인 회계평가치에서 벗어나 볼에 관심을 기울이면 훌륭한 투자자도 그렇게 한다. 결과적으로 우리의 시스템은 가부키 광대극으로 퇴화되었다. 기업은 영업결과를 일반 대중에 공개하는 표준적 회계형식에 적합하도록 다듬기 위해 많은 시간과 비용을 투입한다. 그런 노력에도 불구하고 기업 실적이 발표되면 대부분의 애널리스트는 그것을 경영자가 실제로 기업을 이끌어가는 수단이 되는 영업보고서로 다시 변형시키는 작업을 가장 먼저 한다. 애널리스트는 이렇게 해야 비로소 기업이 실제로 어떻게 돌아가고 있는지를 제대로 이해할 수 있다고 생각한다.

다행하게도 요즈음 시민자본가 투자자에게 더 이상 충분한 정보를 제공하지 못하는 전통적 회계방법을 보완하는 새로운 정보 수단이 개발되고 있다. 경영자들은 "EIU Economist Intelligence Unit 여론조사에서 응답자의 72% 정도가 "투자자들은 지속가능하고 장기적인 성장에 보다 큰 가치를 부여하고 있다"고 말하는 메시지를 듣는다.[7] 새로 떠오르는 정보 생태계는 시민경제가 부상한다는 것을 말해주는 증거들 가운데 하나이다.

누가 정보를 소유하고 있는가?

전통적인 회계에서는 기업과 외부자 - 소유주, 공급자, 고객, 노동자 혹은 사회전체 - 사이의 관계는 단순하고 선형적이었다. 그것은 외부자와 기업과의 거래로 정의되었다. 기업은 세부적인 것에 대한 독점적 통제권을 갖고 있었다. 주주는 사실상 정보 빈민가에 속해 있기 때문에 자기 나름의 정보원으로부터 기업이 실제로 무엇을 하고 있는지를 알 수 없다. 분명히 정부는 최소한도의 공시 기준을 확립하였다. 하지만 기업은 시민경제 생태계의 다른 부문에 도움이 될 수 있었던 몇몇 평가치들을 밝히지 않음으로써 시장이 알 수 있는 것을 통제했다. 예를 들어 미국에서 스톡옵션에 대한 회계처리 논쟁을 고려해 보자. 스톡옵션으로 경영진에게 가치가 이전되었고, 대부분의 주주들이 스톡옵션을 비용으로 처리하기를 원했음에도 불구하고 기업은 여러 해 동안 스톡옵션을 비용으로 처리하는 것을 성공적으로 잘 피해왔다.

그러나 우리가 보았듯이 오늘날 주주들은 과거의 권력관계를 중단시킬 수 있는 힘을 구축하고 있다. 소비자, 노동조합, 그리고 지역단체들은 자기들이 CEO 뿐만 아니라 이사회에서 목소리를 낼 수 있는 대형 시민주주 펀드와도 협상할 수 있다는 것을 알게 되었다. 이것은 새로운 다차원 세계이다. 보다 많은 펀드들은 정보기준이 수용되는 내용뿐만 아니라 기업을 위한 의미 있는 통찰을 약속한다고 주장한다. 시민경제에서 이제 정보는 과거에 그러했듯이 공급자 중심으로 기업이 밀어내고 있는 것이 아니라 수요자 중심으로 시민자본가 주주가 끌어당기고 있다.

예를 들어 환경 문제를 보자. 한때 환경문제는 기업이 당면한 문제로 인식되지 않았지만 공해와 기후변화는 이제 정도의 차이는 있지만 세계적으로 대단히 중요한 이슈가 되고 있다. 유럽 기관투자가들 가운데 3/4 은 환경측면에서의 지속가능성이 투자에 있어서 핵심적인 문제라고 생각하고 있고, 미국 투자자들의 20% 정도도 그렇게 생각한다.[8]

환경문제 보고에 대한 실제 세계의 예를 고려해 보자. GE는 그들이 몇 년 전에 뉴욕 허드슨 강에 투척한 PCB(일종의 심각한 오염물질)를 청소하는데 진전이 있었다는 것을 주주들에게 보고해야만 하는가? 과거라면 그것은 GE와 규제당국만이 걱정할 문제였을 것이다. 환경운동가들은 공동체를 대표해서 규제당국에 압력을 가하든가, 혹은 별로 효과가 없는 소비자 불매운동을 유도하면서 무시당했을 것이다. 하지만 이제는 시민자본가와 환경운동가가 공동투자펀드에 대한 투자를 통해 비록 완전하지는 않지만 함께 대처하고 있다. 그리고 어떤 기관투자가 주주들은 환경위험에 대한 정보에 목말라 있다. 그래서 몇 년 동안 펀드들은 GE 연차 주주총회에서 경영진이 PCB 청소에 대해 보고할 것을 요청하는 주주결의안을 청원하였다.[9] 이런 움직임으로 이사들은 주주들의 대표자로서 자기들의 입장을 설명할 수밖에 없었고, 다른 주주들도 GE와 함께 PCB문제에 대해 다같이 걱정하게 되었다. 이에 따라 GE는 정보공시를 특정 이해관계자가 주장하는 문제라기보다 주주전체의 문제로 간주한다. GE는 사실상 모든 지역의 정화에 대해 정부와 자발적으로 합의했다는 것을 포함한 의미 있는 환경 프로그램을 설명하는 위임장을 통해 대화에 나서고 있다. 이 예는 다양한 이해관계자들 사이의 관계가 점점 더 복잡해지고 있다는 것을 말해 주고 있으며, 보다 많은 다른 형태의 정보가 필요하다는 것을 보여준다.

납치 피하기

이런 복잡성은 아래와 같은 질문으로 연결된다: 시민 주주는 어떤 정보에 관심을 가져야 하나? 시민주주는 중요한 것이 무엇인지를 어떻게 아나? 특정 이해관계자 집단이 보다 많은 기업

공시를 요구하기 위해 환경운동가들과 연합할 때 펀드를 강제로 납치할 수 있는가? 혹은 주주들은 오늘날 자본시장에서 현명하게 투자하는데 긴요한 비전통적인 정보를 얻는데 있어서 신중한 수탁자로서 행동하는가?

이 문제의 정당성을 결정하기 위한 하나의 검증은 이것을 3장에서 설명한 자본가 선언의 렌즈를 통해 고찰해 보는 것이다.

1. 이익을 내고 가치를 창조하라.
2. 가치를 창조할 수 있는 곳에서만 성장하라.
3. 사람들이 올바른 일을 하도록 공정하게 보상하라.
4. 자본을 낭비하지 말라.
5. 역량이 가장 강한 곳에 집중하라.
6. 조직을 혁신하라.
7. 고객, 공급자, 근로자, 그리고 지역사회를 공정하게 대우하라.
8. 회사가 하는 일이 부수적 피해를 유발시키지 않고, 경쟁회사가 부당한 이익을 취하지 않도록 규제를 준수하라.
9. 패거리 정치를 멀리하라.
10. 회사가 하는 일을 알리고 그것에 대해 책임지라.

투자 관련 자료에 등장하는 대부분의 정보평가 수단이나 보고체계는 이런 10가지 "원칙"을 평가하고 이해하기 위해 설계되었다. 시민주주가 기업에 대해 그것들을 요구하기 때문이다. 물론 시간이 지나면서 어떤 것들은 부적절하고, 일시적으로 유행을 타거나 심지어 아주 우스꽝스러운 것으로 판명될 것이다. 새로운 평가 수단들 가운데 전부는 아니지만 일부는 시간이 흐르면서 잘못된 것으로 판명될 것이다. 그러나 다른 것들은 오래 지속될 것이다.

평가지표와 시스템은 일반적으로 다음과 같은 3개의 범주에 속한다.

• 주주를 위해 가치를 창출하는 경영진의 능력, 의욕, 그리고 가능성을 평가하도록 설계된 평가지표. 이들 가운데 경제적 부가가치Economic Value Added : EVA와 같은 것은 전통적인 회계 평가치를 개조한 것으로 가치를 창출하는데 있어서 경영진의 성공을 분명히 보여주도록 설계되었다.[10] 기업지배구조 평가와 같은 것은 주주 중시 정도를 판단하고 새롭게 인식된 위험을 평가하도록 설계된 지표들로부터 만들어진 시민 경제의 새로운 발명품이다.

• 장기간에 걸쳐 사업의 지속가능성을 판단하는 평가지표. 이런 평가지표는 종종 우발채무분석에 초점을 둔다. 환경문제에 대한 평가기준들이 가장 잘 발전되어 있다.

• 지적 재산권과 같은 실질적이지만 무형의 기업가치 창출요인에 초점을 둔 한 단계 강화된 공시. 이런 재무외적인 평가지표들은 종종 대차대조표에 나와 있는 숫자보다 기업 가치 측면에서 더 중요하다.

시민경제에 새롭게 등장하는 정보 생태계의 가장 생산적 측면을 알아보기 위해서 3개 범주의 각각을 보다 자세히 살펴보자.

가치창출 평가지표

시민경제 주주는 기업이 자기를 위해 얼마나 효과적으로 가치를 창출하거나 파괴하는지를 평가할 필요가 있다. 전통적 회계를 다듬으면 "기업이 얼마나 효과적으로 가치를 창출하거나 파괴하는가"라는 문제의 절반을 해결하는데 도움을 받을 수 있다. 나머지 절반인 주주를 위한 부분은 최근 들어서야 중요한 것으로 주목을 받았다. 다른 말로 하면, 특정 기업이나 경영진이 얼마나 주주중시적일 수 있을까? 어떻게 가치를 소액주주, 경영진, 지배주주, 그리고 여타 사람들에게 배분할까? 이런 새로운 평가지표들은 기업이 가치를 창출하는 기업의 능력(원칙 1), 어디에서 성장할 것인가를 적절하게 결정하는 것(원칙 2), 보상정책을 주주가 원하는 바와 조화시키는 것(원칙 3), 그리고 자본의 절약(원칙 4) 등 자본가 성명의 처음 4가지 원칙을 얼마나 잘 지키는가를 평가할 수 있는 수단들을 주주에게 제공한다.[11]

간단하게 이야기 하면, 기업은 가치를 창조하는 공장이 되어야 한다. 원재료, 지적자산, 자금과 같은 요소가 투입되고, 변형되고, 가치가 부가되어 팔리면 이익이 생긴다. 물론 이것은 지나치게 단순화된 표현이다. 모든 종류의 어려움은 투입물과 산출물 사이에 가로 놓여 있다. 때때로 순서가 바뀐 상태로 일이 처리된다. 예를 들어 보험회사는 대부분의 비용이 발생하기 전에, 심지어는 비용이 얼마가 될지 알기도 전에 서비스를 판매한다. 단순화함으로써 다음과 같은 핵심 질문들에 집중할 수 있다: 가치 창출 과정은 어떻게 작동하는가? 단위 투입물 당 얼마만큼의 산출물(이익)이 창출되는가? 다른 말로 하면, 기업은 가치를 창출하는데 있어서 얼마나 효과적인가?

수많은 학자들과 실무자들이 해결책을 찾기 위해 전통적인 회계지표를 다양한 방법으로 변형시켰다. 아마도 가장 잘 알려진 것은 경제적 부가가치EVA일 것이다. 이것을 만들어낸 스턴 스튜어트 앤 컴퍼니Stern Stewart & Co는 EVA를 "다른 어떤 방법보다 진정한 기업의 경제적 이익을 파악하는데 좋은 재무적 성과지표"라고 이야기 한다.

마케팅을 위한 약간의 과장을 감안하더라도 EVA는 기업이 가치를 창출하는데 있어서 얼마나 효과적인가를 파악하려는 것이다. EVA가 자본비용을 감안하기 때문에 그렇다. EVA를 실제로 적용하는데 있어서 여러 가지 조정이 이루어질 수 있지만 기본 공식은 단순하다: 자유현금흐름 - [자본 x 자본비용].[13] 다시 말하면, EVA는 기업과 주주가 자본에 대한 옵션을 갖고 있다고 가정한다. 주주는 언제든 기업에 대한 자기 지분을 팔아서 그것을 다른 기업 주식, 회사채, 그림, 원유선물, 그리고 금 등에 투자할 수 있다. 경제적으로 합리적이라면 주주와 기업은 자본에 대한 가장 큰 위험조정수익을 추구한다. 그러나 주주에게 경제적으로 합리적인 것이 경영자에게 언제나 경제적으로 합리적인 것은 아니다. 그래서 기업은 자사주 매입이나 배당을 통해 잉여이익을 투자자에게 돌려주는 대신 자본을 계속 보유하거나 가치파괴적인 기업 인수나 투자 지출 잔치를 벌인다.

실제 예는 수없이 많다. 생산과 시장 점유율 증가를 목표로 했던 구식 일본 기업을 생각해 보자. 그런 전략은 전통적인 회계지표로 평가한 최대 이익을 만들어낼 수 있었고, 그런 초과 이익은 고위 경영자들에게 보다 많은 권위, 권력, 그리고 부수입을 제공했다. 결국 그들은 보다 넓은 영역을 관할하게 되었다. 그러나 그런 평가지표들은 이익이 정말로 창출된 가치인지 혹은 이익이 단지 재벌이나 대기업집단이 제공하는 시장보다 금리가 싼 자본을 이용해서 달성한 규모를 반영하는지를 밝혀줄 수 없었다. 재벌그룹의 일부가 공개시장에서 경쟁해야만 했을 때, 모든 다른 구성원들은 피해를 입는다. 좀 더 훌륭한 평가지표가 있다면 투자자들에게 그들이 현금을 저축계좌에 넣어 두었다면 더 많은 수익을 얻을 수 있었을 것이라는 것을 보여주었을지도 모른다. 다시 말하면, 기업은 자본비용을 고려하지 않는 회계기준을 바탕으로 가치를 파괴하면서도 성장과 공식적인 이익을 공시할 수도 있다. 여기서 문제의 핵심은 잘못된 자본 관리로서 이러한 오류는 일본에만 국한되지 않는다.

EVA와 관련된 평가지표들은 특정 기업이 자본을 실질적인 경제적 이익으로 변형하는데 있어서 얼마나 효과적인가를 보여주는 것이다. 그런 평가지표들은 이익을 만들어내는데 필요한 자본의 양뿐만 아니라 자본비용을 계산에 포함시킴으로써 경영자가 아니라 주주의 이해와 일치하는 경제적으로 합리적인 회사의 실적을 제공한다. 결국 위험에 노출된 것은 주주자본이다.

누구를 위한 가치인가?

여전히 EVA와 같은 지표들은 단지 문제의 절반만을 해결한다. 기업이 실질적인 경제적 이익을 만들어내는지를 판단하는데 있어서 그런 지표들이 도움이 된다. 하지만 그렇더라도 경영자가 잉여이익을 공평하게 배분하는 것을 어떻게 확인할 수 있을까? 시민자본가 주주는 자기 지분에 귀속되는 공정한 가치를 얻기를 원한다. 불행하게도 통제할 수 없는 경영자 보상이 계속되고 있는 것뿐만 아니라 1990년대와 2000년대의 스캔들은 경영자와 주주의 이해가 항상 일치하는 것이 아니라는 것을 상기시킨다.

특수 관계인 사이의 거래는 회사 이익을 경영진과 밀접하게 관련된 자들에게 빼돌릴 수 있다. 엔론에서 사적인 거래로 막대한 가치가 경영진에게 이전되었다. 경영자 보상은 기존 주주들의 지분을 희석시키거나, 미래 어느 순간에 막대한 현금지급으로 폭발할 수 있는 시한폭탄이 될 수 있다. AIG의 전 CEO인 모리스 그린버그Maurice Greenberg는 비밀스런 보상계획을 통해 10억 달러의 1/5이상인 2억 200만 달러를 축적하였다.[14] 부수입은 종종 성과와 관련이 없다. 전 CEO의 부인을 위한 타이코의 수백만 달러 생일파티는 주목할 만한 사례이다.[15] 단지 기업이 돈을 벌기 때문에 주주가 항상 혜택을 받는다는 것은 아니다. 그러나 잘 설계된 경영자 보상으로 선임 경영자의 재능이 발휘되거나 유지될 수 있고 어떤 부수입들은 CEO로 하여금 더 좋은 성과를 거두도록 유도할 수 있다.

그러면 경영자는 자기 자신과 주주 가운데 누구의 이익을 위해 일하는가? 시민자본가는 어떻게 이것을 판단하는가?

투자등급 지배구조

이 문제를 해결하기 위해 국제적인 기업지배구조 평가 산업이 2001년 이후 발전했다. 기업지배구조 평가회사들은 GMI Governance-Metrics International와 ISS가 주축이 되어 기업지배구조의 특성을 계량화하는 것을 목표로 한다.[16] 이들의 목적은 기업이 투자자들을 이용하는 상대적 위험을 주주들에게 알리는 것이다. GMI와 ISS가 세계적으로 활동하는 동안 미국의 코퍼레이트 라이브러리 Corporate Library, 러시아 이사 연구소 Russian Institute of Directors, 인도의 ICRA, 그리고 태국 평가 및 정보 서비스 Thai Rating and Information Services를 포함한 많은 벤처들이 나라마다 생겨났다. 이런 평가회사의 평가지표는 기업의 질에 대한 전통적인 평가지표를 넘어서서 전통적인 정보기준과는 다른 방법으로 이사회의 책임, 경영자 보상과 성과 사이의 관계, 특수 관계인 거래에 대한 통제, 그리고 미래 지향적인 다른 변수들을 검증한다.

영국의 보드엑스 BoardEx는 기업 이사들의 모든 이해관계를 추적한다. 미국의 코퍼레이트 라이브러리 데이터베이스는 이사들이 겸임하는 이사회, 이사회 효과성 평가를 포함한 이사회 구성원에 대한 비슷한 정보를 포함하고 있다. 이사가 주주의 대변자라는 것을 감안하면, 아주 저렴하게 시민주주들이 이사회에 대해 책임을 요구할 수 있게 하는 그런 중요한 정보가 1990년대 후반만 해도 얻을 수 없었다는 것이 놀라울 따름이다.

지배구조 점수와 이사 평가를 바탕으로, 펀드는 투자와 주주행동주의에 관한 의사결정에서 지배구조 가치를 고려할 수 있게 되었다. 물론 기업지배구조는 목적을 위한 수단이다. 목적은 주주를 위해 가치를 창출하는 것이다. 초기 증거는 지배구조가 가치를 창출한다는 것을 시사한다. GMI 자료를 이용한 연구들은 지배구조 순위가 높은 미국과 유럽기업이 순위가 낮은 기업보다 성과가 좋다는 것을 발견하였다.[17] 다른 연구자들도 ISS자료를 이용해서 비슷한 결과를 발견하였다. "지배구조가 더 좋은 기업은 상대적으로 더 많은 이익을 내고, 더 많은 가지를 창출하고, 보다 많은 현금을 주주에게 지급한다"고 조지아 주립대학의 로렌스 브라운Lawrence D. Brown과 마커스 케일로Marcus L. Caylor는 결론을 내리고 있다. 다른 시장에서도 비슷한 결과들이 발견되고 있다.[18] 예를 들어 지배구조 순위가 높은 일본 기업이 순위가 낮은 기업보다 연도별 성과가 15.12% 높다고 마스트리히트 대학과 오클랜드 공과 대학 교수들이 GMI자료를 이용하여 보고한 바 있다.[19] 도이치 은행은 지배구조 점수가 제일 높은 영국 기업이 가장 낮은 기업보다 성과가 훨씬 좋았다는 것을 발견하였다. 2005년 7월에 공개된 5년간 자료에 의하면 성과 차이는 32%였다.

"좋은 지배구조는 더 높은 가치 배수로 변환되어야 하는 더 낮은 주식 위험이다"라고 도이치 은행 연구는 결론을 내렸다.[20]

비슷한 발견들이 이어짐에 따라 지배구조 평가는 시민자본가 투자자를 위한 기본적 수단이 되어야 할 것이다. EVA 형태의 지표와 함께 지배구조 자료는 이제 시장의 새로운 정보수단 중 첫 번째 범주에 속한다. 지속가능성을 평가하도록 설계된 시민경제 평가지표의 두 번째 범주를 살펴보자.

지속가능성 평가지표

1989년 3월 24일 자정을 3분 넘겼을 때, 조지프 헤젤우드 Joseph Hazelwood 선장은 엑슨 밸디즈Exxon Valdez에 있는 선실에서 휴식을 취하고 있었다. 그는 알래스카 해변의 작은 빙산들을 피하기 위해 배를 북쪽으로 돌린 다음 그날 밤에는 일을 하지 않고 조타장치를 3등 항해사인 그레고리 쿠신Gregory Cousins에게 넘겼다. 1분 후에 대소동이 있었다. 버스비 섬Busby Island을 바로 넘어서 있는 블라이 해안 암초가 거대한 배의 표면에 구멍을 냈다. 1,100만 배럴의 원유가 흘러나왔고 프린스 윌리엄 해협Prince William Sound의 물색깔을 검게 만들었다. 수주일이 지난 후 세계 TV들은 기름에 덮혀 죽어가는 바다 새, 바위에 널려 있는 죽은 물고기, 그리고 때 묻지 않은 알래스카 자연을 배경으로 누더기가 된 해안선을 카메라에 담았다. 환경재앙은 곧 어마어마한 재무적 손실로 이어졌다. 밸디즈 누출사고로 엑슨은 150억 달러에 이르는 시장가치를 잃어버렸다.[21]

그해 9월까지 수많은 기관투자가들이 이 사건에 대해 충분히 논의했다. 맨해튼 중심가에 있는 사설 도서관에서 뉴욕 시 감사관 해리슨 골딘Harrison J. Goldin(뉴욕 시 연금펀드 투자자문가), 캘리포니아 감사관 그레이 데이비스Gray Davis(캘리포니아 주 공무원 퇴직연금인 캘퍼스와 캘리포니아 주 교원 연금펀드의 수탁인), 그리고 그 당시에는 잘 알려져 있지 않았던 보스턴에 있는 환경단체인 CERES의 조안 바바리아Joan Bavaria는 "밸디즈 원칙Valdez Principle[1]"을 발표했다. 환경운동가와 투자자가 이런 연합을 통해 공유하고 있었던 것은 환경문제가 실질적인 재무적 위험을 갖고 있다는 믿음이었다. 환경운동가에게 환경피해는 그 자체가 새로 추가 되는 비용이었다. 골딘, 데이비스, 그리고 다른 시민자본가 투자자에게 있어서 환경문제는 이연된 우발채무로 블라이 해안 암초가 밸디즈 선박의 표면에 구멍을 내듯이 갑자기 폭발해서 대차대조표에 구멍을 낼 수 있다. 환경단체나 기관투자가 모두 미국 기업이 환경문제에 책임지고 대처하기 위한 10가지 원칙에 서명하기를 원했다.

도서관에서 기자회견을 한 것은 성명에 대한 반응을 미리 예고한 것 같았다. 성명은 묵살되었고 침묵만이 있었다. "결국 대기업들은 원칙에 서명하는데 조금의 관심도 없었다"고 바바리아는 회상했다.[22]

그래서 환경운동가와 기관투자가의 연합활동은 계속되었다. 골딘의 사무실에서 남아공 반인종차별정책 운동가인 켄 실베스터Ken Sylvester는 종파초월 기업책임 연구소Interfaith Center on Corporate Responsibility: CERES의 앤디 스미스Andy Smith와 함께 기업으로 하여금 밸디즈 원칙을 준수하도록 요구하는 주주결의안을 만들었다. CERES는 기업들

---

[1] 1989년 기름유출사건을 계기로 미국 알래스카 북단에 있는 항구 밸디즈에서 제정된 환경 문제에 관한 기업 윤리원칙을 말한다.

이 밸디즈 원칙을 준수할 것을 요청하기 위해 수백 통의 편지를 CEO들에게 보냈다. 몇몇 작은 기업들이 이 원칙에 찬성한다고 답했다. 제일 먼저 지지 의사를 밝힌 기업은 정원 장비 생산 기업인 스미스 앤 호켄Smith & Hawken이었다. 그 다음은 화장품 회사인 아베다Aveda였다. 벤 앤 제리Ben & Jerry아이스크림도 지지의사를 표시했는데, 이 회사는 지지의사 표시에 빈틈없는 대중 홍보기술을 덧붙여 왔다. 이 회사는 가이드라인을 밸디즈 원칙이라고 부르는 것은 미국의 야생동물 보호협회인 오듀본 협회Audubon Society를 "기름에 덮혀 죽은 새 협회"라고 부르는 것과 같다는 것을 지적했다.[23] 후원자들은 이 가이드라인을 CERES 원칙으로 부르기로 했다. 곧 정유 회사인 선 컴퍼니Sun Company가 이 환경가이드라인에 서명한 최초의 포춘500대 기업이 되었다.

여기서 선례가 되었던 것은 서명한 회사는 회사의 환경 정책과 절차를 매년 평가하고, 환경감사원칙을 만드는 것을 지지하며, 회사가 나머지 9개 원칙을 어떻게 지켰는가에 대한 연차 공개보고서를 만들어야 한다는 것을 언급한 마지막 CERES 원칙이었다. 시민자본가를 위한 환경정보 표준의 탄생이 눈앞에 다가왔다.

이제 시간을 10년 앞으로 당겨서 세계 거대 다국적 기업들이 비밀회의를 위해 매년 모이는 스위스 다보스의 세계경제포럼에 주목해 보자. 유엔사무총장 코피아난Kofi Annan은 기업이 환경기준을 지키는 것을 넘어서 기업과 사회 모두에 혜택이 돌아갈 수 있는 지속가능 원칙을 발전시킬 것을 촉구하였다. 이 연설로 자발적이고 원칙에 바탕을 두는 조직인 글로벌 컴팩트Global Compact가 만들어졌다. 그 후 얼마 되지 않아서, 이 조직은 지속가능성 표준을 마련하기 위한 주도적 역할을 수행하게 되었다. 일반적으로 지속가능성은 자본가 선언의 6번째로부터 9번째 원칙 - 조직을 혁신할 것, 고객, 공급자, 근로자, 그리고 지역사회를 공정하게 대우할 것, 회사가 하는 일이 부수적 피해를 유발시키지 않고, 경쟁회사가 부당한 이익을 취하지 않도록 규제를 준수할 것, 패거리 정치를 멀리할 것 - 에 해당한다. 사회책임투자Socially Responsible Investment: SRI 공동체는 성공에 대한 이런 평가지표들을 경제적, 환경적, 그리고 사회적 혜택이 있는 "세 가지 핵심지표triple bottom line"라고 부른다. 이런 것들이 시민투자자를 위한 장기적 가치를 나타내는 기업의 핵심지표의 일부로 인식되는 것은 시민자본가에게 위험이자 기회가 될 수 있다.

새로운 기준의 등장

2006년 초까지 2,300개 이상의 기업들이 자발적으로 글로벌 컴팩트에 참여했다. 수많은 기업집단, 노동조합, 시민사회 단체, 그리고 심지어 몇몇 시와 증권거래소도 참여했다.[24] 컴팩트의 처음 두 원칙은 인권과 관련되어 있고, 그 다음 4개는 노동기준과 관련되어 있으며, 3개는 환경가이드라인이고, 마지막 원칙은 반부패 정책과 관련되어 있다.

물론 이런 가이드라인의 발전은 여러 "전문가" 기준이 개발되어 발전하는 것을 멈추게 하지 못했다. 다양한 지속가능성 표준을 퍼뜨리고 지지하며 준수한다는 것을 보증하는 6개의 가장 영향력 있는 조직을 간략하게 소개하면 다음과 같다.

- 어카운터빌리티AccountAbility는 조직이 이해관계자에게 얼마나 책임을 지고 있는가를 평가하는데 사용되는 AA1000 기준을 만들어 지키는 런던 소재 비영리단체이다. AA1000의 틀은 다음 3가지 핵심 원칙을 바탕으로 한다: 이해관계자 참여, 그러한 참여에 대한 조직의 반응, 그리고 자기 학습과 혁신이다.[25]

- 공정무역 상표인증 국제기구Fairtrade Labeling Organization International: FLO는 주로 개발도상국의 농업부문에 초점을 둔다. 1986년에 네덜란드에서 처음으로 만들어졌고 지금은 독일에서 운영되고 있는 FLO는 개발도상국 소규모 농장주와 노동자가 생산한 제품에 대해 공정한 보수를 받았다는 것과 그런 제품이 인도적인 조건에서 재배되었다는 것을 보증한다.[26]

- 유엔기구의 일부인 국제노동기구International Labour Organization: ILO는 다양한 국제적 노동기준을 만들었고 대기업들이 이것의 대부분을 자발적으로 채택하였다.[27]

- 국제표준화기구International Organization for Standardization: ISO는 그 뿌리가 1946년으로 거슬러 올라간다. 수십 년 동안 이 기구는 너트, 볼트, 그리고 스크루와 같은 평범하지만 필수적인 제품

에 대한 산업표준을 만들었다. 오늘날 이 기구는 ISO 9000(품질관리)과 ISO 14000(환경관리)으로 더 잘 알려져 있다. 그런 표준은 아르헨티나로부터 짐바브웨까지 조용히 활동하는 인증 및 보증관련 컨설팅 산업을 만들어냈다.[28]

- 뉴욕에 있는 사회적 책임 국제기구Social Accountability International: SAI는 노동기준에 집중한다. 이 기구가 만든 SA8000은 소매상인 등이 "제품을 공급하는데 있어서 공정하고 기준에 맞는 근로조건을 유지하도록" 설계되었다.[29]

- 베를린에 있는 비정부단체인 국제투명성기구Transparency International는 SAI와 함께 "뇌물에 대항하기 위한 비즈니스 원칙"을 제공한다[30]

분명히 수문은 열렸고 이것은 축복이자 재앙이다. 시민자본가는 수많은 새로운 기준들 가운데 어느 것에 주목해야 하나? 기업은 어떤 평가기준을 바탕으로 경영해야 하나? 한편으로는 전통적 회계에 둘러싸여 있으면서 EVA에 집중해야 하고, 지속가능한 이익을 주주에게 전달할 수 있는 기업의 능력이상으로 더 좋은 것을 만들어낼 수 없는 상황에서 수백 개의 사회적 지표를 받아들일 것을 요청받는 기업경영자가 불쌍하게 되었다. 기업이 준수하기를 원한다 하더라도 어떻게 이런 지표를 준수할 수 있을까? 무형자산 공시를 위해 다듬어진 틀인 새로운 정보생태계의 세 번째 범주가 이에 대한 대답이 될 수 있다.

무형자산 공시

CERES의 회장인 로버트 매시Robert Massie와 텔러스 연구소 Tellus Institute의 선임 연구위원인 앨런 화이트Allen White는 새로 등장하는 모든 기준을 통합할 수 있을 만큼 충분히 범위가 넓고, 세계의 비영리단체나 기업 모두가 유용하게 받아들일 만큼 충분히 유연한 통일된 보고 시스템을 구상했다. 이들은 유엔 환경프로그램과 런던소재 기업책임자문기구 서스테이너빌리티Sustainability에서 함께 일할 파트너들을 발견했다. 2년 후 새로 생긴 GRIGlobal Reporting Initiative는 관중으로 가득 찬 런던의 한 강당에서 공통적으로 인정된 보고 체계 초안을 공개했다. 엑슨 밸디즈 사고 이후 거의 10년이 다 된 시점이었다. 2002년에 GRI는 암스테르담에 본부가 있는 완전히 독립된 기구가 되었다.

오늘날 GRI는 민간부문의 거의 모든 주요 시민 지속가능성 기준 설정자와 함께 일한다. GRI의 한 보고서에는 모든 산업의 모든 조직에 공통적으로 적용될 수 있는 핵심내용을 요약한 일련의 지속가능성 가이드라인이 나와 있다. 기술적 의정서는 아동노동과 같은 특정 지표에 대한 절차, 상세내용 및 정의를 제공한다. 비록 이 보고체제가 모든 산업에 유연하게 적용될 수 있도록 설계되었지만 GRI는 광업과 금융업과 같은 특정 산업 고유의 관심사를 반영하기 위해 "부문별 부록"을 제공하고 있다.[31]

GRI가 널리 수용되는 한 가지 이유는 시장에서 사실상 모든 이해관계자가 자기의 관점을 나타낼 수 있는 GRI의 "복수이해관계자" 지배구조였다. 2005년 현재 GRI 이사회에는 기업(도이치 은행, 타타, 그리고 앵글로 아메리칸); 직능 전문가(공인회계사협회, 딜로이트 투쉬 토마츠); 그리고 시민사회단체(AFL-CIO, 남아프리카 인권위원회)가 포함되어 있다. 이사회는 세계를 대표하는 60인 이해관계자 위원회와 10인 기술위원회에 의존한다. 보다 더 넓은 조직 이해관계자 위원회는 250여개의 기업과 조직으로 구성된다.

비록 잠재적으로 다루기 힘들지만 이런 견고한 지배구조의 특징은 어떤 문제라도 GRI 지표에 반영되기 이전에 관련 전문가에 의해 해결될 수 있다는 것이다. 이런 것이 어느 정도 호소력을 갖게 되었다. 거의 800여개 세계 블루칩 기업들이 어느 정도 GRI 기준에 따라 보고한다. "GRI가 사실상 세 가지 핵심지표triple bottom line를 정의하는 기준이 되고 있다"고 앨런 펠즈Allan Fels는 말한다.[32]

하지만 시민자본가에게 있어서 한 가지 주의해야 할 것이 있다. GRI는 소유자 중심 조직이 아니다. 이것은 이해관계자의 이익에 바탕을 둔 조직인데, 종업원, 정부, 그리고 이해관계자 단체와 같은 비소유자가 위험 자산을 갖고 있는 사람들에 대한 정보에 각자 알아서 공평하게 접근해야 한다는 것이다. 4장에서는 이해관계자 문제를 다루었고, 시민자본가 모형에서는 이해관계자들이 관심을 갖는 이슈들이 주주 이해와 수렴하면서 전면에 떠오르고 있다는 점을 언급한 바 있다. 이와 대조적으로 이해관계자 이론에서 가치는 주주가 장기적으로 원하는 것과 일치하는가에 관계없이 수많은 이해관계자들 사이의 협상을 통해 도출된다.

이런 근본적인 차이점을 잊지 말아야 하지만 주주와 다른 이해관계자가 일상적으로 원하는 정보는 종종 일치한다. 푸르덴셜의 회장인 데이비드 클레멘티David Clementi는 국제 기업지배구조 네트워크 2005년 연차총회 연설에서 어려운 이 문제를 다루었다: "우리가 책임을 져야 하는 수많은 이해관계자들이 있다. 종업원, 우리가 활동하는 지역사회, 규제당국, 그리고 우리의 고객이 그들이다. 하지만 이런 이해관계자들을 정직하고 투명하게 대하는 것은 우리가 사업을 잘하고 있다는 것을 의미한다. 예를 들어 우리는 분명히 종업원에 대해 중요한 책임이 있다. 그러나 우리가 인적자원을 잘 돌보지 않으면 주주를 위해 어떻게 가치를 창출할 수 있을까? 그래서 이런 여타 이해관계자들에 대한 관심은 우리의 최우선 책임이 주주에 대한 것이고 또 주주를 위해 기업에서 가치를 창출해야 된다는 우리의 마음가짐과 전적으로 일치한다."[33]

하지만 이것이 실제로 어떻게 가능할까?

콜로플라스트 실험

2003년 초에 프라이스워터하우스 쿠퍼스PricewaterhouseCoopers : PwC 의 몇몇 연구자들이 이례적인 실험을 하기 위해 영국의 투자 관리 회사인 슈로더Schroders 사무실을 방문했다.[34] 이들은 두 개의 서류를 들고 왔다. 하나는 비재무자료를 이용하는데 있어서 혁신적인 기업으로 알려져 있는 덴마크 의료제품 회사인 콜로플라스트Coloplast 의 연차 보고서였다. 다른 것은 동일한 보고서를 조심스럽게 재구

성한 것이었다. 이 보고서에는 전통적인 회계를 이용한 재무 자료
와 앞부분의 경영진 설명 자료가 있었지만 콜로플라스트가 추가한
광범위한 비재무지표 자료가 생략되어 있었다. PwC팀은 슈로더의
각 주식 애널리스트들에게 상이한 버전의 보고서를 주고는 각자
그를 바탕으로 매수/매도 추천을 하고 앞으로 2년간 수입과 이익
예측을 해줄 것을 요청했다. 모든 애널리스트는 감독을 받는 상태
에서 각자 두 시간 동안에 걸쳐 자기의 예측치를 만들었다.

PwC의 임무는 간단했다. 이 회사는 애널리스트가 두 가지 종류
의 보고서를 어떻게 다루는가를 알고자 했다. 보다 포괄적인 시민
경제 스타일의 보고서가 보다 적극적인 매수를 추천하도록 할 것
인가? 이는 콜로플라스트가 보다 적은 비용으로 자본을 조달할 수
있다는 것을 의미한다. 아니면 애널리스트들이 비재무제표 자료를
전혀 관련이 없는 것으로 간주했을까? 이는 주주들이 무형자산은
가치와 관련이 있다는 것을 납득하지 못하고 있다는 것을 의미한
다. 그러나 결과는 놀라웠다.

언뜻 보았을 때, PwC팀은 비재무제표 보고자료가 전혀 중요하지
않고 심지어 거기에 담긴 정보는 해가 된다고 생각했다. 왜냐하면
표준 재무자료만을 받은 슈로더 애널리스트들은 비재무자료를 포
함한 종합보고서를 받은 애널리스트들보다 평균적으로 높은 수입
과 이익 예측치를 제시했기 때문이다. 하지만 바로 조사를 해보니
그 이유를 알게 되었다. 표준보고서를 받은 애널리스트들은 넓은
범위에 걸쳐 있는 예측치를 제시했는데 몇몇 예측치의 높은 숫자
가 평균치를 높게 만들었다. 이와 대조적으로 종합보고서를 받은

애널리스트는 보다 좁은 범위에 걸쳐 있는 예측치를 제시했다. 그렇지만 보다 중요한 것은 종합보고서를 받은 애널리스트들의 80%가 주식에 대해 매수 제안을 했고 재무자료만 받은 대부분의 애널리스트는 평균 예측치가 더 높았음에도 불구하고 매도 제안을 했다는 것이다.[35] 이런 결과에 대해 PwC팀은 어리둥절해 했고, 그 이유를 알아보려고 했다.

이유는 이러했다. 종합보고서를 바탕으로 일한 애널리스트들은 콜로플라스트의 가치 창조 요인을 아주 잘 이해할 수 있었을 뿐만 아니라 존슨의 **적절성의 재발견**Relevance Regained에 나오는 비유로 말하면 점수보다는 볼에 집중하는 경영진의 능력에 대해서도 보다 큰 신뢰감을 갖게 되었다는 것이다. 신상품, 특허권과 같은 지적자산을 추적하는 콜로플라스트의 상세한 지표들로부터 위안을 얻은 애널리스트들은 이 기업 주식이 다른 주식보다 덜 위험하다는 결론을 내렸다. 이와 대조적으로 표준재무보고서만을 받은 애널리스트들은 콜로플라스트가 보다 위험하다고 생각했고 따라서 주식에 대해 매도 제안을 했던 것이다.

PwC의 조사결과는 주주가 비재무적 평가지표를 바탕으로 기업 내부를 들여다 볼 수 있고, 기업이 시민자본가의 장기적 이익과 부합되게 운영되고 있는가를 판단할 수 있다는 것을 보여준다. "투자자는 뒷받침이 될 만한 정보가 없는 경우 입증되지 않은 보고서 내용이나 감사를 받은 재무제표로부터 기업성과의 질과 지속가능성에 대한 확신을 얻으려고 노력할 수밖에 없다. 기업성과가 전반적으로 좋다는 것에 대한 보다 실질적인 정보가 없으면 바로 비관적

인 생각이 생긴다"고 연구자들은 주장했다.[36]

따라서 한 단계 강화된 시민경제 스타일 공시는 "가치를 창조하라"는 원칙 1로부터 "회사가 하는 일을 알리고 그것에 대해 책임지라"는 원칙 10에 이르기까지의 10가지 시민자본가 선언의 모든 원칙들을 반영한다. 가치를 창조하는 실질적인 요인들이 없으면 기업이 의사소통할 정보도 없다. 정보전달이 없으면 잘 관리되고 가치를 창출하는 기업도 자본비용을 낮추기 위해 시장에 영향을 줄수 없다. 한 단계 강화된 공시는 10개의 시민경제 강령들이 선순환될 수 있도록 하는 피드백 고리이다.

숫자를 넘어

콜로플라스트 실험 2년 후에 다른 측면을 본 또 하나의 연구는 Pwc가 이끌어낸 추론을 통계학적으로 보완하였다.

브라이언 리벨Brian Rivel은 타고난 시장 연구자였다. 그의 아버지는 **포춘** 500기업들이 기관투자가가 어떻게 매도/매수 결정을 내리는지를 이해하는 것을 돕는 미국 기업인 리벨 연구단Rivel Research Group을 창설했다. 따라서 리벨이 2005년에 306명의 포트폴리오 매니저와 애널리스트를 서베이 했을 때 그는 어떤 결과가 나올 것인지를 알았다. 특정 기업의 주식을 매수할 것인가를 결정할 때 주당이익(EPS) 성장률이 투자자들이 고려하는 가장 중요한 요인이라는 것이다. 결국 한 세대 동안 시장은 그런 식으로 작동해 왔다.

그러나 리벨은 EPS 성장률이 이번에 주요 변수 명단 꼭대기에 오르지 못했다는 것을 발견하였다. 그 대신 경영진에 대한 신뢰도가 모든 매수 결정의 87%에 영향을 주었고, 효과적인 경영전략은 77%에 영향을 주었다. EPS 성장률은 여전히 중요한 변수이지만 68%에 영향을 주어 단지 네 번째로 중요한 변수였다. 무형자산과 유형자산 모두 명단에 있었다. 신뢰할 수 있는 현금흐름이 72%로 세 번째였고, 대차대조표에 나타난 기업의 힘이 61%, 경제 및 산업 동향이 48%, 혁신 제품 및 서비스가 44%, 기업지배구조가 42%, 기업문화가 33%, 매력적인 배당이 13%였다.[37]

여기서 요점은 무엇인가? 콜로플라스트 실험이 말해주듯이, 숫자 그 자체는 더 이상 의미가 없다. 시민투자자 펀드는 점점 더 표준화되지 않은 평가치를 바라본다. 왜냐하면 그런 평가치들이 숫자 자체보다 더 미래지향적이며, 전통적인 평가지표에 신뢰를 주기 때문이다.

리벨의 연구와 콜로플라스트 실험에 대해 한 가지 의문이 있다. 이상적 세계에서 시민자본가는 기업이 어떤 정보를 공시하기를 원할까? 이상적인 고급 기업보고서는 어떤 모습일까? GRI는 지속가능성에 대한 관심을 위해 그 의문에 대한 답을 줄 수 있다. 그러나 전통적 지표, 지속가능성 관련 지표, 그리고 미래지향적인 가치창출 지표를 포함하는 전체론적인 보고서는 어떨까?

차세대 회계

[표 7-1] 차세대 회계

가치창출활동	역사적 현금 흐름			예상 현금흐름 지표		
	1998	1999	2000	2001	2002	2003
혁신						
· R&D 투자	150	161	170	↗	↗	→
· 공동연구비용	70	72	96	→	→	→
· 특허판매수입	(5)	(9)	(12)	↑	↗	→
· 지난 4년 동안의 신제품 판매수입	(830)	(854)	(1,035)	↗	↗	↗
· 지식관리 경험	25	28	35	→	↗	↗
상표가치						
· 광고	30	31	30	→	→	→
· 판촉	25	22	20	→	→	→
· 마케팅	30	31	31	→	→	→
고객가치						
· 수익(구분 회계 분석)	(1,227)	(1,294)	(1,501)	↗	↗	↗
· 신규고객리뷰	(98)	(102)	(120)	→	↓	→
인적자본 가치						
· 보상과 혜택	430	410	401	→	→	→
· 평균임금(단위: 천불)	80	85	92	→	→	→
· 훈련 및 개발 비용	45	49	62	↑	↑	↑
· 건강 및 안전 비용	5	5	6	↓	↓	↓
공급사슬 효율성						
· 판매비용	715	720	840	→	→	↗
· 유통비용	40	39	50	↗	↗	↗
· 아웃소싱비용	5	45	60	↑	→	→
· 시스템비용	25	30	40	↗	↗	→
환경 및 사회적 가치						
· 환경적 순응과 과세	5	10	12	↑	↑	↑
· 자선 및 사회적 비용	2	2	3	↘	↓	↓
· 정부에 대한 순지출	351	361	365	→	→	→

↑ 대폭 증가   ↗ 소폭 증가   → 현상유지
↓ 대폭 감소   ↘ 소폭 감소

위험지표	비재무지표	역사적 추세			목표
		1998	1999	2000	
· 기술의 낙후	· 특허 포트폴리오 수	110	112	140	매년10%증가
· 직원 유지	· 신제품에 의한 수익비중	65%	66%	69%	80%
· 상품개발 주기	· 창출된 아이디어	1,240	1,253	1,372	2002년까지 3000
· 패션 추세 · 계절성	· 브랜드 인지도 (1992년 100 기준)	127	128	131	2003년까지 150
· 가격 경쟁력	· 시장 점유율	20%	20.5%	22%	2003년까지 25%
· 패션 추세	· 시장 성장률	4%	5%	4%	
· 소비가능소득/저축	· 고객 만족도 (1998년 100기준)	103	104	103	2003년까지 110
· 제품이용 가능성	· 고객유지	87%	87%	87%	2002년까지 90%
· 경쟁적 보상	· 종업원 수	5,375	4,823	4,358	
· 일과 삶의 균형	· 핵심직원 변동률	11%	10%	10%	8% 이하
· 자기개발	· 종업원 만족도 (1998년 100기준)	104	103	101	2003년까지 115
	· 병가(매일/인원수)	2,956	3,003	2,905	2002년까지 2000
	· 자발적 지원	320	300	295	2003년까지 400
	· 신규직원비율(2년 이하)	32%	26%	27%	20%
	· 평균 훈련 시간	65	70	69	2003년까지 90시간
· 정치적 불확실성	· 평균 주문처리 시간	6	6.5	5.5	2003년까지 4시간
· 단위당 원가상승	· 적시 배달 비율(%)	90%	93%	93%	98%
· 제품의 질	· 고객 불만	537	557	590	2003년까지 300
· 주문조달 · 처리 효율성	· 제품 결함	265	233	207	2002년까지 50
· 아시아 인권	· 온실가스 배출	15	18	17	2002년까지 12
· 건강 및 안전	· 포장재 사용(톤)	5	6	7	5 이하
· 동물 복지	· 회사에 대한 제3자 반대행동의 수	2,350	3,100	3,025	2001년까지 20000이하

Source : Adapted from PricewaterhouseCoopers LLP publication entitled *ValueReporting Forecast 2001-Trends in Corporate Reporting*, 56-57, Used by permission.

시민경제 회계

수많은 시장 참여자들이 차세대 회계를 위한 형식과 기준을 제시했다. 런던에 있는 PwC의 파트너이고 효과적인 설명 보고서에 대한 최고 전문가인 데이비드 필립스David Phillips는 보다 사려 깊은 기준들 가운데 하나를 만들었다. PwC 기준에 맞게 그는 복식회계 형태를 갖춘 기업의 "가치분석" 보고서를 공개했다(표 7-1 참조). 이번에는 종렬은 자산과 부채 혹은 수입과 비용이 아니라 "가치 창조활동"과 "위험지표"를 나타낸다. 가치창출 활동에 대한 필립스의 생각에는 혁신, 상표가치(광고활동에 대한 최근의 비용지출, 판촉, 마케팅), 고객가치(예를 들어 새로운 고객으로부터의 수입), 인적자본가치(필립스는 이것을 비용이 아니라 가치창출 활동이라고 부른다), 공급사슬, 그리고 환경 및 사회적 가치가 포함된다.

각각의 범주에 PwC는 과거와 미래를 동시에 판단할 수 있는 지표들을 제시했다. 필립스는 장부원장의 가치창출 측면에 기업이 지난 3년간의 현금흐름과 그런 지표들이 다음 3년 동안 증가하거나, 감소하거나 혹은 변화하지 않은지 여부를 추정한 것을 보여줄 것을 요구하고 있다. 그는 위험지표 측면에 위험 감소 목표뿐만 아니라 과거 추세를 나타내는 지표를 보여줄 것을 제안한다. [표 7-1]은 차세대 보고서에 대한 PwC의 제안을 요약한 것이다.

차세대 회계

P wC의 제안은 시민경제가 발전함에 따라 요구되는 정보기준을 위한 가능한 유일한 청사진은 결코 아니다. 딜로이트의 "어둠 속에서In the Dark" 연구는 회계제도를 개선하기 위한 또 하나의 시도이다. 그럼에도 불구하고 세계 대형 회계법인들이 오래된 브라더 루카Brother Luca의 복식회계 틀로부터 벗어나기 위한 묘안을 찾아내려고 한다는 것은 주목할 만하다.

시민자본가들은 전통적 회계를 보완할 수 있는 신선한 기준을 요구한다. 이들의 목표는 이른바 "콜로플라스트 효과"로부터 혜택을 얻은 것이다. 투자자들은 적절한 평가치를 통해 이제 어떤 기업이 펀드에 투자하는 시민투자자들의 장기적 혜택을 위해 경영하고 있는지, 그리고 어떤 기업이 단기적 이익을 내서 불공평하게 배분하는지를 확인할 수 있게 되었다. 새로운 기준이 개선됨에 따라 선도 기업은 자본비용을 절감할 수 있을 것이다. 시민주주는 위험을 더 잘 통제할 수 있고 장기적으로 보다 확실한 이익을 얻을 수 있다. 그리고 기업들이 종업원, 환경적 책임, 그리고 돌보아야 할 중요한 자산으로서 사회적 요인들을 어떻게 다룰 것인가를 새롭게 정의함에 따라 사회 전체가 혜택을 받게 되었다. 정보기준의 빈민굴로부터 벗어남으로써 엄청난 혜택이 생겨나고 있는 것이다.

• 전통적인 회계는 무형자산과 그것의 잠재력을 제대로 평가하지 못한다. 지적 자산이 경제성장의 동력으로서 굴뚝산업을 앞섰다는 것을 감안하면 이것은 치명적인 약점이다.

• 기업을 경영하는 최선의 수단을 찾고 있는 기업경영자뿐만 아니라 기업을 평가하려고 하는 시민자본가에게도 현대적 정보기준이 필요하게 되었다.

• 완전히 새로운 시민경제 지표들과 보고기준들이 등장하고 있다. 모두 다 살아남지는 못할 것이다. 관심을 끄는 것은 다음과 같은 것들이다.

    • 외부주주를 위해 가치를 창출하는 기업과 경영자의 능력, 의욕, 그리고 가능성을 평가하는 지표(예를 들면, EVA와 다양한 지배구조 평가지표)

    • 장기간에 걸친 사업의 지속가능성을 평가하는 지표(예를 들면, Global Compact와 GRI)

    • 지적 자산과 같은 기업에 실제로 있지만 무형인 가치창출요인을 평가하는 지표(예를 들면, PwC의 가치분석 모형)

• 콜로플라스트 실험과 리벨의 연구결과는 시민자본가들이 비재무적 지표들에 관한 한 단계 강화된 공시를 중시한다는 것을 말해 준다. 시민경제 주주들은 무형자산을 잘 사용하는 능력을 보여주는 기업들에게 보답하고 있다. 혜택으로는 고객의 충성도, 높은 주가, 그리고 낮은 자본조달비용 등이 포함될 것이다.

8
비정부단체와 자본

시민사회와 시민경제의 만남

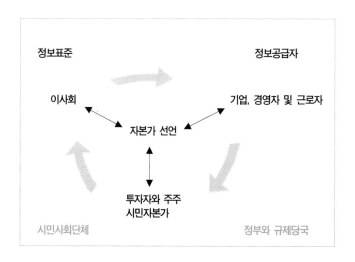

시민자본가는 소비자임과 동시에 종업원이고 시민이다. 이 장은 풀뿌리 시민단체들이 기업행동에 영향을 주기 위해 자본시장과 주주 권력을 이용하는 혁신적인 방법을 어떻게 개발했는가와 정부와 규제당국이 시민경제를 만드는데 어떤 도움을 줄 수 있는가를 보여준다.

위싱턴 D.C.의 2000년 4월 어느 날이었다. 플래카드를 든 수많은 시위 군중들이 펜실베이니아 애비뉴의 넓은 콘크리트 빌딩사이로 밀려들어오면서 건물에 갇힌 은행원, 로비스트, 그리고 변호사들은 위에 있는 사무실에 고립되어 있었다. 이들은 반쯤 내린 창문 블라인드를 통해 불안한 듯이 밖을 내다보고 있었다. 노래하며 행진하는 군중들은 거의 대부분 5개월 전 WTO 정상회담이 열리는 기간 동안 시애틀에서 있었던 폭동에 참여한 자들이었다. 경찰이 경고를 했듯이, 이제는 미국의 수도 워싱턴 D.C. 차례가 된 것이다. 세계은행IBRD과 국제통화기금IMF 직원들은 봄 회의를 위해 거기에 모여들 있었는데, 그러한 비밀회합은 다국적 기업이 지배하는 새로운 경제 질서를 규탄하는 수만 명의 시위자들을 자석처럼 끌어들였다. 시위를 구경하고 있던 은행원 중의 한사람이 한 사무실 빌딩에서 "세계화 반대 국제 운동에 참여하자!"라는 구호가 있는 거대한 깃발이 펄럭이는 것을 발견했다. 낄낄거리는 웃음소리도 여기저기서 터져 나왔다. 이런 오합지졸 군중 가운데 한 사람이라도 이 메시지가 정신 나간 소리라는 것을 알까? 시위를 보는 사람들은 결국 이 시위대가 그렇게 대단한 위협이 되지는 않을 것이라고 확신했다.

많은 기업 경영자들은 사회적 압력 단체들을 기업의사결정에 대한 부자연스러운 간섭자로 보고 오랫동안 이런 식으로 무시해왔다. "이것은 훌라후프와 비슷한 일종의 유행이다"라고 전 캠벨 수프 Campbell Soup 회장인 머피W. R. Murphy는 말했다.[1] 경영자들은 문제의 핵심을 알고 있었고 이것은 합리적인 판단이었다. 최근까지 그런 운동은 남아프리카에서의 인종차별 반대 혹은 미성년자에 대한 담배 판매금지와 같은 특정 이슈에 집중하는 종교 혹은 인권 단체들이 시장이라는 텐트 밖에서 던지는 조약돌과 같은 것이었다. 이사회는 그런 문제나 그런 지지자들이 사라질 것이라는 것을 확신하고 그런 하찮은 공격을 견디어낼 수 있었다. 비판이 기업의 평판이나 판매에 영향을 미칠 정도가 되면, 경영진은 언제나 그것을 무마하기 위한 형식적인 대중 홍보를 할 수 있었다.

그러나 무기력한 시위자나 비판가의 시대는 끝나가고 있다. 시애틀과 워싱턴 사태는 사소한 자본주의 반대 운동을 세계 많은 사람들이 주목하게 만든 사건으로서, 시민경제로 향하는 길목에서 눈에 띄는 하나의 작은 이정표로 판명될 것이다. 세계 시민들은 수많은 시위 참가자들이 법을 지키지 않은 것에 화가 났지만, 이러한 시위 군중들은 일자리를 빼앗아가고, 가족 사업을 붕괴시키고, 문화를 동질화시키고, 그들의 경제력을 멀리 떨어진 다른 지역으로 탈취해 간 국제 상거래의 대대적인 변화에 대한 깊은 우려를 일깨워 주었다. TV에 방영된 거리의 시위자들이 행한 것은 풀뿌리 대중의 불안감에 불을 붙여 상대적으로 사소한 문제가 아니라 사안의 본질적인 문제에 관심을 집중하는 시민경제 조직이라는 강력한 권력이 시장에 새롭게 등장하도록 한 것이다.

오늘날 기업행동을 알리는 비정부단체들이 시민자본가 생태계의 핵심 요소로 부상하고 있다. 이들은 시민자본가 자본이 실질적으로 투자되는 것에 커다란 명분을 주면서 점점 더 시장이라는 텐트 안으로 들어가고 있다. 이들이 일관성 있게 주장하는 것은 사회적 책임이 그 자체로 좋을 뿐만 아니라 기업실적을 위해서도 좋다는 것이다. 이들의 야망은 기업의 사회적 책임을 구성하는 요소들을 모든 사업체에 대해 영구적으로 부여되는 특성으로서 수용할 수 있도록 주주가치의 기본적 개념을 새롭게 정의하는 것이다. 그리고 시민단체들은 의식 있는 시민들의 주도 아래 서로 관련되어 있지는 않지만 비슷한 수천 가지 방법으로 그것을 이루기 위해 끊임없이 시장 하부구조를 건설하고 있다.

무엇이 새롭다는 것인가?

어떤 사람들은 하품을 할지도 모른다. 결국 기업이 사회적 책임에 대한 대중의 요구를 받아들이는데 거의 400년이 걸렸기 때문이다.

이것은 분명한 사실이다. 은행가들이 1602년에 네덜란드의 동인도 회사인 VOCVereenigde Oost-Indische Compagnie를 세계 최초로 주식공모를 통해 상장하려고 했을 때 반전 시위자들의 저항을 넘어서야만 했다. 첨예한 이슈가 걸려 있었다. 아시아에서 이 회사의 전략은 주로 전쟁, 해상봉쇄, 해적행위, 암살, 투옥, 약탈, 테러, 노예제도, 뇌물수수에 대해 관대한 것과 그 당시 표준화된 사업 수완에 의존하고 있었다. VOC의 임원들이 상장주식을 발행해서 일반 시민들로부터 자본을 조달하려고 했을 때, 네덜란드 종교계의 평화주의자들은 갑자기 반대목소리를 내기 위한 하나의 수단을 확보했다. 몇몇 기독교 신자들은 암스테르담 주택가 등불 옆에 모여서 회사가 폭력 사용을 그만둘 때까지 주식 매입을 거부하기로 약속했던 것이다. 다른 사람들은 이웃 사람들이 보는 앞에서 자기들이 가지고 있던 VOC 주식을 모두 팔았다. 신념이 확고한 사람들은 자기들의 반대시위를 널리 알리는 공개청원을 위한 서명을 받으면서 운하를 따라 집집마다 모든 집들을 찾아다니다가 체포되기도 했다.[2]

반대자들에도 불구하고 회사는 조금도 동요하지 않았다. 노련한 임원들은 부유한 투자자들로부터 자본을 충분히 끌어왔고, 정부로부터는 시위를 진압하기위한 충분한 힘을 얻어냈다. 그러나 교회에서 배운 가치를 상거래 영역으로 연결시키려고 했던 네덜란드 시민들은 시민경제의 선구자였다. 그들은, 만약 시민단체가 경영진들의 관심을 받을 만큼 충분한 지분을 확보한다면, 상장기업의 외부자금 조달은 시민단체에게 강력한 수단이 될 수 있다는 것을 최초로 이해한 사람들이었다. 수백 년 동안 시민 단체들은 그렇게 할 수 없었다. 사람들은 1970년 2월 7일에 그런 교훈을 아주 극적으로 다시 알게 되었다.

바로 그 날 랠프 네이더Ralph Nadar는 워싱턴의 내셔널 프레스 빌딩 연단에 서서 카메라와 기자들을 마주 보고 있었다. 나이가 36세인 마르고 강인한 이 사람은 미국에서 자동차 안전도를 개선하기 위한 극적인 소비자 운동으로 이미 명성을 얻고 있었다. 그는 객석이 조용해지기를 기다리면서, 다국적 기업의 책임지지 않는 권력을 억제하기 위한 운동에 역사적인 두 번째 발걸음을 내디딜 준비를 하고 있었다. 네이더는 기업의 사회적 책임에 대한 요구를 주주에게 연결시켜 1602년 VOC 시위자들이 중단했던 곳에서 더 전진해 나갔다. 이런 발걸음은 경영자와 투자자 모두를 놀라게 했다.

"주주들은 일부 지분만 갖고 있기 때문에 소비자와 시민으로서 손해를 본다"고 그는 사람들이 꽉 들어찬 기자회견에서 선언했다. 네이더는 기업의 사회적 책임을 요구하는 프로젝트를 공개했고, 미국 기업의 상징인 GM이 첫 번째 목표라고 말했다. "GM 캠페인"은 연금펀드나 다른 대형 투자자들을 설득해서 회사의 연차 총회에서 다루어질 반대청원 투표에 참여하게 함으로써 "호랑이 기업을 길들일 것"이라고 그는 예견했다. 만약 펀드들이 동참하지 않으면 그가 관여하는 전국 주주행동주의 부대가 풀뿌리 시민을 움직여 그렇게 하도록 만들겠다고 네이더는 약속했다. 그는 "그런 기관들의 구성원들과 접촉해서 이러한 캠페인이 대학과 대학생 및 교수, 은행과 예금주 및 수탁인, 교회와 신도모임, 보험회사와 보험가입자, 노동조합과 회사 및 그 가입자, 그리고 다른 투자자들에게까지 확산되도록 할 것"이라고 경고했다.[3]

GM 캠페인을 활성화시키는 아이디어는 간단했다: 막강한 주식을 보유하고 있는 얼굴 없는 대형 펀드 뒤에 시민투자자들이 버티고 있다는 것이다. 시민투자자들을 움직이면 펀드가 움직인다. 펀드에게는 이사회를 움직일 수 있는 힘이 있다. 물론 네이더는 주주가치 극대화라는 목표에 신경 쓰지 않았다. 그러나 그는 자기의 사회적 사명을 주주가치 극대화에 관심을 갖고 있는 시민자본가에 연결시킴으로써 힘을 얻을 수 있다는 것을 알았던 것이다.

GM 캠페인은 강력한 불꽃이 되었다. 경영진은 증권거래위원회에 북미에서 최초로 제시된 반대투자자 결의안들 가운데 두개를 막아줄 것을 요청했다. 그러나 두 명의 위원이 불참한 가운데 위원들은 2대 1로 GM이 결의안을 주주투표에 부쳐야 한다고 의결했다. 그 이후에 이어졌던 수십 년 동안의 주주행동주의가 그 아슬아슬한 판단에 달려있었던 것이다.

GM 운동의 불꽃은 훨씬 더 넓게 영향을 미쳤다. 네이더가 정확하게 예견했듯이, 얼마 되지 않아 시민단체는 자기들이 내세우는 명분을 위해 단지 지역사회뿐만 아니라 자본을 동원할 수도 있다는 것을 알게 되었다. 유럽에서도 그랬다. 1977년에 남아공에 대한 대출 중지를 요구하는 영국의 한 시민단체는 예전에는 거의 들어볼 수 없었던 반대 주주결의안을 미들랜드 은행에 제출했다. 결과적으로 이러한 캠페인이 시민경제단체의 원시적 형태가 되었다.

왜 원시적인가? 요즘 시장에 참여하는 시민단체들과 비교했을 때 1970년대와 1980년대에 등장했던 대부분의 시민 단체들은 다음 두 가지 약점들 가운데 하나로 많은 제약을 받고 있었다. 첫째, 이 단체들은 특정 이슈에 집중함으로써 구성원의 범위가 좁았다. 둘째, 특정 범위에 한정된 그런 캠페인은 통상적인 CEO 세계의 외곽을 뛰어 넘어 영향을 미칠 만큼 충분한 자본을 동원할 수 없었다.

그럼에도 불구하고 네이더의 정치적 활동은 경험으로부터 아주 중요한 교훈을 이끌어냈다. 그것은 네이더 자신이 통제된 세력이기를 포기한 한참 후에도, 시민단체들이 CEO로 하여금 관심을 가지게 만드는 방법을 찾는데 도움이 되는 교훈이었다.

잘못 선택한 싸움터

이 시대의 가장 강력한 운동이었던, 인종을 차별하는 남아공으로부터 기업을 철수시키는 캠페인을 생각해 보자. 미국 기업들은 이 캠페인의 주된 싸움터가 백악관과 의회라고 생각했다. 1986년까지 제재조치에 반대하는 로비 세력은 백악관과 의회에 우호세력을 확보하고 있었다. 로널드 레이건Ronald Reagan 대통령은 1981년에 그의 첫 번째 임기가 시작되었을 때부터 남아공에 대한 제재조치에 반대했고, 5년 동안 그러한 법안이 상원과 하원에 상정되지 못하도록 막았다.

그러나 기업들은 잘못 생각했다. 이번에는 그전의 어떤 다른 정책 대결과는 달리 투쟁이 거리로 나아가, 거기서 투자업계로, 그 다음 이사회로까지 흘러가는 새로운 궤도를 따라갔다. 시민사회는 레이건의 반대를 문제가 일단락 된 것으로 받아들이지 않았다. 캠페인을 주도하는 사람들은 자본에 호소했고, 고립된 백악관으로 바로 들어가 새로운 미국 외교정책을 강요하는 풀뿌리 운동을 이끌었다. 랜달 로빈슨Randall Robinson의 트랜스아프리카TransAfrica와 여타 비슷한 단체들은 공무원 연금펀드와 대학기부금에 대한 인터넷 사이트가 "시민의 제재"를 만들어 내도록 훈련시켰다. 이들은 이목을 집중시키는 시위, 유권자의 요구, 그리고 입법 활동을 이끌면서 이런 대형 투자자들에게 인종을 차별하는 남아공에서 사업을 하는 기업의 주식을 팔 것을 요구했다. 그렇게 하지 않으면 주주가치의 위험성이 높아질 수 있다는 근거에서였다.

경영자들은 이런 압력을 비켜갈 수 있다고 생각했다. 하지만 새로 취임한 넬슨 만델라Nelson Mandela 대통령이 마침내 세계적인 제재의 중단을 요청한 1993년까지 캠페인에 참여한 사람들은 인종차별 반대를 위한 주식매도 정책의 효과를 높이기 위해 미국의 100개 이상의 퇴직연금펀드뿐만 아니라 50대 대학 기금 가운데 40개 기금을 설득했다.[4] 남아공에서 사업하고 있는 기업들은 갑자기 수천억 달러를 사용할 수 없게 되었다. 이 밖에도 활동가들은 레이건의 거부권을 뒤엎고 1986년의 기념비적인 포괄적인 반인종차별법을 통과시킨 하원의원들을 위해 정치적 보호 장치를 마련해 주었다.

CEO들은 새로운 현실을 받아들였고 보기 드문 일이지만 한 발짝 뒤로 물러섰다. 주가에 대한 위협, 나쁜 평판, 그리고 끝없는 도전에 대항하는 비용은 더 이상 그 가치가 없게 되었다. 제재 압력이 절정에 이르렀던 1985년부터 1987년까지 약 150개 미국 기업들이 남아공 사업을 중단했다. 분명히 사업철수는 기업들과 남아공 경제 모두에 큰 부담이 되지는 않았다. 하지만 인종차별 반대 운동가들은 이러한 변화를 긍정적으로 받아들였다. 왜냐하면 프리토리아(남아공의 행정수도)에 있는 대부분의 백인 지지자들이 기업철수가 결국은 국제적인 고립을 확인시킴으로써 사기를 저하시킨다는 것을 알게 되었기 때문이다.[5] 이들은 이러한 심리적 영향이 소수지배로부터 민주주의로의 역사적 전환이라는 프레더릭 드 클러크Frederick de Klerk 대통령의 최후결정을 가져오는데 하나의 중요한 요인이었다고 믿었다.

그렇지만 주주행동주의 입장에서는 남아공은 앞이 가로 막힌 도로였다. 일단 수백만의 유권자들이 넬슨 만델라를 남아공의 대통령으로 선출하고 인종차별을 끝냄에 따라 단일 이슈 캠페인은 더 이상 갈 곳이 없었다. 연합은 해체되었고 인종차별 문제에 집중해서 남아있던 단체들은 후원과 수입이 줄어드는 것을 발견하였다. 제재 운동을 이끌었던 시민사회단체들은 강력한 저항에 맞서서 기업행동의 방향을 바꾸는 자본의 힘을 발견하였다. 그러나 이들은 또한 가혹한 현실에 휘청거렸다. 폭 넓은 이슈와 광범위하게 퍼져 있는 유권자들의 지원이 없으면 캠페인은 일단 문제가 해결되면서 중단되는 경향이 있고 새로운 이슈를 위해 처음부터 새롭게 구성되어야 한다.

교회 안으로

새로운 소유구조 문화에 이르는 더 탄탄한 길은 종교적 지역사회라는 시민사회의 공동체를 통해 이루어질 수 있게 되었다.

뉴욕의 리버사이드 475번가에 있는 빌딩은 리버사이드 교회의 뾰족 탑 옆에 있고 맨해튼 중심가의 고층건물로부터 3마일 북쪽에 있다는 것 때문에 더 잘 알려져 있는 거대한 고층건물이다. 이 건물은 직사각형 형태와 토끼사육장 같은 사무실에 들어있는 다양한 종교단체 때문에 교회God Box라는 별명을 갖고 있다.

GM 캠페인에 따른 주주행동주의 활성화에 자극을 받은 6개 개신교 종파 지도자들이 주주청원의 새로운 수단을 모색하기 위한 방법을 논의하기 위해 1971년에 거기에 모였다. 그들은 얼마 후에 등장하게 되는 종파초월 기업책임센터Interfaith Center on Corporate Responsibility: ICCR라는 조직을 위해 자금을 모았다. ICCR은 종교단체 기금과 투자펀드를 통한 주주운동을 활발히 전개함으로써 미국에서 지난 20동안 가장 강력한 투자자 행동주의의 원천으로 성장하였다.

프로그램 이사인 팀 스미스Tim Smith는 반대주주 결의안을 위한 후원자, 조사연구, 그리고 홍보활동을 조정했다. 1972년에 ICCR은 5개 문제 기업들에 대해서 무기판매를 중단하고, 남아공 공장을 폐쇄하며, 책임 있는 채광업 규범을 채택할 것을 요구하는 제안을 했다. 그러나 스미스는 단지 시작에 불과했다. 2000년까지 ICCR은 주식 투자액이 1,100억 달러가 넘는 275개 기독교 및 유대 펀드들을 대변했다. 그리고 그 해에만 ICCR은 지배구조, 제3세계 부채, 작업장 차별, 그리고 환경을 포함한 여러 가지 이슈들에 대해서 112개 기업들에게 제출한 145개 결의안들을 총괄했다.[6]

시와 위임장

이사회에 있는 비판가들, 특히 신도들 가운데의 비판가들은 다음과 같은 질문을 하지 않을 수 없었다. 도대체 믿음이라는 거만한 시는 기업의 대리투표 위임장의 음울한 산문과 어떤 관련이 있는가? 이 질문에 대한 대답은 대단히 중요하다. 왜냐하면 우리는 그것을 통해 모든 시민단체가 그들이 주장하는 바를 이루기 위해 자본시장으로 이동하는 이유를 이해할 수 있기 때문이다.

종교 단체들은 소유구조를 통해 자기 목소리를 낼 수 있고, 가치를 통해 메시지를 얻을 수 있으며, 자기들이 원했던 변화에 영향을 주지 못한 공공정책의 실패가 자기들에게 동기부여를 했다는 것 등을 알게 되었기 때문에 주주행동주의를 수용했다. "교회는 투자자로서 자기 자신의 목적에 반하지 않고는 피할 수 없는 사회적 선을 정의하고 그것에 영향을 주는데 있어서 특별한 기회와 책임을 갖고 있다"고 1972년의 영향력 있는 어떤 분석은 결론을 내린 바 있다.[7]

세계의 종교단체들은 시민자본가로서 자신의 주체성을 발견하는데 있어 거의 비슷한 경로를 거쳤다. 1973년에 영국 감리교의 투자 책임자인 찰스 제이컵Charles Jacob은 신앙에 근거해서 관리되는 펀드를 만들었지만 낙후자를 들볶는 대신 기업의 윤리적인 행동을 지지하는데 집중했다. 퀘이커 전통을 갖고 있는 프렌즈 프로비던트Friends Provident는 언제나 사회적 책임 투자를 주창해 왔다.[8] 이들은 먼저 생긴 F&C 펀드 매니지먼트가 기업으로 하여금 보다 사회적으로 책임을 지게 만들려고 지속적으로 노력한 것과 같은 그런 전통을 보여주고 있다.

토론토에서는 교회와 기업책임에 대한 대책반Taskforce on the Churches and Corporate Responsibility이 만들어졌다. 크리스핀 화이트Crispin White는 1988년에 영국의 기업 책임을 위한 초교파적인 위원회를 이끌었다. 비슷한 단체들이 프랑스, 네덜란드, 남아공, 호주, 뉴질랜드, 그리고 다른 지역에서 생겨났는데 이것은 유대 - 기독교 지역에만 국한된 것은 아니었다. 2005년 4월에 불교, 힌두교, 이슬람교, 자이나교, 시크교, 그리고 조로아스터교 대표자들이 공동시민경제단체인 국제 종파초월투자그룹International Interfaith Investment Group을 창립하게 위해 런던에서 기독교와 유대교 대표자들과 함께 만났다. 3iG로 알려진 이 단체의 사명은 자본시장을 통해 종교에 바탕을 둔 영향력을 전파하는 세계 네트워크를 구축하는 것이었는데, 이 단체야말로 34년 전 리버사이드 가에서 조용하게 출발한 ICCR의 자연적인 산물이다.

물론 3iG나 어떤 국내 혹은 국제적 연합도 ICCR을 정확히 복제해서 만들어진 것이 아니다. 왜냐하면 법과 관행이 지역마다 상이해서 다양한 전략이 필요하기 때문이다. 하지만 모두가 자본에 가치를 부여한다는 한 가지 목적을 공유하고 있다. 과거의 경험이 어떤 귀감이 된다면 3iG가 성공한 핵심 요소는 소유구조에 영향을 줄 수 있는 단체의 능력이다. 오직 그 때만 3iG는 기업의 어젠다에 영향을 미칠 수 있는 충분히 넓은 시민자본가 연합을 만들 수 있을 것이다. 이런 장치는 기업 감시의 정상적인 영역을 넘어서 아주 외곽에서 구축되었다.

몇몇 시장 감시자들은 "신앙목적의 수단이 주주가치에 관심을 가지는 것을 정당화하면 어떻게 되는가?"하고 경고를 제기할 지도 모른다. 예를 들어 종교단체 투자자들이 기업으로 하여금 피임약을 팔지 못하게 할 만큼 충분한 주식을 통한 압력을 행사할 수 있을까? 그럴 것 같지 않다. 왜냐하면 종교단체 펀드연합에 힘을 실어 주는 것은 회원의 다양성과 그 폭이기 때문이다. 동시에 이런 특징들 때문에 특정 캠페인이 크게 논란의 대상이 되는 어떤 목적을 위해 그렇게 광범위한 투자자들을 한데 모으는 것도 어려울 것 같다. 게다가 종교적 투자자들은 연합의 핵심이 될 수는 있지만, 연금펀드, 뮤추얼 펀드회사, 그리고 다른 기관투자가와 같은 보다 가치를 덜 중시하는 투자자들의 힘이 상대적으로 부족하다. 신앙 단체들은 종종 그런 실적 지향적인 투자자들과 함께 일하기 때문에 동료들이 반대하지 않도록 이슈는 항상 사업상의 명분을 가져야 한다.

지속가능 참여를 위한 열 가지 원칙

하지만 종교적 투자자들은 기업행동에 영향을 주기 위해 자본시장을 이용해서 시민사회조직의 모형을 구축하는데 큰 기여를 했다. 이들이 다져 놓은 초석은 나중에 노동조합, 환경운동가, 빈곤추방, 그리고 자본을 이용해서 자기들의 사명을 추구하려고 하는 다른 비정부단체NGO에 의해 활용될 것이다. 우리가 추출할 수 있는 교훈들은 시민경제에서 시민자본가 조직을 위한 유전자 정보라고 말할 수 있는 10개의 기본원칙으로 압축된다.

1. 가치사명을 사업적 사명으로 전환하라. 과거에 그랬고 지금도 그렇듯이 시장의 언어는 언제나 돈일 것이다. 그래서 시민경제조직은 이사회나 펀드매니저들 가운데서 동료를 확보하는 것을 목표로 한다면 자기의 사명을 숫자로 변화시킨다. 변화를 위해서는 모든 사명에 설득력 있는 사업성이 있어야 한다. 기업으로 하여금 기후변화 위험에 관심을 갖게 하는 것은 어

떤가? 기업과 주주의 장기적 재무 상태에 입각해서 주장을 나타내야 한다. 실질적으로 재무제표에 실적이 나타나지 않으면 가치 중시 투자자들은 기업의 규범에 영향을 미칠 수 있을 만큼 많은 시민자본가들을 끌어 모을 수 없을 것이다.

2. 소유권을 주장하라. 종교적 시장 선구자들이 이룩한 가장 큰 업적은 주식에는 소유자로서 행동할 최우선 권리, 즉 문제를 제기하고, 정보를 수집하며, 경영에 참여하고, 필요하면 반대 의사를 표시할 수 있는 권리가 있다는 것을 분명하게 주장한 것이다.

3. 고립된 지역으로부터 탈피하라. 초기에 시민경제를 이끈 사람들의 약점은 좁은 범위의 후원자들에게 의존했다는 것이다. 그런 단체들은 정면 돌파하는데 실패했거나 사라져 버렸다. 이와 대조적으로 ICCR의 포괄적 접근방법은 이른바 "지속가능 참여 sustainable engagement"를 전달하는데 성공했다. 시민경제 단체들은 기본적인 목적을 희석시키지 않는 범위에서 가능한 한 넓은 시민자본가 연합을 구축한다.

4. 자본이 많으면 많을수록 목소리도 더 커진다. 자본시장의 수학은 아주 단순하다. 특정 기업에서 보다 많은 주식들을 바탕으로 목소리를 내면 이사들이 신경을 쓸 가능성이 더 커진다. 시민경제단체는 자기의 재무적 존재를 부풀리기 위해 가능한

한 많은 자금으로 많은 펀드를 끌어 모으려고 한다. 이것은 또한 가장 넓은 연합을 구성할 수 있는 이슈, 다시 말해 핵심 효과가 가장 큰 이슈에 행동주의의 초점을 집중시키는 효과가 있다.

5. 투자자 연합을 구축하라. 신앙을 갖고 있거나 환경주의적인 수많은 지역사회 단체들에게 있어서 냉혹한 자금관리 기관들과 가깝게 지내는 일은 결코 자연스럽게 이루어지지 않는다. 그러나 이런 기술이 바로 시민경제기관이 미치는 영향을 평가하는 지표이다. 첫째로 해야 할 일은 사명을 뒷받침 하는 자본의 힘을 극대화하는 것이다. 이것을 하기 위해서는 큰 자금이 놓여있는 다른 저장고에 이르는 다리를 만드는 고통스러운 일이 필요하다. 그 대상이 전형적인 동료가 아닐 때도 그렇다.

6. 만능선수가 되어라. 기업합병이 제대로 작동하면, 그것은 기업합병을 통해 공통된 기능들이 효율적으로 합쳐질 수 있기 때문이다. ICCR은 종교관련 개별 펀드들이 모든 귀찮은 일을 스스로 하지 않도록 주주행동주의 연구에 집중함으로써 이와 똑 같은 일을 했다. 성공적인 시민경제 조직은 이슈분석, 홍보 지원, 그리고 지지자 모집과 같은 일을 하면서 일종의 "참여하는 만능선수" 역할을 한다.

7. 여러 캠페인 이슈를 동시에 수행하라. 기업 활동에 대한 시민들의 걱정은 이사회의 윤리적 행동에서부터 공해에 노출된 종업원의 처리 문제까지 여러 가지 이슈들에 걸쳐 있다. 초기 시민경제 단체들은 각각 하나의 이슈에 집중했다. 게다가 시민들의 걱정은 단지 GM에 국한되지 않고 많은 기업들과 관련되어 있다. ICCR은 수백 개 기업들의 여러 가지 이슈들에 대한 반대 캠페인을 위한 정보센터 역할을 능숙하게 수행하게 되었다. 이런 전략으로 이 단체는 지속적으로 살아남을 수 있었고 여러 캠페인에서 터득한 교훈들의 가치를 높일 수 있었다.

8. 문지기를 감시하라. ICCR은 시간이 지나면서 중개기관들이 자본시장에서 잘 보이지 않지만 핵심적인 역할을 수행한다는 것을 알게 되었다. 예를 들어 투자자문회사는 펀드매니저를 선택하는 것을 안내한다. 펀드매니저는 어떤 주식을 매수하고 매도할 것인지를 결정한다. 의결권대행기관은 연차주주총회에서 의결권 행사의 결과에 영향을 준다. 시민경제단체는 자기가 내세우는 주장을 뒷받침하는 사실, 분석, 그리고 의견을 제공하고 이런 기관들이 잘못된 행동을 할 때 책임을 질 것을 요구하면서 이들과 밀접한 관계를 유지함으로써 자기의 위상을 높인다.

9. 기업이 같은 편이 될 수 있다는 것을 믿어라. 정치세계에 공통적으로 사용되는 선전선동 전략을 사용한 초기 미국 시민경제

단체들은 맞대결을 주주운동을 추구하는데 있어서 마지막이 아니라 맨 처음 수단으로 사용했다. ICCR은 공격적인 것을 두려워하지 않았지만 맨 처음 사용하는 접근방법은 상대 기업들과의 대화와 협상을 추구하는 것이었다. 이런 전략으로 구성원과 기업들의 ICCR에 대한 신뢰도가 높아졌고 성공 가능성도 높아졌다. 많은 기업들이 북아일랜드의 비차별로부터 환경보고에 이르기까지 여러 가지 제안들에 동의했다.

10. 글로벌화하라. 아이디어는 자본만큼 빨리 국경을 넘어 퍼지고 국내 주주에게만 적용되는 캠페인을 사실상 쓸모없게 만든다. ICCR은 다른 시장에서 비슷한 단체들을 만들고 영국에 있는 종교와 환경보호 연합Alliance of Religions and Conservation: ARC이 시작한 다국적 다신앙 3iG 운동을 지지하기 위해 적극적으로 활동했다. 성숙한 시민경제 단체들 사이의 국제적 협력은 캠페인을 뒷받침하는 자본의 풀을 넓히고 최선의 참여전략을 끌어올 수 있다.

지금까지 이야기한 원칙들은 세계적으로 시민경제단체들을 조용히 늘리는데 강력한 힘이 되었다. 그러나 기업을 변화시킬 수 있는 요즈음의 시민자본가 조직을 활성화시키기 위해서는 노동조합, 비정부기구, 학계, 그리고 언론계의 유사 운동으로부터 교훈을 얻어내야 한다.

혐오스러운 것과의 조화

"**효**과적인 노동운동가가 되기 위해서 내가 자본가가 되어야 한다는 말입니까? 나는 그것을 받아들일 수 없습니다." 프랑스 노조위원장은 미국의 퇴직연금펀드를 시찰하는 대표단을 이끌면서 1999년 2월에 뉴욕에 있었다. 그녀가 해야 할 일은 기업지배구조를 이해하고 노동자의 통제를 받는 퇴직연금이 종업원 퇴직저축을 보호하기 위해 점점 더 기업에 참여하는 이유를 알아내는 것이었다. 회의실에 있던 미국 사람들은 당황해서 서로를 쳐다보았다. 자본주의의 도구들을 동원하는 것이 바로 그들이 종업원의 자산을 보호하기 위해 배운 것이었다. 그들은 방문한 동료들에게 그런 전략을 자세히 설명했다. 그러나 그런 폭발적인 반응은 그들이 이익을 추구하는 세계를 멀리하는 오래된 관습을 바탕으로 얼마나 먼 길을 걸어 왔는가를 명확히 보여주었다. 그들이 지금 개척하는 모형은 기업권력의 균형을 자기들의 방향으로 전환하는 것이었다. 그러나 그것은 루비콘 강을 건너는 것을 의미한다. 단지 프랑스에서만 아니라 세계의 수많은 노동운동가들은 시장의 정당성과 잠재력을 받아들일 준비가 되어있지 않다.

빌 패터슨Bill Patterson은 앞으로 노동계가 자본을 비난하기보다 억제하기를 요구할 것이라고 믿었다. 종교계의 팀 스미스처럼 그에게는 통찰력이 있었다. 1970년대와 80년대에 의류 직물 연합 노동조합Amalgamated Clothing and Textile Workers Union에서 일하는 동안, 패터슨은 ICCR이 성공하는 것을 보았고 어떻게 하나의 시민사회단체가 연금펀드의 힘을 이용해서 자기의 힘을 크게 증대시킬 수 있었는 지를 이해하게 되었다. 1992년에 그는 기회를 잡았다. 팀스터스 Teamsters 회장 론 케어리Ron Carey는 주주행동주의의 영향을 검증하기 위해 패터슨을 고용해서 기업관련 사무국Office of Corporate Affairs을 이 끌게 하였다. 결국 노동자는 기업의 복지에 관련하여 엄청난 이해 관계를 갖고 있었다. 일자리가 문제였다. 하지만 종업원의 퇴직 저 축도 문제였다. 팀스터스 회원들만 170개 연금펀드에 400억 달러 이상의 자산을 보유하고 있었다. 노동조합은 자금관리를 거의 전 적으로 전문적인 펀드매니저에게 위임해 왔었다. 패터슨은 연방판 사 킴바 우드Kimba Wood의 도움을 받아 그런 관행을 영원히 바꾸려 고 했다.

GM에 대한 1970년도 증권거래위원회의 결정이 반대주주제안을 위한 길을 열어 놓았듯이, 월마트에 대한 우드 판사의 1993년 4월 19일 판결은 노동조합이 미국에서는 처음으로 시민경제단체가 되 는 길을 열어 놓았다.

이슈가 된 것은 해가 되지 않은 것처럼 보이는 구속력 없는 주주 제안이었다. 교회와 노동조합 펀드의 공동 연합은 월마트가 성, 인 종, 그리고 다른 요인들을 근거로 한 노동자 차별을 제거하는데 있 어서의 정책과 진전 상황을 투자자들에게 보고할 것을 원했다. 월 마트 경영진은 이 제안이 표결에 붙여지는 것을 막기 위해 애를 썼 고, 이미 1992년에 증권거래위원회의 지원을 받았다. 그러나 제 안자들은 그런 결정이 선례가 된다고 생각해서 미국 연방지방법원 에서 이 결정에 대한 이의 신청을 했다.

우드 판사는 마지막 순간까지 주장들을 꼼꼼히 따져보고 월마트로 하여금 1993년 연차총회 공시와 위임장에 관련된 기자회견을 열도록 하였다.[9] 그리고는 그녀는 투자자들에게 유리한 판결을 내렸다. 그녀가 결정을 내리기 이전에, 주주들은 고용관련 결의안을 청원하려는 모든 시도가 사실상 봉쇄되어 있다는 것을 알았다. 규제당국은 고용관련결의를 "일상적인 업무ordinary business"라고 간주했는데, 이것은 미국 증권거래법에 의하면 이사회만이 그것들을 다룰 수 있는 권한이 있다는 것을 의미한다. 하지만 우드는 작업장에서의 평등과 다양성에는 매일 이루어지는 "일상적인 업무"를 넘어서는 중요한 정책적인 문제가 관련되어 있다는 판단을 내렸다.[10] 이 결정은 주주참여를 위한 새로운 길을 열었다. 노동계는 바로 이 결정을 활용하는 여러 방안을 고안해 냈다.

우선 노동조합은 수많은 주주결의안을 만들어 냈다. 패터슨이 미국노동총연맹 산업별회의AFL-CIO로 가면서 1997년에 AFL-CIO 산하의 노동조합들은 기회균등고용으로부터 매수방어에 이르기까지 거의 80여개의 반대주주제안을 제시했다. 그리고 AFL-CIO는 주주의결권 행사에 대한 최초의 지침을 만들어 수만 개를 수탁자와 펀드매니저에게 배포했다. AFL-CIO는 노동자의 특정 월급으로 CEO 연봉과 같은 액수의 돈을 벌기 위해 걸리는 시간을 계산해 주는 Paywatch.org라는 웹사이트를 포함해서 주목할 만한 수단들을 시장에 공급했다. 패터슨의 전 직장인 팀스터스도 9명의 악명 높은 이 사회 회원 명단인 "미국에서 가장 가치 없는 이사들"로 싸움에 합류했다. 가장 중요한 것은 AFL-CIO가 퇴직연금펀드 수탁자 교육을 위한 기초를 다지고 자금관리자들에게 체계적으로 압력을 행사해 노동조합 회원자산의 의결권을 패터슨의 사무실이 해석한대로 회원의 이익을 위해 행사하도록 하는 AFL-CIO의 주요 의결권 행사 서베이Key Vote Survey를 만들어냈다는 것이다.

갑자기 노동조합이 ICCR을 따라 잡아 미국에서 가장 큰 주주행동주의의 본산이 되었다. 캐나다, 영국, 호주, 그리고 유럽의 노동조합도 처음에는 국가전체 차원에서 그리고 나중에는 노동자자본위원회Committee on Workers' Capital라는 세계적인 연합체를 통해 바로 이 같은 흐름에 동참했다. 한 때 노동조합은 단지 작업현장에서 힘을 행사하거나 공공정책 로비를 통해서 회원의 복지를 증진시켜 왔다. 이제 노동조합은 자본을 이용하는 것이 연금펀드 저축의 가치를 보호한다는 수탁자 의무를 수행하면서, 고용차별에 맞서 싸우고 일자리를 만들 수 있는 보다 건강한 기업을 발전시키는데 도움이 된다는 것을 알게 되었다.

역학구조와 실수

노동조합이 시민경제단체 규범에 추가한 것과 추가하지 못한 것은 무엇인가? 아주 정확한 하나의 통찰은 연금펀드 수탁자를 책임순환구조에서 매우 중요하지만 작동하지 않는 연결고리로 본 것이다. 노동조합 이전의 어떤 단체도 스스로를 거수기 노릇하는 기관으로부터 활동적인 관리자로 바꾸기 위해 교육, 기술, 정보, 그리고 행동을 위한 하부구조가 필요하다는 것을 알지 못했다.

노동조합은 또한 펀드관리 용어뿐만 아니라 월스트리트의 세부적인 역학구조에 적응하는데 능숙한 것으로 판명되었다. 어떻게 노동자 연합이 로드쇼에는 로드쇼로, 사실에는 사실로, 골드만삭스에 대항하는 세련된 투자자 접촉 운동을 전개해서 페트로 차이나 Petro China의 상장을 저지하려고 했는지를 보자. 이전에 어떤 시민사회단체도 그런 것을 시도해 본적이 없었다.

마침내 노동조합 지도자들은 자기들의 자본 어젠다에 풀뿌리 노동자 의견을 반영하는 혁신적인 실험을 시도했다. 이것은 획기적인 아이디어였다. Paywatch.org는 주주행동주의에 구성원의 지지라는 기초를 다지려고 했다. 회원들의 열렬한 성원으로 이사회에 관련된 문제를 제기하기 위해 연금펀드와 자산관리자에 더 큰 압력을 행사할 수 있었기 때문에 이러한 목적은 의미 있는 시도였다. 이것이 시민경제의 핵심을 정확히 담고 있다. 시민경제가 잠재력을 최대한도로 발휘하려면 시민자본가 주주를 펀드와 기업으로 연결하는 책임순환구조가 제대로 작동되어야 한다. 그런 힘을 검증하는데 있어서 CEO보상이라는 뜨거운 이슈보다 더 좋은 방법이 있겠는가?

하지만 Paywatch.org는 인종차별 반대 주주운동에서 나타났던 것과 동일한 고질적인 약점을 갖고 있는 것으로 판명되었다. 이것은 헤드라인이나 이벤트에 따라서 불타오르거나 꺼질 수 있는 하나의 이슈에 전적으로 의존했다. 그런 모험은 주주행동주의를 위한 신뢰할 수 있는 광범위한 풀뿌리 지지자 층을 만들어내는 엔진으로 자연스럽게 진화할 수 없었다. Paywatch.org에는 두 가지 약점이 더 있었다. 과도한 CEO보상이 훨씬 더 큰 지지자 층에게 문제가 되었음에도 불구하고 이것은 오직 노동조합 이익만을 대변하였다. 그리고 이것이 부족한 자원으로 유지되다 보니 광범위한 호응을 위한 도구라기보다는 대중 홍보라는 인상을 주었다.

노동조합은 또한 가치사명을 돈을 버는 사명으로 전환시키는 중요성을 제대로 인식하지 못했다. 방정식이 잘못 설정되면, 잘못된 결과가 나타날 수 있다. 노동조합 펀드 행동주의는 그것이 퇴직연금 이익의 정당한 옹호자라기보다는 노동조합 작업장 갈등의 비밀 동맹자라는 비난을 받았다. 미국 슈퍼마켓 체인인 세이프웨이 Safeway의 노동조합 펀드가 2004년 5월에 CEO 스티븐 버드Steven Burd를 이사회에서 내쫓기 위한 주주운동을 이끌었던 것이 좋은 예가 될 수 있다. 세이프웨이는 지배구조가 좋지 않았고 투자자 행동주의가 노릴 수 있는 목표였다. 그러나 행동시점 때문에 노종조합의 동기가 의심을 받았다. 노동조합은 캘리포니아에서 격렬한 파업이 일어난 다음 몇 주가 지나서 행동했다. 그리고 가장 비난을 많이 받은 것은 캘퍼스였는데, 캘퍼스의 회장인 숀 해리건Sean Harrigan이 그 파업을 주도한 노동조합의 최고 간부였다. 숀 해리건은 그렇게 된 것에 대해 사과했지만 그것으로 충분하지 않았다. 그런 실수는 적들과 심지어 펀드 동맹자들에게 노동조합 펀드가 협상보다는 투자자 행동주의를 통해 작업장 갈등을 불러일으키려고 한다는 증거를 제공했다. 해리건은 부분적으로 세이프웨이 논쟁에 결부되어 7개월 후에 캘퍼스 회장 자리를 내놓았다.[11]

교훈은 이렇다. 시민사회단체들은 자본을 통해 자기의 목적을 추구할 수 있다. 그러나 이들이 자기의 목표를 시장의 돈으로 믿을 수 있게 전환하지 못하면 자기들의 정당성을 잃어버리게 될 것이다. 이해득실은 대단히 중요한 요소이다. 시민투자자들은 주주, 소비자, 공급자, 노동조합 회원, 그리고 신자 등 다차원적 존재이지만, 투자를 다룰 때에는 먼저 주주로서 사고하기 때문이다.

시민경제(그리고 이것의 기반이 되는 시민주주)를 통해 자본주의는 가치를 중시하게 되었다. 그러나 시민경제가 자본주의를 신권정치 혹은 정치 철학으로 대체하지는 않는다. 장기적으로 돈을 버는 것은 필요불가결한 것이다. 이것이 바로 연금펀드나 다른 투자자들이 기업을 소유하게 되는 이유이다. 그런 기초를 무너뜨리면 연금펀드는 주식을 팔 수 밖에 없고, 결과적으로 시민사회단체 정당성의 기초자체가 무너지게 된다.

빅뱅

노동조합에 이어 주주 행동주의에 뛰어든 사회단체는 이런 교훈을 바탕으로 아마도 가장 위력적인 시민자본가 압력의 예를 만들었다. 1999년까지 시민사회의 종교단체와 노동조합 부문은 자본시장 깊숙이 파고들었다. 그러나 이런 연합 활동은 여전히 상대적으로 좁은 범위의 의견을 반영하였다. 시애틀과 워싱턴 D.C. 거리에서 벌어졌던 사건들은 기업이 가고 있는 방향에 대한 훨씬 더 넓은 시민들의 걱정을 반영한 것이었다.

그러한 시위가 일어나는 과정에서 한 가지 재미있는 일이 발생했다. 세계화와 엔론이 주도한 일련의 스캔들에 대한 대중의 걱정

때문에 선진국 시장에서 기업의 평판은 급격히 나빠졌다. 대중으로부터 가장 신뢰를 받는 사람을 조사하는 설문조사에서 CEO는 자동차 영업사원 바로 위에 있었을 뿐 신뢰도 순위가 거의 꼴찌였다.[12] 동시에 시민행동주의 단체들에 대한 대중의 신뢰도는 높이 올라갔다. 광고회사인 에델먼Edelman은 1,500명의 오피니언 리더들을 대상으로 설문조사를 했다. 설문조사는 응답자들에게 미국, 유럽, 남미, 그리고 대부분의 아시아에서 가장 신뢰받는 기관이 무엇인지 물어보았다. 미국에서만 보면 비정부단체의 신뢰도가 2001년 36%에서 2005년 55%로 상승하였다.[13]

비록 몇몇 거리 시위들은 시민불복종을 넘어서 범죄행위에 가까웠지만, 이것들이 "세계화 반대를 위한 세계적 운동"을 요구한 것은 몇몇 다른 이벤트들처럼 일반 대중들로부터 주목을 받았다. 게다가 이들은 한때는 성가신 잔소리로 치부했던 기업의 사회적, 환경적 책임을 주창하는 단체들이 침묵하는 다수의 옹호자로서, 그러나 자본시장을 이해하고 법을 준수하는 옹호자로서 자신을 다시 자리매김하는 기회를 활짝 열어놓았다. 수많은 그런 단체들은 자본시장에서 우위를 점하기 위해 초기 노력을 확대할 수 있는 기회를 포착하고 있다. 이 단체들은 서로서로의 활동에 대해 잘 모르는 상태에서 아주 독립적으로 그런 시도를 세계적으로 추진하고 있다.

어떤 통계에 의하면, 2003년에 세계적으로 282,851개의 비정부단체가 있었다.[14] 이 가운데서 소수만이 소유구조 이슈를 다루었다. 그러나 이들 가운데 일부는 시민경제를 건설하는데 중요한 촉매 역할을 했다. 어떤 기관들은 시민투자자를 자극해서 금융기관들이

사회적 책임 투자를 지향하도록 하는데 집중했다. 다른 기관들은 기업과 기관투자가의 이사회 문제에 직접 집중했다. 이런 기관들이 길을 추적하는 것은 기업을 근본적으로 변화시키는 방법을 알아내기 위한 지름길이다.

USS 사례

영국의 고등교육기관 교수와 행정직원을 위한 퇴직연금펀드이고 영국의 초대형 퇴직연금들 가운데 하나인 USSUniversities Superannuation Scheme를 생각해 보자. 200억 파운드 이상을 운용하는 이 퇴직연금 펀드는 21세기에 소유구조를 혁신하는데 전념하는 유수의 세계적인 대형 연금펀드들 가운데 하나로 부상했다. 이 연금펀드는 기업을 분석할 때 사회적, 환경적, 그리고 지배구조 위험을 고려하는 중개회사에 중개수수료를 약간 더 주기로 하는 EAI Enhanced Analytics Initiative라는 아이디어를 바탕으로 혁신을 이끌었다.

그러나 USS는 1999년까지만 해도 주주행동주의를 기피한 것으로 유명했다. 어떻게 대형펀드가 하루아침에 책임 있는 관리자의 본보기이자 전도사가 되려고 했을까? 1997년 9월로 되돌아가서 런던의 프렌즈 미팅 하우스Friends Meeting House에 있는 작은 방에서 무슨 일이 일어났는지를 보자. 거기에서 옥스퍼드에 기반을 둔 캠페인단체인 피플 앤 플래닛People & Planet의 교원과 학생 6명은 USS에서 야심 찬 운동을 시작하기 위해 힘을 합쳤다.

피플 앤 플래닛에서 새롭게 분리된 단체인 E-USSEthics for USS는 기금이 "회원들에게 책임을 지는 윤리적인 투자정책"을 채택하도록 교수들로부터 충분한 지지 세력을 규합한다는 단일 목표를 세웠다.[15] 처음에 E-USS는 좌초했다. E-USS는 USS에게 자신이 비윤리적이라고 간주한 기업들 주식을 매도할 것을 요청했다. 하지만 그때 모든 영국의 연금펀드들은 부정적 심사를 금지하는 1984년의 메가리 판결Megarry judgment의 법적 지침을 준수하고 있었다.[16] USS는 E-USS의 요청을 무책임하고 불법적인 것으로 간주해서 즉시 거부했다. 투자회수는 막다른 골목이 될 것이 분명했다.

E-USS는 자신을 궁지에서 구하는 중대한 결정을 내렸다. E-USS는 처음으로 다시 돌아가 심사 요청을 철회했고, "소유자로서 책임을 다하라: USS에 대한 우리의 제안"이라는 아주 시민자본가 형의 어젠다를 발표했다.[17] 이제 E-USS는 USS가 투자를 회수하지 않고 행동주의 주주가 되는 것을 원했다. 그것은 시장의 정당성을 얻는 것에 초점을 두는 목표였다. 2년 동안 E-USS는 현장을 누비며, 교수, 대학교 부총장, 노동조합 연금펀드 변호사, 그리고 장관으로부터 풀뿌리 지원을 얻어냈다. 정부는 2000년 7월부터 모든 연금펀드가 투자에 있어서 사회적 이슈를 고려하는지를 공시할 것을 의무화하는 준칙을 만들면서 간접적인 동맹자가 되었다. 1999년 12월 USS의 이사회는 동의했다. E-USS는 소수의 아우성치는 회원들의 바램이상으로 운동을 적극적으로 이끌어가지는 못했지만, 충분한 지원을 받았고 법적, 재무적, 그리고 대중적으로 자기가 정당하다는 것을 강력히 주장했다. USS는 이제부터 책임 투자와 주주 참여에서 리더십을 발휘하도록 열심히 노력하고 정기적으로 회원들에게 이를 보고하겠다고 선언했다.

이렇게 해서 영국에서 처음으로 시민경제 기관투자가들 가운데 하나가 탄생했다. 이들은 책임순환구조를 통해 시민주주들을 자기들의 연금펀드에 연결하고 결과적으로 기업과 시장 중개기관이 보다 더 책임을 지는 것을 요구하는 행동주의 주주 세력을 만들어 냈다.

이해득실 따지기

피플 앤 플래닛은 4개의 다른 비정부단체와 함께 추가적인 연금 개혁 방법을 검토하고 있다. 즉 펀드관리를 변화시키기 위해 회원의 힘을 모으고 있다. 페어펜션FairPensions이라고 불리는 이것은 퇴직연금펀드에 책임성을 강화하기 위한 적극적인 노력을 나타낸다.[18]

피플 앤 플래닛만 혼자서 이런 시도를 하는 것은 아니다. 다른 시민사회단체들도 금융기관에 대해 시장에 부합되는 비슷한 변화를 시도해왔다.[19] 사실, 보면 볼수록 점점 더 풀뿌리 시민주주를 동원하는 새로운 시민사회 운동을 볼 수 있다. 그런 운동은 큰돈을 회원의 이익에 부합되게 관리하고, 기업이사회가 여러 측면에서 관행을 바꾸도록 시민자본가의 압력을 유발하는데 있어서 E-USS의 성공을 따라 잡을 충분한 잠재력을 갖고 있다.

하지만 모든 그런 프로젝트들이 기업의 사회적 책임에 대한 기존의 좌익적 형태를 선호한다고 생각하는 실수를 범하지 말아야 한다. 자본시장에서의 책임은 무엇이 가치를 만들어 내느냐에 대한 여러 가지 의견들에 대해 열려있다. 2005년에 만들어졌고 보수적인 비정부단체의 지원을 받는 자유기업행동펀드Free Enterprise Action Fund를 보자. 공개적으로 이념 지향적인 이 펀드는 "사회적 행동주의로부터 위험에 처한" 기업에 투자하고 그런 기업이 "반기업" 펀드나 로비에 저항하도록 압력을 가함으로서 성과를 올리는 것을 목표로 한다. FEA는 "미국의 자유기업시스템을 지지하는 기업"이 더 많은 수익을 얻게 될 것으로 생각한다. FEA의 창립취지서는 이 펀드가 "유화정책"에 맞서 이사회를 움직이게 하는 주주행동주의의 모든 수단을 보유하고 있다고 주장한다.

FEA가 등장한 것은 정치계에서 볼 수 있는 분열이 종종 다른 형태로 자본시장에서도 나타난다는 것을 시사한다. 예전에는 경영자나 지배주주의 이익을 위해 밀려나 있었지만, 시민경제의 등장이 그런 싸움을 가능하게 만들었다. 그러나 그러한 논쟁은 어떤 접근방법, 어떤 시민경제단체들이 특정 기업이나 시점에 우세하게 될지를 말해주지 않는다. 예를 들어 어카운터빌리티AccountAbility와 같은 비정부단체는 "지속가능한 발전을 위한 책임"을 증진하는데 헌신하고 있다. 다른 기관들은 책임을 아주 다른 기업 목표에 도달하는 경로로 본다. 정치에서와 마찬가지로, 결과는 어떤 세력이 가치를 위한 보다 설득력 있는 주장을 결집시키고 가장 힘 있는 구성원들을 동원하느냐에 달려있다.

시민경제 단체들은 자기들이 금융기관의 고객인 지지층에 깊이 다가가서 단지 일시적인 사명으로서가 아니라 장기적으로 확고한 감시를 유지할 수 있는 아주 새로운 캠페인 수단을 만들어야 한다는 것을 이해한다. 이미 다양한 단체들이 이쪽 방향으로 나가고 있다. 예를 들어 "당신의 퇴직연금은 얼마나 책임을 지고 있습니까"라는 단체는 일반대중의 지지를 유도하는데 도움이 되도록 영국

250개 연금펀드의 점수를 매겼다.[20] 캠페인 운동가를 위한 **금융시장 안내서**Campaigner's Guide to Financial Market 혹은 **지구 친구의 주주행동주의 안내서**Friends of the Earth's Guide to Shareholder Activism는 행동주의자에게 풀뿌리 동원 기술을 가르치는 지침서들이다.[21]

앞으로는 정치인들이 유권자에게 동기를 부여하는 수단을 잘 다듬어 성공하는 정치세계로부터 빌려온 수단들이 이용될 것이다. 대화, 유세, 유권자를 투표소에 몰아가기, 그리고 인터넷을 통한 접근 등이 자본시장에 새롭게 적용되는 기술이 될 것이다. 그러나 CEO가 이제는 전에 없었던 정치적 수완을 필요로 하듯이, 이런 방법들이 시민자본가 단체들에게 점점 더 중요해지고 있다.

이사회 개입 전략

풀뿌리 대중을 깨우는 것이 환경과 사회적 책임 단체들이 사용하는 유일한 전략은 아니다. 어떤 단체들은 기업과 금융기관 이사회에 직접 개입하는 전략을 선택했다.

그런 전략을 앞장서서 만들기 위해 25명의 사람이 2003년 1월 매우 추었던 이틀 동안 록펠러 재단의 포캔티코 컨퍼런스 센터Pocantico Conference Center에 모였다. 미국 전역에서 모인 투자자들과 전문가들인 이들은 "지속가능한 지배구조 프로젝트"를 위한 향후 진로를 논의하기 위해 환경연합인 세레스CERES의 초청을 받았다. 세레스의 회장인 로버트 매시Robert Massie는 오랫동안 기후변화의 위험을 경고해 왔었다. 그는 두 가지 대규모 운동인 환경보호 운동과 투자자보호 운동을 합쳐야 해결책이 나올 수 있다는 것을 확신했

다.[22]

매시는 유엔에서 세간의 이목을 끌었던 기후 위험에 대한 기관 투자가 정상회담 Institutional Investor Summit on Climate Risk을 개최하는 것을 도왔다. 거기에서 핵심 펀드 지도자들은 환경 주주행동주의를 위한 펀드연합을 고취하기 위해 기후위험에 대한 투자자 네트워크 Investor Network On Climate Risk를 설립했다.[23] 세레스는 이 단체의 사무국이다. 이 네트워크는 영국, 호주, 그리고 뉴질랜드의 유사한 투자자 단체와 연결되어 있다.[24]

다우닝가는 한때 "사회적"인 것으로 분류되었지만 이제는 별도의 재무위험으로 다시 정의되는 문제들에 대해 시민사회가 시장에 개입하는 또 하나의 고전적 예가 만들어진 곳이다. 2000년 12월 4일에 미국과 영국의 자선단체 연합은 탄소 공시 프로젝트 Carbon Disclosure Project를 발표하기 위해 토니 블레어 Tony Blair 총리 사무실에 모였다. 2년 안에 새로운 "사무국"은 세계 500대 상장기업들에게 온실가스 배출에 대한 설문조사를 배포하기 시작했다. 2005년까지 이 단체는 20조 달러 이상을 대변하는 143개 펀드로부터 지지를 얻어냈다.[25] 후원자들은 그런 자료가 기업의 공시기준과 대주주의 성과 감시를 향상시키는데 도움이 될 것으로 기대하고 있다.

다른 시민자본가 단체들은 연금펀드 수탁자, 기업이사회, 혹은 주주 행동주의자를 위한 브리핑자료, 매뉴얼, 그리고 규정을 만드는데 전문화해서 기업으로 하여금 사회적 책임을 가지고 활동할 수 있도록 도우고 있다. 예를 들어 영국 사회투자포럼 UK Social Investment Forum: UKSIF은 수탁자를 위한 주주관리 도구를 처음으로 간행한 저스

트 펜션Just Pension이라는 프로젝트를 시작했다.[26]

전문가 집단

시민경제의 책임 순환구조를 둘러싼 생태계에는 학계와 언론계라는 두개의 사회적 영역이 추가된다. 이라 밀스타인과 루이스 로웬스타인Louis Lowenstein은 1988년에 컬럼비아 대학의 기관투자가 프로젝트를 시작했을 때 자기들이 뿌린 씨앗이 새로운 기업경영 방식을 위한 세계 전문가집단 네트워크로 발전할 것이라는 것을 추측만 했을 뿐이다. 웨일, 코트샬 앤 만지스Weil, Gotshal & Manges의 변호사인 밀스타인과 컬럼비아 대학 법학 교수인 로웬스타인은 시장에서 대형펀드가 권력을 확장하고 있는 새로운 현상을 탐구할 포럼의 필요성을 절감했다. 이는 기업이사회, CEO, 그리고 사회전체에 어떤 시사점이 있는가? 펀드에 의한 관리가 1980년대 기업약탈자의 지배에 대한 해결책이 될 수 있는가, 아니면 이해상충과 무관심이 그것의 잠재력을 억누를 것인가?

그해 5월에 두 사람은 국제기관투자가 프로젝트의 제 1차 컨퍼런스인 "미국기업과 기관투자가: 해외로부터 배울 점이 있는가?"를 주재했다. 이것은 여러 국가의 기업지배구조를 비교한 최초의 컨퍼런스였다. 그 당시 영란은행의 고문이었던 조나단 차크햄Jonathan Charkham은 학회에서 "기관투자가가 그린메일러와 기업 사냥꾼을 격퇴할 수 있는 기회가 분명히 있다. 기관투자가는 기업성장의 잠재력을 포착해서 그것을 실현하기 위해 새로운 경영진으로 교체할

수 있도록 이사회에 영향을 미칠 수 있는 기회를 갖고 있다"는 매우 예언적인 전투준비 명령을 했다.[27]

자본시장에서 펀드가 어떤 위치에 있는지를 보다 분명하게 그리는데 열중해 있던 밀스타인과 로웬스타인은 IIP 이사인 캐롤린 브랜카토Carolyn Brancato에게 계량적 연구를 의뢰했으며, 자본주의의 새로운 진로를 이해하기 위한 기초가 되는 두개의 다른 연구를 수행하기 위한 자금도 마련했다. 기관투자가는 실제로 어떻게 투자결정을 하는가? 이사회는 실제로 어떻게 대주주들에게 대처하는가? 펜실베이니아 대학의 마이클 유심Michael Useem은 이 프로젝트가 제시한 질문에 바탕을 둔 획기적인 저서인 **투자자 자본주의**Investor Capitalism라는 책을 출판했다.[28]

컬럼비아 대학의 학자와 법률가들은 시대를 앞서 간 사람들이었다. 그러나 투자자 자본주의를 지지하는 세계적인 싱크 탱크 행렬이 뒤를 따랐다.[29] 1998년에는 세계 어디에서도 투자자 자본주의를 집중적으로 연구하는 학술단체가 단 하나도 없었다. 그러나 2005년에는 세계 거의 모든 지역에서 그런 연구소들이 많이 생겨나서 시장변화에 지적이고 통계적인 영향을 주고 있고 본질적으로 시민경제연구라는 새로운 학문분야를 만들어내고 있다. 세계은행이 후원하는 글로벌 기업지배구조연구 네트워크Global Corporate Governance Academic Network는 초기에 연구소들을 서로 연결하여 공동연구의 장을 만드는데 노력하였다. 그러나 지금은 매달 새로 생겨나는 단체들을 확인하거나 이들의 활동을 조정하기 위한 전체 명부조차 없는 실정이다.

"돈을 추적하라"는 말은 워터게이트 사건 조사 중에 어떤 내부 고발자가 밥 우드워드Bob Woodward 기자에게 해준 충고였다. 학계는 아주 똑같이 했다. 자본이 가족, 가족은행, 그리고 국가와 같은 전통적인 원천으로부터 기관투자가의 손으로 흘러감에 따라, 학계는 중앙의 통제는 없지만 세계적인 금융추세에 따라 학습을 위한 튼튼한 하부구조를 구축했다. 대학연구소와 독립적인 싱크 탱크는 이제 시민자본가 부를 연대별로 기록하고 있으며, 기업의 이사와 연금펀드 수탁인을 훈련시키고 있다. 이들은 법 체제들 사이의 차이를 설명하고 국내외에 걸친 개혁의 방향을 제시한다. 이들은 스캔들과 흐름을 이해하려고 애쓰는 언론사 특파원들에게 건전한 정보를 제공한다. 이들은 이사회, 경영자, 주주, 국회의원, 그리고 규제당국에게 매일 매일의 시장의 움직임에 대해 조언을 한다. 그리고 이들은 이런 모든 것을 하는데 있어서 국내외에 걸쳐 아이디어와 정보를 순환시키는 핵심적인 시스템 역할을 수행한다. 시간이 가면서 그런 연구소들은 분명히 보다 공식적으로 연결될 것이다. 하지만 이들은 갑자기 나타나서 이미 자본시장의 모든 주요 참여자를 위해 근본적인 변화를 이끌고 있다.

불로그의 자유

일반대중들은 호기심 많고 용감한 언론이 공공정책 영역에서의 부정행위를 속속들이 파헤칠 것을 기대한다. 어떻게 기업 관련 기자들이 아델피아, 파르마라트, 그리고 HIH와 같은 널리 알려진 기업들에서 지속적으로 일어나고 은폐되지도 않은 회계부정 사건을 놓칠 수 있었을까?

언론의 감시는 책임지는 경제 생태계의 매우 중요한 부분이다. 다른 안전장치가 제 역할을 하지 못할 때 언론은 조사와 폭로를 통해 시민자본가의 눈과 귀 역할을 할 수 있다. 언론이 침묵을 지키거나 눈이 멀면 불법행위가 일어날 가능성이 필연적으로 증가한다. "이사회는 소립자와 같다. 이사회는 감시받을 때 다르게 행동한다"고 지배구조 전문가인 넬 미노우는 말한다.[30] 시민사회에도 동일한 원칙이 성립한다. 언론의 자유를 요구하는 최초로 수정된 미국 수정헌법 제 5조를 생각해 보라. 제임스 메디슨James Madison 대통령은 "오류와 억압에 싸워 이성과 인간성이 일궈낸 승리는 모두 자유 언론의 공이다"라고 나중에 피력한 바 있다.[31]

그렇지만 기업과 관련된 경우에 대부분의 신문과 방송은 어떤 때는 목소리를 높이다가도 어떤 때는 위기를 맞아 비틀거릴 때까지 침묵하기도 한다. 그들은 그렇지 않다고들 말한다. "모든 잘못에 대해서 언론은 지속적으로 감시자 역할을 수행한다. 뉴스를 보도할 뿐만 아니라 정부와 기업이 책임을 지게 만드는 것이 우리가 해야 할 일이다. 여러분도 그렇게 하기를 원할 것이다. 우리가 해야 할 일은 기관과 그것을 운영하는 사람들에게 엄한 진리의 빛을 비추는 것이다"라고 **뉴욕 타임스** 비즈니스 편집인인 로렌스 인그라시아Lawrence Ingrassia는 2005년 4월에 열린 컨퍼런스에서 말한 바 있다.[32]

사실 **뉴욕 타임스**나 다른 미국 언론매체는 엔론 사태라는 큰 사건이 일어난 다음에야 기업지배구조를 집요하게 추적하는 것이 할 만한 가치가 있다는 것을 확신하게 된 것 같았다. 렉시스넥시스 LexisNexis 검색으로 골라낸 지표들을 보자. **월스트리트 저널**이 2001년 11월에 엔론 스캔들 뉴스를 터뜨리기 전 2년 동안 **뉴욕 타임스**는 기업지배구조라는 용어를 단지 102번 혹은 일주에 평균 한번 정도 사용했다. 그러나 그 후 2년 동안 이 용어는 476번 - 하루에 한 번 이상 - 등장했다. 그것은 단지 거품이 아니었다.

이와 비슷하게 **파이낸셜 타임스**는 로버트 맥스웰Robert Maxwell 스캔들의 부수적 결과로 이사회를 다루는 취재기자 특종보도를 얻어냈다. 1991년 11월에 일어난 맥스웰의 의문의 익사사건 이전 2년 동안 **파이낸셜 타임스는** 기업지배구조라는 용어를 379번 사용했다. 그 후 2년 동안 이 용어 사용횟수는 724번으로 증가하였다.

왜 언론은 취재에 이렇게 까지 무관심했을까? 비판가들은 언론의 심각한 소유 집중을 그 원인으로 지적한다. 예를 들어 미국의 경우 단지 20개 기업이 일간신문의 70%를 통제한다.[33] 그리고 이 신문들은 광고수입을 주로 자기들이 취재하게 되어 있는 CEO들에게 의존하고 있다. 언론이 기업을 세밀하게 파헤치지 말라는 압력에 저항할 수 있을까? 저항할 수 없다면 시민경제 생태계에서의 언론의 역할에 대한 이야기는 여기서 끝난다.

인터넷감시 하의 이사회

제임스 맥리치James McRitchie는 주주행동주의를 지지하는 캘리포니아 주정부 공무원이다. 1995년에 그는 완전히 새로운 것을 부업으로 시작했는데, 기업지배구조 뉴스와 분석만을 다루는 CorpGov.Net 라는 무료 웹사이트를 운영하게 되었다. 맥리치는 캘퍼스에 특별히 주목했다. "나는 미래 기업행동의 핵심은 기업 투표에서 연금펀드 와 뮤추얼 펀드의 의결권행사에 달려있다고 생각했다"고 그는 10 년이 지나 회고했다.[34] 이 사이트는 투자자와 새로운 분야에 대한 통찰력을 구하는 사람들이 정기적으로 검색하는 중요한 중앙정보 센터가 되었다.

이 책의 저자들 가운데 한사람인 스티픈 데이비스는 1997년 1월 에 **GPW**Global Proxy Watch라는 주간 뉴스레터를 처음에는 팩스로, 나 중에는 이메일로 발행하기 시작했다. 이 뉴스레터는 기업지배구조 와 주주행동주의 관련 새로운 산업이 탄생하는데 많은 도움을 주 었다. 컨설팅회사이자 출판사인 DGADavis Global Advisor는 2005년에 뉴스레터를 매주 금요일 이메일로 보스턴으로부터 39개국 독자들 에게 발송했다. GPW는 여러 국가에 걸쳐 아이디어를 서로 교환하 는 것을 목표로 했다. 한 국가에서 시민자본가 발전을 알림으로써 다른 국가의 여론주도자들을 움직일 수 있었던 것이다.

데이비드 웹David Webb은 투자은행가로 일한 적이 있는 컴퓨터 전 문가이다. 1998년에 홍콩에 있는 해피 밸리 임대아파트의 좁은 방 에서 일하면서 Webb-site.com이라는 불로그를 시작했다. 이것은 바 로 그 지역에 엄청난 충격을 주었다. 비영리 사이트에 정기적으로 이야기를 올리면서 웹은 기업재무제표를 분석했고, 금융사기에 대 해 경고했고, 내부거래를 노출시켰으며, 그 지역 최상층 가족소유 기업들에 대해 주류 언론에서 투자자들이 볼 수 있는 어떤 것과도 다른 정교한 분석 자료를 제공했다. 무엇보다 중요한 사실은 얼마 되지 않아 Webb-site.com이 이메일 게시판에 10,000명 이상의 구독자, 혹은 홍콩에서 690명 가운데 한사람을 끌어 모았다는 것이었다. 이 숫자는 미국에서 50만 명의 독자들을 동원한 것과 같은 것이었다. 홍콩에서 돈이 있는 투자자라면 내국인이든 외국인이든 그 지역의 사업에 관한 독립적인 정보 자원으로서 이 사이트에 의존하게 되었다. 비즈니스 위크는 "웹이 거의 단독으로 홍콩에서 기업지배구조 논쟁과 관련된 용어들을 바꾸어놓았다"는 결론을 내렸다.[35]

스티픈 메인Stephen Mayne 기자는 2000년 2월에 호주의 기업지배구조 이면을 다루기 위해 이와 비슷하지만 영리를 목적으로 하는 크리키Crikey라는 게릴라 불로그를 개설했다.[36] 메인은 소수의 프리랜서의 도움을 받아 그의 멜버른 교외 집으로부터 뉴스속보와 주주 행동주의 기사를 합쳐 놓은 일간 이메일을 온라인으로 발행했다. 수천 명의 국내외 투자자들은 메인이 종종 건방진 주장에 따른 큰 실수, 기업내부에 대한 특종, 그리고 독립적인 소액주주 옹호 등을 너그럽게 받아들이면서 구독신청을 했다. 메인은 2005년에 이 사업을 다른 사람에게 매각했지만 기업지배구조 담당 편집인으로 남아있다.

불로그와 같은 독립적인 출판은 기존 언론의 게으른 기업 감시의 해결책이 될 수 있다. 인터넷을 통해 지금까지는 능력이 검증되지 않은 새로운 기자들이 거의 비용을 들이지 않고 뉴스를 찾아내고 비밀정보를 수집하며 세계 어느 지역에라도 기사를 배포할 수 있다. 이러한 미디어에 대한 진입장벽은 아주 낮고 결과적으로 그 질은 천차만별이다. 그러나 그런 조직을 통해 개인과 제도권 시민자본가들은 오랫동안 감추어져 있던 자본시장의 구석구석을 조사할 수 있게 되었다. 따라서 시민경제 언론은 민주화를 가능하게 하는 강력한 힘이다. 시민경제 미디어는 제대로 돌아가기만 하면 일반인들에게 펀드들 중 기업 관리를 잘 하는 것과 못하는 펀드, 기업들 중 성과가 좋은 것과 족벌주의 폐해가 있는 기업, 그리고 시장의 여러 중개기관들 중 이해상충에 노출된 것과 성실한 기관을 구별할 수 있는 정보를 제공해 준다.

영업 허가

그러나 시민경제 단체의 생태계에는 때로는 치명적인 매우 걱정스러운 약점이 숨겨져 있다. 그들이 기업에 대해 요구하는 정도로 책임지고 투명한 지배구조 수준에 가까이 근접해 있는 시민단체는 거의 없다.

민간기업 비판자는 기업이 책임지는 시민정신을 보여줌으로써 사실상의 "영업허가"를 얻어야 한다고 주장한다. 그러나 같은 논리로 시민경제의 비정부단체도 시장참가자로서 정당성을 주장하려면 동등한 영업허가를 얻어내야 한다. 왜 그럴까? 왜냐하면 그런 단체들이 자신들의 영역에서 독재적으로 불투명하게 행동하면 이 단체들에 맞서고 있는 강력한 기득권 세력은 그런 단체들이 은밀하게 이해 상충적이거나 위선적이며, 이면의 동기를 숨기며, 별 영향을 주지 못하는 잔소리꾼에 불과하다고 설득력 있게 주장할 수 있기 때문이다. 이런 비난들은 비정부단체의 시민자본가 시장에 대한 갈망에 치명적일 수 있다.

심지어 주주행동주의를 발전시키는 데 엄청나게 기여하고 있는 단체도 자신의 지배구조 문제가 거론되면 이상하게 입을 다문다. 단지 소수의 단체들만이 회원들이 내부변화에 영향을 주기 위해 사용할 수 있는 통로를 공개적으로 발표한다. 예를 들어 기업의 이사는 경쟁을 통해 선출해야 한다고 주장하는 수많은 시민사회단체들은 자신의 회원들이 이사회 후보 명부를 어떻게 바꿀 것인가를 결코 명시하지 않는다. 이 단체들이 웹사이트에 자기들의 규칙이나 지배구조 절차를 알리는 경우는 매우 드물다. 이해관계자들은 단체의 이사회가 어떻게 구성되고, 이사회의 의무가 무엇이고, 회계가 어떻게 제대로 처리되고 있는지와 잠재적 이해상충이 어떻게 관리되는지, 지도자들의 성과가 평가되는지와 어떻게 평가되는지, 계승이 어떻게 결정되는지, 정책은 어떻게 결정되고 혹은 실제 정책이 무엇인지를 결정하는 것이 어렵다고 생각한다.

설상가상으로, 어떤 시민단체들은 폭력을 옹호하고 비도덕적인 목적을 위해 힘을 사용함으로써 시민경제의 영역을 넘어서는 경우도 있다. 예를 들어 시애틀 세계무역기구 시위에 참여한 무정부 시위자들은 폭동을 조장했다. 일본의 소카이야 단체들은 소액주주의 옹호자로 나섰지만 보수를 얻어내기 위해 협박전략을 사용했다. 어떤 생체해부 반대 운동가들은 헌팅돈 생명과학Huntingdon Life Science 에 대한 항의 시위에서 일정 경계를 넘어 경영자와 회사 재산을 공격하고 기관투자가들을 협박했다. 이런 움직임은 법에 어긋난 것이고 위와 아래에 이르는 모든 시장참가자는 누구나 책임을 져야 한다는 전제조건에 기반을 두는 시민경제의 묵시적 헌장을 위반하는 것이다.

행동주의 헌장

시장 안팎에서 시민단체의 책임구조를 만드는 작업이 이루어지고 있다. 첫 번째로 유엔 경제사회위원회는 어떤 비정부단체가 대화할 만한 가치가 있는지를 결정하기 위한 규약을 만들었는데 1996년에 마지막으로 수정되었다. 이들은 기본적인 기준들이지만, 어떤 단체가 합법적인지를 정의하기 위한 대용기준 역할을 할 수 있다.[37] 유엔에 의하면 어떤 비정부단체가 인증을 받기 위해서는 "참여 민주적 상태"라는 체제를 받아들여야 하고 비영리, 비폭력, 그리고 비범죄 조건을 충족시켜야 한다.

점차 커지고 있는 비정부단체 권력의 잠재적 남용에 대해 걱정하는 여러 나라 정부는 이미 행동을 개시해 새로운 가이드라인이나 규칙을 만들기도 했다.[38]

그렇지만 보다 의미 있는 움직임은 시민사회 단체들 사이에서 생겨나고 있다. 서스테이너빌리티SustainAbility는 21세기 **비정부단체**The 21st Century NGO라는 도발적인 2003년 보고서로 가장 최근의 논쟁에 불을 붙였다. "기업책임의 핵심적인 주창자임에도 불구하고 그들 상대기업과 같은 규칙을 채택한 비정부단체는 거의 없다. 추가적인 투명성과 책임이 비정부단체가 주류 사회에 성공적으로 편입될 수 있는 선행조건이 되었고 신뢰를 유지하기 위해 결정적으로 중 요하게 되었다"고 이 보고서는 주장했다.[39] 런던에 있는 컨설팅 회 사는 이 단체들이 AA1000 보증기준을 받아들이든가 혹은 GRI보 고기준Global Reporting Initiative에 서명하는 것과 같은 조치를 취할 것을 제안했다. 사실 어카운터빌리티AccountAbility는 특히 시민사회단체에 대해서 GRI보고기준을 적용시키려고 애썼다.[40]

이런 활동은 결국은 어디를 향하고 있는가? 시민사회단체가 보 다 더 책임을 지면 질수록 그들이 대변하는 시민자본가 세력은 시 민경제 생태계에서 보다 더 큰 힘을 얻게 된다. 종교단체, 노동조 합, 그리고 사회적 책임 주창자들은 자본주의의 잠자는 소유구조 수단을 활성화시키기 위한 매우 세련된 원형을 만들었다. 이들은 자기 자신의 투명성과 책임이라는 출력강화장치를 추가할 때 자본, 기업, 그리고 정부에 보다 쉽게 다가갈 수 있다.

물론 모든 단체가 그렇게 변화할 준비가 되어 있는 것은 아니다. 수많은 시민사회단체들이 시민자본가 어젠다에 맞는 사명과 투명 성을 받아들이려고 하지 않은 채 내부적 논쟁에만 몰두하고 있다. 주주행동주의에 대한 이들의 동기도 의심을 받고 있다. 기업경영 자들은 그런 형태의 도전에 맞서 싸운 네덜란드 동인도 회사를 되 돌아보기도 한다. 그렇지만 과거와 다른 것은 바로 새로운 종류의 풀뿌리 일반대중의 로비활동이다. 이러한 활동은 소유구조에 입각 한 권한을 효과적으로 행사하는데 적합한 합의를 이끌어내기 위해 시민투자자의 사회적 이익과 재무적 이익을 설득력 있게 통합시키 고 있다. 이런 압력들을 통합하기 위해 여러 영역에 걸쳐 있는 단체들은 행동을 위한 새로운 모형을 필요로 한다. 그러한 모형은 이 책의 마지막 장에서 제시된다.

‖ 요점 정리 ‖

- 시민경제단체들은 그들이 주주가치와 기업의 사회적 책임을 일치시킬 때 비로소 시민자본가 생태계에서 강력한 힘을 가지게 된다.

- 투자자들은 아주 오래 전인 1602년부터 기업의 사회적 책임을 요구해 왔다. 그러나 1970년의 GM 캠페인은 사회 정의 운동가의 가치를 점증하는 연금 펀드 소유자들의 재무적 힘에 결합함으로써 새로운 길을 열었다.

- 종교에 기반을 둔 시민단체들이 자본을 통해 사회적 사명을 추구하는 시민경제 단체의 첫 번째 원형을 발전시켰다. 10개의 기본 원칙들이 그들의 그런 노력을 입증하고 있다.

- 노동조합 퇴직연금펀드는 수탁자 교육과 인터넷을 통한 시민투자자 운동을 처음으로 시작했다.

- 세계화에 대한 가두시위는 환경로비단체와 같은 보다 많은 시민사회단체들로 하여금 자기들의 목적을 사업 관점에서 재조정하게 하였다. 그들은 시민자본가 펀드를 자기편으로 만들었다.

- 시민사회단체는 어떠한 정치적 혹은 사회적 목적으로도 만들어질 수 있다. 그러나 시민사회단체는 그들이 시민자본가 펀드와 컨센서스를 이룰 때만 시장에서 힘을 얻을 수 있다. 만약 그들이 다른 목적을 위해 주주 이익을 남용하게 되면 정당성을 상실할 수 있다.

- 학자들은 시민투자자의 영향력에 주목하기 시작했고 시민경제가 발전해 가는데 도움이 되는 연구결과를 만들어내고 있다.

- 주류 언론 매체가 자본시장에 대한 감시를 제대로 하지 못할 수도 있지만, 기업 이사회는 블로그와 인터넷 출판 덕분에 전에 볼 수 없었던 감시를 받게 되었다.

- 비정부단체(NGO)들은 자기들이 기업에 대해 요구하는 투명성과 책임성 기준을 충족시키지 못하기 때문에 종종 투자업계에서 "영업 면허증"을 얻는데 실패한다.

제 **4** 부

시민자본가 어젠다

The New Capitalist Agenda

9
행동 강령

시민자본가 어젠다

요즘 기업 활동과 관련된 두 가지 이야기를 소개한다. 2004년 1월 3일 NBC TV는 부동산 개발업자이며 1980년대 그 업계의 대표적인 인물이었던 도널드 트럼프Donald Trump가 사회하는 "현실에 바탕을 둔" 비즈니스 게임쇼인 **견습생**The Apprentice을 방영하기 시작했다. 참가자들은 자기들의 사업 감각을 보여주고, 하나의 에피소드가 끝나면 트럼프는 참가자들 가운데 하나를 해고한다. 참가자들은 해고되지 않는 것이 승리에 이르는 길이라는 것을 알게 된다. 동료들보다 좋은 성과를 보이든지, 혹은 동료들을 탈락시켜서 동료들보다 앞서 나가야 한다. 이 쇼는 실제의 사업계를 은유적으로 묘사하는 것으로 기획되었다. 사업계는 다수의 패자와 소수의 승자가 있고, 경영자들이 협조해서 사기와 배신을 은폐시키면서 남보다 앞서가는 곳이다. **견습생**은 예일 대학의 제프 소넨펠드Jeff Sonnenfeld가 말했듯이 사업을 일종의 "원형 사격대"로 그리고 있다.[1] NBC의 웹사이트에 따르면 **견습생**은 18세로부터 49세까지의 핵심 연령층 시청자에게 하나의 "문화적 현상"이 되었다. "당신은 해고되었다!"는 트럼프가 그것을 상표로 등록하려고 했을 정도로 사람들의 주목을 끄는 기발한 문구가 되었다.[2]

18개월 후 영국 수상 토니 블레어는 세계 화석연료의 10% 이상을 발굴하는 기업들의 CEO들 - 정말로 힘이 있는 사람들 - 로부터 편지를 받았다. 이들이 편지를 쓴 것은 블레어가 기후변화에 대응하기 위한 세계 8대 산업국가 지도자 회의의 사회를 맡게 되어 있었기 때문이었다. 그러나 기업지도자들의 메시지는 수많은 환경운동가들이 걱정했던 것과는 아주 다른 내용이었다. 그들은 정부가 보다 더 강력하게 배출가스를 통제해 줄 것을 요구했다. 기업지도자들은 그런 통제가 없으면 자기들 사업이 환경적으로 지속불가능하게 될 수도 있다고 주장했다. 이것은 다음과 같이 반복해서 말할 가치가 있다: "세계 최대 기업들의 CEO들이 보다 사회적 책임을 지는 환경규제를 위해 함께 로비를 하고 있었다"고 말이다.

트럼프 이야기는 우리 모두에게 친숙한 사업계를 풍자한 것이다. 두 번째 이야기는 어떤 사람에게는 수수께끼처럼 보이는 새로운 발전에 대한 것이다. 하지만 근본적으로 시민경제는 다우닝 가의 주도로 움직인다. 편지에 서명한 CEO들과 그들의 이사회는 이미 많은 시민투자자에 의해 그렇게 행동하라는 압력을 받았다. 시민자본가 선언의 여덟 번째 원칙을 기억해 보라. 회사가 하는 사업으로 부수적인 피해가 생기지 않도록 하는 규제를 찾아라. 이익을 내는 것을 설득하기 위해 CEO에게 이타주의를 요구할 수 없듯이, 이런 일을 주도하기 위해 CEO에게 이타주의를 요구할 수 없다. 이들의 사업이 지속가능하고, 따라서 주주인 시민자본가에게 혜택을 줄 수 있도록 모든 에너지 회사들에 대해 공평한 사업 활동 무대를 만드는 것은 합리적 행동이었다.

그렇다고 해서 트럼프가 시민경제의 기피인물이라는 것은 아니다. 열린 시장은 토니 블레어에게 편지를 쓴 CEO들의 행동을 받아들이듯이 **견습생**에 묘사되는 것과 같은 사장의 행동도 받아들인다. 하지만 여기서 편지를 쓴 CEO들이 시민자본가의 사고를 가장 근접하게 나타내고 있다.

이 책에서 우리는 시민경제를 만드는 다른 세력들을 제시하려고 했다. 첫째가 대형 상장기업의 수억 명의 주주인 시민자본가들이다. 과거의 자본가들처럼 이들도 기업이 이익을 낼 것을 요구한다. 하지만 시민자본가들은 수 없이 많고 분산투자하고 있기 때문에 기업에 대해서 서로 다른 다양한 요구를 한다.

이런 시민자본가들 주위에 새로운 사업 생태계가 자라고 있다. 주주는 과거 어느 때보다 큰 힘을 발휘하고 있다. 근본적인 개혁이 이사회를 바꾸고 있다. 시민자본가들의 보다 넓은 관심을 반영하는 새로운 지표에 따라 기업의 성과를 평가하기 위해 새로운 기관들이 생겨나고 있다. 이 밖에도 시민단체들은 자본시장을 기업 행동에 영향을 주는 새로운 통로로 인식하고 있다.

이 책의 독자들은 단지 변화의 관찰자가 아니고 변화에 참여하는 사람이다. 결론에 해당하는 이 장에서, 우리는 시민경제가 우리 모두 - 거대 기업을 위해 일하고 거대기업을 관리하는 사람들, 자기 자산과 다른 사람의 돈을 투자하는 사람들, 기업의 성과를 평가하고 기업에 대해 정책 자문을 하는 사람들, 그리고 시민, 노동자, 저축자, 그리고 소비자로서 우리 모두 - 에게 무엇을 의미하는지를 이야기 한다. 우리의 이익을 방어하고 새롭게 떠오르는 세계에서 성공을 보장하기 위해 우리는 구체적으로 어떤 조치를 취해야 할까?

기업 이사 및 경영자 강령

경쟁우위를 어떻게 확보할 것인가에 대한 우리의 제안은 두 분야를 다룬다. 하나는 경영실무 분야이고 다른 하나는 경영책임 분야이다. 오늘날 대부분의 대기업은 수백만 명의 사람들에 의해 소유되고 있다. 이런 근본적인 사실을 받아들여 경영에 대한 사고를 새롭게 전환해야 할 시기가 도래했다.

경영실무

우리의 첫 번째 제안은 이야기를 말하는 것이다. 결국 경영자가 우선적으로 해야 할 일들 가운데 하나는 동기를 부여하는 것이다. 과거에 경영학자들은 왜 우리가 우리를 고용하는 기업들에게 우리 인생을 바쳐야 하는가에 대해 고뇌했다. 단순히 분기 이익을 증가시키기 위해 그렇게 막대한 인간의 에너지와 창의력을 바치는 것이 가능할까? 이것은 공허한 설명인 것 같다. 단지 봉급을 최대한

도로 받기 위해 일하는 것이 가능할까? 이것은 연구자들이 수많은 우량기업들의 활동을 떠받치는 것으로 생각한 비이기적인 행동이나 팀워크와 어긋난다. 그리고 조직심리학자는 왜 팀워크로부터 만족감을 갖게 되는지를 분명히 말해줄 수 있지만 팀워크가 지향하는 목표에 대해서는 거의 아무것도 말해주지 않는다.

시민경제는 바로 그것을 한다. 시민경제는 이윤동기와 보다 넓은 사회적 목표를 결합시켜서 기업행동에 대한 새롭고 보다 넓은 동기를 설명한다. 이윤동기 자체가 사회적 목표가 되었다. 과거에도 그러했지만 사업의 최우선 목표는 투하자본의 가치를 증가시키는 것이다. 그러나 오늘날 자본은 국민의 자본이다. 따라서 시민경제에서 효과적인 경영자는 모두를 위해 부를 창출하거나, 적어도 부를 파괴하지 않는 것을 목표로 한다. 기차에서 여러분 옆에 앉았던 사람 혹은 길거리에서 여러분을 지나쳐 간 사람을 생각해 보라. 웨스트 버지니아의 교사, 더반의 자동차 노동자, 웨일즈의 은퇴한 광부를 생각해 보라. 스웨덴의 간호원, 나고야의 생명보험회사 영업사원을 생각해 보라. 이들은 기업 이익의 궁극적인 수혜자들이다.

시민자본가가 기업에 대해 무엇을 요구하는지를 예측할 수 있다. 그 청사진은 3장에 소개된 시민자본가 선언에 묘사되어 있다. 10가지 원칙은 분산투자한 수많은 주주들을 위해 최대한의 혜택을 어떻게 만들어낼 것인가를 이야기 한다. 그러나 자본가 선언은 경영자가 일상적인 관리업무를 하는 방법에 대해 어떤 시사점을 제공하는가? 이런 새로운 요구사항을 만족시키기 위해 새로운 관습과 자세가 필요한가?

그렇기도 하고 그렇지 않기도 하다. 이익을 내고 가치를 창출하라는 선언의 첫 번째 원칙은 대부분의 경영자들에게 친숙하다. 문제는 이것이 너무 친숙해서 전통적 경제에서 대부분의 경영자들은 이것을 무시하고 대신 가치를 창출할 전망이 거의 없는 벤처에 돈을 쓰고 있다는 것이다. 사업에 대한 헌신과 정열은 지나치게 낙관적인 전망에 반영된다는 이런 현상은 누구나 잘 알고 있을 것이다. 그런 낙관은 스프레드시트의 마술을 통해 여러 가지 검증되지 않은 가정들이 사상누각을 만들어내는 복잡한 재무계획으로 이어진다.

다시 말하면 너무 많은 기업경영자들이 서류상으로는 좋지만 실제로 가치를 만들어 내지 못하는 사업을 통해 주주가 바라는 것을 만족시킬 수 있다고 믿는다. 수많은 기업스캔들에서 경영자들은 자기들이 "숫자를 만들어 내야 한다"는 압력을 받았다고 이야기할 것이다. 그렇지만 그런 숫자들은 자기들이 만들어 낸 것이다. 그들은 자기 회사가 돈 버는 비법을 개발했다고 월스트리트를 설득시키기 위해 교묘하게 숫자를 만들어 냈다.

보통 망한 기업은 단지 이익뿐만 아니라 성장에 대해서도 중요한 숫자를 제시한다. 엔론과 월드컴은 이익을 낼 수 있었지만 성장성이 낮은 공익사업을 하는 기업이었다. 이 기업들을 망하게 한 것은 단지 현실성이 없는 성장에 대한 경영자의 집착이었다.

그래서 자본가 선언의 두 번째 원칙이 아주 중요하다. 기업은 가치를 창출할 수 있는 곳에서만 성장해야한다. 이것은 아주 분명한 것 같다. 그러나 단지 일부만 성공하는 것으로 판명되는데도 불구하고 너무 많은 경영자들이 조직적으로 성장에 집착한다. 예를 들어 여러분이 마지막으로 세운 사업계획을 보자. 추측하건대 그 계획은 시장점유율을 유지하거나 늘리는 것을 목표로 했을 것이다. 그러나 모든 기업이 시장점유율을 늘릴 수 있는 것은 아니다. 베인 앤 컴퍼니Bain & Company 서베이가 보여 주듯이, 기업들의 약 90%가 경제성장률의 두 배 이상의 성장률을 목표로 세운다.[3]

물론 성장이 중요하고 공동 주주는 사업가정신을 독려하기를 원할 것이다. 그러나 자본비용을 지불하지 못하고 성장하는 기업은 실제로는 가치를 파괴하는 것이다. 이런 기업은 더 빨리 성장하면 할수록 더 빨리 가치를 파괴하게 된다.

[그림 9-1]은 경영자가 직면하는 네 개의 선택사항을 보여주고 있다. 사업을 성장시킬 것인가 혹은 성장시키지 않을 것인가? 자본비용을 초과하는 이익을 낼 것인가 혹은 자본비용보다 적은 이익을 낼 것인가? 분명히 모든 사업은 자본비용을 초과하는 이익을 내고 성장하는 사분면의 오른쪽 위에 있기를 원할 것이다. 그러나 자본비용을 초과하는 수익을 내는 것이 불가능하면 어떻게 될까? 자본비용 이상을 벌 수 없다면 성장 혹은 쇠퇴 가운데 어느 것을 선택해야 하는가? 시민경제에서 그 답은 물론 쇠퇴하는 것이다. 진정한 경제적 이익을 만들어낼 가능성이 없을 때 성장하면 판매할 때마다 손해를 보지만 양으로 그것을 만회하려고 하는 가짜 상인처럼 된다. 그럼에도 불구하고 모든 기업이 이익보다는 성장을 추구한다.

[그림 9-1] 성장과 수익 : 경영자의 선택

	자본비용 이하의 수익	자본비용 이상의 수익
성장	최대가치 파괴	최대가치 창조
비성장	난국 돌파	기회 상실

성장과 수익 : 경영자의 선택

계획에 차질이 생기면 기업경영자는 종종 자기들에게 수익을 빨리 내도록 압력을 가하는 투자자들을 비난한다. 하지만 경영자들이 이야기 하는 투자자들이란 월스트리트의 투자자들이고 이들에게 있어서 성장을 독려하는 것은 종종 의미가 있다. 기업이 성장하면 주가의 "변동성"이 높아지는데 이것은 매력적인 중개수수료나 거래이익이 생기는 매도, 매수 기회가 있다는 것을 의미한다. 고객에게 매수나 매도를 권유하는 브로커에게 있어서 이것은 아주 좋은 것이다. 거의 모든 기업 스캔들이 실제로는 왼쪽 위 상한에서 이익을 내지 못하는데도 오른쪽 위 상한에서 이익을 내면서 성장하고 있다고 주장하면서 빠르게 성장했던 기업에서 벌어졌었다는 것은 이상할 것이 없다.

시민자본가는 다른 전략을 요구한다. 첫째, 주주가 원하는 것이 무엇인가를 이야기 할 때 조심해야 한다. 기업의 궁극적인 주주는 단기로 투자하는 거래자가 아니라는 것을 잊지 말아야 한다. 누구나 거래자가 될 수 있고 거래자는 거래자일 뿐이다. 거래자는 기업의 장기적 성공에 별로 관심이 없다. 거래자는 매도하거나 매수할 기회를 만들어낼 이벤트에만 관심이 있다. 거래자는 분명히 가격결정을 위해 중요하지만 소유구조를 덮고 있는 얄팍한 베니어판에 불과하다. 진짜 주주는 당일 거래자가 아니다. 그들은 기업의 장기 핵심 이익창출 능력에 이해관계를 갖고 있는 시민투자자들이고 적절한 재무적 규율을 요구한다.

시민경제가 위험을 싫어하는 것은 아니다. 규율은 단지 경영자가 마구잡이 성장을 위해 비용을 지불하는 것을 피할 것을 요구한다. 정말로 이익을 내면서 성장할 기회가 있다면 시민자본가는 그런 기회가 최대한도로 이용되는 것을 원한다. 시민자본가는 위험이 기대수익에 비례하기만 하면 프로젝트와 관련된 상당한 위험을 감수하려고 한다. 왜 그럴까? 시민투자자는 상당한 정도로 분산투자하기 때문이다. 하나의 프로젝트 - 심지어 하나의 기업 - 가 잘못되면 그것은 시민투자자의 포트폴리오에 단지 아주 작은 영향을 준다. 시민경제는 위험감수를 지지하지만 제국건설을 지지하지는 않는다.

시민주주는 좋은 사업을 위해 자본을 확보하기를 원하고 동시에 기업이 자본을 낭비하지 말아야 한다는 네 번째 원칙을 준수한다는 확신을 갖기를 원한다. 종종 새로운 사업기술을 통해 자기가 하는 사업에서 잉여자본을 철수시킨 기업은 엄청난 혜택을 만들어냈다. 경영자는 경제적 이익 극대화의 한 가지 요소로서 자본최소화에도 관심을 가져야 한다.

시민경제는 또한 경영자 보상에 대한 새로운 전략을 요구한다. 주주는 실질적인 수익과 이익을 가져오는 성장을 원하기 때문에 기업의 종업원이 그런 근거에 입각해서 보상을 받아야 할 것이다. 하지만 보상 계산 방식 특히 CEO 보상은 개선할 점이 많다.

종업원은 성과에 대해서 보상을 받아야 한다. 성과에 대한 보상에는 주주가 얻은 수익과 관련된 인센티브도 포함된다. 그러나 대부분의 종업원들은 단지 일정한 한도 내에서 주가에 영향을 줄 수 있기 때문에 지나치게 그런 방법으로 보상을 받는 것은 생산성을 높이지 못한다. 주가는 게임 자체가 아니라 궁극적으로 재무적 성과평가표에 불과하다는 것을 잊지 말아야 한다. 따라서 상층부와 CEO를 포함한 노동자들이 마지막 성과평가표에 도박하는 방법을 찾기 보다는 게임에서 자기 역할을 더 잘 수 있도록 인센티브 보상 체계가 만들어져야 한다.

또한 대부분의 사람들은 수입 극대화를 포함한 여러 가지 동기를 바탕으로 일을 한다. 경영학 연구에 의하면 사람들은 긍정적인 작업환경, 도전, 우정, 팀워크, 전문가정신, 지위, 가치 있는 무엇인가에 기여했다는 느낌을 좋아한다. 다시 말해서 절대적인 금전적 보상은 전지전능한 동기부여 요인이 아니다. 그래서 사람들이 올바른 일을 하도록 공정하게 보상하라는 자본가 선언의 세 번째 원칙은 단지 임금계산 방법을 말하고 있는 것이 아니다. 이것은 기업을 위해 일하는 사람들을 관리하고 보상하는 *모든* 방법에 대해 이야기 하고 있다. 이것은 직장 일터의 문화에 대한 것이다.

다섯 번째 원칙에 의하면 시민주주는 기업이 가장 역량 있는 사업에 집중할 것을 원한다. 영리한 스프레드시트 분석가는 거의 모든 기업 의사결정을 정당화 할 수 있다는 사실은 이미 널리 알려져 있다. "숫자를 오랫동안 조작하면 어떤 이야기라도 만들어낼 수 있다"고 그레그 이스터부룩Gregg Easterbrook이라는 언론인은 말했다. 게다가 추정이 이루어지는 기간이 길면 길수록 결과의 불확실성은 더욱 커진다. 하지만 시민자본가는 장기간에 걸친 지속가능성을 추구한다. 사업계획이 의미가 있는지 혹은 기업이 정말로 자기가 갖고 있는 잠재력을 바탕으로 움직이고 있는지를 어떻게 검증할 수 있을까?

경쟁논리가 구세주가 될 수 있다. 소비자의 요구를 경쟁자보다 더 적은 비용으로 더 잘 만족시키는 기업이 이익을 만들어 낼 가능성이 크다. 물론 소비자는 엄청나게 많고 소비자의 요구를 만족시키는 방법도 아주 많이 있다. 따라서 사업에서 성공하기 위한 여러 가지 다른 방법이 있다. 그러나 다른 사람이 일을 더 잘 할 수 있다면 성공하기 어렵다. 따라서 최고라는 믿을 수 있는 이유를 제시하지 않은 채 이익을 창출한다고 주장하는 어떤 사업계획도 회의적 시각에서 바라보아야 한다. 다시 말해서 숫자 자체는 물론 숫자 뒤에 숨어 있는 가정들을 자세히 살펴보아야 한다.

그래서 시민경제에 맞는 경영에서는 조직이 갖고 있는 기술을 보고 그것을 시장기회와 연결시키는 기획과정이 필요하다. 그리고 재무적 모형 설계는 사업의 경쟁력을 확보한 다음에 마지막 과정에서 다루어지는 것이 좋다. 이런 접근방법을 따르면 더 좋게 보이

는 듯한 전적으로 다른 사업 분야를 찾아야 할 필요가 거의 없게
된다. 고객이 필요로 하는 것을 더 잘 충족시키는 조직의 기술을
어떻게 발전시키고 연마할 것인가에 집중할 수 있다.

그런 개선의 필요성이 의미하는 것은 끊임없이 조직을 혁신하고
성과를 높여야 한다는 여섯 번째 원칙이다. 이것은 결코 뉴스거리
가 아니다. 10년 전과 동일한 상품, 동일한 기술 수준으로 동일한
시스템을 움직이고 있으면서 여전히 사업계에 남아있는 기업을 생
각하기 어렵다. 그러나 새로운 것은 오늘날 기업 혁신이 시민경제
가 만들어낸 책임경영이라는 외부적 힘에 대응해야 한다는 것이다.

어카운터빌리티AccountAbility의 사장인, 사이먼 자데크Simon Zadeck는
다음과 같이 설명한다. "글로벌 금붕어 어항" 현상 때문에 경영자
가 세계에 알리고 싶지 않은 일을 어떤 곳에서도 하는 것이 이제는
불가능하게 되었다. 공급자와 고객은 하는 일이 무책임한 것으로
간주될 수 있는지 여부를 잘 이해하지 못하는 기업과 거래하는 것
이 위험하다는 사실에 신경을 쓰기 시작했다. 유명 상표가 붙은 상
품을 생산하는 기업은 부품 대외구매 스캔들로 회사의 명성이 훼
손된 후에 그것을 깨닫게 되었다. 게다가 특정기업의 영업권에 영
향을 주는 것은 단지 그 기업의 행동만이 아니고 그 기업이 속한
전체 산업의 행동이다. 예를 들어 자데크는 디아지오Diageo가 세계
에서 가장 크고 가장 이익을 많이 내는 음료수 회사로 살아남은 것
은 전체 산업으로 하여금 책임질 것을 독려한 이 기업의 능력에 달
려있다는 것을 지적한다. 왜냐하면 미래의 규제는 전체 산업의 행
동에 달려있기 때문이다.[4]

이런 관찰의 논리적 결론은 자율규제를 시도하거나 혹은 여덟 번째 원칙이 말하듯이 사업 활동으로 부수적 피해가 발생하지 않도록 하는 규제를 지켜야 한다는 것을 인식할 필요가 있다는 것이다. 공동 소유구조에서 규제는 특정 산업에 연루된 모든 기업들이 바닥 경쟁으로 이기려고 하는 기업을 퇴출시키는 합법적인 방법이 될 수 있다. 그런 단기 업적주의를 제거하면 어느 하나의 기업이 오랜 동안 산업에 피해를 주면서 지속가능하지 않은 단기적 이익을 얻는 것을 허용하지 않고 산업 전체가 장기적으로 번영을 누릴 수 있다. 하지만 규제를 남용하지 말아야 한다. 기업이 파벌 정치에서 벗어나 (원칙 9)있지 않으면 시민 주주의 권위를 추락시킨다.

궁극적으로 경영자는 기업의 사회적 성과에 대해 생각할 필요가 있는데, 이것은 단지 기업이 사회적 압력에 제대로 대응하지 못할 경우 영업권이 제약을 받기 때문만은 아니다. 시민 경제에서 이것은 수용여부를 넘어서는 큰 문제이다. 시민자본가 선언 일곱 번째 원칙이 말하고 있듯이 시민자본가는 기업이 고객, 공급업자, 노동자 ,그리고 지역사회를 공정하게 대우할 것을 원한다. 왜냐하면 고객, 공급업자, 노동자, 그리고 지역사회가 또한 기업의 주주이기 때문이다.

그러나 사람들을 공정하게 대우한다는 것은 무엇을 의미하는가? 이것은 아주 좋은 아이디어인 것 같지만 실제 세계에서 활용될 수 있는 것인가? 자본가 선언은 서류상으로는 좋아 보이지만 모든 사람이 그 원칙을 준수하는 경우에만 작동하게 된다. 다른 모든 사람들이 그렇게 하지 않는 한 고객을 잘 대우하고, 가치 파괴적 성장을 추구하지 않고, 월스트리트 거래자에게 아첨하는 것을 거부하기 위해서는 대담해야 한다. 물론 이 책에 제시되는 증거에 의하면 특정 기업이 상습적으로 원칙을 위반하면서 생존하려고 하면, 그 기업은 궁극적으로 시장으로부터 그에 상응하는 벌을 받게 된다. 다시 말해서 기업의 재무적 성과가 나빠지고 주가는 하락하게 된다. "맞다. 하지만 그렇게 되려면 오랜 시간이 필요하다. 반면에 나혼자 자본가 선언을 준수한다면 모든 다른 사람들은 나를 희생시켜서 혜택을 받게 된다"고 여러분은 대답할 수도 있을 것이다.

좋은 지적이다. 여러분은 전통적인 죄수의 딜레마에 빠져 있다. 딜레마는 다음과 같다. 여러분이 정치적으로 불안정한 국가에서 부당하게 체포되어 감옥에 수감되었다고 하자. 수사관이 여러분이 있는 감방에 온다.

"당신에게 제안할 거래가 있습니다. 당신이 옆 감방에 있는 조가 살인죄를 지었다는 이 진술서에 서명하면, 우리는 그를 앞으로 10년 동안 감옥에 있게 하고 당신은 한 가지 조건부로 석방하겠습니다"라고 그는 말한다.

당신은 이 제안을 검토하고 "그 한 가지 조건이 무엇입니까?"라고 묻는다.

"조가 당신이 살인을 했다고 말하는 진술서에 서명하지 않는 경우에만 당신은 석방됩니다. 그렇지 않으면 당신들은 둘 다 8년 동안 감옥에 있게 됩니다"라고 수사관은 답변한다.

"알겠습니다"라고 당신은 수심에 잠겨 대답한다. 그리고 "둘 다 서명하지 않으면 어떻게 됩니까?"라고 묻는다.

"우리가 어떤 진술서도 확보하지 못하게 되기 때문에 우리는 두

어달 후 당신 둘 모두를 석방해야 합니다. 하지만 당신이 진술서에 서명하면 당신이 내일 당장 석방될 가능성이 있습니다. 모든 것이 조가 어떻게 하느냐에 달려있습니다"라고 수사관은 잠시 후에 말한다.

"하지만 나는 조를 모릅니다. 모든 사람이 조가 될 수 있습니다"라고 당신은 아주 화가 나서 대답한다.

"맞습니다"라고 수사관은 대답한다.

이것이 죄수의 딜레마이다. 현실에서도 사업하는 사람은 종종 죄수의 딜레마에 직면한다. 예를 들어 고객에게 거스름돈을 줄 것인가, 혹은 종업원에게 압력을 가할 것인가, 혹은 유해물질을 운하에 버릴 것인가를 결정할 때 사업하는 사람은 죄수의 딜레마에 직면하게 된다. 물론 이기적 관점에서 최선의 해답은 다른 모든 사람들이 규칙을 준수하는 동안 나쁘게 행동할 수 있는 것이다. 그러나 모든 사람이 규칙을 위반하면 문제가 생긴다. 이런 상황에서 특정 개인은 어떻게 해야 할 것인가?

게임이론 전문가들은 죄수의 딜레마에 대한 올바른 해답을 발견하기 위해 많은 연구를 해왔다. 예를 들어 몇 번은 각자가 평등하게 책임을 지면서 행동하고 다음에 전략을 바꾸는 것과 같은 영리한 명답이 있을 수 있다. 하지만 최선의 전략은 맞대응이라는 단순한 것이다. 다시 말해서 상대방이 평등하게 책임을 진다고 가정하고 게임을 시작하는 것이다. 상대방이 평등하게 책임을 지면 나도 그렇게 해서 대응한다. 부정적 반응에만 부정적 반응으로 응수한다. 상대방이 방향을 바꾸면 당신도 바로 방향을 바꾼다. 연구에 의하면 죄수의 딜레마를 여러 번 반복할 때 그런 전략들이 당신과 상대방에 대해서 최선의 결과를 가져온다.

이제 시민경제가 지배하는 세계에 대해 생각해 보자. 수십억 주주, 고객, 공급업자, 노동자, 그리고 시민을 어떻게 다루어야 할까? 물론 다른 모든 사람들이 규칙을 지킬 때 혼자만 규칙을 어기면 다른 사람들을 희생시켜 혜택을 얻을 수 있다. 그러나 그런 전략을 교묘하게 이용할 수 있다고 믿는 것은 비현실적이다. 모든 사람이 규칙을 지킬 때 모두가 더 좋아질 수 있다. 하지만 규칙을 어떻게 지키도록 할 것인가? 모든 사람이 좋은 의도를 갖고 있다는 가정으로부터 시작해서 맞대응 게임을 해라. 모두가 그런 규칙을 따라서 게임을 하면 모든 사람에 대해 최선의 결과를 얻을 수 있다.

다시 말해서 게임이론은 옛날 철학자들이 제시한 것과 동일한 결론에 도달한다.[5] 그들은 그것을 "남한테 대접받고 싶은 만큼 남을 대접하라"는 황금률이라고 불렀을 뿐이다. 모든 이해관계가 고려되어야 한다. 과거와 달리 시민경제에서는 우리 모두가 시민, 주주, 고객, 종업원이라는 모든 이해관계자를 대변하기 때문에 이것이 가능하다. 우리는 이런 결론에 도달하는데 있어서 도덕적 판단을 하려고 하지 않는다. 우리는 단지 실무적이고 실질적인 관점에서 기업이 황금률에 따라 사업을 하면 시민자본가가 더 좋아진다고 말하고 있다.

그러나 게임 이론가들은 문제를 단순화시키기 위해 하나의 가정을 한다. 이들은 우리 모두가 다른 사람이 우리들의 이익을 위해 행동하는지 여부를 알고 있다고 가정한다. 하지만 사업에서는 이것이 그렇게 쉽지 않다. 공급업자가 부품이 일정수준의 기준을 만족시키도록 최선을 다했는지, 펀드 매니저가 정말로 주주로서 자기의 의무를 다하려고 했는지를 늦게까지도 알아차리기 어렵다. 설상가상으로 다른 쪽은 상대방이 공정하게 행동하지 않을 때 자기는 공정하게 행동했다고 생각할 수 있다. 그런 경우 맞대응 게임에서 자기가 했다고 생각되지 않는 행동에 대해 벌을 받을 수도 있다.

이 때문에 자기가 무엇을 하고 있는지를 알리고 그것에 대해 책임을 지라는 자본가 선언의 마지막 원칙은 매우 중요하다. 모든 사람이 게임의 규칙을 이해하지 못하면 죄수의 딜레마를 피할 수 없다. 경영자는 종업원, 고객, 공급업자, 그리고 주주에게 자기가 규칙을 어떻게 이해하고 있는지를 분명히 밝힐 필요가 있다. 직원 고용은 어떻게 보장되고 그 근거는 무엇인가? 회사는 어떤 기준에 따라 어떤 서비스를 제공하는가? 주주가치를 어떻게 유지할 것인가? 얼마나 일을 잘했는지를 아는 것이 불가능하지는 않지만 비용이 많이 들어서 기업이 공급업자에게 행동하는 대로 공급업자도 기업에 대해 행동할 것을 믿어야 하는 상황에서, 기업이 제공하는 서비스가 점점 더 복잡해짐에 따라 이렇게 분명하게 하는 것이 보다 중요하게 되었다.

이것은 새로운 문제가 아니다. 그리스 의학의 아버지 히포크라테스는 환자들이 그가 학생들에게 가르친 특수한 재주를 결코 제대로 이해하거나 평가할 수 없다는 것을 알았고, 또한 학생들이 배운 것을 잘못 사용하면 엄청난 피해를 줄 수 있다는 것도 알았다. 따라서 그는 학생들로 하여금 배운 지식을 남용하지 않겠다는 "히포크라테스 선서"를 하게 하였다.

시민경제가 부상하고 있는 오늘날 경영자들도 돈, 상품, 그리고 사람에 대한 기술과 권력을 갖고 있다. 이들도 자기 자신들의 행동을 통제할 수 있는 적절한 규율을 고려해야 할 것이다. 그 규율은 주주를 위해 가치를 극대화하고, 자기의 행동을 투명하게 하고, 사회에 해를 끼치는 것을 피하고, 모든 이해관계자를 공정하게 대우하는 것이 바람직하다는 것에 바탕을 두어야 할 것이다.

경영 책임

훌륭한 경영은 경영진이 주주에 대해서 책임을 지도록 하는 구조가 정립되어 있는 경우에만 유지될 수 있다. 그런 구조를 정립하기 위한 몇 가지 실질적인 방법들은 다음과 같다. 이 방법들은 기업의 크기나 환경에 의존하기 때문에 모든 것이 다 여러분 회사에 적용되는 것은 아니다. 그러나 이런 아이디어들은 유용한 지침이 될 수 있다.

이사회 선거를 의미 있게 만들어라. 모든 상장기업은 주주가 다수결로 이사를 선출하거나 해임하고, 이사회를 위한 후보자 지명에 영향을 줄 수 있게 하는 규정을 갖고 있어야 한다. 이것은 근본적인 요구사항이다. 이사회는 주주에 대해서 책임을 져야 하고, 책임을 지고 있는 것으로 보여야만 한다.

중요한 주주문제는 표결에 부쳐라. 몇몇 국가에서는 이사회가 주주와 상의하지 않고 적대적 매수합병 방어 장치를 만들 것인가와 같은 가치에 영향을 주는 중요한 결정을 할 수 있는 독점적 권리를 갖고 있다. 이러한 월권행위는 시민경제에서 허용되지 않는다. 투자자 권리에 중대한 영향을 줄 잠재력이 있는 중요한 의사결정은 투표에 부침으로써 결과에 정당성을 부여하고 주주가 경영진과 이사회를 신뢰한다는 신호를 보내야 한다. 무엇이 중요하고 중요하지 않은가에 대한 확신이 없으면 주주가 사업의 잔여가치에 대한 권리를 갖고 있다는 것을 기억하라. 당면하고 있는 문제가 근본적으로 잔여가치 혹은 향후 사업의 성격에 영향을 주는 것이라면 투표를 통한 주주의 의견을 존중하라.

기업이 주주의 허락을 받기를 원하는 하나의 이슈는 지나치게 정기적으로 주주의 감시를 회피해 왔던 CEO 보상이다. 이사회의 보상 위원회가 진실로 공동 소유주에게 봉사하게 하도록 하려면 위원회의 보고서가 연차 신임투표에 부쳐져야 한다. 영국, 네덜란드, 스웨덴, 그리고 호주 기업들은 이미 그런 투표를 이용하여 CEO 보상을 정당화하고 성과와 연동시키는데 도움이 되는 건전한 감시활동을 하고 있다.

이사회 의장과 최고경영자의 역할을 분리하라. 상장기업에서는 모든 사람이 책임을 져야 한다. 그러나 한 사람이 이사회 의장과 최고경영자를 겸임하면 최고경영자는 본질적으로 자기 자신의 상사가 된다. 여기서 이야기 하고 있는 것은 한 기업에서 경쟁관계에 있는 두 개의 권력센터를 만드는 것에 대한 것이 아니다. 두 역할은 아주 다르다. 이사회 의장은 이사들이 최고경영자를 돕고, 평가하고, 필요하면 교체하는 것을 포함해서 모든 주주를 위해 의무를 다하게 할 수 있는 독립적인 비집행 임원이어야 한다.

기업지배구조 부서를 전문화하라. 많은 기업들이 대개 총무담당 임원을 기업지배구조 담당 간부로 임명해 왔다. 그러나 그런 직함은 단지 시작에 불과하다. 높은 수준의 윤리적, 교육적 기준과 권위를 바탕으로 그 일을 전문화해야 할 시기가 도래했다. 오늘날 대부분의 기업지배구조 담당 간부는 기업이 지배구조 관련 모든 규제를 만족시키게 하는데 책임을 지는 준법감시인 역할을 수행하거나 기업이 어떤 상태에 있는지를 시장에 알리는 투자자를 위한 홍보(IR) 담당 간부로 일한다. 둘 다 고상한 일이다. 그러나 지배구조에는 다른 일들도 포함된다. 지배구조 담당 임원은 기업 전략에 대해서 이사들에게 자문을 하려면 시민자본가의 이해관계를 자연스럽게 이해할 필요가 있다. 그래서 그들은 정기적 대화, 워크숍, 그리고 일대일 만남을 통해 주주들과 자주 접촉해야 한다. 이렇게 해야만 기업 부서를 포함한 모든 조직에서 때때로 생겨나는 집단사고에 전염되는 것을 피할 수 있고, 주주의 관점을 이해할 수 있다. 마지막으로 지배구조 담당 책임자가 경영진보다 이사회, 그리고 독립적인 이사회 의장에게 보고하게 하는 것을 고려할 필요가 있다.

보고를 현대화하라. 이사회 감사위원회는 외부감사에 GRI Global Reporting Initiative 혹은 회계법인이 개발한 가치 분석 방법과 같은 시민경제 유형의 기준에 따라 기업이 보유하고 있는 비재무적 자산을 평가하는 것이 포함하도록 해야 한다. 모든 기업은 주주가 자기 역할을 수행하기 위해 알아야 하는 모든 것에 대해 주주에게 보고해야 한다. 전통적인 회계만으로는 이런 것을 할 수 없다. 그러므로 연차보고서를 준비할 때 보고서에 기업의 시민자본가 주주가 알기를 원하는 모든 정보가 포함되도록 해야 한다. 콜로플라스트Coloplast 실험과 리벨Rivel research 연구는 그런 정보를 제공하면 보상을 받는다는 것을 시사하고 있다는 것을 기억하라.

이해관계자 관련 노력을 강화하라. 어떤 기업도 자급자족 환경에서 살 수는 없다. 종업원, 고객, 공급업자, 규제당국과 같은 이해관계자들은 분명히 기업의 문화와 수익에 영향을 준다. 이사들은 정기적 통로를 통해 이해관계자들이 미래 언젠가 폭발하게 되어있는 감춰진 부채가 아니라 장기적으로 가치를 만들어 내는데 기여하는 자산이 될 수 있도록 기업이 핵심 이해관계자들과의 생산적 관계를 유지하고 있는가를 감시해야 한다.

기관투자가 강령

기관투자가는 시민경제를 이끄는 엔진이다. 4장에서 보았듯이 이런 엔진이 최대한도로 효율적으로 움직이려면 극복해야 할 장애물들이 있다. 투자 산업은 기업을 현명하게 소유하는 것보다는 주로 증권의 매매와 자산을 모으는 것을 기반으로 발전되어 왔다.

그럼에도 불구하고 투자자들은 지난 20년 동안 시장에서의 영향력을 크게 확장시켜 왔다. 요즈음 연금펀드와 펀드매니저는 기업을 성공적으로 관리한다는 자기들의 수탁자 의무를 다하기 위해 여러 가지 후속 조치를 취하는데 참여하고 있다. 펀드관리 산업이 "알파"(시장수익률 초과)를 만들어내는 능력에 대해서 걱정하고 있지만, 현실적으로는 이른바 "베타"(시장전체의 평균수익률)가 여전히 펀드가 실제로 약속한 것을 연금에 주는가 여부를 결정한다.

기관투자가에 대한 논의를 위해 경영실무를 살펴보자.

경영 실무

기관투자가가 시민자본가의 대리인으로서 자기 역할을 제대로 수행하기 위해 할 수 있는 네 가지 주요한 전략은 다음과 같다.

기업의 공동 주주로서 서로 협력하라. 주식을 사고파는데 있어서 펀드매니저들은 격렬하게 경쟁한다. 그러나 기업의 성과를 높이는데 있어서 이들은 공통된 동기를 갖고 있다. 기업 성과를 높이는 데 있어서 가장 효과적인 기관들은 함께 일할 수 있는 메커니즘을 찾을 수 있는 기관들이다. 이들은 비공식 네트워크를 만들 수 있다. 예를 들어 헤르메스는 문제 기업들이나 이슈에 대한 관점을 공유하기 위해 정식 직원을 채용해서 다른 펀드 매니저와 긴밀한 관계를 유지하고 있다. 기관투자가들은 국제 기업지배구조 네트워크International Corporate Governance Network나 글로벌 기관투자가 지배구조 네트워크Global Institutional Governance Network와 같은 협회 혹은 상업적으로 이런 서비스를 제공하는 회사를 통해 그렇게 할 수 있다.[6] 연금 펀드와 펀드 매니저가 그런 주도적 역할 수행에 참여할 수 있는 기회는 단지 자기들이 투자한 기업으로부터 더 좋은 성과를 얻도록 하는데 있어서 뿐만 아니라 주주 권리를 폭 넓게 알리는데 있어서도 크게 늘어나고 있다.[7]

주식거래와 구별되는 소유자로서의 역량을 전문화하라. 몇몇 펀드에 있어서 이것은 역설적인 것 같다. 분명히 소유와 주식거래를 통합하는 것이 목표가 되어야 하기 때문이다. 그러나 실제로 주식거래자의 역량과 규율은 소유자의 그것과 아주 다르다. 은유적으로 말하면, 경마에 돈을 거는 사람은 경마에 대해서 많이 알지만 반드시 말을 훈련시키는데 가장 적합한 사람은 아닐지도 모른다. 소유자는 준법감시의 지적사항으로서가 아니라 투자 관리의 핵심 부문으로 통합될 수 있는 새로운 역량을 보유한 새로운 사람들을 필요로 한다.

주주참여 및 주주행동주의를 위한 프로그램을 개발하라. 투자자들은 주주행동주의를 맨 마지막에 사용하는 수단으로 생각하곤 했다. 펀드는 기업에 계속 관여하기 보다는 주식을 팔아서 문제 있는 기업으로부터 벗어나는 것을 훨씬 더 좋아했다. 요즘은 많은 펀드 관리자들은 소수의 기업들에 큰 지분을 갖는 "고확신high-conviction" 포트폴리오를 구축하고 있다. 이것은 주식을 팔아서 문제기업으로부터 벗어날 수 없고, 주주로서 행동해야 된다는 것을 의미한다. 잘만 하면 높은 수익을 올릴 수 있다.

장기적 위험관련 연구를 촉진하라. 포트폴리오에 포함된 기업들이 직면하는 비재무적 위험을 정확히 찾아낼 수 있는 혁신적인 방법을 개발하는데 최선을 다해야 한다. 하나의 시험 프로젝트인 "EAI Enhanced Analytics Initiative"는 좋은 예이다. 회원들은 지배구조, 노동자 관리, 그리고 환경적 책무와 같은 알려져 있지만 평가하기 어려운 위험을 다루는 투자분석가들에게만 매매수수료의 일부를 제공한다. 시민자본가는 이런 위험들과 관련된 연구에 직접적으로 관심을 갖고 있다.

구조와 동기에 적합한 전술

방금 언급한 네 개의 새로운 전략은 포트폴리오의 성과를 개선시킬 수 있다. 그러나 투자기관도 기업처럼 올바른 구조와 동기에 적합한 전술을 갖고 있어야만 지속적으로 수익을 낼 수 있다. 따라서 다음과 같은 요점을 잊지 말아야 한다.

남에게 주장하는 바를 스스로 실천에 옮겨라. 펀드는 스스로가 지키지 않는 지배구조 기준을 기업에 대해서 요구할 수 없다. 시민투자자를 만족시키는 펀드매니저는 어떻게 펀드가 운용되고, 직원을 보상하며, 저축자 자본의 관리자로서 행동하고, 이해상충을 해결하는지에 대해서 투명해야 한다. 기관투자가 주주의 책임에 대한 기업지배구조 네트워크 성명서에 좋은 모형이 있다.[8] 이와 똑같이 시민주주 펀드는 펀드의 후원자나 관리자뿐만 아니라 회원 혹은 고객에게 책임을 져야 한다. 예를 들면 연금펀드의 경우 의미 있는 수탁자 선거를 통해 회원의 이익이 대변되듯이 시민주주 펀드는 활동적이고 역량 있는 지배구조 조직을 통해 대표자가 회원의 이익을 정당하게 대변할 수 있어야 한다.

펀드매니저의 활동과 투자자 이익을 일치시켜라. 이해상충을 없애는 것은 단지 해야 할 일의 일부일 뿐이다. 펀드매니저는 시민자본가의 이해와 일치하는 방향으로 긍정적으로 행동할 수 있어야 한다. 이것은 요즈음 관례적으로 단기적 성과와 좁은 범위의 재무분석에 높은 보상을 주는 자금관리회사 인센티브 체계를 개혁해야 한다는 것을 의미한다. 예를 들면 세계은행의 투자 관리회사인 인터내셔널 파이낸스 코퍼레이션International Finance Corporation은 포트폴리오 매니저 보상을 장기적 관점과 비재무적 위험을 얼마나 중요시 하는가에 연동시킨다. 뮤추얼 펀드와 자금관리회사는 이와 유사한 보상체계 기준을 만들 수 있다. 펀드는 최소한 보너스 계산을 장기적 성과에 연동시켜야 한다.

여기서 이야기한 모든 것이 행동으로 이어질 때, 여러분의 회사는 이런 행동으로부터 생기는 혜택을 누리게 될까? 그렇다는 증거가 있다. 연구에 의하면 잘 관리되는 기업의 가치가 더 크다. 적절한 기업 관리를 적극적으로 추진하면 포트폴리오에 있는 기업들의 위험을 무시하거나 회피하는 옛날 관습을 따르는 것보다 더 많은 이익을 얻을 수 있다.

게다가 자금관리회사는 모든 시민경제의 발전처럼 자기가 소유자 책임을 져야 한다는 요구가 점점 더 강해지고 있다는 것을 알게 될 것이다. 이런 요구는 언론, 은퇴자와 저축자, 정부규제, 그리고 심지어는 보다 책임지는 주주를 원하는 기업 스스로에 의해 더욱 강화되고 있다. 심지어 가장 전통적인 펀드도 시민투자자로부터의 이런 요구가 커지고 있다는 것을 느낀다. 성공을 거두기 위해서는 보다 많은 펀드매니저들이 자기가 상대적으로 그리고 절대적으로 좋은 성과를 내는 것뿐만 아니라 경제에 대한 적절한 관리자로서 제 역할을 수행하고 있다는 것을 보여 주어야 한다.

개인 투자자 및 수익자 강령

옛날 경제에서는 기업이 중심이었다. 하지만 시민경제 세계에는 연금과 퇴직저축계정을 보유하고 있는 시민자본가인 개별시민이 한 가운데 있다. 이들은 시민경제가 성숙해지면서 자산을 어떻게 관리할 것인가에 대한 주요 의사결정을 할 수 있는 수단을 갖게 되었다. 시민투자자들이 그런 수단들을 사용하지 않으면 재무 대리인이 렌터카처럼 자산을 운영하게 될 것이다. 반면에 그런 도구들을 사용하면 자신의 장래 재무적 성과에 영향을 미칠 수 있다.

여기서 우리는 포트폴리오에 있는 기업들의 두터운 봉투를 열어 보고, 연차보고서를 자세히 읽어보거나 책임감을 갖고 대리투표를 책임 있게 행사하는 것 등을 이야기 하는 것이 아니다. 그렇게 할 시간, 전문성, 혹은 의욕을 가지고 있는 개인투자자는 별로 없다. 자기 스스로 주식을 고르는 투자자는 거의 없다. 대부분의 투자자들은 뮤추얼 펀드나 단위 신탁과 같은 공동 투자를 통해서 투자하는 것을 선호한다. 따라서 투자자가 이익을 확보하는 길은 바로 자신의 저축을 관리하기 위해 어떤 에이전트를 선택할 것인가 하는 하나의 주요한 의사결정으로 압축된다.

에이전트 선택

에이전트 선택은 쉬웠고 어떤 사람들에게는 지금도 여전히 쉽다. 기업의 연금담당자, 주정부 혹은 보험회사와 같은 외부 전문가가 여러분 대신 에이전트를 선택했다. 그러나 예를 들어 퇴직연금이 확정급여형에서 확정기여형으로 바뀌듯이 후원자들이 위험을 종업원이나 저축자에게 전가시키면서 그런 시절은 끝나가고 있다.

특정 중심인물이 최종 수익자를 대변하는 사람을 배제하고 투자 의사결정에 여전히 지배적인 영향력을 행사하는 곳에서는 시스템은 가장 기본적인 책임 검증을 통과하지 못한다. 그런 책임의 결여 때문에 주주의 가치창출 능력이 약해진다. 자신의 자산을 보호하기 위해서는 의미 있는 투자자 대표제를 위해 로비를 하고 연금펀드나 저축펀드로부터 정보를 요청해야 한다. 혹은 할 수만 있다면 자금관리를 위한 다른 에이전트를 찾아야 한다.

재무계획 전문가, 투자자문가, 자금관리회사, 뮤추얼 펀드, 보험회사 등을 의미하는 에이전트를 찾는 일을 생각해 보자. 사람들은 낙담해서 포기하려 할지도 모른다. 전문가가 아닌 사람이 어떤 에이전트가 우리의 이익을 대변해 줄 수 있는지를 말해 줄 수 있을까?

그러나 소비자 의사결정에서 이런 종류의 변화를 가져 온 전례가 있다. 각 시장에 단지 하나의 전화회사만 있었던 시절이 기억나는가? 사람들은 서비스, 가격, 혹은 품질에 대한 선택권이 없었다. 그것은 현실에서 바꿀 수 없는 사실인 것 같았다. 사람들은 상황이 변할 수도 있다는 것을 거의 생각하지 못하고 독점이 부여한 통신환경을 그대로 수용했다. 경쟁이 생겨났을 때, 많은 사람들은 선택할 준비가 전혀 되어 있지 않았다. 심지어 전화서비스를 개인의 취향에 맞춘다는 아이디어 자체도 매우 낯설었다. 그러나 사람들은 바로 어떤 것을 물어 보아야 할지, 어떤 특징을 찾아야 할지, 가격을 어떻게 점검해야 할지를 알게 되었다. 게다가 사람들은 특정 기호에 맞는 전화서비스를 선택함으로써 자기가 지불한 돈으로부터 과거 보다 훨씬 더 많은 가치를 얻어낼 수 있다는 것을 알게 되었다.

노년의 생활, 의료서비스 선택, 그리고 가족을 부양하는 능력을 결정하는데 도움을 주는 종자돈은 전화요금보다 훨씬 중요하다. 하지만 오늘날 너무 많은 사람들이 저축에 대한 의사결정 권한을 다른 사람들에게 양도하고 있다. 이미 말했듯이 이런 에이전트들은 종종 사람들의 이익과 무관한 방법으로 행동하게 하는 사업상의 압력을 받는다. 그런 일이 발생할 때 모든 사람들이 손해를 보게 된다. 그러나 이제는 선택할 수 있다. 사람들은 어떤 펀드와 에이전트가 자신을 위해 일하는 구조를 갖고 있는지를 식별할 수 있다.

핵심 기준

여기 시민경제의 개인을 위한 가장 중요한 하나의 제언이 있다. 그것은 바로 우리에게 정말로 헌신할 것을 맹세할 준비가 되어있는가를 근거로 해서 펀드를 선택하라는 것이다. 맨 처음으로 점검해야 할 것은 펀드가 부과하는 수수료 - 절대액과 구조 - 이다. 펀드 회사는 이익을 내야 하지만 수수료는 적정하고 투명해야 한다. 결국 위험에 처한 것은 여러분의 자본이기 때문이다. 그 다음에는 성과를 낼 수 있는 능력뿐만 아니라 펀드 자체의 지배구조와 관리 경력을 근거로 펀드를 평가하는 수많은 무료 및 유료 서비스를 이용해야 한다. 재무적 성과를 비교한 다음 스스로에게 다음과 같은 핵심적 질문을 할 수 있다: 포트폴리오 매니저는 장기적 성과와 비재무적 가치 요인을 근거로 해서 보상을 받는가? 펀드의 이사들은 독립적인가? 이해상충이 발생할 가능성은 없는가? 펀드는 주식의 의결권을 어떻게 행사하는가? 펀드는 투자 대상 기업들의 참여주주로서 행동하기 위해 어떤 자원을 갖고 있는가? 이런 질문에 답을 하지 못하는 어떤 에이전트도 선택의 대상에서 배제해야 한다. 그런 다음 가치 창출자로서, 그리고 시민자본가 스타일의 주주로서 가장 좋은 모습을 보이고 있는 에이전트를 선택하라.

애널리스트, 투자자문가 및 회계감사인 강령

정보가 힘이라는 것은 이제 뉴스가 아니다. 투자자를 도와주었어야 할 정보가 방향이 잘못 설정되었고 잘못 사용되었다는 사실은 오래된 뉴스이다. 이 책에서 우리가 보여주려고 했던 것은 정보 남용의 본질과 앞으로 그것을 피하기 위한 청사진이다.

현명하고 책임 있는 정보의 이용

청사진은 애널리스트, 투자자문가, 그리고 회계감사인이 지켜야 할 두 가지 제언으로 시작된다. 첫째, 자본의 궁극적인 소유자인 주인과 대리인을 혼동하지 말라. 둘째, 21세기에 경제적 가치 창출 요인이 무엇인지를 이해하라. 이 두 가지는 어느 것도 쉽지 않지만 둘 다 할 수 있는 일이다. 이런 규칙을 지키는 것은 우선 조기 수용자(early adopter)[1])에게 상업적 혜택을 가져다 주고 보다 광범위하게는 지속적인 경제성장을 위해 정보를 이용할 수 있게 한다.

정당성은 책임지는 것으로부터 생겨난다. 그것이 시민경제의 바탕이다. 모든 플레이어는 궁극적으로 누구에게 책임을 져야 하는가? 바로 시민투자자이다.

실제 세계에서 이것은 항상 쉬운 것이 아니다. 책임은 여러 단계에 걸쳐 있는 에이전트들을 통해 연결되어 있다. 자기 돈을 위험자산에 투자하고 있는 사람을 시민 저축자, 이 경우 이름이 짐인 노동자, 라고 가정하자. 그를 주인이라고 하자. 짐은 수탁자들이 있는 확정기여형 연금펀드에 가입해 있다. 그들이 짐의 1번 에이전트이

---

1) (역자) 조기 수용자(early adopter)는 세상의 변화에 민감하고 호기심이 많으며 관심분야에서 남보다 앞서서 더 많은 정보를 얻고, 어떤 제도나 제품의 수용이 다른 사람들에 비해 빠르고 일찍 발생하는 사람들을 칭하는 말이다. 이 말은 뉴멕시코 대학의 에버렛 로저스(Everett M. Rogers) 교수가 1972년 신제품 커뮤니케이션을 다룬 저서 『혁신의 확산』(Diffusion of Innovation)에서 처음 사용하였다.

다. 좋은 의도를 가지고 있지만 짐이 자신을 대변하는 사람을 선택할 수 있는 수단을 제공하지 못하는 그 연금펀드의 수탁자는 외부 자문가들(2번 에이전트)에 의존한다. 이런 자문가들은 비록 일반적으로 책임을 지지만 연금펀드에 의해 고용된다. 이들의 고용에 짐이 관여하지 않기 때문에 이들은 자기들이 짐에 대해 궁극적으로 책임을 져야 한다는 것을 쉽게 간과할 수 있다. 자문가들은 짐의 자본을, 다른 수천 명의 자본과 함께, 자기들이 여러 개의 유사한 연금펀드에 추천했던 특정 뮤추얼 펀드(3번 에이전트)에 투자할 것을 추천한다. 따라서 짐의 연금펀드는 뮤추얼 펀드의 포트폴리오 매니저(4번 에이전트) 가 관리하는 수많은 연금펀드 가운데 하나이다. 포트폴리오 매니저는 특정 투자를 제안하는 어떤 애널리스트(5번 에이전트)에 의존할 수 있다. 물론 그 애널리스트는 뮤추얼 펀드 혹은 제3의 서비스회사로부터 보상을 받고 자기가 추천한 것이 짐의 월 급여에 영향을 줄 것이라고는 생각하지 않는다.

연결되는 에이전트들이 모두 자기 바로 앞에 있는 에이전트에게 충성을 다하고 책임을 지면 이러한 책임의 연결은 제대로 돌아갈 수 있다. 자기가 분석하는 기업의 영향을 받는 투자은행에 의해 흔들리는 애널리스트, 일을 준 것의 대가로 뮤추얼 펀드로부터 돈을 받는 연금펀드의 자문가, 은퇴자보다는 기업을 위한 에이전트로 일하는 수탁자 등 어떤 단절도 책임의 전체적 연결을 위태롭게 할 수 있다. 이런 이유 때문에 악명 높은 광고 사기꾼 잭 그러브먼과 헨리 불로젯은 그렇게 공개적 비난을 받았다. 이들은 연결고리에서 자기들 앞에 있는 에이전트 - 그들이 자문하는 포트폴리오 매니저들 - 에게 충직하지 않았다. 그리고 그들은 연금을 위험자산에 투자한 짐과 제인이라는 궁극적 주인에게 충성을 다하지 않았다. 그 대신에 그들은 누구든 가장 많은 돈을 주는 쪽이 하자는 대로 움직였다.

애널리스트, 자문가 및 회계감사인에 대한 제언

어떻게 그러브먼과 불로젯과 같은 운명을 피할 수 있을까? 책임을 주인으로부터 자기에게 흘러 들어오는 것이라고 생각하라.

대리인을 주인과 절대 혼동하지 말라. 책임연결고리에서 약하게 연결된 부분을 발견하면 그것을 지적하고 피하라. 그리고 그 위에 있는 연결고리를 찾아라.

이해상충에서 벗어나라. 아무리 좋은 경우에도 경쟁자가 여러분이 이해상충 관계를 갖고 있다고 주장할 수 있거나, 최악의 경우 여러분이 이해상충 관계를 갖고 있다는 것을 증명하기 위해 검찰이 소환장을 갖고 여러분에게 들이닥치게 하는 그런 상품, 서비스, 심지어 "권리"를 팔아서는 안 된다. 비록 자신이 갖고 있는 이해상충이 가능성만 있거나 이론상의 것이라고 하더라도 시간을 들여서 이해상충 관계를 끝낸다는 목표를 갖고 이해상충 관계를 공시하고 완화시켜라.

이해상충 관계를 갖고 있지 않으면 그것을 판매 전략으로 활용하라. 크레딧사이츠CreditSights는 채권평가 회사이다. 에니스 크넙Ennis Knupp은 연금자문회사이다. 글래스 루이스Glass Lewis는 대리투표 전문회사이다. 이 회사들은 모두 자기들이 고객에게 충성을 다한다는 것을 강조함으로써 더 좋고 규모가 큰 회사로부터 시장점유율을 빼앗고 있다. 책임을 진다는 것은 사업을 잘 한다는 것을 시사한다.

새로운 성과평가 기준의 개발

여러분은 정보전문가이다. 여러분은 진화하는 자유 시장에서 무엇이 작동하고 무엇이 작동하지 않는지를 평가하고 있다. 7장에서 보았듯이, 경제성장 요인들과 누가 그것으로부터 혜택을 받는지를 평가하는 방법 모두 진화하고 있다. 옛날의 평가기준은 여전히 유효하고 필요하지만 충분하지 않다. 이것은 창조적이고 영리한 정보 중개기관들에게 엄청난 기회를 열어 놓고 있다. 시민자본가 투자자에게 정보를 가장 잘 전달할 수 있는 사람들이 승자가 될 수 있는 사업영역이 있다. 틈새를 찾는 새로운 소규모 사업체 혹은 경제와 함께 진화하는 이미 기반을 구축한 사업체가 새롭게 떠오르는 정보 거물이 될 수 있다.

전통을 탈피하라. 콜로플라스트 실험과 리벨 연구(7장 참조)는 숫자에 구체적인 내용을 추가하면 얼마나 많은 힘을 발휘하는지를 보여준다. 고객이 그런 힘을 활용하는 것을 도울 수 있는 평가기준을 개발하라.

완전히 틀리는 것보다는 대략이라도 맞도록 노력하라. 우발채무와 불확실한 미래 수익은 본질적으로 평가하기 어렵다. 이들은 발생할 수도 있고 하지 않을 수도 있다. 이들이 발생하면 어느 정도 충격을 줄지 불확실하고, 그들이 발생할 수 있는 기간도 불확실하다. 이것은 세계에서 가장 머리가 좋은 사람들이 도전하는 3연승 방식trifecta[2]의 불확실성이다. 월스트리트의 금융공학전문가들은 통상적으로 가치를 평가하기 어려운 자산과 부채를 다룬다. 그런 재무전문가들은 정확한 숫자를 미리 찾아내려고 하기보다는 일정 범위의 확률을 받아들이고 다양한 계산법의 타당성을 설명하려고 한다.[9] 이와 대조적으로, 기업회계는 정확한 숫자를 찾는다. 심지어 더 좋지 않은 것은 선택된 정확한 숫자가 종종 0이라는 것이다. 왜냐하면 평가치들은 엑슨 밸디즈 기름유출 혹은 머크사의 통증치료제 바이옥스[3] 회수와 같이 확률이 낮지만 충격이 큰 사건들을 그것들이 기업의 수익이나 생존에 주요한 위협이 될 때까지 주목할 필요가 없을 정도로 아주 멀리 떨어져 있는 것으로 간주하기 때문이다. 어떤 것이 단지 가치를 평가하기 어렵다고 해서 그것을 보고 하지 말아야 한다는 것을 의미하는 것은 아니라는 것을 기억하라.

목적을 분명히 하고 메시지를 전달하라. 전달하고자 하는 메시지를 분명하게 할 필요가 있다. 예를 들어 정보가 거래자들의 매수

---

2) (역자) 경마에서 1,2,3등을 모두 맞히는 3연승 방식을 말한다.
3) (역자) 제약회사 머크(Merck)는 2004년 자사의 관절염 및 급성 통증 치료제 바이옥스(VIOXX)가 심장병과 뇌졸중을 유발할지도 모른다는 연구가 있은 후 판매된 전량을 자발적으로 회수했다.

/매도 결정을 돕는 것을 목표로 하는지 혹은 기업과 주주를 위한 최고의 경제적 성과를 만들어 내는 것을 목표로 하는지를 분명히 할 필요가 있다. 이용자는 그 정보가 분명히 사실이라는 것을 알 필요가 있다. 물론 때로는 이런 질문들이 복잡하고 다차원적이다. 때로는 있을 법하지 않은 상황에서 큰 성과가 있을 수 있고, 다른 상황에서는 전혀 성과가 없을 수도 있다. 하지만 그런 상황에서도 질적 평가치 혹은 영상표시와 같은 사람들이 이해할 수 있는 정보를 전달하는 방법을 찾아낼 수 있다. 어떤 금융공학자는 다차원적인 확률적 결과를 분명히 보여주기 위해 삼차원 맵핑 기술을 사용한다.

시민경제단체 강령

시민경제의 발전으로 과거 투자자와 지역사회 운동가를 격리했던 분리선이 없어지고 있다. 여러분은 누구나 동시에 연금가입자, 주주, 노조 회원, 납세자, 그리고 사냥클럽의 회원일 수 있다. 여러분은 어떤 직업을 갖고 있든 간에 자본을 자기의 재무적, 그리고 사회적 목표를 달성하는 방향으로 움직이는 데에 관심을 갖고 있다. 여러분이 사회운동단체에 참여하면, 이런 새로운 상황이 행동을 위한 문을 열어준다.

영향력 확대

8장에서 이야기한 것처럼, 앞서 가는 시민 사회단체들은 "지속가

능한 참여"가 어떻게 이루어지는가를 보여 주었다. 거기서 이야기
한 10가지 원칙은 시민경제단체가 자본시장이라는 한 때 낯설었던
영역에서 효과적으로, 그리고 신뢰를 얻으면서 활동하는데 도움이
될 것이다. 시민경제단체가 자신의 영향력을 더 확장시키기를 원
하면, 자기 자신을 발전의 다음 단계로 이끌 필요가 있다. 그렇게
하기 위한 몇 가지 방법들은 다음과 같다.

일반대중 네트워크를 구축하라. 비록 시민경제단체들은 새롭게
부상하는 투자자 계층의 수많은 시민들을 대변하려고 하지만 정치
적 측면의 정책을 만들어 내는데 있어서 일관성 있게 자기가 갖고
있는 능력을 발휘하지 못하고 있다. 이것은 대부분의 단체들이 좁
은 분야에 관심을 집중하기 때문이다. 시민단체들은 연금펀드의
임원들과 같은 특정 집단을 대변하거나 기후변화와 같은 특정 정
책에 매달린다. 그러나 로비스트라면 누구나 알고 있듯이, 정치에
서 가장 강력한 무기는 투표, 혹은 선거 운동을 위한 기부금에 영
향을 줄 수 있는 능력이다. 주주 공동체는 표를 모으거나 대규모
기부금을 만들어낼 수 있는 커다란 잠재력을 갖고 있다. 왜냐하면
펀드가 수천만의 시민 저축자들의 이익을 대변하기 때문이다

하지만 지금까지 어떤 나라에서도 투자자 계층의 이익을 대변하
는 대중적 옹호자로서 일하기 위한 권한, 능력, 그리고 야망을 갖
는 단체는 나타나지 않았다. 잠재력은 엄청나다. 140개 연금펀드의
고급 전문가들로 이루어진 미국 기관투자가 협회를 생각해 보라.
그리고 3,600만 명이라는 엄청나게 많은 일반대중 회원을 자랑하

는 미국 노인층을 대변하는 단체인 AARP에 대해 생각해 보라. AARP는 지지자들 사이에 차단되지 않는 네트워크가 있어서 정치적 경합 상황에서 힘을 행사할 수 있다. 시민경제단체들은 주주에게 유리한 법과 규제를 만들기 위해 그와 비슷한 수의 사람들을 끌어 모아 그에 상당하는 권력을 행사할 잠재력을 갖고 있다. 그러나 시민경제단체가 투자자 계층을 위한 AARP를 발전시켜야만 그렇게 할 수 있다.

스스로를 정화하라. 시민사회단체들은 자기 자신의 지배구조가 취약한 것으로 악명 높다. 시민단체들은 시민경제에서 활동할 수 있는 공신력 있는 "면허"를 얻기 위해서 이런 과제를 해결해야 한다. 시민단체들이 스스로 이런 문제를 해결하지 못하면 기업 이사회에서 책임, 투명성, 그리고 신선한 사고를 설득력 있게 요구할 수 없다. 우선 모든 시민경제단체는 자기 자신의 지배구조를 검증하기 위해 스스로에 대한 평가를 시도해야 한다. 웹사이트가 이사회 회원, 하는 일, 직원, 자금조달, 선거절차, 자금관리, 그리고 이의를 제기하기 위한 내부통로에 대한 정보를 충분히 제공하고 있는가? 회원은 정책 결정의 마지막 단계에 의미 있게 참여할 수 있는가? 그렇지 않다면 적절한 변화가 있어야 한다. 시민경제단체 시장에 아직 최선의 지배구조 기준이 존재하지 않는다면 동료들이 모여서 그런 것을 만들어야 한다.

뮤추얼 펀드 이사회에 로비하라. 미국의 규제당국은 뮤추얼 펀드의 투자 관행에 화난 시민경제단체와 다른 투자자를 위한 새로운 길을 열어놓았다. 이사회는 현재 모기업으로부터 75% 독립적이어야 하는데, 이 규정이 그대로 적용되면 이사회 의장도 독립적이어야 한다는 것을 의미한다. 뮤추얼 펀드가 대단히 많은 자본을 끌어 모으기 때문에 이사회는 엄청난 잠재력을 갖고 있지만, 이런 이사회에 조금이라도 관심을 갖고 있는 사람은 별로 없다. 시민단체가 그 다음에 해야 할 일은 기업 이사회에 대해서 하듯이 뮤추얼 펀드 이사회를 감시하고 로비하는 것이다. 이사들은 이해상충을 제거하고, 고객이 부담하는 불필요한 비용을 줄이고, 각 펀드가 주식에 투자할 때는 이를 제대로 관리할 자원을 효율적으로 활용하도록 해야 한다. 이사들이 이런 일을 수행하지 않으면 시민경제단체는 이제 이들에게 책임을 물을 수 있는 몇 가지 수단들을 갖고 있다.

수탁자에게 지원을 제공하라. 연금펀드 수탁자 이사회는 기술과 연구 부족에 시달린다. 하지만 그것은 시민경제단체들이 메울 수 있는 공간이다. 교육 프로그램, 브리핑, 그리고 저스트펜션 JustPension 이 처음으로 만들어냈던 것과 같은 여러 가지 수단은 엄청난 영향을 줄 수 있다. 수탁자에게 정책자문을 정기적으로 제공하는 싱크탱크도 그렇다.

정치가 및 정책입안자 강령

사회적 목적을 위해 자유시장은 어떻게 작동할 수 있을까? 이것은 정책입안자가 해결해야 할 오래된 과제였지만, 시민경제는 전적으로 새로운 해결방법에 이르는 통로를 열어 놓았다. 법과 입법은 더 이상 기업을 규제하기 위한 도구로서의 역할만을 수행하지 않는다. 법은 이제 시민자본가가 투자한 기업이 시민의 이익을 위해 영업하게 하는 수단을 시민자본가에게 제공하는 통로가 될 수 있다. 물론 이것은 의사를 전달할 수 있는 시민투자자들이 있어야 한다는 것을 의미한다. 따라서 시민경제의 부상은 정치가와 정책입안자들이 조성할 수 있는 두 개의 아주 중요한 발전에 의존한다.

시민경제 지원

첫째, 기업의 소유구조는 기업 이사회가 목표를 정의할 때 시민자본가의 존재를 고려해야 할 만큼 충분히 넓게 분산되어야 한다.[10] 1장에서 우리는 대부분의 선진국에서 이런 조건이 충족되어 있다는 것을 보여 주었다. 시민주주는 개발도상국이나 체제전환국에서 아직 충분히 뿌리를 내리지 못하고 있지만, 경제가 계속 성장하고 소득이 보다 넓게 분산됨에 따라 그렇게 될 가능성이 커지고 있다.

둘째, 시민투자자는 자기의 저축을 경제적 영향력으로 전환시킬 수 있어야 한다. 여기에 정치가와 정책입안자에게 엄청난 기회가 있다. 그들은 시민이 자기의 저축을 수익을 내는 도구로서 경제적 영향력을 제공하는 금융상품에 투자하는 효율적 방법을 찾는데 도움을 줄 수 있기 때문이다. 그리고 그들은 시민저축자들이 자기의 이익을 전면에 내세울 수 있게 하는 권리와 힘을 이용할 수 있다.

세계적으로 시민사회를 건설하는 과정에서 우리가 경험했던 놀라운 성공을 반영하는 방법으로 시민경제를 건설하는 것에 대해 생각해 보라. 오늘날 정치가와 정책입안자들은 선조들이 국가를 위한 헌법을 만들었던 것처럼 자본주의를 위한 새로운 헌장을 만들 능력을 갖고 있다. 이러한 사명은 이것을 할 수 있는 잠재력을 갖고 있는 정당에게는 실로 정치적 금광이 될 수 있다.

시민경제는 최소한의 예산으로 혁신을 통해 건설될 수 있다. 개입을 자제하고 규제와 법을 획기적으로 개선해서 시장의 힘이 주된 역할을 하게 함으로써 가장 효과적인 결과를 얻을 수 있다. 정부의 역할은 시민경제에서 "시장참여자"보다는 "규칙 제정자와 심판"이어야 한다. 공공정책은 연금펀드와 같은 시민이 소유한 기관투자가를 발전시켜야 하고, 이런 기관투자가들이 시민자본가 저축자를 위해 행동할 수 있게 해야 한다. 동시에 정부는 시민투자자가 기관투자가에게 책임을 요구하기 위해 사용할 수 있는 정보를 제공함으로써 시민투자자들에게 힘을 실어 주어야 한다.

공공정책의 목표는 일반대중을 위해 경제적 권력을 행사하거나 기업행동을 세부적으로 규제하는 것이 아니다. 시민경제에서 공공정책은 소유와 권한을 통합해서 시민투자자에게 힘을 돌려주도록 노력하는 것이다. 이렇게 힘을 갖게 된 소유자들은 멀리서 책임을 지지 않는 상태로 국가를 통제하고 공동체를 주무르는 세계화로부터 일반 대중이 소외되는 것을 치유할 수 있다. 참여하는 시민자본가는 민간기업의 공적인 정당성을 강화할 수 있고, 기업에게 근본적인 위험 요인으로서 지속가능성과 사회적 책임을 고려할 것을 요구할 수 있다. 이 밖에도 힘이 있는 시민투자자는 경쟁 및 성과 문화를 육성하여 보다 많은 부와 고용을 창출해 낼 수 있다.

작은 규모의 공공지출이 큰 성과를 만들어낸다는 방정식의 미학, 이것은 금고에 돈이 거의 없을 때 성장, 고용, 그리고 사회정의를 촉진해야 하는 압력을 받고 있는 정치 지도자에게는 승리의 발판이 될 수 있다. 이것은 또한 세계은행, 유엔, 그리고 OECD와 같은 국제 조직을 위한 길잡이이다.

시민경제 육성

공공정책을 위한 다음과 같은 아이디어는 시민경제가 확산되는 것을 가속화시킬 수 있다.

경제적 민주주의를 보장하라. 시민 저축자들이 기업에 투자할 것을 장려하지만 주주 의결권 행사를 부정하는 관행을 부추기는 국가들이 많이 있다. 예를 들어 기업은 무의결권 주식을 발행할 수 있고 피라미드 구조를 만들 수도 있다. 둘 다 소수에게 권력을 집중시킨다. 찬성하는 사람들은 그런 조치가 누군가로 하여금 소유에 의한 감시를 감당하게 만든다고 주장한다. 그러나 그런 구조는 단순히 시민투자자의 권한을 박탈하게 되는 큰 위험이 있다. 일반적으로 정부는 "한 주 한 표" 원칙에 입각해서 경제적 민주주의를 발전시켜야 한다.

소유분산을 위해 연금펀드와 같은 공동투자 수단을 장려하라. 공동투자 자본의 규모가 커지면 기업의 소유가 널리 분산된다. 시민투자자들은 연합해서 목소리를 낼 수 있다. 규모가 큰 공동투자 자본은 자본시장을 유연하게 하고, 성장자본을 제공하며, 더 많은 위험분산을 가능하게 하는 윤활유이다. 게다가 공동투자 자본은 노동자가 전통적인 국가 사회보장시스템을 보완하는 퇴직저축을 이용할 수 있게 한다. 정책입안자는 그런 기관들이 장려되고 보호되도록 해야 한다.

이 이슈는 아주 중요하다. 기업연금이 이미 존재하는 세계 어느 곳에서나 이러한 제도들이 상당한 정도로 발전하고 있다. 과거에 기업은 노동자에게 주로 확정급여형 연금을 제공했다. 연금가입은 아주 간단했다. 보통 연금은 노동자가 취직할 때 혹은 취직한 후 조금 지나서 자동적으로 제공되었다. 기업들은 이런 연금이 관리하는데 저렴하다는 것을 알았다. 보험계리인은 일찍 죽는 사람들이 오래 사는 사람들을 보조하도록 함으로써 전체 비용이 분담되도록 보험을 설계하였다. 후원 기업들이 이런 연금을 보증했다.

안정적인 일자리를 제공하는 대형 고용주들이 있을 때 이런 체제는 잘 돌아갔다. 그러나 점점 더 노동력 이동, 급격한 변화, 그리고 자영업이라는 특징을 갖는 경제에서 너무 많은 사람들이 연금 안전망을 무너뜨릴 수 있다.

더욱이 기업들은 비용을 줄이기 위해 많은 확정급여 연금을 중단하고 개별 노동자가 내는 돈을 기반으로 하는 장기저축 연금으로 대체하였다. 이런 연금은 특정 기호에 맞추어 만들어졌고, 엄격히 규제를 받았고, 그래서 상대적으로 비쌌다. 예를 들어 영국에서 민간의 "이해관계자 퇴직연금"은 주로 규제 비용 때문에 연간 1.5%의 비용이 들었다. 이러한 연이율은 연금의 전 기간 동안 저축한 돈의 40%에 이르는 수수료에 해당된다. 분명히 시민의 돈을 장기저축으로 연결시키는 보다 효과적인 방법이 있어야 한다.

책임감을 북돋워라. 공동투자 펀드에 몰리는 돈은 기업들을 경제성장과 사회적 책임으로 이끌 수 있다. 두 가지 정책이 그런 혜택을 가져올 수 있다. 첫째, 모든 펀드가 종업원과 연금수령자에게 책임을 지도록 하는 신탁법을 만들 수 있다. 많은 나라에서 이미 이렇게 하고 있다. 둘째, 펀드로 하여금 소유자 의무를 다하고 있는지 여부를 공시하게 할 수 있다.

연금펀드에 대한 감사를 혁신하라. 시민자본가는 비록 자기의 연금을 관리하는 대리인이 자기 역할을 제대로 수행하지 못하더라도 회계감사인과 보험계리인이 잘못된 수탁자 관행에 경고를 보낼 수 있다고 생각할 수 있다. 그런 생각은 잘못된 것이다. 회계감사인과 보험계리인은 펀드의 관리와 관련된 위험을 평가할 의무나 동기를 갖고 있지 않다.[11] 외부 감사인이 기업의 재무제표를 감사하듯이 연금펀드에 대한 독립적인 감사도 그렇게 이루어진다. 그러나 그들은 단지 직원들이 숫자를 집계할 때 회계와 보험계리 규정을 준수했는지 여부를 점검한다. 그러한 연금펀드 감사로는 펀드관리의 성실성에 직접 관련되는 중요한 문제를 제대로 평가할 수 없다. 그러한 감사는 연금펀드를 관리하는 사람들이 연금을 후원하는 기업과 회원 사이의 이해상충을 적절히 통제하는지 여부를 판단하지도 못하고 언급자체도 하지 않는다. 그러한 감사는 대리인이 회원의 저축을 늘리고 보호하기 위해 비용 절약적인 방법으로 모든 가능한 수단을 동원해서 평가하는지 여부를 알 수 없다. 또한 그러한 감사는 수탁자 이사회의 질 혹은 펀드 회원을 만족시키는 경영진의 능력에 대해 언급하지 않는다. 게다가 감사인은 펀드에 의존하고 있는 전현직 노동자가 아니라 경영자에 대해 책임을 진다. 감사인은 전적으로 수탁자 이사회 혹은 연금 스폰서가 고용한다.

연금펀드 감사에 대한 법적 책무를 다시 설계함으로써 시민경제에 활력을 불어 넣을 수 있다. 첫째, 연금펀드 수탁자가 연금의 스폰서뿐만 아니라 회원에 대해서도 책임을 지게끔 감사의 목적이 명시되어야 한다. 둘째, 외부 감사를 통해 회계규칙의 준수 외에 관리의 성실성이 검증되어야 한다. 바로 할 수 있는 일은 연금펀드가 주주로서 활동하는지 여부와 활동한다면 어떻게 활동하는지에 대한 정확한 정보를 제공할 것을 요구하는 것이다.

펀드 수탁자 지배구조를 현대화하라. 모든 시민경제 관련 공공 정책에서는 펀드를 통한 감독이 대단히 중요하다. 연금과 보험 펀드 수탁자들 가운데 일정 비율이 종업원/저축자에 의해 선출되게 함으로써 펀드가 주주처럼 행동하는 것을 촉진할 수 있다. 수탁자 이사회에 힘을 실어주는 구조를 요구할 수도 있다. 회원들이 펀드가 정말로 주주로서 책임을 다하고 있는지를 쉽게 감시할 수 있도록 수탁자 이사회로 하여금 높은 공시기준을 충족시킬 것을 요구하는 정부정책이 필요하다. 예를 들어 의결권 행사 기록이 공개될 수 있다. 펀드는 수탁자 참석 기록뿐만 아니라 수탁자의 전문가로서의 경력과 잠재적인 이해상충 가능성을 공시할 수 있다. 이해상충 관리에 대한 정책은 분명하고 공개적이어야 한다. 회원들은 자신들의 공동저축이 기업으로 하여금 재무적, 사회적, 환경적, 그리고 윤리적 관행을 개선하도록 압력을 가하는데 도움이 되고 있는지를 알 수 있어야 한다. 더욱이 정책을 통해 새로운 수준의 수탁자 교육, 이해상충 관리, 공시, 그리고 윤리가 촉진될 수 있다.

공공부문 금융 단체를 통해 기업의 책임준수를 요구하라. 오늘날 공공단체들은 재무적 수단을 비정상적일 정도로 마음대로 다루고 있다. 예를 들어 유엔은 기업의 사회적 책임을 강력하게 주창하지만 자신의 연금제도가 이러한 목적을 달성하기 위해 영향력을 행사하는지에 대한 이슈를 최근에서야 논의하기 시작했다. 다른 한편, 어떤 국가들은 시민경제 공공정책을 강화하기 위해 이러한 재무적 수단을 혁신적으로 이용하여 왔으며, 다른 국가에도 방향을 제시했다. 예를 들면 영국 정부는 영란은행으로 하여금 기업의 유능한 비상임 이사 고용을 도와주는 공공기관인 프로네드ProNed[4]

---

[4] (역자) 프로네드(ProNed: Promotion of Non-Executive Directors)는 1982년 영국 기업의 지배구조를 개선하기 위해 만들어진 공공기관으로서 특히 상장기업의 비상임 이사제도 도입을 지원함으로써 영국 기업의 지배구조 발전에 중요한 역할을 수행했다.

를 창립하게 했다. 정부가 통제하는 금융기관인 브라질 개발은행 은 지금 특정 기업에 투자하기 이전에 최소한도의 기업지배구조 기준을 설정하고 있다. 세계은행 그룹의 인터내셔널 파이낸스 코 퍼레이션FC도 그렇다. 국립 캐나다 퇴직연금은 투자할 때 기업의 장기적 이슈들을 고려한다. 그리고 어떤 나라들은 공무원 연금 펀 드가 투자할 때 투자대상 기업의 지배구조를 평가할 것을 요구하 는 것을 포함해서 지배구조를 고려할 것을 장려한다. 브라질 최대 증권거래소인 보베스파Bovespa는 높은 수준의 책임과 투명성 기준 을 충족하는 기업을 위한 특별 우대 거래시장인 노보 메르카도Novo Mercado를 창설한 바 있다. 방콕증권거래소와 이태리의 밀란 증권거 래소도 그렇게 하고 있다. 이러한 자본시장 수단을 이용하면, 시장 에 직접 개입하지 않고도 더 좋은 기업성과를 유도할 수 있다.

펀드로 하여금 장기 비재무적 위험을 관리하게 하라. 민간부문 펀드를 단기적이고 시민의 이익에 반하는 투자로부터 떼어놓을 수 있는 여러 가지 방법이 있다. 예를 들어, 영국은 투자자를 위한 온 실가스 배출 및 기후변화 연구에 자금을 지원하는 탄소신탁Carbon Trust을 후원하는 것을 도왔다. 보다 중요한 것은 런던이 시민자본가 공공정책의 원형으로 간주되어야 하는 하나의 단순한 공시규정을 2000년에 채택했다는 것이다. 규정에 따르면, 모든 민간부문 펀드 는 매년 자신의 투자 전략에 사회적 책임을 다루고 있는지 여부를 밝혀야만 했다. 많은 펀드들은 이 문제와는 아무 관련 없다고만 선 언함으로써 규정을 완전히 지킬 수 있었다. 그러나 펀드들은 완전한 무관심을 인정할 경우 시장점유율을 잃어버릴 수 있다는 점을 두려워했다. 그래서 이 규정은 재무성에 거의 비용부담을 주지 않으면서 기관투자가로 하여금 기업에 영향을 주는 시민 경제요인에 관심을 집중하게 하는 새로운 기폭제가 되었다.

이 보다 더 앞으로 나아갈 수도 있다. 대부분의 자본시장 법은 상장기업으로 하여금 재무제표에 대한 외부감사를 의뢰하는 것을 요구한다. 시민경제에서 기업은 자본조달을 위해 증권시장에 진출할 때 자기가 받아들일 수 있는 지배구조 기준을 만족시키고 있는지를 보여주든지, 혹은 만족시키지 못한다면 왜 그런가를 설명해야 한다. 정부는 지배구조와 사회적 책임 평가를 매년 행하는 감사의 일부 의무조항으로 요구함으로써 그러한 평가결과의 이용을 장려할 수 있다. 정부는 지시명령 대신 유인책에 의존할 수도 있다. 지배구조와 사회적 책임에 관한 평가를 받은 기업은 공공정책을 통해 세제 혜택과 다른 대접을 받을 수 있다. 아니면, 정부는 공시에 초점을 맞추어 기업으로 하여금 정기적으로 그런 독립적인 평가를 의뢰했는지, 그리고 하지 않았다면 그 이유는 무엇인지를 밝힐 것을 의무화할 수 있다. 가볍게 개입하는 정부규제와 상응하는 것으로 우리는 공시를 선호한다.

보고 기준을 혁신하라. 시장 참가자들이 인적 자산, 무형자산, 사회적 책임, 환경, 지배구조, 그리고 윤리적 위험과 같은 평가되지 않는 가치 요인들을 포함시키도록 회계 및 보고 기준을 개혁해야 한다. 정책은 실험을 장려해야 하지만 앞뒤가 맞지 않는 기준이 범람하는 것은 막아야 한다. 기준을 발전시키는 과정은 투명해야 하고, 결과에 대해 이해관계를 갖고 있는 시장참여자를 다 포괄할 수 있어야 한다.

기업 감사를 강화하라. 어떤 시장에서는 외부의 독립적 감사인에게 이사회 관리의 성실성을 입증할 책임을 요구하지 않는다. 기업이 회계규정 자체만 준수하면 심지어 과대광고도 용인된다. 설상가상으로 시장은 감사인이 기업의 경영진과 이사회를 위해 일하고 있는지, 아니면 주주를 위해 일하고 있는지도 잘 모른다. 시민경제의 발전을 위해서는 이런 혼란을 끝낼 필요가 있다. 외부감사는 주주를 위해 실시되어야 한다. 그리고 외부감사는 감사가 규칙을 준수하고 있는지 여부뿐만 아니라 계정이 기업의 정확하고 공정한 모습을 나타내고 있는지, 그리고 이사회가 경영성과와 주주이익이 일치하도록 설계된 관행을 어떻게 준수하고 있는지에 대한 의견을 제시해야 한다.

해외원조를 개선하라. 강건한 기업지배구조 전통을 갖고 있는 나라는 어려움을 겪고 있는 나라에서 그 지역 고유의 시민경제단체를 육성하기 위한 해외개발원조 프로그램을 개혁해야 한다. 하나의 모델은 개발도상국 시장에서 이사 훈련기관과 같은 시민경제단체를 만드는 것을 돕는 미국의 국제민간기업센터Center for International Private Enterprise이다. 또 하나의 모형은 글로벌 기업지배구조 포럼Global Corporate Governance Forum이다. 원조국들의 자금지원을 받아 OECD 산

하에 설립되어 세계은행에 사무실을 두고 있는 이 포럼은 개발도
상국의 기업지배구조 개선을 촉진하고 있다.

최선의 관례Best practice를 장려하라. 정책입안자는 신용평가기관
과 같은 다양한 시장참여자들을 위한 최소한의 기준을 설정할 수
있다. 그러나 정책입안자는 더 많은 경쟁자들에게 문호를 개방할
수 있도록 정부의 허가를 얻기 위해 어떤 기준이 필요한지를 공개
적으로 밝혀야 한다. 더욱이 정책입안자는 그런 기준이 자본시장
을 발전시키기보다 내부자가 참호를 구축하는 수단이 되지 않도록
그런 기준을 정기적으로 재평가해야 한다.

경제학자 및 연구자 강령

우리는 경제적 번영의 핵심요소인 대기업들의 소유구조와 책
임구조에 시민자본가가 어떻게 근본적인 변화를 일으키고
있는지를 살펴보았다. 이것은 경제학자와 연구자들에 아주 새로운
연구 분야가 되고 있다.

2장에서 우리는 경제학이 어느 정도 자신의 성공의 희생양이 되
었다는 것을 지적한 바 있다. 경제학자들은 시간이 지나면서 자기
들이 대부분의 시장행동을 묘사하기 위해 우아한 수학 모형을 사
용할 수 있다는 것을 알게 되었다. 그러나 경제학자들은 그런 수학
적 정교함을 얻기 위해 수많은 단순화 가정을 만들었는데 그들은
경제학을 실제 세계, 그리고 경제학이 제시해 왔던 수많은 흥미로

운 질문들로부터 분리시켜 버렸다.[12]

경제학 원론 과목을 들으면 그런 가정들을 접할 수 있다. 예를 들면 어떤 기업도 경쟁우위를 누릴 수 없는 완전경쟁시장이 있다는 것, 혹은 유동성과 시장이 연속적으로 존재해서 연속적인 가격이 결정된다는 것 등이다. 무엇보다 보다 중요한 것은 기업이 이익 극대화를 목표로 한다는 것이다. 그러나 이것이 정말로 사실인지를 물어보는 경제학자는 별로 없다. 이익의 원천이 무엇이고, 누구를 위해 어떻게 이익이 만들어지는지를 물어본 경제학자도 별로 없다. 그러나 사업을 하는 사람이라면 이런 질문에 대한 답이 기업에 따라 엄청나게 다를 수 있다는 것을 안다. 사업을 하는 사람은 또한 기업이 이 질문에 어떻게 대답하는가가 기업의 성장 여부를 결정하게 된다는 것도 안다.

그래서 시민경제는 경제학자들에게 행동을 요구한다. 경제학은 새로운 출발점을 필요로 한다. 경제학은 비록 우아한 이론적 모형을 포기하더라도, 사람들이 세상에서 보는 현상에 관심을 집중하고 그것을 설명할 수 있어야 한다. 대부분의 사람들에게 기업의 소유구조, 성공을 평가하는 방법, 기업을 감시하는 방법 등이 기업활동에 영향을 준다는 것이 분명해 보인다. 경제학자들의 출발점이 기업은 이익을 극대화하는 것으로 가정되는 "블랙박스"라면 기업행동에 대해 우리가 알고 싶어 하는 대부분의 질문들은 일거에 배제된다.

다행히 몇몇 경제학자와 역사학자들은 이와 다른 덜 수학적인 접근방법을 택했다. 하버드 대학 명예교수인 데이비드 란데스David

Landes 교수는 한 사회의 어떤 특징이 성장과 번영에 도움이 되는가를 연구했다. 그는 생산수단을 돌아가게 하고 관리하고 만드는 방법을 알고, 이런 지식을 젊은 사람들에게 제공하고, 능력과 상대적 장점을 바탕으로 직원을 선발하고, 개별적 혹은 집단적 사업을 위한 기회를 제공하며, 사람들이 노동의 열매를 즐길 수 있게 하는 사회가 그런 사회라는 결론을 내렸다. 그는 또한 이상적 사회는 정직한 사회이고 사람들은 정직한 것이 올바르고 보상을 받는다는 것을 믿고 그렇게 살고 행동할 것이라고 말했다.[13]

지금 해야 할 일은 어떻게 우리 모두가 공동으로 소유한 대기업의 천재들이 사회적 목표를 달성하는 수단이 될 수 있는지를 시민 자본가가 더 잘 이해하도록 돕는 것이다. 어떤 제도와 문화가 생산을 관리하고, 지식을 전달하고, 기회를 제공하고, 정직성을 고취시키는 것을 도울 수 있을까? 시민경제학자라는 새로운 부류의 경제학자가 수행해야 할 연구과제들은 다음과 같다. 이에 대한 해답은 번영과 사회복지에 크게 기여할 것이다.

- 경제학 이론은 기업이 주주를 위해 이익을 극대화해야 한다고 말한다. 그러나 대부분의 사람들은 비록 많은 기업들이 잘 행동하지만 이러한 이상에서 벗어나 있다는 것을 알고 있다. 기업이 소유자의 이익을 극대화하는 것을 방해하는 요인은 무엇인가? 기업들은 자본가 선언 가운데 어떤 것이 가장 실행에 옮기기 어렵다고 생각하는가? 그 이유는 무엇인가?

- 대리인 문제는 경제이론으로 잘 설명되고 있다. 간략하게 말하면, 어떤 일을 대리인에게 맡기면 대리인은 위임한 사람이 원하는 대로 그 일은 수행하지 않을 수도 있다. 그래서 대리인은 일을 적절히 수행할 올바른 유인을 요구하게 된다. 그렇다면 기업이 시민투자자를 위해서 운영되도록 하기 위해서 제1부에서 살펴 본 책임순환구조를 어떻게 하면 잘 설계할 수 있을까? 책임순환구조는 상이한 산업과 경제부문에 속한 기업마다 혹은 나라마다 다른 것인가?

- 경제이론에 의하면 정보가 중요하다. 기업, 감사인 등이 생산하는 정보는 기업행동에 어떻게 영향을 주는가? 단순히 주식거래 관련 의사결정을 도와주기보다 가장 유용한 결과를 얻기 위해 어떻게 정보생산을 재설계할 수 있는가?

시민경제학자는 이런 질문들을 다루기 위해 재무학과 통계학뿐만 아니라 심리학, 정치학, 조직행동, 그리고 법학 등 여러 학문 분야를 아우르는 전문성을 확보할 필요가 있다. 시민경제학자는 그렇게 함으로써 자기가 다루는 주제의 뿌리로 되돌아 갈 것이다. 아담 스미스가 도덕철학 교수였다는 것을 기억하라. 그는 성공적 사업과 상업 활동은 법과 정의를 바탕으로 해야 한다는 것을 너무나 잘 알고 있었다. "사회는 서로를 해칠 준비가 되어 있는 사람들 사이에서 존재할 수 없다"고 그는 말했다.[14] 이런 이유로 150년 후에 알프레드 마샬Alfred Marshall은 기업의 성공은 법, 제도, 관습, 정보의

흐름뿐만 아니라 상거래의 정직성과 고결성에 의존한다고 말한 바 있다.[15]

오늘날 사람들은 기업을 자본의 도구로 보는 경향이 있다. 이런 관점은 또한 대부분의 경제학자들의 출발점이다. 흥미롭게도 많은 초창기 관찰자들은 기업을 이런 방식으로 보지 않았다. 그들에게 있어 기업은 민주주의 형태의 조직이었다. 기업은 자본을 직접 보유하지 않더라도 경영능력을 보여줄 수 있었기 때문이다. 우리는 이제 기업을 세상의 노동과 자원을 착취하기 위해 소수의 사람들이 갖고 있는 자본의 도구가 아니라 시민주주가 자기의 미래소득을 확보하기 위한 부를 창출할 수 있는 수단, 혹은 시민노동자가 능력과 상대적 장점에 입각해서 자기 노력에 대한 충분한 보상을 받을 수 있는 수단으로 생각해야 할 때가 온 것 같다. 이것은 시민 경제학자가 우리의 경제학적 사고에 가져다 줄 아주 새로운 시각이 될 것이다.

새로운 기업문화

이 장은 기업, 경영자, 중개기관, 주주가 새롭게 부상하고 있는 시민경제를 촉진하기 위해 취할 수 있는 분명한 행동 강령을 열거하였다. 아이디어는 이 책의 다른 부분에서 이미 확인된 이슈들로부터 나왔다.

이와 대조적으로, 과거의 전통경제에서 취해진 행동은 종종 켈름Chelm이라는 전설적인 러시아 마을과 그 마을의 아주 이상한 "현자' 위원회에 대한 아이작 싱어Isaac Bashevis Singer의 이야기를 생각나게 한다. 거기에서 있었던 한 가지 에피소드를 보자. 그 마을에 이르는 더러운 마차 길에 거대한 구덩이가 나서 지나다니는 주민들이 크게 다치게 되었다. 마을 사람들은 해결방안을 찾기 위해 현자위원회를 소집해야 할 만큼 문제가 심각하다고 생각했다. 여러 날동안의 비공개 논의를 거친 다음, 드디어 위원회의 결정이 공개되었다. 위원회는 구덩이를 메우는 대신 구덩이 옆에 병원을 건설하기로 선택했다.

분명한 해결 방안을 피하는 버릇이 세계경제를 망치게 하는 것과 같이 현자의 접근방법도 켈름을 망친다. 하지만 이미 보았던 것처럼 비시민경제 시장의 낡아 빠진 전통에서 비롯되는 핵심을 벗어난 정책들의 예는 아직도 많이 남아있다. 미국의 의회는 종업원수탁자에게 권한을 맡기는 대신 일련의 새로운 연금펀드 보고규정을 만들었다. 기업은 주주와 열심히 대화하려고 하지 않고 투자자들이 위임장에 접근하는 것을 막으려고 애쓴다. 뮤추얼 펀드는 관리자원을 확보하려고 하지 않고 독립적인 펀드 이사회에 대한 규정을 없애려고 돈을 쓴다. 이들은 시민자본가의 요구에 맞지 않는 압력 때문에 갈 길을 잃어버리고, 마치 세계 기업들이 옛날과 같이 소유되고 있는 것처럼 여전히 행동하고 있다.

자본의 극적인 이동으로 시민투자자들이 세계 경제의 주인이 되었다. 이런 발전은 극적인 변화를 가져오고 있다. 선도 기업들은 책임지는 것으로부터 지속적인 가치를 창출하는 자본가 선언 유형의 방법을 앞서 사용하고 있다. 시민 펀드는 그들이 보유하고 있는 지분을 바탕으로 시민주주의 우선순위의 중요성을 강조하고 있다. 시민단체는 사회적 목적을 달성하기 위해서 자본을 이용하고 있다. 감시자들은 점점 더 독립적이고 투자자 이익에 관심을 집중하고 있다. 장기적 위험과 기회에 입각한 현대적 성과평가 수단들이 전통적인 회계기준을 빠르게 보완하고 있다. 많은 국가의 정부는 시민경제 공공정책의 정치적 그리고 경제적 성과를 인식하고 있다.

자본소유가 점점 더 넓게 분산됨에 따라, 이런 힘들이 함께 연합해서 새로운 기업문화를 위한 요구를 강화해 가고 있다. 이러한 문화는 적절하게 육성되면 사업세계를 시민경제로 전환시킬 수 있는 능력을 갖고 있다. 무엇이 일어나고 있는지를 정확히 해석하고 그것에 입각해서 행동하는 개인, 기업, 펀드, 시민단체, 감시자, 그리고 정치가는 모든 사람들에게 혜택이 돌아가도록 일할 뿐만 아니라 그들 자신이 발전할 수 있는 가능성도 크게 높일 것이다.

이 책은 시민경제가 어떤 경로를 거쳐 성장할 것인가를 이야기했다.

오늘날 기업은 소수의 부자가 아니라 수많은 시민 투자자들이 소유하고 있다. 기업은 자기 자신에 대해서가 아니라 시민 주주에게 책임을 지는 기관으로 변화해야 한다는 압력을 받고 있다. 투자자는 책임지는 소유자로서 행동하기 시작했다. 새로운 시민경제를 감시할 감시자들이 등장하고 있다. 노동자 대 자본가라는 오래된 정치역학은 시민투자자 세계로 대체되고 있다. 기업경영자는 주주에게 가치를 전달하는데 집중해야 하고, 시민자본가는 기업의 소유주로 인식되어야 한다는 새로운 합의가 조금씩 생겨나고 있다.

우리는 어떻게 시민투자자들이 직간접적으로 기업 어젠다를 다시 만들어가고 있는가에 대한 많은 예를 보여 주었다. 어떤 독자들은 시민경제에 대해 유토피아적인 개념을 갖고 있을 수도 있다. 다시 말해서 이들은 시민경제가 서로 다른 사회 경제적 이해관계를 자동적으로 조화시키고, 기업가 정신과 책임지는 것 사이의 긴장을 어떤 형태로든 해결하고, 경영자가 권한을 위임 받았을 때 발생하는 유혹을 없앨 수 있다고 생각할 수 있다.

그런 생각은 틀린 것이다. 1장에서 우리는 시민경제가 시민사회를 어떻게 반영하고 있는가를 보여 주었다. 시민사회는 유토피아가 아니다. 시민사회는 모든 사람에게 투표권과 의사표시의 자유를 제공한다고 해서 모든 사회적 논쟁이 자동적으로 해결된다고 주장하지 않는다. 시민사회에는 문제를 제기하고 문제에 참여하고 문제를 다루는 방법을 찾기 위한 장치가 있을 뿐이다. 시민경제에서 광범위하게 분산된 경제적 소유구조는 기업의 경제적, 사회적 목적 모두가 동일한 구성원들인 시민들에게 영향을 준다는 것을 의미한다. 따라서 기업이 자본가 선언을 바탕으로 주주의 이익을 극대화하는 방향으로 행동하게 하면 사회 전반의 혜택을 극대화할 수 있는 가능성이 있다.

발전이 계속되면 그로부터 오는 보상은 엄청날 수 있다. 우선 이 책 첫 페이지에서 확인한 3조 달러의 잃어버린 저축을 회복할 수 있다. 수백만 개의 일자리가 만들어질 수 있다. 기업이 이익과 사회적 목적을 결합해서 일할 수 있도록 한다면 우리는 지속가능하지 않은 생산을 억제할 수 있다.

우리는 시민경제 드라마를 펼쳐 갈 여섯의 주요 배우에 관심을 집중해 왔다.

- 책임져야 하는 기업이사회와 경영자
- 책임져야 하는 투자펀드
- 독립적이어야 하는 감시자
- 적절해야 하는 기준과 평가

- 시장접근이 가능하도록 공개되어야 하는 시민사회단체
- 시민자본가에게 힘을 실어주어야 하는 법제정자와 규제당국

아마도 여러분은 이들 가운데 하나일 것이다. 그렇다면 여러분은 시민경제의 미래를 결정하는데 있어서 중요한 역할을 한다.

그러나 이런 배우들이 모두 중요하지만, 시민경제의 대본을 쓸 사람은 이들이 아니다. 궁극적으로 이런 배우들은 주인의 대리인이고, 주인은 시민투자자이다. 우리 일반 대중은 단지 청중이나 관중 역할에만 머물러서는 안 된다. 시민주주인 우리는 이 드라마를 감독하고 결과를 결정한다. 그렇지 않으면 배우들은 단지 자기가 맡은 역할만을 개선시킬 수 있을 뿐이다.

그러나 소유주는 자기의 이익에 대해 목소리를 내야만 주목을 받게 된다. 보상의 크기가 주어져 있을 때, 우리가 어떻게 시민경제에 영향을 미칠 수 있는지를 깊이 생각해 볼 필요가 있다. 우리들의 저축과 퇴직연금을 관리하는 펀드를 평가하고, 기업 이사회와 접촉하고, 교회나 노동조합 같은 시민사회단체에 참여하고, 그리고 정치적 선거에서 후보자를 우리가 선택함으로써 우리는 그렇게 할 수 있다.

아마도 다음의 마지막 이야기가 그 요점을 말해줄 수 있을 것이다. 2005년 6월 30일에 유엔은 본부 지하 회의장에서 세계 최대 자본가 대표자 모임을 가졌다. 이들의 투자액 합계는 빌 게이츠 혹은 브루네이 왕의 투자액보다 훨씬 크다.

유엔은 도움이 필요했다. 개발도상국에서 수백만 사람들이 굶주

리고 있고, 수십억 노동자들이 보다 생산적인 일자리를 필요로 하고 있다. 지금 유엔은 투자자들의 자선을 구하지 않는다. 유엔은 대형 투자펀드들을 설득하여 기업들로 하여금 자본이 부족하고 따라서 수익률이 더 높아져야 하는 개발도상국에 투자를 촉진하도록 하는 방법을 알고자 한다. 그리고 유엔의 고위인사들은 자본이 투자되었을 때 어떻게 하면 그 자본이 사회적으로 책임을 지는 방식으로 사용될 수 있을 것인가를 알고 싶어 한다.

처음에는 진전이 있다. 그러나 조금 지나서 자본가 대표들은 자신들이 할 수 있는 것에 제약이 있다는 것을 지적한다. "우리는 단지 대표자에 불과하다는 것을 이해해야 한다. 우리는 자본의 실질적 소유자를 위한 수탁자들이다. 우리가 그렇게 지시를 받지 않으면, 우리의 현행 투자 방식을 쉽게 바꿀 수 없다"고 그들은 말한다.

그렇다면 자본의 실질적 소유주들은 누구인가? 그들은 세계의 1,500만이 넘는 시민들이다. 그들의 대표자들이 바로 세계 최대 퇴직연금과 저축기관의 투자 전문가들인 것이다. 이들은 곧 미국, 노르웨이, 프랑스, 네덜란드, 호주, 영국, 태국, 브라질, 남아공, 캐나다, 스웨덴, 독일, 그리고 뉴질랜드의 노동자들과 은퇴자들을 대신해서 유엔 책임투자 원칙United Nations Principles for Responsible Investment에 서명할 것이다. 그런 노동자들과 은퇴자들의 일부가 이 책을 읽게 될 것이다. 오늘날 우리는 자본가이다. 그리고 투자 펀드와 기업이 지금 하는 방식으로 행동하는 것은 우리를 위해서이다.

세계 자본시장에 돌아다니는 돈은 우리 돈이다. 우리 돈이 소유하고 있는 기업은 바로 우리 기업이다. 그런 기업이 어떻게 행동하고,

시민 경제가 어떻게 발전할 것인가는 궁극적으로 시민자본가인 우리에게 달려있다. 우리 돈, 우리 기업, 그래서 우리의 선택이 중요한 것이다.

❖ 주석 ❖

서론

1. GE 부회장 밥 코커란(Bob Corcoran)과 스티픈 데이비스와의 대화, 2005년 12월.

1장

1. 2006년 2월 현재 시장가치와 소유구조에 대한 통계, http://finance.yahoo.com.

2. *Pensions & Investments*, January 26, 2004.

3. James P. Hawley and Andrew T. Williams, *The Rise of Fiduciary Capitalism* (Philadelphia: University of Pennsylvania Press, 2000); Chris Mallin, "Shareholders and the Modern Corporation" (the Corporate Governance in Practice 컨퍼런스 발표 논문, London, April 19, 1999); The Conference Board, *Institutional Investment Report: Turnover, Investment Strategies, and Ownership Patterns* (The Conference Board: New York, November 2000); Fabrizio Barca and Marco Becht, eds., *The Control of Corporate Europe*(Oxford: Oxford University Press, 2001).

4. John C. Bogle, *The Battle for the Soul of Capitalism* (New Haven: Yale University Press, 2005), 74.

5. The Conference Board, *Institutional Investment Report* 2005: *U.S. and International Trends* (The Conference Board: New York, 2005).

6. Office of National Statistics (UK), share ownership 2004, www.statistics.gov.uk/.

7. Nell Minow and Robert A. G. Monks, *Watching the Watchers: Corporate Governance for the 21st Century* (Oxford: Blackwell Publishers, 1996)를 참조.

8. Peter F. Drucker, *The Unseen Revolution: How Pension Fund Socialism Came to America* (New York: Harper & Row, 1976).

9. *Second Report of the Pensions Commission* (London: HMSO, 2005), 51.

10. *Federal Reserve Bulletin* (January 2000) and *Investor's Business Daily* (September 13, 2000).

11. 빈부격차는 크지만 특정 통계가 이야기하는 것만큼 크지는 않다. 사람들은 누군가가 쓸 수 있는 투자자산 혹은 현금을 의미하는 이른바 거래가능한 부라고 부르는 것으로 부를 측정한다. 보통 이 숫자에는 퇴직연금수혜가 포함되지 않는다. 퇴직 저축이 추가될 때, 부는 보다 넓게 분산되어 있는 것으로 보인다. 많은 사람들이 퇴직연금수혜를 통해서 기업주식을 보유하기 때문에 부의 통계만으로는 공동 소유의 정도를 알기 어렵다.

12. Marco Becht and Colin Mayer, "Introduction," in *The Control of Corporate*

Europe, eds. Fabrizio Barca and Marco Becht (New York: Oxford University Press Inc., 2001), 32.

13. The Conference Board, "U. S. Institutional Investors Boost Control of US Equity Market Assets," 보도자료, October 10, 2005.

14. RBC Financial Group, "Current Analysis," September 2003 에서 인용된 OECD 자료.

15. Pierre Delsaux (corporate governance head, International Market Directorate, European Commission)의 the International Corporate Governance Network 연설, Frankfurt, February 7, 2006.

16. 동경증권거래소, "2004 주식 소유구조 서베이," www.tse.or.jp/engilsh/data/research/english2004.pdf.

17. *Pensions & Investments*, September 20, 2004.

18. The Conference Board, *Institutional Investment Report 2005*, 55.

19. Michael C. Jensen, "Eclipse of the Public Corporation," *Harvard Business Review*, September-October 1989, 61-74.

20. McKinsey & Company, "Global Investor Opinion Survey on Corporate Governance" (London: 2002).

21. 기업지배구조와 성과 사이의 관계를 다룬 논문들이 많이 있다. 결론들에서 일관성을 찾기 어렵지만 지배구조가 좋을수록 주가도 높다는 것을 보여주는 증거가 많이 있다. 주목할 만 한 논문들은 다음과 같다. (1) Art Durnev and E. Han Kim, "To Steal or Not to Steal : Firm Attributes, Legal Environment, and Valuation" , Financial Economics and Accounting (FEA) 제 14차 연례 컨퍼런스 발표 논문, San Diego, CA., September 22, 2003, http://ssrn.com/abstract=391132. 저자들은 특히 규제와 법이 취약할 때 기업 가치와 지배구조 사이에 정의 관계가 있다는 것을 보여준다. 특정 기업이 지배구조 점수를 10% 증가시키면 그 기업은 시장가치를 13% 이상 증가시킬 수 있다. 이 기업이 투명성을 증가시키기 위해 유사한 투자를 하면 시장가치가 16% 이상 증가할 수 있다. (2) Bernard S. Black, Hasung Jang, and Woochan Kim, "Does Corporate Governance Predict Firms' Market Values? Evidence from Korea," *Journal of Law, Economics, and Organization* 22, no. 2 (Fall 2006), http://ssrn.com/abstract=311275. 저자들은 획기적인 지배구조 개혁을 수용한 기업의 시장가치가 96%까지 증가할 수 있다는 것을 보여준다. 심지어 이사회 관행과 투명성에서 어느 정도 개선이 이루어져도 시장가치가 13% 증가한다. 이 논문은 신흥시장에서 전반적인 지배구조 지수와 높은 주가 사이의 인과관계와 부합되는 증거를 제시한다. (3)

McKinsey & Company (*Global Proxy Watch* 6, no. 30 [July 26 2002]) 은 2002년 에 지배구조가 더 좋은 기업은 장부가치 대비 시장가치 비율이 더 높고 기업 의 좋은 행동에 더 높은 가격을 지불하겠다고 말하는 투자자들이 실제로 그 렇게 한다는 것을 보여주었다. 이 연구의 예측에 의하면 최악에서 최상으로 갈수록 기업가치가 12% 상승한다. (4) Paul A. Gompers, Joy L. Ishii, and Andrew Metrick, "Corporate Governance and Equity Prices," *Quarterly Journal of Economics* 118, no. 1 (February 2003) : 107-155, http://ssrn.com/abstract=278920. 이 연구는 더 강한 지배구조 특성을 갖고 있는 기업은 가치가 더 높고, 이익 이 더 크고, 매출액 성장률이 더 크고, 자본지출이 더 작고, 기업인수를 더 적 게 한다는 것을 보여준다. (5) Deutsche Bank's "Beyond the Numbers: UK Corporate Governance Revisited"(London: July 2005) 은 영국에서 기업지배구조 가 좋으면 주식의 위험이 감소하고 이것은 더 높은 주가로 연결된다는 것을 발견하였다. 아시아 태평양 지역에 있는 204개 기업을 분석한 2006년 3월 개 정논문은 특정 기업에서 기업지배구조 개혁의 힘이 주가에 영향을 주는 핵심 요인이라는 결론을 내렸다.

22. 저자 Pitt-Watson은 2006년까지 Hermes Focus Asset Management의 CEO였다.

23. Joseph Healy, "Corporate Governance and Shareholder Value," ANZ Investment Bank study (Auckland, March 24, 2000); and Jodeph Healy, "The Shareholder Value Performance of Corporate New Zealand," ANZ Investment Bank study, (Auckland, February 24, 2000).

24. 숫자는 2004년 세계 주식시장의 전체 가치가 30조 달러라는 보수적인 예측에 근거를 둔 것이다. 대부분의 기업지배구조 연구가 주식소유구조와 관련되어 있지만 최근의 연구는 좋은 기업지배구조가 부채의 자본비용을 감소시킨다고 주장한다. 우리는 여기서 부채비용 감소 효과를 고려하지 않았지만 이것은 주 식만을 기반으로 예측한 혜택의 몇 배가 될 수 있다.

25. Jacques Bughin and Thomas E. Copeland, "The Virtuous Cycle of Shareholder Value Creation," *The McKinsey Quarterly*, no. 2(1997),156.

26. *New York Times*, September 11, 2005.

27. Simi Kedia and Thomas Phillippon, "The Economics of Fraudulent Accounting," working paper 11573, National Bureau of Economic Research, Cambridge, MA, August 2005.

28. James P. Hawley and Andrew T. Williams, *The Rise of Fiduciary Captialism: How Institutional Investors Can Make More Democratic* (Philadelphia: University of Pennsylvania Press, 2000).

29. 유럽에는 the Association of British Insurers, Deminor, European Corporate Governance Service, Pensions and Investment Research Consultants, Manifest, 그리고 RREV 가 있다. 세계에서 자본시장 규모가 가장 큰 미국에는 the Corporate Library, GovernanceMetrics International (GMI), Institutional Shareholder Services, Egan Jones, Proxy Governance, 그리고 Glass Lewis가 있다. 호주에는 Corporate Governance International and Proxy Australia, 한국에는 기업지배구조센터(the Center for Good Corporate Governance and the Korea Corporate Governance Service), 그리고 브라질에는 LCV가 있다.

2장

1. "Recollections of Vadim Orlov," National Security Archive, http://www2.gwu.edu/~nsarchiv/NSAEBB/NSAEBB75/asw-II-16.pdf.

2. Karl Marx and Friedrich Engels, *The Communist Manifesto* (London: Penguin Books, 1967), 235.

3. John F. Kennedy, Inaugural Address, January 20, 1961.

4. J. F. C. Harrison, *Common People: A History from the Norman Conquest to the Present* (New York: Flamingo, 1984), 211.

5. 예를 들어 Roger Backhouse, *Penguin History of Economics* (London: Penguin, 2002), 29-50 참조.

6. Adam Smith, *The Wealth of Nations*, bk. I(1776; rept. New York: Alfred A. Knopf Inc., 1991), 1:3.

7. C.A. Oakley, *The Second City* (Glasgow : Blackie & Co., 1947), 16.

8. Gordon Brown and Tony Wright, *Values, Visions and Voices* (Edinburgh : Mainstream Publishing, 1995)에서 인용된 James R. MacDonald and James Kier Hardie, *From Serfdom to Socialism*. 심지어 1990년대에도 영국 노동당은 생산, 분배, 그리고 교환 수단의 공동소유를 지지했다.

9. Franklin D. Roosevelt, Inaugural Address, March 4, 1933.

10. Samuel Eliot Morison and Henry Steele Commager, *The Growth of the American Republic* (New York : Oxford University Press, 1962), 227 에서 인용.

11. 예를 들어 Backhouse, *Penguin History of Economics*, 306 쪽의 다음 문장 참조 : "2차 세계대전 이후 경제학은 훨씬 더 기술적인 학문이 되었고 모든 분야에 수학적 기법이 체계적으로 적용되었다. 이것은 중립적인 발전이 아니었다. 많은 이론이 사용가능한 수학적 도구를 사용해서 다루어질 수 있도록 발전되었기 때문이다. 경쟁, 시장, 그리고 실업과 같은 기본 용어가 갖고 있던 의미가

변화되었다. 실제 세계와 별로 관련이 없는 많은 이론들이 발전되었다."

12. Paul Frentrop, *A History of Corporate Governance* (Brussels: Deminor, 2003), 86.

13. 위의 책. ; Larry Neal, "Venture Shares of the Dutch East India Company," unpublished paper (New Haven: Yale School of Management, March 2003).

14. Arianna Huffington, *Pigs at the Trough : How Corporate Greed and Political Corruption are Undermining America* (New York : Crown Publishers, 2003).

15. Günter Ogger, *Nieten in Nadelstreifen : Deutschlands Manager im Zwielicht* (Munich : Droemer Knaur-Verlag, 1992).

16. Joel Bakan, *The Corporation : The Pathological Pursuit of Profit and Power* (New York : Free Press, 2004).

17. Adam Smith, *The Wealth of Nations*, bk. V (1776 ; rept. Edinburgh : Brown and Nelson, 1827), 1:311.

3장

1. Milton Friedman, *New York Times*, September 13, 1970 에서 인용.

2. Plato, *The Republic*, Peter Singer, *How Are We to Live? Ethics in an Age of Self Interest* (Oxford : Oxford University Press, 1997), 5에서 인용.

3. Paul Frentrop, *A History of Corporate Governance* (Brussels : Deminor, 2003), 42-143.

4. *Louis K. Liggett Co. et al. v. Lee, Comptroller et al.*, 288 US 519 (1933), 548, 567, Joel Bakan, *The Corporation : The Pathological Pursuit of Profit and Power* (New York : Free Press, 2004), 19 에서 인용.

5. Johnston Birchall, *Co-op : The People's Business* (Manchester, England : Manchester University Press, 1994), 134.

6. 기업 윤리에 대해서 이야기 할 때 우리는 규범적인 판단을 하려고 하지 않았다. 우리는 단지 기업이 어떤 행동이 적절한가에 대한 공통적인 이해 없이 존재할 수 없다는 것을 지적한다. 예를 들어 Gerry Johnson and Kevan Scholes, *Exploring Corporate Strategy : Texts and Cases*, 제 3판 (Upper Saddle River, NJ : Prentice Hall, 1993) 참조.

7. Thomas Peters and Robert Waterman, *In Search of Excellence* (New York : Harper and Row, 1982), 238.

8. Bakan, *The Corporation*, 34. 에서 인용.

9. Adolph Berle and Gardiner Means, *The Modern Corporation and Private Property* (Somerset, NJ : Transaction Publishers, 1991), 312ff.

10. 이 명단은 이 책의 저자인 핏-왓슨이 공동으로 작성했고 영국에서 가장 큰 연금펀드가 투자대상 기업들을 겨냥해서 채택한 헤르메스 원칙에 근거한 것이다. Tony Watson and David Pitt-Watson, *The Hermes Principles : What Shareholders Expect of Public Companies-and What Companies Should Expect of Their Investor.* (London : Hermes Pensions management Ltd., 2004).

11. 우리는 자본가중치로 볼 때 대부분의 투자가 연금펀드에서 비롯된다는 것을 지적하지만 대학교육이나 휴가 혹은 단지 부자가 되기 위한 저축에 대해서도 동일한 주장을 할 수 있다.

12. 가치를 창조하는데 있어서 기업의 성공을 평가하는 지표인 EVA에 대한 논의를 위해서는 6장 참조.

4장

1. Thomas Friedman, "There Is Hope," *New York Times*, October 27 2002에서 인용.

2. 미국에서만 노동자와 퇴직자는 퇴직저축을 위해 12.9조 달러를 저축했다. 대부분의 전문가들이 개인은 일반적으로 자기자산의 너무 많은 부분을 저위험 증권에 투자한다고 믿고 있지만 1장에서 본 선택대상으로서의 위험자산은 분명히 주식이다.

3. *Global Proxy Watch* 8, no. 42 (November 19, 2004).

4. Luh Luh Lan and Loizos Heracleous, "Shareholder Votes for Sale," *Harvard Business Review*, June 2005, 20-24.

5. *Pensions & Investments*, September 15, 2003, 10.

6. 2005년 8월 5일 현재 S&P 500 지수의 시장가치는 11.4 조 달러였다.

7. 이와 대조적으로 수익자에 돌아가는 수익의 배분은 광범위하게 분산 투자된 뮤추얼 펀드 1과 2 사이의 수익의 차이가 아니라 전반적인 시장 수익이다. 사실 다양한 연구들은 투자에 돌아가는 수익의 100% 이상이 전반적인 시장에 의해 창출된다는 것을 보여준다. 어떻게 그럴까? 평균적으로 뮤추얼 펀드는 가치의 창조자가 아니라 파괴자이다. 그 이유는 평균법칙과 수수료이다. 세계 수천 개의 뮤추얼 펀드들이 기본적으로 시장을 만들고 따라서 종합적으로 보았을 때 이들은 투자자에게 시장평균수익을 제공한다. 그것에서 수수료를 제하면 낮은 성과의 원천을 바로 이해할 수 있다. 실로 일관성 있게 시장보다 더 좋은 성과를 올린 피델리티의 피터 린치나 레그 메이슨의 빌 밀러와 같은 재능 있는 펀드 매니저는 슈퍼스타로 칭송받는다. 그런 칭찬 자체가 뮤추얼 펀드 산업이 일반적으로 성과가 좋지 않다는 것에 대한 역설적인 증거이다.

8. "Tom Jones to Keep Citigroup Fund Unit on Song," *Financial Times*, June 16,

2003 에서 인용.

9. 대부분의 뮤추얼 펀드는 자기의 동료와 지나치게 차별화되는 것을 원하지 않는다. 차별화되는 것은 분명한 위험이다. 일이 잘되면 수익성을 획기적으로 개선시켜서 새로운 투자자들을 불러오고 뮤추얼 펀드는 그것에 대해 보상을 받는다. 하지만 일이 잘못되면 뮤추얼 펀드에 대한 대규모 환매가 발생할 것이다. 위험과 보상의 비대칭성은 뮤추얼 펀드가 일정한 범위 안에 머무르고 자산을 끌어오기 위하여 성과의 차이보다는 모든 마케팅 자원에 의존할 것을 고취시킨다. 뮤추얼 펀드 산업은 시장 지수와 차이가 나는 것을 마치 그것이 뮤추얼 펀드 매니저가 적극적으로 주식을 고른다는 증거가 아니라 바람직하지 않은 무엇인 것처럼 "추적 에러"라고 부른다. 결과적으로 펀드 매니저들이 보유한 포트폴리오에는 동일한 주식이 겹쳐서 있을 뿐만 아니라 그 주식이 포트폴리오에서 차지하는 비중도 비슷하다.

10. "Saint Jack On The Attack," *Fortune*, January 20, 2003, 112 에서 인용.

11. "How to Fix the Mutual Funds Mess," *BusinessWeek*, September 22, 2003, 106. Another venture, FundExpenses.com, 도 뮤추얼 펀드 수수료를 분석한다.

12. Andrew Clearfield, "With Friends Like These, Who Needs Enemies?' The Structure of the Investment Industry and Its Reluctance to Exercise Governance Oversight," *Corporate Governance : An International Review* 13, no. 2(March 2005), 114; UNEP Finance Initiative and World Business Council for Sustainable Development, "Generation Lost : Young Financial Analysts and Environmental, Social and Corporate Governance Issues,"2005, http://www.unepfi.org/fileadmin/documents/ymt _summary_2005.pdf.

13. *Global Proxy Watch* 7, no. 41 (November 14, 2003). 또한 *Mutual Funds, Proxy Voting and Fiduciary Responsibility* (Washington, DC: Social Investment Forum, April 2005)를 참조.

14. Jim Hawley, Andrew Williams, and John Cioffi, "Why Did Institutional Investor Governance Activism Fail? Towards a New Model of Corporate Governance Monitoring" (unpublished manuscript, The Center for the Study of Fiduciary Capitalism, Saint Mary's College of California, April 2003).

15. 앞의 책, "How to Fix the Mutual Funds Mess."

16. Edward Kennedy 상원위원이 발의한 S.1992는 2002 년 3월에 the Health, Education, Labor and Pensions Committee를 통과했다.

17. 여러 시장에서 확정기여형(혹은 DC) 퇴직연금은 확정급여형(혹은 DB)을 빨리 대체해가고 있다. DC 퇴직연금은 위험을 개인에게 전가시킨다. 개인이 받

는 퇴직연금은 퇴직연금 회원의 투자의사결정에 달려 있다. DB 퇴직연금에서는 개인이 받는 퇴직연금이 미리 규정되어 있다. 노동부에 따르면 2000년에만 미국에서 DB 퇴직연금의 수는 4.1% 감소했다.

18. Mirror Group 퇴직자들은 결국 대부분의 현금을 되찾았다. 영국의 납세자들은 1억 파운드를 지불했고 감사인들과 투자은행들은 2억 7천 6백만 파운드로 재판을 하지 않고 문제를 해결했다.

19. *Pension Plans : Additional Transparency and Other Actions Needed in Connection with Proxy Voting*, GAO-04-749 (Washington, DC : US Government Accountability Office, 2004).

20. Investor Responsibility Research Center(IRRC)가 추적한 1,077개의 제안 가운데 794개는 지배구조 결의안으로 분류되었고 나머지는 "사회적"인 것으로 분류되었다.

21. www.dwp.gov.uk/asd/를 참조. 네덜란드 연금협회인 Vereniging van-Bedrijfstakpensioenfondsen (VB)은 2004년 6월에 이와 비슷한 펀드 지배구조 분석 보고서를 발행했다. www.vvb.nl. 참조.

22. Allen Sykes, *Capitalism for Tomorrow* (Oxford : Capstone, 2000), 4.

23. 마이너스는 "Compulsory trustee knowledge is a bridge too far,라고 지적한 바 있다. " *Pensions Week*, May 16, 2005에서 인용.

24. 다음은 Stephen Davis 와 Peter Clapman의 인터뷰를 근거로 한 것이다.

25. Investor Responsibility Research Center.

26. Stephen Davis, *Shareholder Rights Abroad : A Handbook for the Global Investor* (Washington, DC: IRRC, 1989); and Lauren Talner, *The Origins of Shareholder Activism* (Washington, DC: IRRC, 1983).

27. "Governor's Plan Could Erode CalPERS Clout," *Sacramento Bee* (California), February 28, 2005.

28. 얄궂게도 Ronald Reagan은 Jesse Unruh를 누르고 캘리포니아 주지사가 됨으로써 정치적으로 유명해졌다.

29. Rachel Ongé Lerman, Stephen Davis, and Corinna Arnold, *Global Voting : Shareholder Decisions* 1991-1992 (Washington, DC : IRRC, 1993).

30. Stephen Davis and Karel Lannoo, "Shareholder Voting in Europe," *Center for European Policy Studies Review* 3, (Summer 1997), 22.

31. International Corporate Governance Network, "Cross Border Proxy Voting: Case Studies from the 2002 Proxy Voting Season," http://www.icgn.org/organisation/documents/cbv/cbv_crossborder_voting_may2003.pdf.

32. *The Times* (London), June 14, 1993.

33. 예를 들어 *Pensions & Investments*, July, 21 1997 참조.

34. Tim C. Opler and Jonathan S. Sokobin, "Does Coordinated Institutional Activism Work? An Analysis of the Activities of the Council of Institutional Investors," Working Papers Series 95-5, Dice Center for Research In Financial Economics, October 1995. Available at SSRN: http://ssrn.com/abstract=46880 or DOI: 10.2139/ssrn.46880.

35. 가장 영향력 있는 단체들로는 the NAPF, the Association of British Insurers, the U.S. Council of Institutional Investors, the Australian Council of Superannuation Investors, the Canadian Coalition for Good Governance, the Irish Association of Investment Managers, 그리고 France's Association Francaise de la Gestion Financiere 가 있다.

36. *Financial Times*, April 19, 2005.

37. Mathew Gaved, *Institutional Investors and Corporate Governance* (London : Foundation for Business Responsibilities, 1998); Anthony Williams, *Who Will Guard the Guardians?* (London : Management Books, 2000); Minow and Monks, *Watching the Watchers*, 그리고 Sykes, *Capitalism for Tomorrow*를 참조.

38. 이러한 "따르거나 설명하라(comply or explain)" 형태의 법체계는 다른 문제들을 만들어내지 않고 문제를 해결하려고 하는 미국외 국가들의 규제당국에 급속도로 규범이 되고 있다. "따르거나 설명하라"는 1992년 영국 기업부문에 대한 캐드버리 위원회의 제안을 받아들여서 처음으로 알려지게 된 것이다.

39. Principle 11.4 in Paul Myners, *Institutional Investment in the United Kingdom: A Review*(London : HM Treasury, March 6, 2001), www.hm-treasury.gov.uk/media/2F9/02/31.pdf.

40. 다음과 같은 전문 투자자 단체들이 후원자들이다: the Pensions Investment Association of Canada, France's AFG, and the Netherlands' VB. 또한 사회적 책임 투자에 집중하는 펀드매니저들이 있는 Eurosif를 참조.

41. www.enhanced-analytics.com.에서 최근에 지지를 표명한 유명인사들을 참조.

42. 예들 들어 the Carbon Disclosure Project, the Investor Network on Climate Risk, 그리고 the Institutional Investors Group on Climate Change를 참조.

43. http://www.pharmafutures.org/.를 참조.

44. 메릴 린치는 자산관리부서를 블랙록과 합치고 합친 회사에 대한 소액지분을 유지해서 비슷한 해결방안을 찾아냈다. 메릴 린치는 시티코프가 레그 메이슨과 1년 전에 비슷한 이유로 한 거래와 유사한 거래를 추구했다.

45. 헤지펀드 논의의 대부분은 Stephen Davis and Jon Lukomnik, "Who Are These Guys? Welcome to the Hedge Fund Era," *Compliance Week*, April 5, 2005, www.complianceweek.com 에 처음으로 발표되었다.

46. 이 책의 저자 Lukomnik 은 2006년 5월 9일에 Sears Canada의 이사로 선출되었다.

47. Sears Holdings Corporation의 이 기간에 대한 Form 10Q SEC 신청은 2005년 10월 29일 끝났다.

48. 한 가지 정책 아이디어는 이사회가 해고를 시도하기 이전에 주주의 허락을 받아내도록 하는 것이다. 그런 조치는 이사들로 하여금 직원을 줄이는 것이 투자자의 장기적 이익을 위한 것이라는 설득력 있는 사례를 만들어 내게 할 것이다. 그렇게 하지 않으면 규모 축소는 기업을 공동화시키는 위험을 무릅쓰고 단기적으로 주가를 상승시키기 위한 즉흥적인 조치에 지나지 않을 것이다. 하지만 비판자들은 그런 조치가 투자자들을 미시적 경영에 관여하게 만든다고 걱정할지도 모른다. Stephen Davis, "Corporate Downsizing : Let Shareholders Vote," *Pensions & Investments*, April 29, 1996,14를 참조.

5장

1. Louis Cabot, "From the Boardroom," *Harvard Business Review*, Autumn 1976, 41.

2. 예를 들어 엔론은 스탠퍼드 경영대학 전 학장을 감사위원회 위원장으로 선출하였다.

3. Peter F. Drucker, *Management: Tasks, Reponsibilities, Practices* (New York: Harper Business, 1993), 628-629.

4. Cabot, "From the Boardroom."

5. Bryan Burrough and John Helyar, *Barbarians at the Gate* (New York: Arrow Books, 1990), 96-97.

6. *Re Brazilizn Rubber Plantations and Estates Ltd[1911]Ch 425 at 437.*

7. *Global Proxy Watch* 6, no. 9(March 1, 2002)에서 인용.

8. "McCall to Quit Stock Exchange After Pay Furor," *New York Times*, September 26, 2003.

9. MVC Associates International, www.mvcinternational.com 10개의 펀드들이 미국 증권거래위원회에 엄격한 공시규제를 요구하는 2005년 11월 30일 편지에서 이 논문을 인용했다.

10. Michael C. Jensen, Kevin J. Murphy, and Eric G. Wruck,"Remuneration: Where We've Been, How We Got to Here, What Are Problems, and How to Fix Them,"Finance Working Paper 44, ECGI, Brussels, July12, 2004, 31.

11. Joanna Potts and Christian Humphries, eds., *Phillips Guide to the State of the World*(London: Phillips, 2004), 124.(2001년 미국 원조예산은 $11,429였다.)

12. Jensen, Murphy, and Wruck, *Remuneration*, 45.

13. "The Corporate Library Publishes CEO Employment Contacts Online: Announces Best and Worst in Contract Provisions and Responsiveness from Mom's First Class Airfare to the 'Ministry of Disinformation'," PR Newswire, The Corporate Library, February 24, 2000. 또한 Geoffrey Colvin, "Where's the Beff: It's in the Contract," *Fortune*, April 3, 2000, 70 참조.

14. "Warm Words," *Financial Times*, September 30, 2002 에서 인용.

15. Jon Lukomnik, "Shareholder Activism: Two Alpha-Generating Strategies in One," in Marvin L. Damsma, Jon Lukomnik, Maarten L. Nederlof, and Thomas K. Philips, *Alpha, The Positive Side of Risk* (Washington Depot, CT:. Investors Press, 1996).

16. Lucian Bebchuk and Jesse M. Fried, *Pay Without Performance: The Unfulfilled Promise of Executive Compensation* (Cambridge: Harvard University Press, 2004), 206.

17. Minow and Monks, *Watching the Watchers*, 182에서 인용된 Delaware General Corporate Law.

18. Gavin Grant, "Beyond the Numbers: Corporate Governance in Europe," Deutsche Bank, London, 2005, 60 and 68.

19. Leslie Crawford, "Spain Sets First with 'Lover's Guide' to Boardrooms, *Financial Times*, May 10, 2005, 10.

20. Barry Metzger, *Global Corporate Governance Guide 2004: Best Practice in the Boardroom*(London : Globe White Page, 2004).

21. Robert Monks and Nell Minow, *Corporate Governance* Cambridge, MA : Blackwell Business, 1995) 206.

22. William B. Chandler III and Leo E. Strine Jr., "The New Federalism of the American Corporate Governance System," NYU Center for Law and Business Research Paper NO. 03-01; University of Pennsylvania Institute for Law & Economic Research Paper 03-03, SSRN: http://papers.ssrn.com/sol3/papers.cfm?abstract_id=367720 에서 볼 수 있음.
혹은 DOI: 10.2139/ssrn.367720. Accessed March 13, 2003에서도 볼 수 있음.

23. Metzger, *Global Corporate Guide* 2004, 29.

24. Chuck Lucier, Rob Schuyt, and Edward Tse, "CEO Succession 2004: The World's

Most Prominent Temp Workers," *Strategy +Business* Special Report, Summer 2005.

25. Grant, "Beyond the Numbers: Corporate Governance in Europe."

6장

1. *Class Action Reporter,* May 2, 2002에서 인용.

2. *U.S. Securities and Exchange Commission v. Citigroup Global Markets Inc.,* U.S. District Court, Southern District of New York, April 28 2003. www.sec.gov/litigation/complaints/comp18111. html에서 민원 참조.

3. 이 장은 정부중개기관에 초점을 맞추고 있지만 다른 중개기관들도 소유주와 기업의 관계를 정의하는데 일정한 역할을 수행한다. 예를 들어 보상 컨설턴트와 경영자 헤드헌터는 경영자 보상이 폭발적으로 증가하고 있는 것을 보고도 방관하고 있었다는 비판을 받았다.

4. "Amy Feldman and Joan Caplin, "Is Jack Grubman the Worst Analyst Ever?"

5. "Ex-Qwest Officials Charged," *Washington Post,* March 15, 2005.

6. 2002년 GDP 숫자들.

7. Global Research Analyst Settlement Distribution Funds, www.globalresearchanalystsettlement.com.

8. the National Association of State Retirement Adminstrators의 웹사이트인 www.nasra.org/resources/ investorprotectionprinciples. pdf.에서 원칙들을 볼 수 있다.

9. 이 단체는 Independent Minds, IRIS, 그리고 Delta Lloyd Securities에 의해 창립되었다. 회장은 Robeco의 CEO인 George Moller 이다.

10. Carol Graham, Robert Litan, and Sandip Sukhtankar, "The Bigger They are the Harder They Fall: An Estimate of the Costs of the Crisis in Corporate Governance," Policy Brief 102, the Brookings Institution, Washington, DC, August 30, 2002. 3,500만 달러라는 숫자는 기본적인 경우이다. 저자들은 그 범위가 210억 달러로부터 500억 달러에 이른다고 예측했다.

11. Alan G. Hevesi, "Impact of the Corporate Scandals on New York State," Office of the State Comptroller, Albany, NY, August 2003.

12. 저자들은 팀 부시의 미국회계제도에 대한 분석으로부터 도움을 받았다. 여기서 이야기 한 많은 것들은 그의 논문 "Divided by Common Language: Where Economics Meets the Law: US versus non-US reporting systems," Institute of Chartered Accountants in England and Wales, London, 2005를 근거로 한 것이다.

13. 위의 논문에서 인용.

14. 위의 논문.

15. "Many Big Firms Buy Tax Shelters from Auditors," *Wall Street Journal*, February 25, 2005.

16. Pat McGurn, "Tax Debt Piled UP for Sprint Execs," *USA Today*, February 7, 2003.

17. 위의 논문.

18. *Caparo Industries plc v. Dickman and others [1990] 1 All ER568[1990] 2 WLR 358* www.icaew.co.uk.

19. PCAOB 2005 예산, www.pcaobus.org.

20. ISS 2005 Proxy Season Preview and Policy Update, December 13, 2004, www.issproxy.com.

21. "Arthur Andersen, Final WorldCom Defendant, Settles," 언론보도자료, Office of New York State Comptroller Alan Hevesi, Albany, April 26, 2005.

22. www.cfraonline.com 참조.

23. "The Boss on the Sidelines; How Auditors, Directors, and Lawyers are Asserting their Power," *BusinessWeek*, April 25, 2005. 86.

24. *Global Proxy Watch*, October 28, 2005. 또한
www.hermes.co.uk/pdf/corporate_governance/commentary/Hermes_APB_consultants _paper160304.pdf. 참조.

25. Morley Fund Management, "Audit Reform: A Focus on Purpose and Transparency," London, December 2004.

26. Hilary Rosenberg, *A Traitor to His Class* (New York: John Wiley, 1999), 193-194 에서 인용.

27. John Connolly, CEO of Institutional Shareholder Services, Interview with Stephen Davis, May 20 2005.

28. ISS letter to the U.S. Securities and Exchange Commission, September 15, 2004. http://www.sec.gov/division/investment/ noaction/iss091504.htm.

29. 예를 들어 Gretchen Morgenson, "And They Call This Advice," *New York Times*, August 21, 2005 참조.

30. SEC letters to Ken S. Hughes, Managing Director, Egan-Jones, May 27, 2004, and To Mari Ann Pisarri, Esq., Pickark and Djinis LLP, Counsel for ISS, September 15, 2004. http://www.sec.gov/divisions/investment/noaction/ egan052704.htm과 http://www.sec.gov/divisons/investment/ noaction/iss091504.htm 참조.

31. Egan-Jones Rating Company, www.Egan-Jones.com.

32. "Corporate Watchdogs Fight Scandal-and Each Other," Associated Press, May 10, 2005 에서 인용.

33. U.S. Securities and Exchange Commission Office of Compliance Inspections and Examinations, "Staff Report Concerning Examinations of Select Pension Consultants." May 16, 2005.

34. 위의 책.

35. 위의 책.

36. "SEC Looking at Pension Consultants," *New York Times,* May 17, 2005.

37. 위의 논문.

38. www.ennisknupp.com 참조.

39. Nelson/Thomson Financial 2003 Pension Fund Consultant Survey, www.nelsoninformation.com/industry_insight/pfc2003.pdf.

40. 2005년에 Standard & Poor's 는 북미 기업들과 관련된 지배구조 서비스를 제공하는 독립부서를 폐쇄한다고 발표했다.

41. http://www.creditsights.com/about/.

42. Egan-Jones, www.egan-jones.com 참조.

7장

1. America Institute of Certified Public Accountants, www.aicpa.org.에서 얻은 자료.

2. "In the Dark: What Boards and Executives Don't Know about the Health of Their Businesses," white paper (New York: Deloitte, Touche Tohmatsu, 2004).

3. "Why the Economy is a Lot Stronger Than You Think." *BusinessWeek,* February 13, 2006, 62.

4. "Measuring the Value of Intellectual Capital," *Ivey Business Journal,* March 1, 2001, 16. 에서 인용.

5. H. Thomas Johnson and Robert S. Kaplan, Relevance Lost: The Rise and Fall of Management Accounting(Boston: Harvard Business School Press, 1987), 5.

6. H. Thomas Johnson, *Relevance Regained: From Top-down Control to Bottom-up Empowerment* (New York: The Free Press, 1992), 116.

7. Deloitte Touche Tohmatsu, "in the Dark," 29.에서 인용.

8. AQ Research-EAI Roundtable Report, 2005, www.aqresearch.com/downloads/EAI_revised_2.pdf.

9. GE 2005 proxy statement. http://www.ge.com/ar2004/proxy/statement.jsp.

10. EVA®는 Stern Stewart & Co 의 상표임.

11. 이 절의 기준과 평가치는 전반적인 경영에 의한 가치 창출을 다룬다. 가치 창출의 개별 요인들은 다음에 이어지는 "지속가능성"과 "강화된 공시" 논의에서 다루어진다.

12. www.sternstewart.com/evaabout/whatis.php 참조.

13. 위의 책. 몇몇 실무자들은 세후 순영업이익(net operating profits after taxes)을 사용하는 것을 선호한다.

14. "AIG Provides Details of Executive Compensation," *New York Times*, June 28, 2005.

15. "Jurors See Tyco CEO's $2M Party," CNNMoney.com, October 29, 2003.

16. 이 책의 저자인 Davis와 Lukomnik은 GMI의 공동창업자들이지만 회사에서 어떤 역할도 하지 않고 있고 책임도 지지 않는다. 이들은 스테이트 스트리트 은행과 네덜란드 행정기관 퇴직연금펀드인 ABP의 합작회사의 통제를 받고 있는 이 회사 지분을 약간 보유하고 있다.

17. GovernanceMetrics International,
    http://www.gmirations.com/(nxl0x455izt2kvqs22b0svbq)/Performance.aspx 참조.

18. Lawrence D. Brown and Marcus L. Caylor, "Corporate Governance and Firm Performance," December 7, 2004, SSRN: http//ssrn.com/abstract=586423 혹은 DOI: 10.2139/ssrn.586423 참조.

19. GovernanceMetrics International, www.gmiratings.com.

20. Gavin Grant, "Beyond the Numbers: UK Corporate Governance Revisited," (New York: Deutsche Bank, July 2005).

21. First Boston Corporation이 계산한 것임. "Oil Spill Gave big Push to Valdez Principles," *Anchorage Daily News*, November 5, 1989 참조.

22. "Comments by Joan Bavaria on the Occasion of CERES' Fifteenth Anniversary Conference," April 14, 2004, Trillium Quarterly Newsletter,
    http://207.21.200.202/pages/news/news_detail.asp?ArticleID=348&status=CurrentIssue&Page=HotNews 에서 인용.

23. 위의 논문.

24. www.unglobalcompact.org 참조.

25. www.accountability.org.uk 참조.

26. www.fairtrade.net 참조.

27. www.ilo.org 참조.

28. www.iso.org 참조.

29. www.sa-intl.org 참조.

30. www.transparency.org 참조.

31. http://glovalreporting.org 참조.

32. Allan Fels, *The Australian Financial Review,* October 2003, http://www.anzsog.edu.au/news/article2_oct2003.htm.

33. Sir David Clementi, ICGN에서 한 연설, London, July 8, 2005.

34. Alison Thomas, "A Tale of Two Reports," *EBF* 16, Winter 2003/2004, www.ebr360.org/daunloads/ebf_issue16.pdf.

35. 위의 논문.

36. 위의 논문.

37. Brian Rivel, "Perspectives on the Buy-side: How Are Decisions Made?" Rivel Research Group, the Grant & Eisenhofer 컨퍼런스 발표 논문, New York, June 9, 2005.

38. David Phillips, "Rethinking Governance, Reporting and Assurance for the Benefit of Wealth Creation and Social Development in the 21st Century," 미완성논문 2005.

39. Deloitte Touche Tomatsu, "In the Dark."

8장

1. David Bollier, *Citizen Action and Other Big Ideas: A History of Ralph Nader and the Modern Consumer Movement* (Washington, DC: Center for the Study of Responsive Law, 1991)에서 인용. 인용된 자료는 www.nader.org/history/에서 볼 수 있음.

2. Frentrop, *History of Corporate Governance.*

3. Talner, *Origins of Shareholder Activism*<<p.no.?5>>에서 인용.

4. *Investor Responsibility in the Global Era* (Washington, DC: IRRC, 1998), 25.

5. Jan Hofmeyr, Stephen Davis, and Merle Lipton, *The Impact of Sanctions on South Africa: Whites' Political Attitudes* (Washington, DC: IRRC, March 1990).

6. Interfaith Center On Corporate Responsibility, *The Proxy Resolutions Book* 2000 New York: ICCR, January 2000).

7. Talner, *Origins of Shareholder Activism,* 29.

8. Craig Mackenzie, "Ethical Investment and the Challenge of Corporate Reform" (박사학위논문, University of Bath, 1997).
   3장은 http://staff.bath.ac.uk/hssal/crm/phd/2hist0.doc에서 볼 수 있음.

9. Carolyn Mathiasen, *The SEC and Social Policy Shareholder Resolutions in the*

1990s (Washington, DC: IRRC, November 1994).

10. 위의 책.

11. Brad M. Barber, "Monitoring the Monitor: Evaluating the CalPERS' Shareholder Activism," 미등재 논문, Graduate School of Management at University of California Davis, March 2006, 19. "Gadfly Activism at CalPERS Leads to Possible Ouster of President," Wall Street Journal, December 1, 2004, A-1도 참조.

12. CNN Money Morning, August 14, 2002.

13. Edelman Public Relations, *Edelman Annual Trust Barometer, 2005*, www.edelman.com/image/insights/content/Edelman_Trust_Varometer-2005_final_final.pdf.

14. Marlies Glasius, Mary Kaldor, and Helmut Anheier eds., *Global Civil Society 2005/6* (London: Sage Publications, 2005); http://www.lse.ac.uk/Depts/global/yearbook.htm 참조.

15. 운동의 창시자들 가운데 하나인 알리스터 스코트와 스티픈 데이비스의 2005년 4월 26일 인터뷰. E-USS 운동은 또한 Steve Waygood, "NGO and Equity Investment: A Critical Assessment of the Practices of UK NGOs in Using the Capital Market as Campaign Device," University of Surrey, February 2004 박사학위논문의 사례연구 주제이다. 저자들은 이 자료를 사용할 수 있게 해준 것에 감사한다.

16. Robert Megarry 경의 판결은 *Cowon v. Scargill*로 알려진 판례에 나타나 있다. Http://oxcheps.new.ox.ac.uk/casebook/Resources/COWANA_1%20DOC.pdf 참조.

17. 운동의 배경에 대해서는 www.fairpension.org.uk 참조.

18. 위의 자료.

19. 예를 들어 윤리 연합운동은 뉴욕에 기반을 둔 교육자 펀드 회사를 겨냥하고 있다. 책임지는 공공 투자 협회는 모든 캘리포니아 행정기관 퇴직연금으로 하여금 사회적으로 책임을 지는 포트폴리오를 만들라는 압력을 가하고 있다. 2001년에 창립된 AsrIA는 비정부단체에게 아시아에서 사회적 책임을 지는 투자를 고취할 것을 요구했다. 다른 기관들은 뮤추얼 펀드나 개방식 투자신탁의 풀뿌리 투자자들을 자극해서 펀드가 적극적으로 참여하는 소유주가 되도록 압력을 가하고 있다. 보스턴에 기반을 둔 Ceres 연합은 그런 기관이다. 샌프란시스코에 기반을 둔 'As You Sow' 재단과 같은 다른 단체들은 자선기금이나 기부금 기증자들과 접촉해서 기업에 압력을 행사할 수 있는 자본을 끌어오려고 애쓰고 있다. 책임지는 기부금 연합은 대학 펀드에 대해 학생들이 영향력을 행사하는 것을 이끌고 있다.

20. "EIRIS Study of the Top 250 UK Occupational Pension Funds," www.eiris.org/Pages/Penson.htm 참조.

21. Nicholas Hildyard and Mark Mansley, *Campaigners Guide to Financial Markets : Effective Lobbying of Companies and Financial Institutions* (Sturminster Newton, England : The Corner House, 2001); and "Confronting Companies Using Shareholder Power : A Handbook on Socially-Oriented Shareholder Activism," www.foe,org/international/shareholder.

22. Robert Kinloch Massie, "The Rise of Sustainable Governance," *Global Agenda* (World Economic Forum), January 2003.

    이 자료는 www.globalagendamagazine.com/2003/robertkinlochmassie.asp 에서 볼 수 있음.

23. www.incr.com 참조.

24. 각각은 기후변화에 대한 기관투자가 단체 (the Institutional Investors Group on Climate Change)로 불린다. www.iigcc.org 참조.

25. www.cdprohect.net 참조.

26. 이것은 빈곤퇴치 단체인 'War on Want' 나 Traidcraf로부터 후원을 받고 있다. 이 밖에도 2002년 8월에 지역사회와 환경을 위한 로즈 재단은 "Environmental Fiduciary : The Case for Incorporating Environmental Factors into Investment Management Policies" (www.rosefdn.org/images/EFreport.pdf)을 발표했다. 비슷한 성격을 갖고 있는 Ceres는 Innovest와 함께 2002년 4월에 "Value at Risk : Climate Change and the Future of Governance" in April 2002 (www.innovestgroup.com/pdfs/climate.pdf)을 발표했다. 영국의 공인 관리회계 기관은 Forum for the Future와 함께 이와 비슷한 Environmental Cost Accounting : An Introduction and Practical Guide (London : CIMA Publishing, 2002)을 발표했다. 심지어 세계은행도 여기에 참여해서 부설기관인 International Finance Corporation이 Sustainability와 Ethos Instiute와 함께 "Developing Value : The Business Case for Sustainability in Emerging Markets," www.ifc.org/ifcext/sustainability.nsf/AttachmentsByTitle/Developing_Value_full_rep ort/$FILE/Developing+Value_full+text.pdf을 발표했다.

27. Jonathan Charkham, "Corporate Governance and the Institutional Investor," Columbia University Center for Law and Economic Studies에서 발표된 논문 (New York : May 23 1988).

28. Michael Useem, *Investor Capitalism : How Money Managers Are Changing the Face of Corporate America* (New York : Basic Books, 1996).

29. Marco Becht가 브뤼셀에서 창립한 유럽기업지배구조 연구소는 논문을 모집했고 논문과 법규에 대한 온라인 보관소, 그리고 주주의 힘이 미치는 영향을 연구하는 새로운 분야에 참여하는 학자들을 위한 인터넷 채팅방을 만들었다. Chris Mallin은 Nottingham and Birmingham의 대학들에서 기업지배구조 연구소들을 만들었다. 프랑스의 Caisse des Depots et Consignations은 the Observatoire sur la Responsabilite Societald des Entreprises (ORSE)에 자금을 지원했고 Theodor Baums은 Frankfurt 대학에서 관련 연구를 이끌었다. James Hawley와 Andrew Williams는 캘리포니아에 있는 St. Mary 대학에서 수탁자자본주의 연구센터를 만들었다. 예일 대학은 Ira Millstein이 이끄는 기업지배구조센터를 만들었다. 1995년 이후 비슷한 프로그램들이 Cambridge 대학, the Center for European Policy Studies, Dartmouth 대학, Harvard 대학, Henley 경영대학, INSEAD, New York 대학, Stanford 대학, Stockholm 경영대학원 그리고, 연세대학에서 생겨나기 시작했다. Alberta, Amsterdam, Anahuac (멕시코시티), Athens, Canberra, Copenhagen, Cranfield, Hagen, Hong Kong, Mauritius, Melbourne, Oxford, Tokyo, Toronto의 대학들과 마닐라에 있는 아시아 퍼시픽 대학에서도 비슷한 프로그램들이 생겨났다. Y.R.K. Reddy의 Acdemy of Corporate Governance은 인도의 연구센터들을 연결시켰다. 장하성 교수가 이끄는 아시아 기업지배구조 연구소는 고려대 경영대학에 만들어졌다. M. K. Chouhan은 Mumbai에 있는 아시아 기업지배구조 연구센터장이다..미국, 캐나다 그리고 유럽의 Conference Boards는 보고서를 발간하고 콘퍼런스를 개최했다.

30. CNNfm, June 9, 2003.

31. James Madison, "Report on the Virginia Resolutions," 1798, www.jmu.edu/madison/center/home.htm.

32. "Corporate Scandals, Corporate Responsibility and the Media : Who Should We Believe?" conference sponsored by *Business Ethics* magazine, New York City, April 21, 2005.

33. *The State of the News Media 2005: An Annual Report on American Journalism,* Project for Excellence in Journalism, March 15, 2005; www.stateofthenewsmedia.org/2005/에서 볼 수 있음.

34. James McRitchie, "Making Corporate Governance Decisions that Work for Whom?" the World Council for Corporate Governance 컨퍼런스 발표논문, London, May 12-13, 2005, http://corpgov.net/forums/commentary/ICCG2005.html.

35. "A Crusader in Hong Kong," *BusinessWeek* (국제판 커버 스토리), May 19, 2003, 46.

36. www.crikey.com.au 참조.

37. Waygood, "NGO and Equity Investment."

38. 예를 들어 미국 의회는 큰돈을 자선하는 재단과 같은 비정부단체가 사베인-옥슬리 식의 보고 및 지배구조 요구사항을 적용할 것을 요청하는 법을 기획하고 있다. 유럽위원회는 브뤼셀에서 로비활동을 하고 있는 시민단체들에게 공시기준을 요구하는 것을 심사숙고하고 있다. 필리핀 재무부는 지역단체가 NGO 자격증 위원회를 통해 자체 단속을 할 것을 요구했다.

39. Sustainability, *The 21st Century NGO.* (London: Sustainability, 2003).

40. 다른 시민단체들은 이러한 도전을 정면 돌파하고 있다. 'One World Trust' 는 2003년 보고서 "Power Without Accountability?"
(http://www.oneworldtrust.org/documents/ GAP20031.pdf)에서 지배구조 관련 세계 대형 비정부단체들을 평가했고 우수사례 명단을 발표했다. Credibility Alliance는 인도의 수천 개 시민사회단체들을 위한 지배구조와 공시기준을 만들었다. Charities Aid Foundation은 남아공의 비정부단체를 위한 지배구조 규범을 만들려고 노력했다. The London School of Economics Centre for Civil Society는 비정부단체의 지배구조를 연구하는 사업에 착수했다. 그리고 앞서 가는 개별 비영리 단체, 특히 Accountability, Ceres, 그리고 WWF는 자기들의 지배구조를 동종업계 최상으로 만들려고 애써 왔다.

9장

1. Jeffrey Sonnenfeld, "The Last Emperor," *Wall Street Journal*, March 2, 2004.

2. www.thesmokinggun.com/archive/0318041trump1 참조.

3. Andrew Campbell and Robert Park, *The Growth Gamble: When Leaders Should Bet Big on New Business and How They Can Avoid Expensive Failures* (London: Nicholas Brealey, 2005).19 에서 인용.

4. Simon Zadek, "Being Global Means Being Responsible, "AccountAbility, London, October 2004, www.accountability.org.uk.

5. Peter Singer, *How Are We to Live? Ethics in an Age of Self Interest* (Oxford: Oxford University Press, 1997), 273.

6. 예를 들어 ISS, Glass Lewis, Egan-Jones, Proxy Governance, the European Corporate Governance Service, Corporate Governance International and the Korea Corporate Governance Service는 세계 수많은 주주들에게 의결권 행사를 자문한다. 헤르메스가 소유한 주식소유서비스회사(EOS)는 한 걸음 더 나아가서 유럽의 일부 대형 퇴직연금 펀드에 공동으로 기업에 개입하는 것을 포함한 관리자

서비스를 제공했다. EOS는 심지어 Hermes Focus Fund의 전 사장이 창립한 Governance for Owners(GO)라는 경쟁회사가 생겨나게 만들었다. The Local Authority Pension Fund Forum (LAPFF)과 Pensions Investment Research Consultants (PIRC)는 회원과 고객에 비슷한 서비스를 제공한다. 펀드관리회사인 ISIS 와 Insight도 그렇게 한다.

7. 분명히 협동에는 규제와 공공성과 같은 장애물들이 있다. 그러나 경험에 의하면 그런 장애물들은 실제보다는 예상에서 더 두렵게 느껴진다.

8. www.icgn.org/documents/InstShareholderResponsibilities.pdf 참조.

9. 예를 들면 E. Weinstein and A. Abdulali, "Hedge Fund Transparency: Quantifying Valuation Bias for Illiquid Assets," *Risk*, June 2002, S25-S28 참조.

10. 우리는 부의 재분배 정책에 대해 찬성이나 반대를 주장하지 않는다. 그 주제는 이 책의 범위를 벗어난 것이다. 그러나 1장에서 논의한 바와 같이 우리는 공동 저축, 퇴직연금, 그리고 보험이 이미 대부분의 선진국에서 시민경제를 탄생시키는 조건을 만들어 냈다고 주장한다.

11. 연금펀드 감사 관행에 대한 통찰은 부분적으로 2005년 7월에 있었던 스티븐 데이비스와 International Corporate Governance Network's audit and accounting committee의 위원장이었던 Railpen Investment의 프랑크 커티스와의 이메일 교환을 통해 발전되었다.

12. 경제학자의 가정이 현실성을 결여하고 있다는 것은 많은 음식물 깡통을 갖고 있지만 깡통 따개 없이 무인도에 조난된 엔지니어, 물리학자, 그리고 경제학자에 대한 유명한 조크로 설명된다. "돌맹이를 발견하면 도끼날로 만들어 깡통을 열 수 있다"고 엔지니어는 말한다. "나는 다른 생각이 있다. 불을 질러서 캔을 집어넣으면 압력에 의해 캔이 열린다"고 물리학자는 말한다. "그것들은 내가 보기에는 아주 복잡한 해결방안이다. 그냥 깡통 따개가 있다고 가정하자"라고 경제학자는 말한다.

13. David Landes, *The Wealth and Poverty of Nations: Why Some Are So Rich and Some So Poor* (London: Abacus, 1999), 217-218.

14. Adam Smith, *The Theory of Moral Sentiments*, part 2, section 2, chapter 3, www.adamsmith.org.

15. Alfred Marshall, *Principles of Economics* (New York: Macmillan, 1946), 303.

❖ 참고문헌 ❖

- Ashbaugh-Skaife, Hollis, and Ryan LaFond, "Firms' Corporate Governance and the Cost of Debt: An Analysis of U.S. Firm's GMI Rating," January 2006. http://www.gsm.ucdavis.edu/faculty/Confernces/Hollis.pdf.
- Association of British Insurers. *Investing in Social Responsibility: Risks and Opportunities*. London: Association of British Insurers. 2001.
- Backhouse, Roger E. *The Penguin History of Economics*. London: Penguin. 2002.
- Bain, Neville, and David Band. *Winning Ways: Through Corporate Governance*. London: Macmillan Press Ltd., 1996.
- Bakan, Joel. *The Corporation: The Pathological Pursuit of Profit and Power*. New York: Free Press, 2004.
- Barca, Fabrizio, and Marco Becht, eds. *The Control of Corporate Europe*. New York: Oxford University Press Inc., 2001.
- Baums, T., and E. Wymeersch, eds. *Shareholder Voting Rights and Practices in Europe and the United States*. London: Kluwer Law International Ltd., 1999.
- Bébéar, Claude, and Philippe Maniere. *Ils Vont Tuer le Capitalisme* (They Are Going to Kill Capitalism). Paris: Plon, 2003.
- Bebchuk, Lucian, and Jesse Fried. *Pay Without Performance: The Unfulfilled Promise of Executive Compensation*. Cambridge: Harvard University Press, 2004.
- Becker, Charles M., Trevor Bell, Haider Ali Khan, and Patricia S. Pollare. *The Impact of Sanctions on South Africa: The Economy*. Washington, DC: Investor Responsibility Research Center, 1990.
- Benston, George, Michael Bromwich, Robert Litan, and Alfred Wagenhofer. *Following the Money: The Enron Failure and the State of Corporate Disclosure*. Washington, DC: AEI-Brookings Jiont Center for Regulatory Studies, 2003.
- Berle, Adof A., and Gardiner C. Means. *The Modern Corporation and Private Property*. Somerset, NJ: Transaction Publishers, 2004.
- Birchall, Johnston. *Co-op: The People's Business*. Manchester, England: Manchester University Press, 1994.
- Black, Bernard S., Hasung Jang, and Woochan Kim. "Does Corporate Governance

Predict Firms' Market Values? Evidence form Korea." *Journal of Law, Economics, and Organization* 22, no. 2 (Fall 2006). http://ssrn.com/abstract=311275.

- Blair, Margaret M.,ed. *The Deal Decade: What Takeovers and Leveraged Buyouts Mean for Corporate Governance.* Washington, DC; The Brookings Institution 1993.

- _____. *Ownership and Control: Rethinking Corporate Governance for the Twenty-First Century.* Washington, DC: The Brookings Institution 1995.

- Blair, Margaret, and Steven M. H. Wallman. *Unseen Wealth: Report of the Brooking s Task Force on Intangibles.* Washington, DC: The Brooking Institution Press, 2001.

- Bogle, John C. *The Battle for the Soul of Capitalism.* New Haven: Yale University Press, 2005.

- Bollier, David. *Citizen Action and Other Big Ideas: A History of Ralph Nader and the Modern Consumer Movement.* Washington, DC: Center for the Study of Responsive Law, 1991. www.nader.org/history/.

- Bompoint, Patrick, and Bernard Marois. *Le Pouvoir Actionnarial: Relations Societes-Investisseurs Face a la Mondialisation des Marches* (Shareholder Power: Company-Investor Relations in the Context of Globalization of Markets). Paris: Editions JVDS, 1998.

- Brancato, Carolyn Kay. *Institutional Investors and Corporate Governance: Best Practices for Increasing Corporate Value.* Chicago: Irwin Professional Publishing, 1997.

- Brown, Gordon, and Tony Wright, eds. *Values, Visions and Voices: An Anthology of Socialism.* Edinburgh: Mainstream Publishing. 1995.

- Bughin, Jacques, and Thomas E. Copeland. "The Virtuous Cycle of Shareholder Value Creation." *The McKinsey Quarterly,* no.2 (1997).

- Burrough, Bryan, and John Helyar. *Barbarians at the Gate.* New York: Arrow Books, 1990.

- Bush, Tim. *Divided by Common Language: Where Economics Meets the Law: US versus Non-US Reporting Systems.* London: Institute of Chartered Secretaries and Administrators, 2005.

- Cabot, Louis, "From the Boardroom." *Harvard Business Review,* Autumn 1976.

- Cadbury, Sir Adrian. *Corporate Governance and Chairmanship.* Oxford: Oxford University Press, 2002.
- Campbell, Andrew, and Robert Park. *The Growth Gamble: When Leaders Should Bet Big on New Businesses and How They Can Avoid Expensive Failures.* London: Nicholas Brealey International, 2005.
- Carlsson, Rolf. *Ownership and Value Creation: Strategic Corporate Governance in the New Economy.* Chichester, England: John Wiley & Sons, 2001.
- Carter, Colin B, and J. W. Lorsch. *Back to the Drawing Board: Designing Corporate Boards for a Complex World.* Boston: Harvard Business School Press, 2003.
- Center for Working Capital. *The Challenge and Promise of Cross-Border Capital Stewardship.* Washington, DC: Center for Working Capital, 2002.
- Chancellor, Edward. *Devil Take the Hindmost: A History of Financial Speculation.* London: McMillan, 1999.
- Chandler, William B., III, and Leo E. Strine Jr. "The New Federalism of the American Corporate Governance System." NYU Center for Law and Business Research Paper No. 03-01; University of Pennsylvania Institute for Law & Economic Research Paper 03-03, March 13 2003, available at SSRN: http://papers.ssrn.com/sol3/papers.cfm?abstract_id=367720or DOI:10.2139/ssrn.367720.
- Charkham, Jonathan. *Keeping Better Company: Corporate Governance Ten Years On.* Oxford: Oxford University Press, 2005.
- _____. *Keeping Good Company: A Study of Corporate Governance in Five Countries.* Oxford: Clarendon Press, 1994.
- Charkham, Jonathan, and Ann Simpson. *Fair Shares: The Future of Shareholder Power and Responsibility.* New York: Oxford University Press, 1999.
- Clearfield, Andrew. "With Friends Like These, Who Needs Enemies?" The Structure of the Investment Industry and Its Reluctance to Excercise Governance Oversight." *Corporate Governance* 13, no.2 (March 2005), 114.
- _____. "Young Financial Analysts' View on Environmental, Social and Corporate Gover-nance Issues," UNEP Finance Initiative and World Business Council for Sutainable Development(2005).

http://www.unepfi.org/fileadmin/documents/ymt_summary_2005.pdf.

- CLSA. *Saints & Sinners: Corporate Governance in Emerging Markets*. Hong Kong: CLSA, 2001.

- Cogan, Douglas G. *Corporate Governance and Climate Change: Making the Connection*. Boston: Ceres, 2003.

- Collins, Jim. *Good to Great: Why Some Companies Make the Grade and Others Don't*. New York: Random House, 2001.

- The Conference Board. *The 2005 Institutional Investment Report: US and International Trends*. New York: The Conference Board, 2005.

- Cornelius , Peter K., and Bruce Kogut, eds. *Corporate Governance and Capital Flows in a Global Economy*. Oxford: Oxford University Press, 2003.

- Crawford, Leslie. " Spain Sets First with 'Lover's Guide' to Boardrooms." *Financial Times*, May 10, 2005, 10.

- Crystal. Graef S. *In Search of Excess: The Overcompensation of American Executives*. New York: W. W. Norton and Company, Inc., 1991.

- Damsma, Marvin L., Jon Lukomnik, Maarten L. Nederloff, and Thomas K.Philips. *Alpha: The Positive Side of Risk: Daring to Be Different*. New York: Investors Press, 1996.

- Davies, Adrian. *A Strategic Approach to Corporate Governance*. Aldershot, England: Gower Publishing, 1999.

- Davies, Stephen. "Corporate Downsizing: Let Shareholders Vote." *Pensions Investments*, April 29, 1996, 14.

- _____. *Shareholder Rights Abroad*. Washington, DC: Investor Responsibility Research Center, 1989.

- Davis, Stephen, Corinna Arnold, and Rachel Onge Lerman. *Global Voting*. Washington, DC: Investor Responsibility Research Center, 1993.

- Davis, Stephen, and Karel Lannoo. "Shareholder Voting in Europe." *Center for European Policy Studies* 3 (Summer 1997): 22.

- Davis, Stephen, and Jon Lukomnik. " Who Are These Guys? Welcome to the Hedge Fund Era." *Compliance Week*, April 5, 2005.

- Deloitte Touche Tohmatsu. *In the Dark: What Boards and Executives Don't Know*

About the Health of their Businesses. New York: Deloitte Touche Tohmatsu, 2004.

- Demb, Ada, and F. Friedrich Neubauer. *The Corporate Board: Confronting the Paradoxes.* New York: Oxford University Press, inc., 1992.

- De Soto, Hernando. *Why Capitalism Triumphs in the West and Fails Everywhre Else.* New York: Basic Books, 2000.

- Drucker, Peter F. *The Unseen Revolution: How Pension Fund Socialism Came th America.* New York: Harper & Row, 1976.

- _____. *Management: Tasks, Responsibilities, Practices.* New York: Harper Business, 1993.

- Eccles, Robert G., Robert H. Herz, E. Mary Keegan, and David M. H. Phillips. *The Value Reporting Revolution: Moving Beyond the Earnings Game.* New York: John Wiley & Sons, 2001.

- Eichenwald, Kurt. *Conspiracy of Fools.* New York: Broadway Books, 2005.

- Elkington, John. *Cannibals with Forks: The Triple Bottom Line of 21st Century Business.* Oxford: Capstone Publishing, 1997.

- Feldman, Amy, and John Caplin. "Is Jack Grubman the Worst Analyst Ever?" CNNMonday.com, April 25, 2002.
http://money.cnn.com/2002/04/25/pf/investing/grubman/

- Fels, Allan. *The Australian Financial Review.* October 2003.
http://www.anzsong.edu.au/news/article2_oct2003.htm.

- Francis, Ivor. Future Direction: *The Power of the Competitive Board.* Melbourne: FT Pit-man Publishing, 1997.

- Franks, Julian, Colin Mayer, and Luis Correia da Silva. *Asset Management and Investor Protection: An International Analysis.* New York: Oxford University Press, 2003.

- Frentrop, Paul. *A History of Corporate Governance 1602-2002.* Brussels: Deminor, 2003.

- Freshfields Bruckhaus Deringer. *The Legal Limits on the Integration of Environmental Social and Governance Issues into Institutional Investment.* New York: United National Environment Programme, 2005.

- Gandossy, Robert, and Jeffrey Sonnenfeld, eds. *Leadership and Governance from the*

Inside Out. New Jersey: John Wiley & Son, Inc., 2004.

- Garratt, Bob. *Thin on Top: Why Corporate Governance Matters and How to Measure and Improve Board Performance.* London: Nicholas Brealey Publishing, 2003.

- Gaved, Matthew. *Institutional Investors and Corporate Governance.* London: Foundation for Business Responsibilities, 1998.

- Giddens, Anthony. *The Third Way: The Renewal of Social Democracy.* Cambridge: Polity Press, 1998.

- Glasius, Marlies, Mary Kaldor, and Helmut Anheier, eds. *Global Civil Society 2005/6.* London: Sage Publications, 2005.

- Gompers, Paul A., Joy L. Ishii, and Andrew Metrick "Corporate Governance and Equity Prices." *Quarterly Journal of Economics* 118, no. 1 (February 2003): 107-155.

- Goodman, Susannah Blake, Jonas Kron, and Tim Little. *The Environmental Fiduciary: The Case for Incorporating Environmental Factors into Investment Management Policies.* Oakland, CA: Rose Foundation for Communities & the Environment, 2002.

- Gourevitch, Peter A., and James Shinn. *Political Power & Corporate Control: The New Global Politics of Corporate Governance.* Princeton: Princeton University Press, 2005.

- Gourevitch, Peter A., and James Shinn, eds. *How Shareholder Reforms Can Pay Foreign Policy Dividends.* New York: Council on Foreign Relations, Inc., 2002.

- Government Accountability Office. *Pension Plans: Additional Transparency and Other Actions Needed in Connection with Proxy Voting.* Washington, DC: US Government Accountability Office, 2004.

- Graham, Carol, Robert Litan, and Sandip Sukhtankar. "The Bigger They Are, the Harder They Fall: An Estimate of the Costs of the Crisis in Corporate Governance." Policy Brief 102. Washington, DC: The Brookings Institution, August 30, 2002.

- Grant, Gavin. *Beyond the Numbers: Corporate Governance in Europe.* London: Deutsche Bank, 2005.

- Greider, William. *One World, Ready or Not: The Manic Logic of Global*

Capitalism. New York: Simon and Schuster, 1997.

* _____. *The Soul of Capitalism: Opening Paths to a Moral Economy.* New York: Simon and Schuster, 2003.

* Gugler, Klaus. *Corporate Governance and Economic Performance.* Oxford University Press, 2001.

* Hallqvist, Bengt. *Private Institute for Corporate Governance: The Brazilian Experience.* PomPēia, Brazil: Bless Gráfica e Editora, 2002.

* Hammer, Michael, and James Champy. *Reengineering the Corporation: A Manifesto for Business Revolution.* New York: Harper Business, 1993.

* Harrington, John C. *The Challenge to Power: Money, Investing, and Democracy.* White River Junction, Vermont: Chelsea Green Publishing Company, 2005.

* Harrison, J.F.C. *Common People: A History from the Norman Conquest to the Present.* New York: Flamingo, 1984.

* Hawley, James P., and Andrew T. Williams. *The Rise of Fiduciary Capitalism: How Institutional Investors Can Make Corporate America More Democratic.* Philadelphia: University of Pennsylvania Press, 2000.

* Healy, Joseph, "Corporate Governance and Shareholder Value." ANZ Investment Bank study. Auckland, March 24, 2000.

* _____. *Corporate Governance and Wealth Creation in New Zealand.* Palmerston North, New Zealand: Dunmore Press, 2003.

* _____. "The Shareholder Value Performance Corporate New Zealand." ANZ Investment Bank Study. Auckland, February 24, 2000.

* Hofmeyr, Jan, Stephen Davis, and Merle Lipton. *The Impact of Sanctions on South Africa: Whites' Political Attitudes.* Washington, DC: Investor Responsibility Research Center, 1990.

* Hopt, K.J., H. Kanda, M. J. Roe, E. Wymeersch, and S. Prigge, eds. *Comparative Corporate Governance: The State of the Art and Emerging Research.* Oxford: Clarendon Press, 1998.

* Huffington, Arianna. *Pigs at the Trough: How Corporate Greed and Political Corruption Are Undermining America.* New York: Crown Publishers, 2003.

* Hummels, G. J. A., and David Wood. *Knowing the Price, but Also the Value.*

Boston: Nyenrode Business Universiteit and Boston College, 2005.

- Hutton, Will. *The Stakeholding Society: Writings on Politics and Economics.* Cambridge: Polity Press, 1999.

- _____. *The State We're In.* London: Jonathan Cape, 1995.

- _____. *The World We're In.* London: Abacus, 2002.

- Innovest Strategic Value Advisors. *Value at Risk: Climate Change and the Future of Governance.* Boston: Ceres, 2002.

- Institute of Directors. *King Report on Corporate Governance for South Africa–2002.* Johannesburg: Institute of Directors, 2002.

- Institutional Shareholders' Committee. *The Responsibilities of Institutional Shareholders in the UK.* London: Institutional Shareholders' Committee, 2003.

- Institutional Finance Corporation. *Towards Sustainable and Responsible Investment in Emerging Markets.* Washington, DC: International Finance Corp., 2003.

- Isaksson, Mats, and Rolf Skog, eds. *The Future of Corporate Governance.* Stockholm: The Corporate Governance Forum, 2004.

- Jacobs, Michael T. *Short-Term America: The Causes and Cures of Our Business Myopia.* Boston: Harvard Business School Press, 1991.

- Jacobs, Michael, Eric G. Wruck, and Kevin Murphy. *Remuneration: Where We've Been, How We Got Here, What Are the Problems and How to Fix Them.* Finance Working Paper 44. Brussels: European Corporate Governance Institute, July 12. 2004.

- Johnson, Gerry, and Kevan Scholes. *Exploring Corporate Strategy: Texts and Cases,* 3rd ed. Upper Saddle River, New Jersey: Prentice Hall, 1993.

- Johnson, H. Thomas. *Relevance Regained: From Top-Down Control to Bottom-Up Empowerment.* New York: Free Press, 1992.

- Johnson, H. Thomas, and Robert S. Kaplan. *Relevance Lost: The Rise and Fall of Management Accounting.* Boston: Harvard Business School Press, 1987.

- Kay, John. *The Truth about Markets. Their Genius, Their Limits, Their Follies.* London: Allen Lane, 2003.

- Kedia, Simi, and Thomas Philippon, *The Economics of Fraudulent Accounting.* Washington, DC: National Bureau of Economic Research, 2005.

- Kennedy, Allan A. *The End of Shareholder Value: Corporations at the Crossroads.* Cambridge: Perseus Publishing, 2000.

- Keong, Low Chee, ed. *Corporate Governance: An Asia-Pacific Critique.* Hong Kong: Sweet & Maxwell Asia, 2002.

- Lan, Luh Luh, and Loizos Heracleous. "Shareholder Voter for Sale." *Harvard Business Review,* June 2005, 20-24.

- Landes, David. *The Wealth and Poverty of Nations: Why Some Are So Rich and Some So Poor.* London; Abacus, 1998.

- Learmount, Simon. *Corporate Governance: What Can Be Learned from Japan?* Oxford: Oxford University Press, 2002.

- Ledgerwood, Grant, ed. *Greening the Boardroom: Corporate Governance and Business Sustainability.* Sheffield, England: Greenleaf publishing, 1997.

- Lev, Baruch. *Intangibles: Management, Measurement, and Reporting.* Washington DC: Brookings Institution Press, 2001.

- "Measuring the Value of Intellectual Capital," *Ivey Business Journal,* March/April 2001,16.

- Levitt, Arthur, and Paula Dwyer. *Take on the Street: What Wall Street and Corporate America Don't Want You to Know-What You Can Do to Fight Back.* New York: Pantheon Books, 2002.

- Lewin, C.G. *Pensions and Insurance Before 1800: A Social History.* East Lothian, Scotland: Tuckwell Press Ltd., 2003.

- L'Helias, Sophoe. Le Retour de l'Actionnaire: *Pratques du Corporate Governance en France, aux Etats-Unis et en Grand Bretagne* (The Return of the Shareholder: Corporate Governance Practices in France, the United Siaies and Britain). Paris : Gualino Editeur, 1997.

- Liddle, Roger, and Maria Joao Rodrigues, eds. *Economic Reform in Europe: Priorities for the Next Five Years.* London: Policy Network, 2004.

- Low, Chee Keongm ed. *Corporate Governance: An Asia-Pacific Critique.* Hong Kong: Sweet & Maxwell Asia, 2002.

- Lucier, Chuck, Rob Schuyt, and Edward Tse. "CEO Succession 2004: The World's Most Prominent Temp Workers." *Strategy+Business Special Report,* Summer 2004.

- Lydenberge, Steven. *Corporatinos and The Public Interest: Guiding the Invisible Hand.* San Francisco: Berrett-Kocheler Publishers, 2005.

- Mattman, Rene. *Dutch Pension Funds: Fiduciary Duties and Investing.* Deventer, The Netherlans: Kluwer Legal Publishers, 2004.

- MacAvoy, Paul W. and Ira M. Millstein. *The Recurrent Crisis in Corporate Governance.* New York: Palgrave Macmillan, 2003.

- Mace, Myles L. *Directors: Myth and Reality.* Boston: Harvard Business School Press,1986.

- Mackenzie, Craig. *The Shareholder Action Handbook: Using Shares to Make Companies More Accountable.* Newcastle upon Tyne, England: New Consumer Ltd., 1993.

- MacKerron, Conrad. *Unlocking the Power of the Proxy: How Active Foundation Proxy Voting Can Protect Endowments and Boots Philanthropic Missions.* New York. Rockefeller Philanthropy Advisors, 2004.

- Mallin, Christine A. *Voting: The Role of Institutional Investors in Corporate Governance.* London: Institute of Chartered Accountants in England and Wales, 1995.

- _____. *Corporate Governance.* New York: Oxford University Press, Inc., 2004.

- Manheim, Jarol B. *Biz-War and the Out-of-Power Elite: The Progressive-Left Attack on the Corporation.* Mahwah, NJ : Lawrence Erlbaum Associates, 2004.

- Maniere, Philippe. Marx a la Corbeille: *Quand les Actionnaires Font la Revolution.*(Marx in the Bin [or On the Stock Exchange Floor]: When Shareholders Start a Revolutions). Paris: Stock, 1999.

- Marshall, Alfred. *Principles of Economics,* 8th ed. London: McMillan, 1946.

- Marx, Karl, and Friedrich Engels (trans Moore 1888). *The Communist Manifesto.* London: Penguin, 1967.

- Mathiasen, Carolyn. *The SEC and Social Policy Shareholder Resolution in the 1990s.* Washington, DC: IRRC, November 1994.

- McAlister, Debbie Thorne, O.C. Ferrell, and Linda Ferrell. *Business and Society. A Strategic Approach to Corporate Citizenship.* Boston: Houghton Mifflin, 2003.

- McChery, Joseph A., Piet Moerland, Thei Raaijmakers and Luc Renneboog, eds.

Corporate Governance Regimes: Convergence and Diversity. Oxford: Oxford University Press, 2002.

- McKinsey & Company. *Global Investor Opinion Survey on Corporate Governance.* New York: McKinsey & Co., 2002.

- "Measuring the Value of Intellectual Capital," *Ivey Business Journal,* March/April 2001, 16.

- Melvin, Colin, and Hans Hirt. *Corporate Governance and Performance. A Brief Review and Assessment of the Evidence for a Link Between Corporate Governance and Performance.* London: Hermes Pensions Management Ltd, 2004.

- Metzger, Barry, ed. *Global Corporate Governance Guide 2004: Best Practice in the Boardroom.* London: Globe White Page, 2004.

- Micklethwait, John, and Adrian Wooldridge. *The Company: A Short History of a Revolutionary Idea.* New York: Modern Library, 2003.

- Monks, Robert A. G. *The Emperor's Nightingale; Restoring the Integrity of the Corporation.* Oxford: Capstone Publishing Limited, 1998.

- Monks, Robert A. G. and Nell Minow. *Corporate Governance.* 3rd ed. Malden, MA: Blackwell Publishing Ltd., 2004.

- _____. *Watching the Watchers: Corporate Governance for the 21st Century.* Cambridge, MA: Blackwell Publishers, 1996.

- Morison, Samuel Eliot, and Henry Steele Commager. *The Growth of the American Republic.* New York City: Oxford University Press 1962.

- Oakely, C.A. *The Second City.* Glasgow: Blackie & Co., 1947.

- O'Brien, Justin. *Wall Street on Trial.* Chichester, England: John Wiley& Sons, Ltd., 2003.

- One World Trust. *Power Without Accountability?* London: One World Trust, 2003.

- Opler, Tim C., and Jonathan Sokobin. "Does Coordinated Institutional Activism Work ? An Analysis of the Activities of the Council of Institutional Investors." Working Papers Series 95-5. Columbus, OH: Dice Center for Research in Financial Economics, October 1995.

- Organisation for Economic Co-operation and Development. *OECD Principle of Corporate Governance 2004.* Paris: Organisation for Economic Co-operation and

Development 2004.

- Peters, Thomas J., and Robert H. Waterman. *In Search of Excellence: Lessons from America's Best-Run Companies.* New York: Harper and Row, 1982.

- Petschow, Ulrich, James Rosenau, and Ernst Ulrich von Weizsacker, eds. *Governance and Sustainability: New Challenges for States, Companies and Civil Society.* Sheffield, England: Greenleaf Publishing, 2005.

- Pitt-Watson, David, and Watson, Tony. *The Hermes Principles: What Shareholders Expect of Public Companies-and What Companies Should Expect of Their Investors.* London: Hermes Pensions Management Ltd, 2004.

- Plender, John. *A Stake in the Future: The Stakeholding Solution.* London: Nicholas Brealey Publishing, 1997.

- Raaijmakers, G. T. M. J. *European Regulation of Company and Securities Law.* Nijmegen, The Netherlands: Ars Aequi Libri, 2005.

- Rajan, Raghuram, and Luigi Zingales. *Saving Capitalism from the Capitalists: Unleashing the Power of Financial Markets to Create Wealth and Spread Opportunity.* New York: Crown Business, 2003.

- Richard, Bertrand, and Dominique Miellet. *La Dynamique du Gouvernement d' Entreprise*(Dynamics of Corporate Governance). Paris: Editions d'Organisation, 2003.

- Roberts, John. *The Modern Firm: Organizational Design for Performance and Growth.* Oxford University Press, 2004.

- Roe, Mark J. *Political Determinants of Corporate Governance: Political Context, Corporate Impact.* New York: Oxford University Press Inc., 2003.

- Rosenberg, Hilary. *A Traitor to His Class: Robert A. G. Monks and the Battle to Change Corporate America.* New York: John Wiley & Sons, 1999.

- Schwartz, Jeff. *The Purpose of Profit.* London: Tomorrow's Company, 2005.

- Sidebotham, Roy. *Introduction to the Theory and Context of Accounting,* 2nd ed. Oxford: Pergamon Press, 1970.

- Silver, Don. *Cookin' the Book$:Say Pasta la Vista to Corporate Accounting Tricks and Fraud.* Los Angeles: Adams-Hall Publishing, 2003.

- Singer, Peter. *How Are We to Live? Ethics in an Age of Self-interest.* Oxford:

Oxford University Press, 1997.

- Smith, Adam. *An Inquiry into the Nature and Causes of the Wealth of Nations.* Edinburgh: Nelson & Sons, 1827.

- _____. *The Wealth of Nations.* New York: Alfred A. Knopf, Inc., 1991.

- Sonnenfeld, Jeffrey. *The Hero's Farewell: What Happens When CEO's Retire.* New York: Oxford University Press, Inc., 1988.

- Stapledon, G. P. *Institutional Shareholders and Corporate Governance.* Oxford: Clarendon Press, 1996.

- Stewart, James B. *Disney War.* New York: Simon and Schuster, 2005.

- Strenger, Christian. *Corporate Governance Kapitalmarkt.*(A compilation of speeches and articles.) Frankfurt: Christian Strenger, 2004.

- Sustainability. *The 21st Century NGO.* London: Sustainability, 2003.

- Sustainability, International Finance Corp. and Ethos Institute. *Developing Value: The Business Case for Sustainability in Emerging Markets.* London: Sustainability, 2002.

- Swensen, David F. *Unconventional Success: A Fundamental Approach to Personal Investment.* New York: Free Press, 2005.

- Sykes, Allen. *Capitalism for Tomorrow: Reuniting Ownership and Control.* Oxford: Capstone Publishing Ltd, 2000.

- Talner, Lauren. *The Origins of Shareholder Activism.* Washington, DC: Investor Responsibility Research Center, 1983.

- Thomas, Alison. "A Tale of Two Reports." *European Business Forum* 16 (Winter 2003/2004). www.ebr360.org/downloads/ebf_issue16.pdf.

- Tong, Lu, ed. *Corporate Governance Reform: International Experience and China's Practice.* Beijing: Institute of World Economic and Politics, 2004.

- United Nations Global Compact. *Who cares Wins.* New York: Unites Nations, 2004.

- Useem, Michael. *Investor Capitalism: How Money Managers Are Changing the Face of Corporate America.* New York: Basic Books,1996.

- Voorhes, Meg, Carolyn Mathieson, and Jenifer Sesta. *Investor Responsibility in the Global Era.* Washington, DC: Investor Responsibility Research Center 1998.

- Walmsley, Keith, ed. *Corporate Governance Handbook.* London: LexisNexis

Butterworths, 2005.

- Ward, Ralph D. *21st Century Corporate Board.* New York: John Wiley & Sons. Inc., 1997.

- Waring, Kerrie, and Chris Pierce, eds. *The Handbook of International Corporate Governance.* London: Institute of Directors and Kogan Page, 2005.

- Whitley, Richard, and Peer Hull Kristensen. *Governance at Work: The Social Regulation of Economic Relations.* Oxford: Oxford University Press 1997.

- Williams, Anthony. *Who Will Guard the Guardians? Corporate Governance in the Millenium.* Chalford, England: Management Books 2000, 1999.

- Williamson, Oliver. *Markets and Hierarchies: Analysis and Antitrust Implications: A Study in the Economics of International Organization.* New York: Free Press, 1975.

- World Bank. *World Development Indicators 2005.* Washington, DC: World Bank, 2005.

- World Bank. *Reports on Standards and Compliance.* Washington, DC: World Bank Group.

- World Economic Forum. *Mainstreaming Responsible Investment.* Geneva: World Economic Forum, 2005.

- Young, Patrick. *The New Capital Market Revolution.* New York: Texere, 2003.

- Zadek, Simon. *The Civil Corporation: The New Economy of Corporate Citizenship.* London: Earthscan Publications, 2001.

❖ 색인 ❖

스티픈 데이비스(Stephen Davis) 박사는 국제기업지배구조 자문을 전문으로 하는 *Davis Global Advisors*의 사장이자, 주간 뉴스레터 *Global Proxy Watch*의 발행인이다. 데이비스는 국제기업지배구조 네트워크(International Corporate Governance Network)를 공동으로 설립했으며, UNEP 책임투자 운영그룹, The International Advisory Board of Euronext, 그리고 경제개혁을 위한 Policy Network 실무그룹의 회원으로 있다. 그는 또한 *GovernanceMetrics International*, g3(global governance group), 그리고 *Beacon Global Advisors*의 창립 파트너이다. Davis 박사는 미국 터프츠 대학의 *Fletcher School of Law and Diplomacy*에서 박사학위를 받았다. 이전 저서인 *Apartheid's Rebels*는 퓰리처상을 수상했다.

존 루콤닉(John Lukomnik)은 투자관리 산업을 대상으로 하는 전략 컨설팅 회사인 *Sinclair Capital*의 관리담당파트너(Managing Partner)이다. 이전에 그는 뉴욕 시 부감사관으로 일했다. 그는 뉴욕 시에서 시 금고뿐만 아니라 800억 달러에 달하는 확정지급형 연금의 투자자문가로 일했다. 그는 기관투자가협회의 운영위원회 의장으로서 월드컴 파산정리를 위한 채권자 위원회, 세계은행 *International Finance Corporation*의 투자자 태스크 포스, *Risk Standards Working Group*, 그리고 유일하게 변호사가 아닌 사람으로서 뉴욕 시 변호사협회 기업법위원회 등에서 일해 왔다. 그는 *International Corporate Governance Network*와 *GovernanceMetrics International*을 공동으로 설립했고, 현재 Euronext의 국제자문위원회에서 일하고 있으며, g3(global governance group)의 파트너이기도 하다.

데이비드 핏-왓슨(David Pitt-Watson)은 *Hermes Equity Ownership Service*(HEOS)의 회장이고, 세계적으로 유일하게 주요 투자기관이 소유하고 후원하는 유럽의 최대 주주행동주의 펀드, *Hermes Focus Asset Management*(HFAM)의 전 최고경영자였다. HFAM과 HEOS는 세계 몇몇 대형 연금펀드의 지원을 받아 영국 및 유럽의 30개 이상의 주요 기업들의 경쟁력을 회복시키는데 크게 기여했다. 핏-왓슨은 주요 투자기관이 투자 대상 기업의 장래성을 규명하고자 최초로 시도한 책, "*Hermes Principles*"의 저자이다.

❖ 역자 소개 ❖

진태홍은 서울대 경영대학 경영학과, KAIST 산업공학과를 졸업한 후 미국 텍사스 대학(University of Texas at Austin)에서 경영학 박사학위(재무관리 전공)를 받았다. 한국 경제연구원 연구위원을 역임했으며, 미국 워싱턴 대학(The University of Washington) 방문교수를 지냈다. 현재 홍익대학교 상경대학 교수이며, 한국재무관리학회 부회장으로 활동하고 있다.

주요 논문으로 『기업출자의 효율성에 관한 연구』 (재무연구), 『상호지급보증과 재벌의 내부자본시장』 (금융학회지), 『재벌의 지배구조와 상호지급보증』 (재무관리연구) 등이 있다.

함정호는 성균관대 경제학과를 졸업한 후 미국 텍사스 대학(University of Texas at Austin)에서 경제학 박사학위를 받았다. 한국은행에 입행하여 조사국 통화분석팀장, 충북 본부장, 금융경제연구원장을 역임하였으며, 독일 킬 세계경제연구소(Kiel Institute of World Economics) 객원연구원, 도이치 은행(Deutsche Bank AG) 서울지점 고문을 지냈다. 현재는 인천대학교 경제학과 교수로 재직하고 있다. 학회 활동으로는 한국경제학회 이사, 한국금융학회 이사, 한국응용경제학회 이사, 한국경제연구학회 부회장, 한국경제연구학회 {한국경제연구} 편집위원장으로 활동했으며, 2008년 12월 한국경제연구학회 차기 회장으로(2010)으로 피선되었다.

저서로는 『한국경제의 새로운 성장전략』, 『금융환경변화와 통화정책』, 『한국 은행산업의 진로』, 『우리나라 통화금융경제의 이해』 등이 있으며, 국내외 저널에 40여 편의 논문을 발표했다.